Wilhelm Sturm
Religionsunterricht — gestern - heute - morgen

Religionsunterricht

Arbeiten zur Pädagogik / 15
Herausgegeben von
Otto Dürr und Theodor Schlatter †

Wilhelm Sturm

RELIGIONS-UNTERRICHT gestern heute morgen

Der Erziehungsauftrag der Kirche und der Religions- unterricht an öffentlichen Schulen

Calwer Verlag

ISBN 3-7668-0326-3

Umschlag: Gerh. Kurt Hofmann
Satz und Druck: O. Bauer, Stuttgart/Winnenden

VORWORT

Der Religionsunterricht an öffentlichen Schulen ist in jüngster Zeit immer stärker in das Kreuzfeuer der Kritik geraten. Dabei fehlt es in der gegenwärtigen Diskussion oft an einer klaren Übersicht über die zahlreichen Konzeptionen, die in den vergangenen Jahrzehnten von der evangelischen Religionspädagogik entwickelt wurden.

Die vorliegende Arbeit hat eine doppelte Zielrichtung: Sie will diese Lücke schließen und zugleich den Versuch unternehmen, in einer kritischen Weiterführung der bisherigen Ansätze eine tragfähige Konzeption für den Religionsunterricht von morgen zu entwickeln.

Die Arbeit wurde im Wintersemester 1970/71 von der Theologischen Fakultät der Friedrich-Alexander-Universität Erlangen-Nürnberg als Dissertation angenommen. Die Literaturangaben wurden bis April 1971 ergänzt.

Herr Professor D. Kurt Frör hat das Entstehen dieser Studie in allen Phasen mit großem Interesse begleitet und gefördert. Für seine Anregungen und seine Kritik möchte ich ihm an dieser Stelle sehr herzlich danken. Mein Dank gilt auch Herrn Professor Dr. Bernhard Klaus, der mir mit seinem Rat hilfreich zur Seite stand. Zu danken habe ich ferner meinen Mitarbeitern im Katechetischen Amt für ihre Unterstützung und die oft notwendige Rücksichtnahme bei der Fertigstellung sowie dem Evang.-Luth. Landeskirchenrat in München für einen Druckkostenzuschuß.

Heilsbronn, im Juli 1971 — Wilhelm Sturm

INHALT

Drittes Kapitel: Möglichkeiten und Grenzen kircheneigener Erziehungs- und Unterrichtsaktivitäten

EINLEITUNG

Der Streit um den Religionsunterricht an öffentlichen Schulen hat in der letzten Zeit eine außergewöhnliche Zuspitzung erfahren. Auf breiter Front werden Ort und Aufgabe des Religionsunterrichts heute in Frage gestellt. Dabei sind die Angriffe von außen und Anfragen von innen eng miteinander verbunden. Um eine gewisse Übersicht zu bekommen, ist es zweckmäßig, von den verschiedenen „Erwartungsschemata" auszugehen, von denen aus der Religionsunterricht heute beurteilt wird.

1. Das Erwartungsschema der Gesellschaftskritik

Ein beträchtlicher Teil der Kritik am Religionsunterricht ist untrennbar mit der heutigen Religions- und Ideologiekritik verbunden. Markantes Beispiel ist das Flugblatt der „Projektgruppe Trennung von Schule und Kirche im Sozialistischen Lehrerbund Frankfurt", das alle Schülerinnen und Schüler ab vierzehn Jahren zum Austritt aus dem Religionsunterricht auffordert: „Wurdet ihr je gefragt, ob ihr Christen sein wollt? Nein, denn die Kirchen wissen, daß sie sich nur dann im großen Stil am Leben erhalten können, wenn sie sich — mit der Kindertaufe — bereits an wehrlosen Säuglingen vergreifen ... Der Religionsunterricht macht euch unkritisch. Er nötigt zur Anpassung und soll die in der Taufe erschlichene Christianisierung verfestigen und euch für eine lebenslängliche Mitgliedschaft in Kirche und christlichem Abendland präparieren ..." Das Papier, in dessen Mittelpunkt die Warnung vor „Manipulation" steht, endet mit einer besonders handfesten Manipulation: „Von den zwei großen Verweigerungsrechten, die unsere Gesellschaft garantiert — dem Recht auf Kirchenaustritt und dem Recht auf Wehrdienstverweigerung —, könnt ihr das eine bereits jetzt in einem ersten Schritt verwirklichen: meldet euch beim Religionslehrer ab!" [1]

Eine Übersicht über das diesbezügliche Material bieten die in letzter Zeit von K. Ringshausen, H. K. Berg und vom Evangelischen Pressedienst publizierten Dokumentationen [2].

[1] Abgedruckt u. a. in Arbeitshilfe für den evangelischen Religionsunterricht, 19. Jg., 1968, S. 188 f.

[2] Vgl. Arbeitshilfe für den evangelischen Religionsunterricht, 19. Jg., 1968,

2. Das Schülererwartungsschema

Entscheidende Gravamina gegen Zielsetzung und Praxis des Religionsunterrichts werden von zahlreichen Schülerveröffentlichungen vorgebracht, die in letzter Zeit — angeregt durch Umfragen — eine immer größere Rolle spielen. Typisches Beispiel dafür ist das „Arbeitspapier" aus dem Evangelischen Schülerbrief der Ev. Jungenschaft BK Niedersachsen, das als repräsentativ für die Schülererwartungen im allgemeinen stehen kann:

„Mängel des Religionsunterrichts"

„1. Der Religionsunterricht wird als Konfessionsunterricht erteilt.

a) Die Unterrichtsgegenstände werden zu sehr aus der Sicht einer Konfession ausgewählt und dargestellt.

b) Es wird vom Schüler oft ein persönliches Bekenntnis in einer bestimmten Richtung gefordert.

c) In den unteren Klassen wird vielfach religiöse Praxis wie Gebet und Gesang ausgeübt.

2. Schüler haben weitgehend keinen Einfluß auf die Auswahl des Unterrichtsstoffes.

a) Der Anteil moderner Theologie am Stoff ist zu gering.

b) Nichtchristliche Religionen, christliche Sekten und Freikirchen werden nicht ausreichend besprochen."

„Forderungen an den Religionsunterricht"

„1. Der Unterricht sollte ein Informations- und Diskussionsunterricht auf überkonfessioneller Basis sein.

2. Der Lehrplan sollte den Wünschen der Schüler nach Information über

a) aktuelle theologische Fragen

b) außerchristliche Religionen, christliche Sekten und Freikirchen nachkommen.

3. Die Freiwilligkeit des Religionsunterrichts muß herausgestellt werden"[3].

Diese Schülerwünsche werden heute von der Fachdiskussion aufgenommen. Sie decken sich weithin mit den Erwartungen, die von der gegenwärtigen Schultheorie im Blick auf den Religionsunterricht geäußert werden.

S. 188 ff, 20. Jg., 1969, S. 191 ff, 21. Jg., 1970, S. 1 ff; ferner: Schule ohne Religionsunterricht?, Sonderheft von „zum Beispiel", 4. Jg., 1969, vor allem S. 14 ff und „epd"-Dokumentation 9/70 vom 23. Februar 1970 (Umfrage von Otto Seeber in Essen).

[3] Abgedruckt u. a. bei H. Stock, Religionsunterricht in der kritischen Schule, Gütersloh 1968, S. 25.

3. Das Erwartungsschema gegenwärtiger Pädagogik

Hier sollen exemplarisch die Thesen Th. Wilhelms von 1969 herausgegriffen werden:

„Negativliste“
„Religionsunterricht läßt sich als legitimer Bestandteil des Schullehrplanes *nicht* begründen,
— solange aufrecht erhalten wird, daß der schulische Religionsunterricht ‚im Grunde‘ eine Verlängerung der Veranstaltungen und Intentionen von Kirche und Gemeinde darstelle ...
— solange der Anspruch erhoben wird, daß der schulische Religionsunterricht auf einer ganz anderen Wellenlänge arbeite als aller übrige Unterricht ...
— solange religiöse Aussagen einseitig in emotionalen Kategorien und Begriffen geschehen ...
— solange der schulische Religionsunterricht in die Rolle der Propädeutik verwiesen wird ...“

„Positivliste“
„1. Es muß nachweisbar sein, daß der Lehrplan der Schule gemessen am Maßstab dessen, was für einen Schüler heute lernnotwendig ist, ohne Religionsunterricht eine Lücke aufweist ...
2. Es muß möglich sein, Religion nicht nur als ein emotionales Phänomen, sondern auch als eine rationale Struktur ‚ganz‘, d.h. ohne Rest in den Blick zu bekommen.
3. Es muß ein für beide christliche Bekenntnisse gemeinsamer Religionsunterricht denkbar sein ...“ [4]

Diese Erwartungsschemata werden in der gegenwärtigen Diskussion stark beachtet. Dabei zeigt sich allerdings, daß vieles von dem, was heute gefordert wird, nicht neu ist, sondern in der religionspädagogischen Diskussion der letzten 30 Jahre schon oft durchgespielt wurde [5]. Leider wurde

[4] Th. Wilhelm, Theorie der Schule, Stuttgart 1969², S. 328 f im Abschnitt „Die Welt als religiöse Vorstellung“. Zur Kritik an Wilhelms Entwurf vgl. K. E. Nipkow, Umriß und Problematik einer modernen Schultheorie, in: Zeitschrift für Pädagogik, 14. Jg., 1968, S. 189 ff (Besprechung der *ersten* Auflage) und H. Kittel, Freiheit zur Sache, Göttingen 1970, S. 41 ff.

[5] Vgl. dazu die Sammelbände: H. Gloy (Hrsg.), Evangelischer Religionsunterricht in einer säkularisierten Gesellschaft, Paedagogica Band 4, Göttingen 1969 und W. G. Esser (Hrsg.), Zum Religionsunterricht morgen I und II, München/Wuppertal 1970/71.

dieses Gespräch zumeist im Elfenbeinturm der Fachwissenschaft geführt. Wenn die Situation des Religionsunterrichts an den öffentlichen Schulen heute neu durchdacht werden soll, ist es deshalb unerläßlich, die verschiedenen Konzeptionen der letzten Jahrzehnte noch einmal klar miteinander zu konfrontieren, ehe eine Weiterführung im Blick auf die heutige Lage versucht wird. Dabei kann aber der Problemkreis Religionsunterricht nicht isoliert gesehen werden, sondern nur auf dem umfassenden Hintergrund der Frage nach dem Erziehungsauftrag der Kirche und seinem Verhältnis zur Welt der Schule. Von daher ergibt sich folgendes Arbeitsvorhaben:

Im ersten Kapitel werden exemplarisch und schwerpunktmäßig die Diskussion um die christliche Erziehung und die daraus sich ergebenden schulpolitischen Konsequenzen dargestellt. Die Frontstellung lautet hier:

Christliche Erziehung — weltliche Erziehung
Christliche Schule — Schule für alle.

Im Anschluß daran wird im zweiten Kapitel ausführlich der Streit um die Begründung des Religionsunterrichts aufgezeigt. Diese Diskussion führte — mit einer gewissen „Phasenverschiebung“ — zu einer analogen Frontstellung:

Kirchlicher Religionsunterricht — Schulischer Religionsunterricht.

Nach diesem historischen Überblick soll eine Weiterführung unter zwei Aspekten versucht werden:

Drittes Kapitel: Möglichkeiten und Grenzen der kircheneigenen Erziehungs- und Unterrichtsaktivitäten heute.

Viertes Kapitel: Möglichkeiten und Grenzen einer partnerschaftlichen Zusammenarbeit von Schule und Kirche — die Chance eines gemeinsam verantworteten Religionsunterrichts.

Erstes Kapitel

Der Streit um die „christliche Erziehung“ und seine schulpolitischen Konsequenzen

A. KONZEPTIONEN EINER „EVANGELISCHEN ERZIEHUNG"

I. Versuche einer direkten dogmatischen Deduktion

Es sollen zunächst die Konzeptionen einer „evangelischen Erziehungslehre" dargestellt werden, die von einer Integration von Glaube und Erziehung ausgehen und deshalb mit Hilfe dogmatischer Deduktion den Erziehungsauftrag der Kirche begründen.

1. Die religionspädagogische Konzeption G. Bohnes

1.1 Die frühe, dialektische Phase

Bohne hat als erster umfassend den Neuansatz der dialektischen Theologie für die Religionspädagogik fruchtbar gemacht. Das geschah in seinen Frühwerken „Das Wort Gottes und der Unterricht" und „Evangelische Religion"[1]. Beide Publikationen befassen sich zwar zunächst speziell mit der Frage des Religionsunterrichts, sind aber auch für das Erziehungsdenken des frühen Bohne aufschlußreich.

Das Neue an Bohnes Entwurf besteht darin, daß er im Ansatz eine Vermischung von Evangelium und Erziehung im Unterschied zu den bisherigen Konzeptionen radikal ablehnt. Er stellt in den Mittelpunkt seines

[1] G. Bohne, Das Wort Gottes und der Unterricht, Berlin 1929, 1932², 1964³ (zit. „Wort Gottes" nach der Erstauflage); Evangelische Religion — Gegenstand und Gestaltung, Leipzig 1934, 1936² (zit. „Evangelische Religion" nach der 2. Auflage).
Vergleiche ferner die Aufsätze der Frühphase: Religionsunterricht und religiöse Entscheidung, in: Zeitschrift für den Evangelischen Religionsunterricht, 41. Jg., 1930, S. 1 ff und 49 ff; Evangelische Grundhaltung und erzieherische Maßnahmen, in: Schule und Evangelium, 5. Jg., 1930/31, S. 187 ff; Noch einmal: Wort Gottes und Unterricht, in: Geisteskampf der Gegenwart, 66. Jg., 1930, S. 293 ff; Erziehung unter dem Evangelium, in: Die evangelische Pädagogik, 1932, S. 169 ff; Religion und Erziehung, in: Die Deutsche Schule, 40. Jg., 1936, S. 145 ff. Es geht in diesen Veröffentlichungen primär um den Religionsunterricht; jedoch wird darin auch Bohnes frühe Erziehungskonzeption sichtbar. Vgl. dazu die ausführlichen Analysen bei R. Dross, Religionsunterricht und Verkündigung, Hamburg 1964, S. 47 ff und neuerdings bei H. Schilling, Grundlagen der Religionspädagogik, Düsseldorf 1970, S. 118 ff.

Denkens die Kategorie der *Spannung*. Sie wird in einem dreifachen Sinn gebraucht:

Spannung zwischen Evangelium und Kultur
Spannung zwischen Evangelium und Erziehung
Spannung zwischen Evangelium und Schule.

Diese Spannung darf nicht — wie es die Religionspädagogik vor ihm versucht hat — aufgelöst werden. Bohne greift deshalb alle früheren Vermittlungsversuche als „Scheinlösungen" an. Darunter fällt einmal der humanistisch-idealistische Lösungsversuch von Kabisch-Tögel, der nach Bohne das Ziel der Religionspädagogik im Menschlichen sieht („Emporbildung der menschlichen Kräfte zu reiner Menschenweisheit", Persönlichkeitsbildung, Steigerung des Lebens), dabei aber das Wesen des Evangeliums verfehlt [2].

Genauso unmöglich ist der „dogmatische" Lösungsversuch von Pfennigsdorf [3], der in seiner Zielsetzung zwar das Evangelium ernstnimmt, dabei aber den Menschen verfehlt.

Bohne will bewußt die Spannung durchhalten. Er bejaht gleichzeitig den Bildungsvorgang als Geschehen *vom Menschen her* und die *Störung* des Bildungsvorgangs als Geschehen *von Gott her,* ohne das eine in das andere aufzulösen. Es ist eine „Einheit im Gegensatz" [4]. „Der Religionsunterricht ist selbst ein unveräußerliches Stück unserer Bildung, ja ihr wertvollstes Stück und ihre Grundlage, und muß doch seinerseits, wenn er mit Gott wirklich Ernst macht, die gesamte Bildung bis in ihre letzten Grundvoraussetzungen in Frage stellen" [5]. Denn die Religion „ist die große Störung der Erziehung" [6]. Aber nicht nur der Religionsunterricht, sondern die gesamte Religionspädagogik wird so gesehen: „Die Religionspädagogik befindet sich ... in der früher dargestellten Lage der Spannung, sie hat teil am Kulturellen, aber sie darf nicht darin zur Ruhe kommen" [7]. Diese Antinomie kann nicht aufgehoben werden [8].

[2] G. Bohne, Wort Gottes, S. 64 ff.

[3] a. a. O., S. 79 ff.

[4] a. a. O., S. 103; vgl. auch S. 100.

[5] a. a. O., S. 49; vgl. auch S. 58: „Ist es der Bildung gegenüber seine Not, daß er Träger des Evangeliums ist, welches als solches auf Gottes Autorität ruht, so ist es dem Evangelium gegenüber seine Not, daß er doch ein Glied innerhalb des Bildungsprozesses ist. Denn — er mag noch so scharf gegen den gesamten Bildungsvorgang protestieren und ihn in Frage stellen, so ist und bleibt er doch selbst ein Teil jener Bildung."

[6] a. a. O., S. 56; vgl. auch S. 104: „Störung der Bildung von Gott her."

[7] a. a. O., S. 127.

[8] a. a. O., S. 91: „Die Spannung, unter der der RU leidet, läßt sich weder von seiten des Menschen und der Kultur aus, noch von seiten Gottes, weder aus dem Begriff der Bildung, noch aus dem des Evangeliums wirklich lösen."

Worin sieht nun aber Bohne das Ziel des Religionsunterrichts und der Religionspädagogik in dieser permanenten Spannung? Hier führt er an Stelle der alten Kategorien der Entwicklung und Entfaltung die der *Entscheidung ein.* „Das Ziel eines evangelischen Religionsunterrichts, der mit Bewußtsein in der lebendigen Spannung zwischen der menschlichen und der göttlichen Wirklichkeit stehen will, kann es nur sein, daß er das ihm aufgetragene Wort Gottes dem jungen, werdenden Menschen in menschlicher Lebendigkeit und steter psychologischer Anknüpfung an seine Entwicklung sagt und ihn dadurch in die Entscheidung vor Gott stellt oder doch ruft“ [9]. Dabei ist es Bohnes Absicht, mit Hilfe dieser Kategorie eine Vermischung von Verkündigung und Erziehung zu vermeiden. Das gelingt ihm aber allenfalls bei den Aussagen über das Jugendalter. Dort paßt diese Kategorie, dort hat sie „grundsätzlichen Charakter“ [10]. Der Religionsunterricht will in dieser Phase der Ichfindung die Lebensbewegung des Jugendlichen in eine dauernde letzte Krise stellen, damit der Mensch den Anspruch Gottes nicht überhört. „Indem er den jungen Menschen vor den lebendigen Gott in die Entscheidung stellt, verhindert er, daß er in seiner menschlichen Entwicklung, seiner humanistischen Persönlichkeitsbildung, zur *Ruhe* kommt“ [11].

Nun stellt aber Bohne bei seinen ausführlichen entwicklungspsychologischen Überlegungen mit Recht fest, daß für die Kindheit der Begriff der Entscheidung sehr differenziert verwendet werden muß, wenn er überhaupt einen Sinn haben soll, da die Ichfindung noch nicht abgeschlossen ist [12]. In dieser Phase ist deshalb das oben postulierte Entweder-Oder von Entscheidung oder Entwicklung „eine Torheit“ [13]. „Wir stärken (im Kleinkind) den *Menschen* im besten und edelsten Sinne des Wortes. Wir handeln mit dem Kinde, als gebe es eine Entwicklung zum Christentum hin, ein Werden ohne Bruch, als sei das Christentum die höchste seelische Form menschlichen Seins — die Blüte des Humanismus“ [14]. Auf den ersten Blick scheinen diese Aussagen nur entwicklungspsychologische Konzessionen zu sein. Es zeigt sich aber schon hier, wie bei Bohne die ursprünglich scharf abgelehnte „idealistische“ Konzeption allmählich wieder durch-

[9] a. a. O., S. 107 f; vgl. auch Evangelische Religion, S. 60 ff.

[10] Wort Gottes, S. 154.

[11] a. a. O., S. 108; vgl. auch die ausführliche Zusammenfassung dieser Sicht S. 185 f: „Der junge Mensch darf auf keinem dieser Wege zur Ruhe kommen, bis Gott, wirklich Gott, ihm begegnet.“

[12] a. a. O., S. 151 ff. Hier geht Bohne ausführlich dem „Wesen der kindlichen Entscheidung“ nach. Vgl. dazu auch S. 218 ff und Evangelische Religion, S. 61.

[13] Wort Gottes, S. 147.

[14] a. a. O., S. 224.

dringt. Er beginnt, insgeheim seinen dialektischen Ansatz aufzuheben, eine Entwicklung, die er später konsequent fortsetzt. Aus dem Gegeneinander wird wieder ein Miteinander von erlösendem und erziehendem Handeln. Deshalb führen schon einige Aussagen dieser Frühphase in die Nähe seiner späteren Theorie von einer „Mithilfe zur Erlösung", auch wenn eine grundsätzliche Integration von Verkündigung und Erziehung noch nicht versucht wird. Der Religionsunterricht „begleitet durch die Art, wie er die Wahrheitsfrage stellt, das Ich auf dem Wege seiner Entwicklung, hilft ihm ... zu Selbstgewißheit, Wertgewißheit und Wahrheitsgewißheit, die er als Voraussetzung einer letzten Entscheidung braucht ..." [15].

1.2 Die Phase der dogmatischen Deduktion einer „evangelischen Erziehung"

Die ausführliche Konzeption einer evangelischen Erziehungslehre entwirft Bohne in seinem zweibändigen Werk „Grundlagen der Erziehung" [16]. Hier tritt die Kategorie der Spannung zwischen Offenbarung und Erziehungswirklichkeit ganz zurück. Die oben festgestellte Tendenz, ein Ineinander von erlösendem und erziehendem Handeln zu sehen, setzt sich durch. „Will die Erziehung wirklich zum wahren Menschsein helfen, so kann sie diese Heilswahrheit, wenn sie einmal offenbart ist, nicht unbeachtet lassen, sondern muß sie im Gegenteil zur Grundlage jeder erzieherischen Bemühung machen. Das bedeutet, daß die *Hilfe zur Erlösung* zu einem wesentlichen Anliegen *auch* der Erziehung wird" [17]. Deshalb sieht Bohne eine deutliche Analogie zwischen Offenbarungs- und Erziehungsgeschehen. Er arbeitet sie an drei Punkten heraus und kommt zu einer trinitarischen, den drei Glaubensartikeln folgenden Deduktion.

1.21 Erziehung im Bereich Gottes

Bohne geht aus von einer dreidimensionalen Sicht der Wirklichkeit [18]. Die Ich-Es-Dimension und die Ich-Du-Dimension bedürfen der Ergänzung

[15] a.a.O., S. 261; vgl. auch Evangelische Religion, S. 63: „Es ist unmittelbar deutlich, daß bei diesem führenden und auf Entscheid gerichteten Religionsunterricht die Entfaltung der sog. religiösen Anlagen nicht vernachlässigt, sondern im Gegenteil in der einzig und echten Weise gefördert wird."

[16] G. Bohne, Grundlagen der Erziehung, Band I: Die Wahrheit über den Menschen und die Erziehung, Hamburg 1951, 1958². Band II: Aufgabe und Weg der Erziehung, 1953, 1960² (zit. „Grundlagen I — Grundlagen II" nach der 2. Auflage).

[17] G. Bohne, Grundlagen I, S. 133.

[18] a.a.O., S. 231 ff; vgl. auch Evangelische Religion, S. 14 ff.

durch die Ich-Gott-Dimension. „Sehen wir ... die Wirklichkeit, in der der Mensch steht, nur in zwei Dimensionen, so bleibt in jedem Falle die entscheidende Frage nach dem Grunde des Lebens offen“ [19]. Allein durch die Begegnung mit Gott kann erkennbar werden, „daß unser Leben noch eine andere Tiefe hat, die dritte Dimension unserer Seinsverbundenheit mit Gott“ [20]. Nur so kann der „Gesamtsinn der Wirklichkeit“ [21] erfahren werden.

Im anschließenden Kapitel „Erziehung in der Verantwortung vor Gott“ entwickelt Bohne folgerichtig eine dreidimensionale Erziehung. Nur durch Hereinnahme der dritten Dimension kann der Erzieher sein Ziel erreichen. „Wenn einmal in der Erfahrung Gottes die Gesamtwirklichkeit einen neuen Gesamtsinn bekommen hat, kann man auch nur auf dem Boden dieser neuen Erkenntnis erziehen“ [22]. Wie sieht diese Erziehung in der Dreidimensionalität aus? Sie hat die Aufgabe, „den heranwachsenden Menschen im Bereiche Gottes aufwachsen zu lassen und ihn zum Reiche Gottes zu führen“ [23]. „Ist ... das Reich Gottes der höchste und wirklich letzte Zusammenhang, in dem unser Leben steht, dann muß es auch die Aufgabe der Erziehung sein, den jungen Menschen in diesen Zusammenhang hineinzustellen, so weit das Menschen möglich ist“ [24]. Was heißt das konkret?

Erziehung im Bereich Gottes bedeutet Erziehung in den drei Urrelationen, Erziehung unter den Ordnungen Gottes. Das hat eine doppelte Konsequenz: Zunächst wird unter der Dimension der Offenbarung klar, daß alle drei Urrelationen (das Verhältnis zu Gott, zu den Mitmenschen, zu den Dingen) „durch die Verführung des Satanisch-Bösen“ gestört sind [25]. Deshalb hat die Erziehung die Aufgabe, dem jungen Menschen die Störung dieser Ordnungen aufzuweisen. Zugleich geht es aber darum, „ihm den Weg der Hilfe zu weisen“ [26], indem ihm gezeigt wird, wie der Mensch unter Gott *richtig* in den Ordnungen lebt. Die Erziehung „versucht, den Menschen in die rechte Ordnung des Seins zu stellen, so daß er den Dingen in lebendiger Verantwortung begegnet, sie gebraucht nach dem Willen

[19] Grundlagen I, S. 238.

[20] ebenda.

[21] a. a. O., S. 240.

[22] a. a. O., S. 247. Diese dreidimensionale Sicht der Erziehungswirklichkeit bestimmt bis heute Bohnes Konzeption. Vergleiche seinen Aufsatz „Grundlagen der Erziehung“, in: Die Spur, 6. Jg., 1966, S. 209 ff.

[23] Grundlagen II, S. 53 (Hervorhebung weggelassen).

[24] a. a. O., S. 53 f. Der Jugendliche soll zu der „Erfahrung des Reiches Gottes“ hingeführt werden (a. a. O., S. 57).

[25] a. a. O., S. 54.

[26] a. a. O., S. 55.

des Schöpfers und ihrer Herr bleibt ..."[27]. Wie das praktisch aussieht, entfaltet Bohne ausführlich in drei Richtungen: Verantwortung in der Welt, Erfüllung der Gegenwart, Vorsorge für die Zukunft[28].

1.22 Erziehung im Bereich des Christusgeschehens

Bohne entwirft eine ausführliche Begründung der Erziehung von der Christologie her. Das ergibt sich für ihn notwendig aus dem obigen Gedankengang. Das „Leben in der Ordnung Gottes hat uns in seiner Vollkommenheit Christus offenbart ... Im Bereich Gottes erziehen ist deshalb dasselbe, wie im Glauben an Christus erziehen"[29]. Ausgeführt wird diese Sicht im Abschnitt über Christus[30]. Bohne will zwar hier bewußt Erlösung und Erziehung unterscheiden. Jesus habe sich nie als Erzieher bezeichnet; er wollte Menschen erlösen. Trotzdem sieht er erlösendes und erziehendes Handeln als untrennbare Einheit. Jesus wird zum pädagogischen Vorbild. Er ist „auch Erzieher, sogar ein Erzieher höchster Qualitäten. Aus dem erzieherischen Verhalten Jesu läßt sich ableiten, was die Wahrheit, die er bringt, für die Erziehung überhaupt bedeutet"[31]. Dabei wird der Erziehungsbegriff stark im Sinne des erlösenden Handelns überfrachtet. „Das entscheidende Kennzeichen einer Erziehung, die aus der Wahrheit Gottes lebt, ist also, daß sie dem Schaden des Lebens wirklich auf den Grund geht und ihn an der Wurzel zu heilen sucht"[32].

1.23 Erziehung als Mithilfe zur Erlösung im Raum der Gemeinde

Die Erziehung in enger Verbindung mit dem Christusgeschehen kann nur dann ihr eigentliches Ziel erreichen, wenn sie „Mithilfe zur Erlösung" wird[33]. Erziehung ist das, was der Mensch tun kann, um einem anderen zur Erlösung zu verhelfen[34]. Von daher kommt Bohne zu seiner berühmten und umstrittenen Formulierung „Erziehung zum Glauben". „So wie Menschen den Glauben an Gott hindern können, können sie auch zum

[27] a. a. O., S. 56.
[28] a. a. O., S. 57 ff.
[29] a. a. O., S. 56.
[30] Grundlagen I, S. 133 f.
[31] a. a. O., S. 133.
[32] a. a. O., S. 134. Diese Sicht hat Bohne im wesentlichen bis heute durchgehalten; vergleiche seinen Aufsatz „Grundlagen der Erziehung", a. a. O., S. 213: „Das ist die im eigentlichen Sinne evangelische Aufgabe der Erziehung, die Hilfe zum Heilwerden des Lebens."
[33] Grundlagen II, S. 62.
[34] „Es ist das Höchste, was man vom Erzieher sagen kann, daß er als ‚Mitarbeiter Gottes' mithelfen kann an dem, was Gott dem Menschen tun will" (ebenda).

Glauben helfen. Also gibt es auch *Erziehung zum Glauben*“ [35]. Sie ist vor allem als Hilfestellung für den jungen Menschen gedacht, der vom Glauben abzukommen droht. „Von dem Augenblick an, wo der Glaube an Gott dem Jugendlichen fraglich wird, wo er sich von Gott ab und der Welt zuwendet oder sich sonstwie von Gott entfernt, wird die Erziehung vorwiegend Hilfe zum Glauben“ [36]. Wie das praktisch aussieht, entwickelt Bohne in einem ausführlichen seelsorgerlichen Abschnitt [37].

Diese Erziehung zum Glauben kann nach Bohne nicht im luftleeren Raum erfolgen, sie ist nur *im Glauben* [38] möglich, d.h. aber letztlich im Raum der glaubenden Gemeinde. Deshalb kommt er abschließend notwendig von seiner trinitarischen zu einer ekklesiologischen Begründung der evangelischen Erziehung, wie wir sie ausgeführt bei Uhsadel finden. Die Erziehung im und zum Glauben kann nur dann ihren Sinn erfüllen, wenn sie im „behüteten Raum“ der Gemeinde geschieht [39]. Evangelische Erziehung ist in der Isolierung nicht möglich — weder im Blick auf den Lehrer noch auf den Schüler. Sie braucht den *„brüderlichen* ***Beistand*** in einer Gemeinschaft, die ihrerseits nach dem Willen Gottes lebt“ [40]. Dabei weiß Bohne durchaus um die Unzulänglichkeiten in den heutigen „Kirchensteuergemeinden“ und in den „Mammutgemeinden der großen Städte“ [41]. Trotzdem hält er an der Forderung fest, daß evangelische Erziehung nur zu verwirklichen ist, wenn die drei „behüteten Räume“ Familie, Schule und Kirche zusammenarbeiten und „zu dem einen behüteten Raum Gottes zusammenwachsen, in dem wir immer zu gleicher Zeit tragen und getragen sind“ [42].

1.24 Kritik der Erziehungswirklichkeit von der Offenbarung aus

Die Offenbarung gibt nach Bohne Einsichten in die Wirklichkeit des Menschen, die kritisch die Strukturen der „säkularen“ Pädagogik in Frage

[35] ebenda (Hervorhebung von mir). Vergleiche dazu auch seinen Artikel: Erziehungslehre (evangelisch), in: Handbuch pädagogischer Grundbegriffe, hrsg. von J. Speck und G. Wehle, Band I, München 1970, S. 451: „Evangelische Erziehung ist deshalb immer zugleich Hilfe zum gesunden religiösen Wachstum *im* Glauben an die evangelische Wahrheit *und* Hilfe zur rechten Entscheidung gegenüber dieser Wahrheit, also Hilfe *zum* Glauben.“ Dieser Artikel stellt ein sehr gutes Resümee der Konzeption Bohnes dar, die bis heute im wesentlichen gleich geblieben ist.

[36] Grundlagen II, S. 286.

[37] a.a.O., S. 285 unter dem Oberthema „Erziehung als Lebenshilfe“.

[38] a.a.O., S. 62.

[39] a.a.O., S. 184 ff.

[40] a.a.O., S. 188.

[41] a.a.O., S. 189.

[42] a.a.O., S. 196.

stellen. Deshalb übt Bohne bewußt Kritik an der weltlichen Erziehung. Er wirft ihr Zweidimensionalität und Verlust der Mitte vor. Nur unter dem Offenbarungsgeschehen ist wahre Erziehung möglich.
Die Offenbarung ermöglicht allein die Erziehung zum Guten[43].
Die Offenbarung gibt eine neue Ordnung der Werte[44].
Das Evangelium schenkt dem Erzieher Vertrauen in die pädagogischen Möglichkeiten. Echtes erzieherisches Verhalten (wie Güte, Vertrauen, Verstehen) findet letztlich seine Begründung vom Evangelium her[45].
Es ist verständlich, daß die wissenschaftliche Pädagogik, die Gesprächspartner Bohnes sein wollte, nicht bereit war, diesen Anspruch einer evangelischen Pädagogik unwidersprochen hinzunehmen[46].

2. Die Konzeption W. Uhsadels

Uhsadel versucht — wie zuletzt H. Schilling nachgewiesen hat[47] — zugleich eine theologische und eine pädagogische Begründung für den Erziehungsauftrag der Kirche. Dabei gehen die pädagogischen und theologischen Argumente ineinander über, sie werden nicht streng getrennt.

2.1 Die pädagogische Begründung einer evangelischen Erziehung: Die Kirche als Erziehungsgemeinschaft

Uhsadel geht aus von der Kirche als einer Erziehungsgemeinschaft sui generis. Dabei weiß er wohl, daß die Kirche als solche „etwas anderes als eine Erziehungsmacht ist“[48]. Es geht primär um das Erlösungswerk

[43] a. a. O., S. 80 ff und 85 f.
[44] a. a. O., S. 54 ff.
[45] Grundlagen I, S. 251 ff; Grundlagen II, S. 113 ff, vor allem S. 116 ff.
[46] Vergleiche zur Diskussion über Bohnes Konzeption nach 1952 vor allem folgende Aufsätze: E. Weniger, Zum Gespräch zwischen evangelischer Theologie und Pädagogik, in: Die Sammlung, 9. Jg., 1954, S. 126 ff; ferner die Aufsätze G. Bohnes, in denen er seine Position verteidigt und auch weiterführt: Kritik und Antwort, in: Der Evangelische Erzieher, 5. Jg., 1953, S. 205 ff; Vom weltlichen Geschäft der Erziehung, in: Evangelische Unterweisung, 9. Jg., 1954, S. 1 ff; Vom Gespräch zwischen Pädagogik und Theologie, in: Zeitschrift für Pädagogik, 1. Jg., 1955, S. 229 ff; Grundlagen der Erziehung, in: Der Evangelische Erzieher, 5. Jg., 1953, S. 13 ff; Auftrag und Aufgabe des Erziehers, in: Der Evangelische Erzieher, 10. Jg., 1958, S. 118 ff.
[47] H. Schilling, a. a. O., S. 131 f.
[48] W. Uhsadel, Evangelische Erziehungs- und Unterrichtslehre, Heidelberg 1961², S. 15 (zit. Erziehungslehre). Vergleiche zum folgenden auch „Religiöse Erziehung — evangelisch“, in: Handbuch für Lehrer, Band 3, Gütersloh

Christi, das in seiner Kirche weiterwirkt. Soweit sich dieses Erlösungswerk aber „menschlichen Handelns bedient, tritt es in den Bereich der Erziehung“ [49]. Nach Uhsadel ist also nicht die Verkündigung unmittelbar pädagogisch relevant — das wird von ihm in dieser Form ausdrücklich abgelehnt —, sondern die „ganz bestimmte Gestalt mitmenschlicher Verbundenheit“ [50], wie sie unter dem Wort geschieht, d. h. eben die Kirche. „Nur im Hinblick auf sie kann von Erziehung geredet werden“ [51]. „Die christliche Gemeinde stellt sich demnach als eine Erziehungsgemeinschaft dar, in deren menschlichem Verhalten das Erlösungswerk Christi weiterwirkt“ [52]. Im Anschluß an W. Flitner zeigt Uhsadel ausführlich auf, wie sich die pädagogischen Strukturen der Gemeinde als einer „erziehenden Sozialordnung“ [53] auswirken.
Wie kann nun aber der Erziehungscharakter sui generis, der die Kirche als Gemeinschaft Jesu Christi kennzeichnet, beschrieben werden? Es ist ja entscheidend, daß „das erzieherische Geschehen *‚in Christus‘* vor sich geht und damit in einer Seinsweise, die es von anderer Erziehung unterscheidet“ [54]. Wie läßt sich diese spezifisch christliche Erziehung verwirklichen? Darauf gibt Uhsadel eine theologische Antwort.

2.2 Die theologische Begründung einer evangelischen Erziehung: Christus als Erzieher

Uhsadel geht bei dieser Argumentation von der Frage nach dem pädagogischen Bezug innerhalb der Gemeinde aus. Darauf gibt er die Antwort: „Der Christ handelt als Erzieher so, wie Jesus Christus am Menschen handelt“ [55]. Inhaltlich versucht er, diesen Satz an der klassischen lutherischen Dreiämterlehre (munus triplex Christi) zu entfalten.
2.21 Aus dem prophetischen Amt Christi deduziert Uhsadel den Auftrag, Verkündigung und Zeugnis in der Welt zu üben. „Das rechte Verhältnis zwischen Erzieher und Zögling setzt mit dem prophetischen Zeugnis väterlichen Erbarmens ein, durch das der Mensch in all seiner Fragwürdigkeit als Mensch gewürdigt wird“ [56]. Jeder erzieherische Akt muß am

1963², vor allem S. 328 f; ferner den Artikel „Evangelische Unterweisung“, in Handbuch für Lehrer, Band 2, S. 225 ff.

[49] a. a. O., S. 15.

[50] a. a. O., S. 16.

[51] ebenda.

[52] a. a. O., S. 30.

[53] a. a. O., S. 43 im Anschluß an W. Flitner; vgl. auch „Religiöse Erziehung — evangelisch“, a. a. O., S. 328.

[54] Erziehungslehre, S. 23 (Hervorhebung von mir).

[55] a. a. O., S. 23; vgl. „Religiöse Erziehung — evangelisch“, S. 326.

[56] Erziehungslehre, S. 24.

Verkündigungsauftrag gemessen werden. „Die Echtheit des erzieherischen Bezuges ist am Zeugenamt Christi zu prüfen“ [57]. Verkündigung und Erziehung werden hier unreflektiert miteinander verbunden.

2.22 Im hohenpriesterlichen Amt Christi sieht Uhsadel einen Bezug zur gottesdienstlichen Funktion der Gemeinde. „Es gibt keine Erziehung in der christlichen Gemeinde, die aus dieser Lebensverbindung mit dem Gottesdienst im Wort und Sakrament gelöst existieren könnte“ [58].

2.23 Aus dem königlichen Amt Christi leitet er den diakonischen Dienst der Kirche ab. „Das königliche Amt Christi und das Königtum des Christen in der Gemeinde gewinnt seinen Ausdruck im Diakonenamt“ [59]. Hierin liegt nach Uhsadel rechte Autorität, die nicht zur Gewaltausübung mißbraucht werden darf, und zugleich dienende Liebe, die den Menschen nachgeht. Nur von diesem dreifachen Amt Christi her sieht Uhsadel das Recht der Kirche, sich als Erziehungsgemeinschaft darzustellen. „Alle pädagogisch deutbaren Funktionen der Kirche weisen auf das Erlösungswerk Christi zurück“ [60].

2.3 Das Ziel kirchlicher Erziehung

Hier gibt Uhsadel in einem eigenen Abschnitt [61] eine klare, von seinem ekklesiologischen Ansatz her bestimmte Definition. „Das Ziel kirchlicher Erziehung ist die Hinführung des einzelnen zur Gemeinde, daß er in ihr und mit ihr zu leben lerne und an ihren tragenden Kräften teilgewinne“ [62]. Dabei grenzt er sich von einem rein pädagogischen und soziologischen Verständnis der Kirche ab. Sie ist nicht das letzte Ziel, „sie ist nur das menschenmögliche Ziel. Sie muß transparent bleiben, um Gleichnis für das eschatologische Ziel sein zu können“ [63].

2.4 Konsequenzen für die allgemeine Pädagogik

Uhsadel bleibt in seiner Konzeption nicht ausschließlich binnenorientiert. Ihm geht es auch um das rechte Verhältnis zwischen „evangelischer“ und „allgemeiner“ Pädagogik. Es ist nach seiner Meinung unerläßlich, „daß

[57] a. a. O., S. 25.

[58] a. a. O., S. 26. „Darum beginnt der Dienst kirchlicher Erziehung im Gottesdienst, und zwar im Gottesdienst des Taufsakraments, in der Ursetzung des neuen Lebens“ (ebenda).

[59] a. a. O., S. 27.

[60] a. a. O., S. 30.

[61] a. a. O., S. 58 ff.

[62] a. a. O., S. 61; vgl. auch „Religiöse Erziehung — evangelisch“, a. a. O., S. 328.

[63] Erziehungslehre, S. 62.

die evangelische Pädagogik immer im Dienst an der allgemeinen Pädagogik steht", ohne daß sie sich „zum Maß einer allgemeinen Pädagogik machen will oder darf". Sie hofft lediglich, „der allgemeinen Pädagogik in der Klärung ihrer Probleme behilflich sein zu können"[64]. In diesem Punkt ist er vorsichtiger als Bohne.

3. Die Konzeption A. Fankhausers

Fankhauser versucht in seiner Schrift „Das Wort Gottes als Kriterium der Pädagogik" eine direkte Ableitung einer evangelischen Erziehung. Er gibt eine trinitarische Begründung im Anschluß an Karl Barths Lehre vom Wort Gottes: von der Schöpfung her, von Christus her, von der Neuschöpfung her. Daraus zieht er folgende Konsequenzen:[65]

3.1 Es gibt eine spezifisch christliche Erziehung. Eine Scheidung von Verkündigung und Erziehung ist so unmöglich wie eine Trennung von Dogmatik und Ethik. „Unter christlicher Erziehung verstehen wir ein Hineingehaltensein von Erzieher und Zögling in das durch Jesus Christus sich vollziehende Bildungswerk Gottes am Menschen"[66]. Dieser Erziehungsbegriff wird direkt aus dem Wort Gottes abgeleitet. „Es ist das *eine* Wort Gottes, das sich hier als *verkündigtes* Wort und das sich dort als *in der Liebe wirkendes* Wort ereignet"[67].

3.2 Von daher bekommt das erzieherische Tun des Christen folgende Aspekte:
„Christliche Erziehung ist zunächst schlicht und einfach Dienst am Kinde im Namen Jesu"[68].
„Christliche Erziehung ist ... Unterweisung in Gottes Wort"[69].
„Christliche Erziehung besteht schließlich im Gebet"[70].

[64] a.a.O., S. 23. Ausführlich geht Uhsadel auf dieses Problem ein in seinem Aufsatz „Die Voraussetzungen des Gesprächs zwischen Theologie und Pädagogik", in: G. Niemeier und W. Uhsadel, Kirche und Schule, Heidelberg 1956. Vergleiche auch seine schon vor dem Krieg erschienene Auseinandersetzung mit der Reformpädagogik: Die Kirche im Erziehungswerk, Die reformpädagogischen Schulversuche in ihrem Verhältnis zur Kirche, Kassel 1939.

[65] A. Fankhauser, Das Wort Gottes als Kriterium der Pädagogik. Theolog. Studien, Heft 52, Zollikon 1957, S. 41 ff.

[66] a.a.O., S. 42 f.

[67] a.a.O., S. 43.

[68] ebenda.

[69] ebenda.

[70] a.a.O., S. 45.

3.3 Über diese innergemeindliche Sicht hinaus sieht Fankhauser aber auch Konsequenzen für die Pädagogik überhaupt. „Christliche Erziehung ist Zurechtbringung und Ermahnung im Herrn in Bezug auf die den Menschen bestimmenden, bindenden und begrenzenden Kräfte der *Natur*" [71].

3.4 Christliche Erziehung ist Zurechtbringen „im Herrn" im Blick auf die „Kräfte der *Kultur*" [72].

4. Beurteilung dieser Konzeptionen

Die dargestellten direkten Deduktionsversuche einer evangelischen Erziehung „sui generis" boten schon frühzeitig der Kritik — der theologischen wie der pädagogischen — viele Angriffsflächen [73]. Es sind vor allem vier Punkte, an denen dieser Ansatz in Frage gestellt wurde:

4.1 Der Begriff „Reich Gottes" wird pädagogisch verfügbar gemacht und verliert seine eschatologische Kontingenz.

4.2 Die deduktiven Modelle halten die dialektische Spannung von Gesetz und Evangelium nicht durch, sondern vermischen die beiden Größen und verfallen damit in die gesetzliche Linie der pietistischen „integralen" Pädagogik. Nur durch eine pädagogische Manipulation des Evangeliums kann es zu Aussagen wie „Erziehung als Mithilfe zur Erlösung" kommen" [74].

4.3 Bei Uhsadel und Bohne wird das Christusgeschehen pädagogisiert. Die Analogie zwischen Christus und uns ist zu einlinig gesehen: Christus erscheint exemplarisch als das große Vorbild. Hier wird das „Ephapax" seines Kommens, der eschatologische Einbruch seiner Sendung, nicht deut-

71 a. a. O., S. 46 (Hervorhebung von mir).

72 a. a. O., S. 48 (Hervorhebung von mir). Dabei sieht Fankhauser vom Evangelium her deutliche Kriterien für die „Wertmaßstäbe unserer Vernunft"; denn es „handelt sich um *relative* Maßstäbe, die der Willkür der Meinungen ausgesetzt sind und die deshalb eines *Herrn* bedürfen, der ihr Oben und Unten, ihre Ordnung und ihre Grenzen bestimmt" (a. a. O., S. 50).

73 Vergleiche die Auseinandersetzung mit E. Weniger (Zum Gespräch zwischen evangelischer Theologie und Pädagogik, a. a. O., S. 126 ff), G. Otto (Verkündigung und Erziehung, Göttingen 1957, passim) und E. Reimers (Recht und Grenzen einer Berufung auf Luther in den Bemühungen um die evangelische Erziehung, Weinheim, o. J., S. 60 ff).

74 Meines Erachtens trifft dieser Vorwurf auf Uhsadel nicht zu.

lich. Der Abstand zwischen Christus und uns darf nicht mit pädagogischen Kategorien nivelliert werden.

4.4 Auch die in der Ekklesiologie liegende Dialektik von Bruderschaft und unverfügbarer Heilssetzung Gottes wird aufgelöst. Die Kirche wird zu einseitig soziologisch und pädagogisch als Erziehungsgemeinschaft interpretiert.
Um diese Schwierigkeiten zu vermeiden, haben vor allem K. Frör und H. Kittel eine differenziertere Begründung der evangelischen Erziehung versucht, auf die wir jetzt eingehen wollen.

II. Versuche einer differenzierten dogmatischen Deduktion

1. K. Frörs Konzeption einer evangelischen Erziehung

1.1 Begründung einer evangelischen Erziehung aus der Dialektik von Gesetz und Evangelium (frühe Phase)

Frör versucht bereits in seinem ersten Werk von 1933[75] die in den oben dargestellten Konzeptionen liegende Einlinigkeit der Begründung einer evangelischen Erziehung und die damit verbundene „Pädagogisierung" des Evangeliums zu vermeiden. Er setzt deshalb als lutherischer Theologe bei der Dialektik von Gesetz und Evangelium ein.
1.11 Evangelische Erziehung kann nicht einseitig unter dem *Gesetz*, als weltliches Werk im Raum der Schöpfungsordnungen, entworfen werden. Hier grenzt sich Frör von der Konzeption einer „weltlichen Erziehung", wie sie M. v. Tiling vertritt, ab[76]. Er setzt sich dabei ausführlich mit dieser Konzeption auseinander. Der rein „weltliche" Ansatz bei der Vernunft, wie ihn die „Wirklichkeitspädagogik" verlangt, ist theologisch nicht möglich. Dieser profane Weg hat folgende Fehler[77]:
Er hat den fraglichen Begriff der „Schöpfungsordnung" zur Voraussetzung. Ihre Pervertierung in der gefallenen Welt wird nicht ernst genom-

[75] K. Frör, Was heißt evangelische Erziehung?, München 1933. Vergleiche auch: Recht und Auftrag christlicher Erziehung, München 1936; Erziehung, Kirche und Staat in ökumenischer Sicht, in: Haus und Schule, 32. Jg., 1936, S. 34 ff.
[76] Was heißt evangelische Erziehung?, S. 19, Anmerkung 34. Die ausführliche Auseinandersetzung folgt S. 90 ff.
[77] a. a. O., S. 90 ff.

men. Es gibt keine „Schöpfungsordnung" ohne den Aspekt von Sünde und Erlösung.

Die Wirklichkeit des neuen Lebens, der aus der Verkündigung erwachsende Gehorsam des neuen Menschen, wird nicht als die Grundlage einer evangelischen Pädagogik erkannt. Stattdessen wird die neutestamentliche Ethik unreflektiert in die sogenannten Schöpfungsordnungen hineinprojiziert [78].

1.12 Evangelische Erziehung kann aber auch nicht einlinig vom *Evangelium* her abgeleitet werden. Hier grenzt sich Frör eindeutig von der sogenannten pietistischen Position ab, die von einem Ineinander von Verkündigung und Erziehung ausgeht. An dem Beispiel Chr. H. Zellers weist er die typischen Fehler dieser Deduktion aus dem Evangelium nach [79]:

Diese Konzeption hat ein falsches Erziehungsziel, das Erziehung und Erlösung vermischt: „Die wahre Erziehung ... soll uns zum ewigen Leben fähig machen" [80].

Diese Konzeption hat einen falschen Weg: Die Erziehungsmethode wird identifiziert mit dem Heilsweg des Christen, dem „ordo salutis".

Die Christusgestalt wird pädagogisiert: „Sein Erlösungswerk ... ist das wahre Erziehungswerk" [81].

Richtig ist nach Frör nur das Grundanliegen, daß es auch Erziehung unter dem Evangelium geben muß.

1.13 Wie sieht nun Frörs *dialektische Konzeption* inhaltlich aus? Sie setzt bei der biblischen Anthropologie ein, deren konstitutive Aussagen lauten: „Der Mensch ist Geschöpf, er ist Sünder, er ist Getaufter" [82]. Von dieser Grundlage aus läßt sich eine spezifisch evangelische Erziehung ableiten: Als Geschöpf und Sünder steht der Mensch unter dem Gesetz, als Getaufter und neuer Mensch unter dem Evangelium. Da er aber immer zugleich und unaufhebbar „creatura et peccator" und „iustus et peccator" [83] ist, behalten Gesetz und Evangelium für ihn immer zugleich Bedeutung. Auch für die „nova vita" [84] des Christen bleiben Gesetz und Evangelium verbindlich. Erziehung darf deshalb nicht einseitig nur auf Evangelium oder Gesetz verrechnet werden, sie gehört zu beidem. „Ganz unabhängig davon, ob der Zögling Glaubender ist oder nicht, heißt evangelisch er-

[78] Zur weiteren Klärung dieses Sachverhaltes vgl. die Auseinandersetzung mit M. v. Tilings Konzeption in diesem Kapitel B 1.

[79] K. Frör, a. a. O., S. 79—82.

[80] Chr. H. Zeller, zitiert nach Frör, a. a. O., S. 80.

[81] ebenda.

[82] a. a. O., S. 9.

[83] a. a. O., S. 11 und S. 13 ff.

[84] a. a. O., S. 17 ff.

ziehen: mit dem Gesetz erziehen"[85]. Zugleich kann aber das Gesetz nicht das ausschließliche Lebenselement der evangelischen Erziehung sein. „Das Evangelium hat seinen unaufgebbaren Ort in dieser Erziehung, und zwar einmal in der *Verkündigung*, die in, mit und unter der Erziehung den Zögling erreicht, und sodann in dem vom Evangelium, d.h. vom neuen Gehorsam Christi, soweit Gott ihn schenkt, geformten *Gesamtverhalten des Erziehers* ... Evangelisch ist also diese Gesetzeserziehung ... dadurch, daß die Menschen, denen der Zögling anvertraut ist, unter dem Evangelium leben, d.h. ... in der Gesamtheit ihres Handelns aus dem neuen Gehorsam heraus leben"[86]. Von daher behauptet Frör ein „fruchtbares Ineinander und Miteinander" von Gesetz und Evangelium[87]. Dieses Ineinander läßt sich nun allerdings nicht in starre Regeln fassen, sondern es sprengt „jedes logische System und jede verfügbare Methode". Aber darin liegt gerade der „Reichtum der Tiefe und Höhe, dessen eine evangelische Erziehung fähig ist"[88].

1.14 Die so verstandene Erziehung kann nun nicht einfach als ein „Spezialfall der allgemeinen Erziehung" angesehen werden. Sie ist „nicht ein Sonderfall der allgemeinen Erzieherarbeit, sondern ein Sonderfall des gesamten evangelischen Handelns"[89]. Genauso wie es ein „Handeln im neuen Gehorsam" gibt, gibt es auch ein „Erziehen im neuen Gehorsam". Es geht um Nächstenliebe in konkreter Gestalt[90]. „Die evangelische Erziehung muß demnach ganz grundsätzlich vom neuen Handeln des Christen im neuen Gehorsam her, und nicht etwa vom Wesen der Erziehung im allgemeinen her entworfen werden"[91]. Von daher betont Frör die Notwendigkeit, eine spezifisch evangelische Erziehung „sui generis" zu entwickeln.

1.15 Wie ist nun aber das Verhältnis dieser „evangelischen Erziehung" zur *allgemeinen Pädagogik* und zu deren „natürlichen Eigengesetzen" zu bestimmen? Hier zeigt sich bei Frör schon in der ersten Phase eine Sichtweise, die er später im Anschluß an die hermeneutische Pädagogik weiter entwickelt. Er versucht nicht, die natürlichen Eigengesetze aus dem Evan-

[85] a.a.O., S. 47; vgl. auch S. 50: „Gesetz als Wille Gottes, das ist das Konstitutiv aller evangelischen, d.h. sich im Raume der Kirche Christi, der Gemeinde des Dritten Artikels, vollziehenden Erziehung ..."

[86] a.a.O., S. 51.

[87] a.a.O., S. 53.

[88] a.a.O., S. 55.

[89] a.a.O., S. 29.

[90] a.a.O., S. 32; vgl. auch S. 31: „Den Ruf Gottes zum Dienst der Erziehung vernimmt der Christ *im* neuen Gehorsam *an* der konkreten Situation des Kindes."

[91] a.a.O., S. 99.

gelium abzuleiten, sondern er will sie von daher „gedeutet und verstanden“ wissen[92].

Die Eigengesetze stehen im Zusammenhang der christlichen Erziehung und werden dadurch neu interpretiert. „Die natürlichen Eigengesetze stehen mitten drin in dem Gesamtzusammenhang des vom Evangelium geschenkten und beherrschten erziehenden Handelns, und zwar als die ‚Gelegenheiten Gottes‘, an denen es konkret werden kann“[93]. Von der Gesamthaltung werden Einzelentscheidungen getragen. Von der Person her fallen Sachentscheidungen. Die Person des christlichen Erziehers hat in den pädagogischen Sachfragen eine kritisch-rezeptive und regulative Funktion. Deshalb postuliert Frör eine Haltung, die „in lebendiger Doppelheit gleichzeitig in freudigem und offenem Nehmen und wachsamem und entschiedenem Abwehren“[94] besteht. Es handelt sich dabei nicht um ein „feststehendes Verhältnis, sondern um eine lebendige Haltung“[95]. Wieweit sich hieraus allerdings gewisse Grundstrukturen einer evangelischen Pädagogik ergeben, die über eine „Situationspädagogik“ hinausführen, wird hier inhaltlich noch nicht im einzelnen ausgeführt. Dazu führen erst die Überlegungen in der dritten Phase.

1.16 Bei der Erörterung des *Ziels der Erziehung* ist Frör sehr viel vorsichtiger als Bohne und Uhsadel. Hier sieht er als methodisch verfügbares Ziel nur eine Erziehung zum Gesetz[96]. Das „einzige wirklich evangelische Ziel der Erziehung kann also nur das eine sein, daß in dem Leben des Zöglings soweit wie möglich der Wille Gottes nach dem Gesetz geschieht“[97]. Das Evangelium hat die Aufgabe, diese Gesetzeserziehung unter das rechte Licht zu stellen, das heißt vom vergebenden Wort her und auf die Vollendung, die Gott selbst schaffen wird, hin zu deuten. So wird Gesetzeserziehung evangelisch.

Abschließend erörtert Frör das Verhältnis von Erziehung und Verkündigung: Seine hier entwickelte dialektische Lösung könnte im Sinne der chalcedonensischen Formel „unvermischt“ und „ungetrennt“ interpretiert werden. Er lehnt die „pietistische Identifikation“, aber auch das „Prokrustesbett“ der Trennung ab[98]. „Verkündigung und Erziehung stehen ... nicht nebeneinander wie zwei aneinander gebaute Häuser, sondern sie durchdringen einander ...“[99].

[92] a. a. O., S. 58.
[93] a. a. O., S. 63.
[94] a. a. O., S. 67.
[95] a. a. O., S. 68.
[96] a. a. O., S. 102.
[97] a. a. O., S. 103.
[98] a. a. O., S. 108.
[99] a. a. O., S. 111: „Zwischen evangelischer Verkündigung und evangelischer Erziehung gibt es keine Brandmauer.“

„Erziehung braucht immer wieder die Verkündigung" — „Verkündigung braucht immer wieder die Erziehung". „Erziehung wird immer wieder zur Verkündigung" — „Verkündigung wird immer wieder zur Erziehung"[100].
Von daher kommt er zu seiner über die Verkündigungstheorie hinausführenden Konzeption eines „erziehenden Religionsunterrichts"[101].

1.2 Begründung einer evangelischen Erziehung aus der Zweiregimentelehre (zweite Phase)

Im Jahre 1952 versucht Frör in einem zweiten Durchgang zu dem Themenkreis Verkündigung und Erziehung eine Weiterführung seiner Position von 1933[102]. Er greift dabei die dialektische Konzeption auf, vertieft sie aber theologisch im Sinne der lutherischen Zweiregimentelehre. Ziel dieser Arbeit war eine Befruchtung des Gesprächs zwischen Theologie und Pädagogik, das damals gerade neu in Gang gekommen war.
Ausgangspunkt dieser zweiten Konzeption ist „Gottes Verfügung über den Menschen in seinem weltlichen und geistlichen Regiment"[103]. Damit setzt Frör wieder bei der biblischen Anthropologie ein.

1.21 Erziehung unter dem weltlichen Regiment

Stärker als in der Frühphase betont Frör hier die Erziehung unter dem weltlichen Regiment als „weltliches Werk". Theologisch leitet er sie aus dem Zeugnis der biblischen Urgeschichte, besonders dem Noahbund ab (Erhaltung und Bewahrung der gefallenen Menschheit mitten im Todesgericht auf Christus hin). Hier nähert er sich der Konzeption Hammelsbecks. „Dieses weltliche Regiment Gottes ist der Raum, innerhalb dessen theologisch legitim etwas über die Erziehung ausgesagt werden kann"[104]. Deshalb betont er klar die Trennung von Erziehung und Verkündigung[105]. Jede Vermischung ist abzulehnen.
Worin sieht Frör das Ziel dieser „weltlichen" Erziehung? Er faßt es unter den drei Urrelationen aus der biblischen Urgeschichte: Die Aufgabe des Erziehers besteht darin, „dem werdenden Menschen zu helfen, daß er das werden kann, was er nach Gottes Willen werden soll"[106]. Ziel ist der

[100] a. a. O., S. 108 ff.
[101] Vgl. dazu in Kapitel 2 den Abschnitt A 4 über Frörs Konzeption des Religionsunterrichts.
[102] K. Frör, Erziehung und Kerygma, München 1952.
[103] a. a. O., S. 13.
[104] a. a. O., S. 29.
[105] a. a. O., S. 30.
[106] a. a. O., S. 34.

Mensch in seiner dreifachen Verantwortung gegenüber Gott, gegenüber dem Nächsten, gegenüber der Welt.

1.22 Erziehung unter dem geistlichen Regiment

Das weltliche Regiment steht nach Frör unter einem eschatologischen Gefälle auf das Ende hin, auf die „Neuschöpfung, die unter dem geistlichen Regiment geschieht". Ziel des geistlichen Regiments „ist die Sammlung der endzeitlichen Heilsgemeinde, der neuen Menschheit"[107]. Sie steht unter der Gabe Gottes (Vergebung, Wiedergeburt, Erlösung) und unter der Aufgabe, das Evangelium recht zu hören und unter Christus recht zu leben. Hieraus ergibt sich eine eigene pädagogische Dimension, die aus der schöpferischen Kraft des Christuslebens in der christlichen Gemeinde erwächst. Es ist der innergemeindliche Erziehungsauftrag, den Frör mit vier Kategorien faßt: „Belehren, Vorleben, Erziehen, seelsorgerlicher Zuspruch"[108]. Das hat eine doppelte Konsequenz:

Die gemeindliche Erziehungsaufgabe muß umfassend gesehen werden; sie bezieht sich nicht nur auf den Religionsunterricht, was in der damaligen Situation von Frör unreflektiert vorausgesetzt wird, sondern auf eine pädagogische Gesamthaltung. Im Anschluß an H. Kittel verlangt er, daß das Wort Gottes „im gesamten Leben der Schule gehört wird"[109]. Oberstes Prinzip ist für ihn die „Ganzheit christlicher Existenz"[110].

Zum zweiten betont er wieder den „erzieherischen Charakter" des Religionsunterrichts. Der Religionsunterricht muß „an der Erziehungsaufgabe im Sinne der Übung und Gewöhnung teilhaben"[111].

Vorsichtig bleibt Frör bei der Begründung und der Zielsetzung des Erziehungsauftrags unter dem geistlichen Regiment. Er möchte ihn nicht von der Taufe, sondern universaler von Gottes Handeln an allen Menschen her begründet sehen. Bei der Zielsetzung zeigt sich wieder die bereits oben genannte Zurückhaltung gegenüber allen christlichen Bildungsidealen. Frör verzichtet im Unterschied zu Bohne und Uhsadel auf verschwommene christlich-idealistische Zielangaben.

1.23 Die Schwierigkeit dieses Konzepts der zweiten Phase liegt in einer gewissen Doppelgleisigkeit, die Frör offensichtlich unterschwellig selbst spürt[112]. Er stellt zwar wieder das schon von früher bekannte Postulat

[107] a.a.O., S. 41 und 42.
[108] a.a.O., S. 45 ff.
[109] a.a.O., S. 46.
[110] a.a.O., S. 48.
[111] a.a.O., S. 51. Was sich daraus für die Theorie des Religionsunterrichts speziell ergibt, siehe Kapitel 2.
[112] a.a.O., S. 56.

des „nicht identisch, ungeschieden, aber doch unvermischt" auf[113]. Doch die Frage, wie beide Erziehungskonzeptionen aufeinander und miteinander wirken, wird in dieser Veröffentlichung nicht geklärt. Darauf geben erst spätere Entwürfe eine klarere Antwort.

1.24 Die „relative Autonomie" der Pädagogik

Frör lehnt jede Klerikalisierung der Pädagogik bewußt ab und betont deshalb ihre relative Autonomie. Allerdings legt er Wert darauf, daß die Autonomie nicht nur in Frontstellung gegen Klerikalisierung, sondern genauso gegen jede andere ideologische und totalitäre Überfremdung der Pädagogik behauptet werden muß. Hier sieht er bis heute die größere Gefahr. Die Entmythisierung und Entsakralisierung darf nicht durch eine Gegenideologisierung, wie sie hinter einem wissenschaftlichen *Positivismus* stehen kann, wieder verspielt werden. Die Vollmacht und Unabhängigkeit des Erziehers muß gegen *alle* Mächte unserer Zeit geschützt bleiben.

1.3 K. Frörs hermeneutische Konzeption einer evangelischen Erziehung im Anschluß an die hermeneutische Pädagogik (dritte Phase)

In zahlreichen Einzelaufsätzen[114] seit 1960 sucht Frör die Begründung einer evangelischen Erziehung weiter zu differenzieren und der heutigen Diskussion anzupassen. Dabei geht es ihm im wesentlichen um ein Doppeltes: um die Begründung des direkten Erziehungsauftrages der Kirche und um die Frage nach der Mitverantwortung der Kirche für die Erziehung (indirekter Erziehungsauftrag). Damit sind die beiden Problemkreise angesprochen, die uns im 3. und 4. Kapitel hauptsächlich zu beschäftigen haben.

1.31 Der direkte Erziehungsauftrag der Kirche

Frör leitet — ähnlich wie Uhsadel — aus der Struktur der christlichen

[113] a. a. O., S. 57.

[114] K. Frör, Die theologische Lehre von Gesetz und Evangelium und ihre Bedeutung für die Pädagogik, in: Glauben und Erziehen (Bohne-Festschrift), Neumünster 1960, S. 97—106 (zit. Bohne-Festschrift); Die Bedeutung des trinitarischen Glaubens für unseren Erziehungs- und Bildungsauftrag, Vorträge der Erziehungs- und Schulkonferenz, Bielefeld 1962, S. 5—21; Die Kirchen, ihr Miterziehungsauftrag und Miterziehungswille, in: Die Pädagogische Provinz, 15. Jg., 1961, S. 588—605 (zit. Miterziehungsauftrag); Das Gespräch zwischen Erziehungswissenschaft und evangelischer Theologie, in: Westermanns Pädagogische Beiträge, 16. Jg., 1963, S. 97—109 (zit. Gespräch); Artikel „Erziehung II: Probleme der christlichen Erziehung", in: RGG, 3. Auflage, Band II, Sp. 638—641 und Artikel „Pädagogik III Theologisch" in: RGG, 3. Auflage, Band V, Sp. 14—18.

Gemeinde theologisch und pädagogisch den Erziehungsauftrag ab. Dabei bemüht er sich allerdings, eine einseitige „Pädagogisierung" der Kirche durch *dialektische* Aussagen zu vermeiden.

1.311 Die Kirche ist als „leibliche Versammlung und Bruderschaft" [115] ein „geschichtliches Gemeinwesen" sui generis und hat von daher eine institutionelle und soziologische Komponente, die „zu ihrem Wesen und zu ihrem Dasein in der geschichtlichen Welt gehört" [116]. Hier folgt er den theologischen Prämissen Bonhoeffers. „Die Wirklichkeit der christlichen Gemeinde schafft eine Lebensgemeinschaft, die die natürliche Mitmenschlichkeit transzendiert, diese aber zugleich mitbestimmt und mit ihren Wirkungen durchdringt" [117]. Deshalb gehört es zum Wesen der Kirche, daß „sie den jungen Menschen in verbindliche und verpflichtende Lebensformen hineinstellt" [118].

1.312 Zugleich muß aber deutlich gesehen werden, daß das eigentliche Geschehen in der Kirche, das Wirken des Geistes, das eschatologische Schöpfungswerk, in diesen Strukturen nicht verfügbar wird. Das Hineinführen in die Lebensformen der Gemeinde ist ein hilfreicher Dienst, der aber zum Vorletzten und nicht zum Letzten gehört. „Das Wirken des gegenwärtigen Christus, der durch Wort und Sakrament den Glauben wirkt und den neuen Mensch schafft, muß deutlich unterschieden werden von allem menschlichen Gewöhnen und Erziehen" [119]. Deshalb lehnt Frör auch im innergemeindlichen Raum jede Integration von Verkündigung und Erziehung ab und spricht von einer „lebendigen Wechselwirkung", von einem „unverrechenbaren, aber auch unauflösbaren Ineinander von freier göttlicher Schöpferwirkung und kreatürlich-menschlichem Dienst" [120]. Zu den Konsequenzen, die sich aus der starken Betonung des innergemeindlichen Erziehungsauftrags im einzelnen ergeben, wird im 3. Kapitel ausführlich Stellung genommen.

1.32 Die Mitwirkung der Kirche bei der Interpretation der Erziehungswirklichkeit

1.321 In seinen Artikeln in der RGG [121] und in den späteren Aufsätzen begründet Frör seine Konzeption einer „evangelischen Erziehung" unter Zuhilfenahme der Kategorien der hermeneutischen Pädagogik und nähert sich damit der Konzeption Ottos an. „Wo das lebendige Wort Gottes als

[115] K. Frör, Miterziehungsauftrag, S. 589.
[116] a. a. O., S. 590 im Anschluß an Bonhoeffer.
[117] Gespräch, S. 108.
[118] Miterziehungsauftrag, S. 590.
[119] a. a. O., S. 591.
[120] ebenda.
[121] Siehe oben unter Anmerkung 114.

Gesetz und Evangelium in die Phänomene des Erziehens hineingesprochen wird, werden diese neu interpretiert und ... in spezifischer Weise modifiziert"[122]. Dabei geht Frör ähnlich wie Otto[123] davon aus, daß Gesetz und Evangelium die Erziehungswirklichkeit nicht direkt im Sinne der alten „normativen Pädagogik" bestimmen dürfen. Sie können nur über die Person des Erziehers in die Sachbezüge hineinwirken. Vom „Vorverständnis" des Erziehenden aus fallen Sachentscheidungen im pädagogischen Feld. Hier nimmt Frör Gedankengänge von W. Flitner auf: „Welche Position der Erzieher auch einnimmt, sei es die christliche oder eine des philosophischen Glaubens ..., in jedem Fall wird diese Position seine Erziehertätigkeit in Mitleidenschaft ziehen. Aber auch der wissenschaftlich über diese Tätigkeit nachdenkende Erzieher wird durch seine Glaubensposition in seiner Wissenschaft betroffen werden ... Der Glaube schließt die Vernunft auf ... Die Wissenschaft würde keine Substanz haben, wenn sie nicht aus dem vorwissenschaftlichen Leben schon Glaubensüberzeugungen, Normen der Gesittung und idealisches Sehen des rechten Verhaltens und Seins in gesitteten Lebensformen als Wahrheiten empfangen hätte, die dort erfahren worden sind"[124]. Nun darf aber diese Interpretation und Modifizierung pädagogischer Sachverhalte vom Evangelium her nach Frör nicht nur „je und je", rein aktualistisch erfolgen. „Die Auslegung der personalen Situationen vom Christsein des Erziehers her ist wohl in ihrem Ursprung durch die personale Existenz des Glaubenden bestimmt. Sie kann aber nicht punktuell darauf beschränkt bleiben. Sie ist vielmehr konkret nur realisierbar, wenn sie offen ist für die Kommunikation mit anderen und für sie fruchtbar wird, indem sie sich in zusammenhängenden und der Überlieferung zugänglichen *Verstehens- und Verhaltensweisen* niederschlägt. Es ist darum eine wesentliche Aufgabe der theologischen Pädagogik, *Maßstäbe auszuarbeiten,* die als verpflichtende und hilfreiche Weisung für die Erziehung dienen können"[125]. Damit geht Frör über Otto hinaus. Er möchte die Alternative zwischen einer prinzipiellen „Situationspädagogik" und einer dogmatischen „Normenpädagogik" überwinden[126].

Wie sieht das praktisch aus? Hier werden von ihm einzelne Elemente

[122] Gespräch, S. 107.

[123] Siehe in diesem Kapitel Abschnitt B 3.

[124] W. Flitner, Das Selbstverständnis der Erziehungswissenschaft, Heidelberg 1957, S. 30 f.

[125] K. Frör, RGG V, Artikel Pädagogik III, Sp. 17, Nr. 4 (Hervorhebungen von mir).

[126] „Die theologische Pädagogik kann diese Aufgabe nur lösen, indem sie einen Weg geht, der über die Alternative einer prinzipiellen ‚Situations-Pädagogik' und einer dogmatischen ‚Normen-Pädagogik' hinausführt" (ebenda).

zusammengetragen, die allerdings noch keine geschlossene Konzeption ergeben. Es ist fraglich, ob sie überhaupt erreicht werden kann, wenn man nicht doch wieder in die christlich-idealistische Normenpädagogik zurückfallen will.

1.322 Die Auslegung des pädagogischen Wirklichkeitsfeldes unter dem Evangelium

Hier versucht Frör, mit Hilfe der Kategorie der „Analogie" gewisse Strukturen einer evangelischen Pädagogik abzuleiten:

Erziehung wird zu einem Spiegelbild des Handelns Gottes am Menschen, zu einer „Abschattung des Evangeliums". Genau wie die Liebe Gottes allem zuvorkommt, was die Gemeinde tut, so ist in jeder rechten Erziehung die pädagogische Vorgabe das Primäre, „die alle dem weit vorausliegt, was vom Kinde gefordert wird"[127].

Erziehung ist zu verstehen als Ruf zur Erwiderung auf diese Vorgabe durch Liebe und Gehorsam[128].

Erziehung lebt aus der Vergebung. Die Heilung der mitmenschlichen Gemeinschaft durch die Vergebung hat pädagogische Relevanz. Hier greift Frör Gedanken auf, die bei Bohne und Kittel eine zentrale Rolle spielen. Vergebung ist entscheidend für das pädagogische Klima[129].

1.323 Die Auslegung des pädagogischen Wirklichkeitsfeldes unter dem Gesetz

Genausowenig wie „Erziehung zum Evangelium werden kann", kann „Erziehung zum Gesetz werden im Sinne des paulinischen Nomosbegriffs". Erziehung kann aber unter Umständen zu einer Abschattung des göttlichen Gesetzes werden, d.h. „das Strafamt des Erziehers wird neu verstanden". Das Gebot bekommt eine vertiefte Autorität. Dahinter steht Gott der Vater mit dem unverbrüchlichen Ernst des Gerichtes. Zugleich spürt das Kind etwas von der tragenden und letztlich heilenden Kraft des Gebotes[130].

[127] Gespräch, S. 108; vgl. auch Bohne-Festschrift, S. 102 ff.

[128] ebenda.

[129] Gespräch, S. 108.

[130] Bohne-Festschrift, S. 104 und Gespräch, S. 108/109. Eine ähnlich differenzierte Begründung einer „Paideia unter dem Evangelium" wie K. Frör („trinitarische" Auslegung des Erziehungsphänomens) versucht auch W. Jentsch in seiner Theologie der Jugendseelsorge (Handbuch der Jugendseelsorge, Teil II, Gütersloh 1963, S. 297 ff, vor allem S. 316 ff), in der er einen instruktiven Überblick über die Diskussion bis 1962 gibt. Vgl. dazu auch seine Studie: Urchristliches Erziehungsdenken, Gütersloh 1951, S. 288.

2. Die Konzeption H. Kittels

2.1 Der Lehrer als Christ

Kittels grundlegende Schrift, die seine Konzeption einer evangelischen Erziehung klar umreißt, ist das schon im Titel programmatische Buch „Der Erzieher als Christ“[131]. Darin versucht er die Begründung einer evangelischen Erziehung von einem bewußt „personalen Ansatz“ aus, der sich in der Folgezeit als sehr hilfreich erweisen sollte. Diese Sichtweise, die eine doppelte Frontstellung gegenüber zwei extremen Positionen beinhaltet, ist zusammengefaßt unter dem Stichwort: *Lehrersein unter dem Evangelium.* Dabei nimmt Kittel — ähnlich wie Frör — seinen Ausgang von Luther.

2.11 Auf der einen Seite sieht Kittel im Anschluß an die Zweiregimentelehre Luthers zunächst die allgemeine sittliche Überlieferung des Abendlandes. Der Raum der Erziehung ist der des *Gesetzes,* das uns in der überlieferten abendländischen Tradition überkommen ist. Insofern ist „christliche Erziehung“ eingebettet in die *allgemeine* Sittlichkeit. Das Gesetz des Lehrerstandes „ist zunächst durch seine Überlieferung geformt. Diese in allem Ernst aufzunehmen, zu Gehör zu bringen, wird also unsere erste Aufgabe sein“[132]. Das Christentum hat eine „Sendung im Wirkungsraum der abendländischen Sittlichkeit“[133]. Damit will Kittel allem christlichen Idealismus eine Absage erteilen und die Weltlichkeit des erzieherischen Handelns im Sinne Luthers festhalten. „Wir gründen keine besondere christliche Sittlichkeit für den Lehrer. Wir gehen vielmehr christlich mit dem Gesetz um, das allen gilt, die heute im Lehramt stehen und suchen zu zeigen, daß die Liebe Christi auch die Erfüllung dieses Berufes ist“[134].

2.12 Zugleich wird aber die „weltliche“ Sittlichkeit im Raum der Erziehung nicht autonom gesehen. Sie ist bedroht durch die „gefährliche Verführungsmacht“, die Kittel im amoralischen „Renaissancemenschentum“ sieht[135]. Deshalb bekommt das *Evangelium* eine entscheidende Relevanz für das „weltliche“ Erziehungsfeld:

2.121 „Die dieser Sittlichkeit Entlaufenen ruft die Verkündigung des Evangeliums heim unter ihr Gesetz. Denen, die diesem Gesetz ‚autonom‘ dienen, verkündet sie, daß dieser Dienst getan werden müsse in Gehor-

[131] H. Kittel, Der Erzieher als Christ, Göttingen 1951, 1953 und 1961 (zit. nach der 3. Auflage).

[132] Der Erzieher als Christ, S. 29.

[133] a. a. O., S. 28.

[134] a. a. O., S. 29.

[135] a. a. O., S. 28.

sam gegen Gottes Wort und nach dem Maßstab des Heiligen“ [136]. Damit hat das Evangelium eine *erhellende und sachkritische Funktion:* „Je lebendiger der Glaube eines Christen ist, ... desto heller werden seine Augen für das von der Stunde Geforderte. Der Rechtgläubige sieht, wie die überlieferten sittlichen Regeln immer unvollkommen sind“ [137].

2.122 Die wahre *Erfüllung* dieser Sittlichkeit ist nur durch die in Christus geschenkte Vergebung möglich. Deshalb heißt Lehrersein unter dem Evangelium „Lehrersein unter der Vergebung“ [138]. Das Leben aus der Vergebung hat nach Kittel für die Existenz des Lehrers entscheidende Konsequenzen. Lehrer unter dem Evangelium sein heißt: „Hörer werden“, „mit dem Evangelium leben“ und von daher immer wieder einen Neubeginn wagen [139].

2.13 Dieses Lehrersein aus der Vergebung ist nach Kittel nun aber nicht im Alleingang möglich, sondern nur von der *Vergebungsgemeinschaft der Kirche* her. Dabei tritt die Kirche nicht als Institution, sondern als Personengemeinschaft in den Vordergrund. Der christliche Lehrer lebt in und von der Gemeinde Christi. Insofern kann Kittel den christlichen Lehrer — nicht nur den Religionslehrer — als kirchlichen Amtsträger sehen, dessen Auftraggeber aber primär Jesus Christus ist, nicht die Institution Kirche. Durch die personale Bindung an Christus ergibt sich die Bindung an die Gemeinde [140]. Dabei ist allerdings die Frage nicht geklärt, inwiefern die Institution Kirche als Hilfe und Dienst gerade für das Christsein des einzelnen verstanden werden muß. Eine Antithese „personale Gemeinschaft — Institution“ ist jedenfalls theologisch fraglich und pädagogisch unfruchtbar. Hier muß noch wesentlich weitergedacht werden [141].

2.14 Zusammenfassung

Im Mittelpunkt der Erziehungskonzeption Kittels von 1954 steht der evangelische Lehrer. Das ist das Eigenwillige dieses Entwurfs. Kittel denkt nie von Abstraktionen oder Institutionen aus, sondern immer von

[136] ebenda.

[137] a. a. O., S. 22.

[138] a. a. O., S. 28: „In Christus haben wir Vergebung unserer Sünde und das Geschenk jener Liebeskraft aus Gott, die das Gesetz zu erfüllen vermag freudig und frei.“

[139] a. a. O., S. 33 f.

[140] Vgl. a. a. O., S. 119 ff und ausführlicher in: Vom Religionsunterricht zur Evangelischen Unterweisung, Hannover 1947, 1957[3], S. 39 f. „Der Christus, der uns in unser Amt ruft, entläßt uns mit ihm nicht aus seiner Nähe, sondern bindet uns mit diesem Amt an sich; das heißt, er bindet uns mit seinem Lehrauftrag in seine Gemeinde hinein“ (S. 40).

[141] Vgl. in Kapitel 2 Kittels Stellung zum Religionsunterricht und Kapitel 4.

Personen her. Christliche Erziehung ist deshalb für ihn kein Programm, sondern nur möglich in „personaler Repräsentanz". Deshalb kämpft er mit Leidenschaft um den „geistlich mündigen Lehrer" [142]. Jede theoretische Abgrenzung einer evangelischen Pädagogik und jede institutionelle Sicherung einer christlichen Schule hat er bis heute abgelehnt.

2.2 *Evangelische Erziehung und allgemeine Pädagogik*

Auf diesen Fragenkreis geht Kittel in seiner Religionspädagogik von 1970 ausführlich ein [143]. Darin lehnt er die Entwicklung einer speziellen evangelischen Erziehungslehre ab. Er hält bewußt an der „relativen Autonomie" der Pädagogik fest. Es ist für ihn klar, daß das alte Modell der Erziehungswissenschaft als „ancilla theologiae" hinfällig ist [144]. Er fordert eine echte Begegnung in Gestalt einer interdisziplinären Zusammenarbeit. „Es geht in den heutigen Beziehungen zwischen Erziehungswissenschaft und Theologie nicht nur ... um ein interdisziplinäres Gespräch, sondern um eine interdisziplinäre Kooperation ... Das Gespräch gerät hier in den Dienst der Kooperation, indem es Hörwilligkeit weckt, Hilfsbereitschaft schafft, gemeinsam zu lösende Aufgaben aufdeckt und die sprachlichen Verständigungsmöglichkeiten fördert" [145]. Dabei gibt es Richtungen, mit denen eine Kooperation näher liegt. Aber Kittel möchte sich nicht darauf beschränken. „Die Theologie muß sich auf die Erziehungswissenschaft *aller* Richtungen bezogen wissen". Sie kann „auch aus dem Umgang mit höchst unchristlichen pädagogischen Theorien christliche Erträge gewinnen" [146].

III. Die schulpolitischen Konsequenzen dieser deduktiven Konzeptionen

Die Konzeptionen einer evangelischen Erziehung, wie sie unter I und II entwickelt wurden, gipfelten immer in einer klaren schulpolitischen Forderung, die wir unter dem Stichwort „Christliche Schule" zusammenfassen können. Dabei zeigte es sich allerdings, daß dieser Begriff ein

[142] Vgl. seine Thesen zum Loccumer Referat „Schule unter dem Evangelium — 1968", Abzug des Religionspädagogischen Instituts Loccum.
[143] H. Kittel, Evangelische Religionspädagogik, Berlin 1970.
[144] a. a. O., S. 109.
[145] a. a. O., S. 112.
[146] a. a. O., S. 114. Kittels schulpolitische Konsequenzen siehe im folgenden Abschnitt.

Sammelname für ein breites Spektrum schulpolitischer Möglichkeiten war. Gemeinsames Anliegen dieser Konzeptionen war, daß die evangelische Erziehung immer ein Schulwesen unter dem Evangelium zur Folge haben müsse, und daß die Kirchen über den Religionsunterricht hinaus gerade auch im Bereich der anderen Fächer einen entscheidenden Auftrag zu erfüllen hätten. Dafür steht ein Wort Kittels, das für alle gelten könnte: „Was heißt es inhaltlich, von Gott in die Verantwortung für die Schule gerufen zu sein? ... Einmal, daß es uns zur Pflicht gemacht wird, für die Verkündigung des Evangeliums in der Schule Sorge zu tragen ... Sodann wird uns von Gott auf das Gewissen gelegt, daß sein Wort, wenn es nun in der Schule verkündet wird, auch Raum in ihr gewinnt, daß es nicht in ein oder zwei Wochenstunden ‚Religionsunterricht' eingesperrt bleibt, sondern daß es im gesamten Leben der Schule gehört wird ..." [147]. Der gleiche Gedankengang findet sich bei Bohne: „Geschieht die Erziehung auf dem Boden des christlichen Glaubens, so bedeutet das zum Beispiel, daß in der Volksschule auch der Lehrer, der keine christliche Unterweisung erteilt, sich mitverantwortlich wissen wird für die religiöse und christliche Erziehung der Kinder" [148]. Noch weiter geht Frör: „In der lebendigen Wirklichkeit der Schule, besonders der modernen Schule, muß der Lehrer jeden Augenblick bereit sein, ins Zentrum der Glaubensverkündigung vorzustoßen" [149].
Die Konsequenzen, die aus diesem gemeinsamen Ansatz gezogen wurden, waren sehr unterschiedlich. Sie reichten von der Forderung der Bekenntnisschule (Frör) bis hin zur „Schule unter dem Evangelium" (Kittel), die nur als christliche Gemeinschaftsschule verstanden werden darf. Dabei ist klar, daß hinter diesen Forderungen auch die jeweiligen schulpolitischen Möglichkeiten in den einzelnen Bundesländern standen, die mit Hilfe dieser Theorien untermauert werden sollten. Insofern lag der Unterschied nicht so sehr im Ansatz, als in der praktischen Verwirklichungsmöglichkeit.

1. Die Forderung der „Bekenntnisschule"

Diese Schulgattung wurde von Frör lange Jahre als die beste Möglichkeit, evangelische Erziehung zu verwirklichen, gefordert. Dabei ist es wichtig zu sehen, daß hier nicht — wie so oft vorgeworfen wird — „Klerikalisierungs- oder Ideologisierungstendenzen" zugrundelagen [150]. Diese For-

[147] H. Kittel, Der Erzieher als Christ, S. 109.
[148] G. Bohne, Grundlagen I, S. 252.
[149] K. Frör, Erziehung und Kerygma, S. 46.
[150] Vgl. K. Frör, a. a. O., S. 46; vgl. auch Miterziehungsauftrag, S. 597.

derung ergab sich vielmehr aus dem Ansatz der christlichen Erziehung, wie er unter II dargestellt wurde. Vor allem die „Ganzheit der christlichen Existenz“ [151], die diakonische Verantwortung der Gemeinde für ihre Glieder in der Schule [152] und die daraus abgeleitete Erziehungsaufgabe des Religionsunterrichts machten nach Frörs Ansicht diese Forderung notwendig. Dabei hielt er die Bekenntnisschule nicht für die einzige, wohl aber für die beste Lösung. „Die freie Partnerschaft zwischen Schule und Kirche ist am besten in der Bekenntnisschule zu verwirklichen“ [153]. Sie diene dem Frieden und der Toleranz, sie ermögliche die ganzheitliche Erziehung auch in der Freiheit des Lehrens. Allerdings erkannte Frör schon frühzeitig, daß in vielen Fällen „die Bekenntnisschule kaum anders als in der Form der kirchlichen Privatschule oder der sogenannten Beispielschule zu verwirklichen ist“ [114]. Hier trifft er sich mit H. Kittel [155]. Inzwischen ist die Entwicklung über die Bekenntnisschule hinweggegangen. Dabei muß man allerdings sehen, daß ihr Scheitern nicht so sehr auf den theologischen oder pädagogischen Ansatz zurückzuführen war, sondern auf den immer größer werdenden Widerspruch zwischen Theorie und Praxis. Die Bekenntnisschule war in ihrem Bestand letztlich immer von der Person des in ihr arbeitenden christlichen Lehrers, also von der „personalen Repräsentanz“ im Sinne Kittels abhängig. Sie war als institutionell abgesicherte Form nie in der Lage, die Substanz zu schützen und wurde deshalb je länger je mehr zu einem leeren Rahmen, der inhaltlich nicht mehr gefüllt werden konnte. Die Aporien zwischen dem ganzheitlichen Anspruch und der faktischen Wirklichkeit haben unausweichlich ihr Ende herbeigeführt.

2. Die Forderung der „christlichen Schule“

Vorsichtiger in den schulpolitischen Forderungen, wenngleich im Grundsatz mit Frör völlig einig, sind Bohne und Uhsadel.

2.1 Bohne fordert schon in seiner Frühschrift die christliche Schule. Er definiert, wie sie aussehen soll: „Die christliche Schule ist also nicht, wie man fast durchweg darstellt, die Schule, die eine einheitliche, spannungslos vom Evangelium durchwaltete und von ihm geformte Bildung ver-

[151] Erziehung und Kerygma, S. 48; vgl. auch: Miterziehungsauftrag, S. 593.
[152] Erziehung und Kerygma, S. 50 — Stichwort: Schulgemeinde.
[153] Miterziehungsauftrag, S. 599.
[154] ebenda.
[155] H. Kittel, Schule unter dem Evangelium (Päd. Studien 2), Braunschweig 1949, bes. S. 33 ff.

mittelt“ [156]. „Darin liegt ihr christlicher Charakter, daß sie der Krisis des Evangeliums offen ist, daß sie dem Religionsunterricht *Raum gibt,* mit dem Wort Gottes dem jungen Menschen zu begegnen, und daß sie die Wirkung dieses Wortes nicht auf den Kreis des Religionsunterrichts zu beschränken und es damit zu isolieren sucht, sondern daß sie bereit ist, auch in der Gesamterziehung sich dieser Krisis zu unterstellen; daß sie also die ewige Spannung nicht nur duldet, sondern bejaht“ [157]. Dabei steht Bohne in der frühen Phase durchaus der Bekenntnisschule nahe, die er der sogenannten weltlichen Schule und auch der Gemeinschaftsschule [158] vorzieht.

2.2 Uhsadel betont die Bedeutung der christlichen Schule sogar vor der Familie: „Die Schule hat dank der pädagogischen Vorbildung und Erfahrung ihrer Mitarbeiter die Möglichkeit, die erzieherischen Kräfte, die die Gemeinde ausströmt, besser zu erkennen und auszuwerten, als die Familie es vermag“ [159]. Dabei ist wichtig, daß die evangelische Erziehung in der Schule nicht auf den Religionsunterricht eingeschränkt wird, „weil dadurch die Erziehung auf den Unterricht — vielleicht sogar in einer bestimmten, schulfremden Form — zurückgedrängt würde, aber auch deswegen, weil das Schulleben dadurch von den Kräften, die ihm durch eine evangelische Erziehung zugeführt werden könnten, abgesperrt würde“ [160]. Dabei läßt Uhsadel den Streit zwischen Bekenntnisschule und Gemeinschaftsschule unentschieden [161]. Er möchte die persönliche Entscheidung und Verantwortung des Lehrers in den Vordergrund stellen und nähert sich damit Kittel.

3. Die Forderung der „Schule unter dem Evangelium“

3.1 Im Gegensatz zu Frör lehnt Kittel bereits in seiner Schrift „Schule unter dem Evangelium“ [162] die Bekenntnisschule ab. Kittel schlägt eine eigene Form der evangelischen Schule zwischen der Konfessionsschule im

156 G. Bohne, Das Wort Gottes, S. 268.
157 a. a. O., S. 268 f.
158 a. a. O., S. 270.
159 W. Uhsadel, Religiöse Erziehung — evangelisch, Handbuch für Lehrer, Band 3, S. 330.
160 ebenda.
161 ebenda.
162 H. Kittel, Schule unter dem Evangelium; vgl. auch: Das Problem der Konfessionalität, in: Die Erziehung, 6. Jg., 1931, S. 91 ff; jetzt wieder abgedruckt in: Studien zu Religionspädagogik und Lehrerbildung I, Dortmund 1968, S. 9 ff; Evangelische Schulpolitik, in: Die Sammlung, 9. Jg., 1954, S. 428 ff.

katholischen Sinn und der Simultanschule vor. Er will dabei bewußt die Rechtsform der Simultanschule bestehen lassen, bezeichnet sie aber zugleich als „Schule unter dem Evangelium", nicht wegen „vorgegebener Richtlinien oder Programme", sondern „weil die Lehrer einer solchen Schule als evangelische Christen gemeinsam an einem Werk stehen" sollen[163]. Immer steht bei ihr die Person des Lehrers im Mittelpunkt.
Es gibt keine evangelische Erziehung, wohl aber evangelische Erzieher. Der Auftrag der Kirche im Erziehungsgeschehen darf nicht institutionell abgesichert werden, er ist nur personal möglich. Deshalb lehnt Kittel eine Institutionalisierung der Christlichkeit der Schule ab. Er sieht die Gefahr, „die Sorge für die Schule als solche immer mehr Aufgabe der Schulverwaltung und damit in erheblichem Maße der Schulpolitik sein zu lassen" [164]. Schule unter dem Evangelium ist für ihn nie Schule „unter irgendeiner menschlichen religiösen Instanz" [165], sondern Schule, in der Lehrer unterrichten, die unter der Vergebung leben und lehren. Er fordert von dieser Schule unter dem Evangelium nur folgendes:

3.11 Sie muß Freiheit gewähren für den evangelischen Lehrer, seine Verantwortung auszuüben.

3.12 Die Verantwortung für die Schule darf nie mit Machtmitteln, sondern nur durch das „liebende Wort" [166] ausgeübt werden. Deshalb wendet sich Kittel gegen Bekenntnisschulen. „Bekenntnisschulen können kulturpolitisch erkämpft, Schulen unter dem Evangelium nur erbetet werden" [167].

3.13 Es muß die Verpflichtung bestehen, „für die Verkündigung des Evangeliums in der Schule Sorge zu tragen" [168].

3.14 Der Religionsunterricht darf nicht auf ein paar Stunden eingesperrt sein, sondern soll im Fächerdialog ausstrahlen.

3.2 Kittel hat diese Konzeption einer „christlichen Schule" bis heute durchgehalten, so in seinem Grundsatzreferat der Loccumer Tagung von

[163] Schule unter dem Evangelium, S. 25.
[164] Der Erzieher als Christ, S. 108.
[165] Der Erzieher als Christ, S. 109 und Schule unter dem Evangelium, S. 25.
[166] Der Erzieher als Christ, S. 108 f.
[167] a.a.O., S. 111; vgl. auch: Schule unter dem Evangelium, S. 32 ff: Schule unter dem Evangelium ist „weder etwas Programmatisches noch etwas Institutionelles, das Menschen machen, organisieren, reglementieren, kurz, über das sie verfügen können ..." „Sie ist die gewöhnliche Schule der deutschen Gegenwart, aber offen für die Wirksamkeit des Evangeliums in ihr ..." „Eine solche Schule kann nicht gefordert werden. Am wenigsten vom Staat. Denn sie zu geben, liegt ganz und gar außerhalb seiner Möglichkeiten ..." „Man kann eine solche Schule streng genommen nur erbeten ..."
[168] Der Erzieher als Christ, S. 109.

1968: „Die Formel ‚Schule unter dem Evangelium' diente nach 1945 dem Versuch, die Christlichkeit der öffentlichen Schule nicht länger als etwas Programmatisches oder Institutionelles, sondern als eine Funktion des Evangeliums zu verstehen ... Auch die öffentliche Schule von heute kann als ‚Schule unter dem Evangelium' angesprochen werden, insofern Christen als Lehrer, Schüler und Verwaltungsleute, die zur Kirche Christi gehören, in ihr und für sie tätig sind" [169].
Mit diesen Sätzen nähert sich Kittel der heutigen Modellvorstellung einer „Schule für alle" an, wie sie im Abschnitt B 5 dieses Kapitels entwickelt wird. Dort wird auch die Kritik an den Konzeptionen einer „christlichen Schule" ausführlich zur Sprache kommen.

[169] Thesen zum Loccumer Referat „Schule unter dem Evangelium — 1968", Abzug des Religionspädagogischen Instituts Loccum, Vorbemerkung.

B. KONZEPTIONEN EINER „WELTLICHEN ERZIEHUNG“

In der Auseinandersetzung mit den unter A skizzierten Versuchen der theologischen und pädagogischen Deduktion einer spezifisch „christlichen Erziehung“ entstanden gleichzeitig eine Reihe von Konzeptionen, die alle diese Bemühungen gerade vom Evangelium her als illegitim qualifizierten. Es sei Sache der evangelischen Religionspädagogik, nicht eine „heteronome“ evangelische Erziehung, sondern die recht verstandene „Autonomie“ der Pädagogik zu fordern. Wir können diese Lösungsversuche im Gegensatz zu den deduktiven Ableitungen die „dialektisch-paradoxalen Konzeptionen“ [170] evangelischer Religionspädagogik nennen.
Grundlegend war hier die Theologie F. Gogartens, der schon beim religionspädagogischen Neuaufbruch vor 1930 einen entscheidenden Einfluß ausgeübt hat [171].

1. Die Konzeption des frühen Gogartenkreises, exemplarisch dargestellt an M. v. Tiling

Unter der Führung von Magdalene v. Tiling bildete sich ein Kreis von Gogartenschülern, der in den Jahren 1926—1944 in der deutschen Religionspädagogik richtunggebend — vor allem durch die Zeitschrift „Schule und Evangelium“ — wirkte.

1.1 Ausgangspunkt dieser Gruppe war die Dialektik von Gesetz und Evangelium, wie sie von F. Gogarten interpretiert wurde. Verkündigung ist Sache des Evangeliums, sie ist ein eschatologisches, dem Menschen grundsätzlich unverfügbares Ereignis. Erziehung hingegen ist Sache des *Gesetzes* und des menschlich verfügbaren Handelns, das der *Vernunft* untersteht und ausschließlich der Schöpfungswirklichkeit angehört. Erzie-

170 Vgl. K. E. Nipkow, Anmerkungen zu Stand und Aufgabe religionspädagogischer Forschung heute, in: Theologia Practica, 2. Jg., 1967, S. 39.

171 Vgl. N. Balca, Die Bedeutung Gogartens und seines Kreises für die Pädagogik der Gegenwart, Pädagogische Studien und Kritiken, Band 9, Weimar 1934; E. Lange, Die Erziehungslehre der evangelischen Theologie, Berlin 1936, S. 54 ff; E. Reimers, Recht und Grenzen einer Berufung auf Luther in den neueren Bemühungen um eine evangelische Erziehung, Weinheim o. J., S. 14 ff und 70 ff.

hung ist „als ein natürliches Tun, als ein ‚weltliches' Werk anzusehen, das von dem Menschen, nicht weil er erlöst ist, sondern weil er schlechthin Mensch ist, gefordert wird"[172]. M. v. Tiling prägt das Schlagwort von der „Wirklichkeitspädagogik", das ihre frühen Schriften durchzieht. Es geht ihr darum, daß der „Mensch in seinem Menschsein, in seiner Wirklichkeit als Mensch", richtig gesehen wird[173]. Grundlage des Erziehungsgeschehens sind deshalb die sogenannten *Schöpfungsordnungen.* Im naturgegebenen Verhältnis Mutter-Kind, Eltern-Erzieher liegen die Wurzeln. Diese Urtatbestände der Erziehung sind allen Menschen durch die Vernunft zugänglich[174]. „Das erschreckende Vorbeisehen an der Wirklichkeit: Eltern-Kind, Erzieher-Zögling, Lehrer-Schüler, wie es heute vorliegt, darf uns nicht daran irremachen, daß diese Wirklichkeit weitgehend der menschlichen Anerkennung ebenso zugänglich ist, wie die ganze übrige Schöpfungswirklichkeit"[175]. Deshalb darf nach Tiling der „christliche Erzieher nicht ein pädagogisches Wissen, das jeder vernünftige Mensch haben kann, als spezifisch ‚evangelisch' ausgeben"[176]. Es handelt sich vielmehr in der Erziehung um ein Aufzeigen der Wirklichkeit, in der Christen und Nichtchristen zugleich stehen.

1.2 Welche Funktion hat nun das *Evangelium?* Es hat für die Offenlegung der pädagogischen Wirklichkeit keine konstitutive Bedeutung. Die pädagogische Wirklichkeit wird nicht vom Glauben her als „Sonderwirklichkeit" gesetzt. Er befreit lediglich dazu, diesen Raum richtig zu sehen. „Der Glaubende weiß ..., daß die Wirklichkeit des Verhältnisses Erzieher-Zögling durch die Verkündigung von Gesetz und Evangelium oder durch den Glauben an diese Verkündigung in gar keiner Weise gesetzt

172 M. v. Tiling, Über die Grundlagen pädagogischen Denkens, in: Schule und Evangelium, 4. Jg., 1929, S. 45. Vgl. auch: Um die Grundlagen pädagogischen Denkens, in: Schule und Evangelium, 5. Jg., 1930, S. 4 f und 9; Grundlagen pädagogischen Denkens, Stuttgart 1932, 1934² (zit. Grundlagen), S. 17, 20, 23 und 221. Vgl. ferner: Reformatorischer Glaube und die Gemeinschaftsordnungen der Menschen, in: Schule und Evangelium, 3. Jg., 1928, S. 7 ff; Wesen und Ziel der Erziehung, in: Schule und Evangelium, 6. Jg., 1931, S. 232 ff; Grundlagen pädagogischen Handelns, hrsg. mit K. Jarausch, Stuttgart 1934; Der Mensch vor Gott, Berlin 1950; Wir und unsere Kinder, Stuttgart 1955, vor allem S. 12 ff.

173 Schule und Evangelium, 4. Jg., S. 14.

174 Grundlagen, S. 223: „In der Arbeit an der Offenlegung der pädagogischen Wirklichkeit geht es also heute zunächst darum, diese Wirklichkeit deutlich zu machen, soweit sie dem Verstande und dem Gewissen aller Menschen zugänglich ist."

175 a. a. O., S. 219.

176 a. a. O., S. 221; vgl. auch: Der Mensch vor Gott, S. 21 ff: „Der Mensch in seiner empirischen Wirklichkeit."

oder aufgehoben, sondern immer nur in ein helles Licht gestellt wird"[177]. Das bedeutet aber keine Modifizierung oder Veränderung der Erziehungsverhältnisse. „Gerade von seinem Glauben her muß der Christ zugeben, daß die Tatbestände dieser Wirklichkeit der Erziehung ... keine Geheimwissenschaft des Christen sind"[178]. „Die Wirklichkeit wird keine andere und er selbst wird kein anderer"[179]. Dennoch hat das Evangelium zwei wichtige Aufgaben:

1.21 Es läßt die Erziehungswirklichkeit als Wirklichkeit Gottes, unter dem Licht des Schöpfers, erfahren. Das Werk der Erziehung wird für die Eltern zum „Werk Gottes"[180]. Sie erkennen, daß sie als „Stellvertreter Gottes" an „Gottes Statt"[181] stehen. Der Glaube führt nicht zu anderen Sachentscheidungen als beim „weltlichen Erzieher", sondern zu einer anderen Sichtweise des gleichen pädagogischen Bezugs: Den Eltern ist das Kind als Geschöpf Gottes anvertraut. Das hat zur Folge, daß sie „das Kind als *Ihm* eigen und nicht *ihnen* eigen erziehen". Praktisch bedeutet das, „daß der Erzieher im Glauben immer wieder vor die Forderung gestellt wird, seine eigene natürliche Liebe dem Anspruch des Kindes, das Gott gehört, zu opfern"[182].

1.22 Das Evangelium bewahrt andererseits die Erziehungswirklichkeit vor der Gefährdung durch die Hybris der Menschen. Es schützt vor falscher Übersteigerung, vor überspitztem Erziehungsoptimismus und -pessimismus. „Dies Licht, das die Verkündigung von Gesetz und Evangelium auf die Wirklichkeit des pädagogischen Verhältnisses wirft, zwingt den Menschen zur Sachlichkeit und Nüchternheit in der Betrachtung der Wirklichkeit und wehrt jeder Selbstverherrlichung der Menschen durch ihre Ideologien"[183]. Das Evangelium befreit zur echten „Weltlichkeit" ohne Illusionen.

1.23 Wichtig ist, daß das Evangelium keinen Einfluß auf die einzelnen *Sachentscheidungen* hat. Sie sind ausschließlich der Vernunft unterworfen. Es kann deshalb der Glaube nie zur „Schaffung einer Lehre von einer evangelischen Pädagogik" verwendet werden. Der „Glaube ist nicht ein Besitz oder ein Kapital, mit dem die weltliche Pädagogik umgeprägt und

177 Grundlagen, S. 223.
178 a. a. O., S. 219.
179 a. a. O., S. 226.
180 a. a. O., S. 227.
181 a. a. O., S. 225 f.
182 a. a. O., S. 227.
183 a. a. O., S. 223. „Der glaubende Mensch kann sich nicht mehr an der Idee von der freien Persönlichkeit oder von der Klasse berauschen. Er braucht nicht mehr eine Sicherung seines eigenen Seins durch solche Ideologien" (ebenda).

als ‚evangelische Pädagogik' angeboten, gelernt und geübt werden könnte" [184]. Es ist der Irrtum einer evangelischen Pädagogik, zu meinen, „die Pädagogik nach Grund, Inhalt oder Ziel aus dem Evangelium ableiten zu können" [185].

2. Die Konzeption O. Hammelsbecks

Zu einer ähnlichen Sicht wie der Gogartenkreis kommt — allerdings von ganz anderen theologischen Voraussetzungen aus — O. Hammelsbeck. Die grundlegende These, die er in seiner „Evangelischen Lehre von der Erziehung" entwickelt, lautet: Es gibt keine evangelische Erziehung. Erziehung ist ein „weltliches Tun", dem jeder „falsche Anspruch in Bezug auf das Evangelium versagt" werden muß [186]. Dafür gibt er eine zweifache theologische Begründung.

2.1 Begründung von der biblischen Urgeschichte her

Der erzieherische Bezug ist gesetzt durch die drei Urrelationen, in denen der Mensch steht: Beziehung zu Gott, Mensch und Umwelt. Allerdings werden diese Beziehungen nicht — wie bei Tiling — unreflektiert als Schöpfungsordnungen apostrophiert. Es sind nach Hammelsbeck Notordnungen im Sinne des Noahitischen Bundes [187]. Erziehung ist deshalb eine „Notmaßnahme in der gottlosen Welt" [188]. Sie ist ein „pädagogisches Urphänomen" und hat ihr Urmaß in der „Gehilfenschaft" als „helfendes

[184] a. a. O., S. 228.

[185] Schule unter dem Evangelium, 4. Jg., 1929, S. 75 f.

[186] O. Hammelsbeck, Evangelische Lehre von der Erziehung, München 1958^2, S. 42. Vgl. im übrigen: Kirche, Schule, Lehrerschaft, Gütersloh 1946; Die evangelische Verantwortung im Für und Wider der Bekenntnisschule, in: Die Sammlung, 2. Jg., 1947, S. 392 ff; Erziehung im evangelischen und im humanistischen Verständnis, in: Evangelische Theologie, 11. Jg., 1951/52, S. 460 ff; Glaube, Welt, Erziehung, Mühlheim 1954; Die Verantwortung des evangelischen Lehrers an kirchlichen Schulen, in: Der Evangelische Erzieher, 8. Jg., 1956, S. 116; Volksschule in evangelischer Verantwortung, Bochum o. J. (1962); Der Auftrag des evangelischen Lehrers, in: Der Evangelische Erzieher, 15. Jg., 1963, S. 221 ff; Evangelische Verantwortung für Schule und Welt, in: Der Evangelische Erzieher, 16. Jg., 1964, S. 137 ff; Theologie und Pädagogik, in: Innerlichkeit und Erziehung. In memoriam Gustav Siewerth. Freiburg 1964, S. 219—235; Konfessionalität und Erziehungswissenschaft in evangelischer Sicht, in: Konfessionalität und Erziehungswissenschaft, hrsg. vom Willmann-Institut, Freiburg 1965, S. 48 ff und 101 ff.

[187] Evangelische Lehre von der Erziehung, S. 46.

[188] a. a. O., S. 42.

Mittun des Menschen“ in der gefallenen Welt[189]. „Die Notwendigkeit, erziehen zu müssen und erzogen werden zu müssen, gehört zur Welt, wie sie ist“[190]. Deshalb kann man unmöglich von einer evangelischen Erziehung sprechen; denn „Erziehung setzt keine christlichen Ziele, sie will nicht den christlichen Menschen, sondern dient dem Menschen schlechthin“[191].

Welche Rolle spielt nun das Evangelium im Raum der „weltlichen“ Erziehung? Es schenkt Nüchternheit und Sachlichkeit, aber auch Freudigkeit und Zuversicht für das Werk der Erziehung. Zugleich befreit es von aller falschen Ideologisierung und hilft, „die unpädagogische Bedrohung dieser Freiheit durch die Weltanschauungen“ abzuwehren[192]. Daraus folgert Hammelsbeck: „Wir können uns evangelische Erzieher nennen, aber nicht das, was wir tun, evangelische Erziehung“[193]. Eine „evangelische Erziehung“ tut sowohl dem Evangelium als auch der Erziehung Gewalt an. Jede „Vorzeichen-Pädagogik“ [194], ob katholischer oder evangelischer Art, ist abzulehnen.

2.2 Begründung vom Neuen Testament her

Diesen Sachverhalt begründet Hammelsbeck sozusagen in einem zweiten Durchgang noch einmal neutestamentlich, vor allem in seiner Auslegung von Eph. 6, 4. Der Begriff παιδεία κυρίου wird von ihm gedeutet als „genitivus subiectivus“. Falsch ist die Übersetzung: „Erziehung zum Herrn“. Sie „verführt zu dem pädagogischen Irrtum“, dem der „integrale Pietismus“, aber auch Gerhard Bohne, Fankhauser usw. verfallen sind, „als gelte es, die Kinder *zum* Herrn, *zum* Evangelium, *zum* Glauben, *zum* Christsein zu erziehen“[195]. Das führt zur Pervertierung des Evangeliums. „Wir können um des Evangeliums willen nicht zu einer ‚christlichen Persönlichkeit‘ oder zum ‚evangelischen Menschen‘ erziehen ... Wir machen uns damit der idealistischen Verkehrung dessen schuldig, das

[189] a. a. O., S. 123.

[190] a. a. O., S. 48; „Erziehung ... ist ein Handeln zwischen Menschen um des Menschen willen. Der Mensch kann, ohne erzogen zu werden, nicht richtig Mensch sein in dieser Welt“ (ebenda).

[191] ebenda; vgl. auch: Glaube, Welt, Erziehung, S. 33 ff; „Erziehung ist die den Prozeß der Menschwerdung begleitende Hilfe im Menschsein“ (S. 44).

[192] Evangelische Lehre von der Erziehung, S. 48.

[193] a. a. O., S. 49.

[194] a. a. O., S. 44 f; Glaube, Welt, Erziehung, S. 58: „Wir nehmen gegenüber aller möglichen Vorzeichenpädagogik das polare Verhältnis zur Erziehung vom Evangelium her ernst.“

[195] Evangelische Lehre von der Erziehung, S. 124 (Hervorhebung von mir).

uns als Tat Christi verheißen ist"[196]. Notwendig ist deshalb eine kopernikanische Wende, „eine pädagogische Drehung um 180 Grad"[197]. Es gibt nicht eine Erziehung *zum* Evangelium, *zum* Glauben, sondern *vom* Evangelium her, *vom* Glauben aus und *im* Glauben. Das sind die Schlüsselbegriffe für Hammelsbecks Konzeption. Diese Erziehung vom Evangelium her hat folgende Konsequenzen:

2.21 Das Evangelium kann selbst nie Bildungsideal, Erziehungsziel oder Erziehungsmittel werden[198]. „Im Glauben erziehen heißt, getrost davon absehen können, zum Glauben zu erziehen"[199]. Der evangelische Erzieher tritt gerade „aus der erzieherischen Verantwortung zurück, um dem Evangelium den ihm gebührenden Raum zu lassen"[200]. Um der Unverfügbarkeit des Glaubens willen muß jede Vergesetzlichung des Evangeliums vermieden werden. Von daher ist auch Hammelsbecks Kampf gegen ein vom Evangelium abgeleitetes christlich-idealistisches Menschenbild zu verstehen. Das Evangelium befreit davon, Bildungsidealen nachzujagen[201]. Eine ausführliche Begründung dafür gibt Hammelsbeck in seinem Aufsatz „Das Menschenbild und die Aufgabe der Erziehung"[202].

2.22 „Das Evangelium bejaht das erzieherische Tun in der gefallenen Welt" als „weltliches Werk". Das bedeutet aber nicht ohne weiteres eine „Sanktionierung" der bestehenden Wirklichkeit. Hammelsbeck wendet sich nicht nur gegen jede falsche Sakralisierung, sondern zugleich gegen einen oberflächlichen Säkularismus, der von Sünde und Gefallenheit unserer Welt nichts weiß. Erziehung als Gehilfenschaft in einer gefallenen Welt, die mit der Sünde rechnet, braucht notwendig den Zuspruch des Evangeliums. Der Erzieher, der das weltliche Geschäft der Erziehung betreibt, tut das unter dem Gesetz, aber er ist dabei „geistlich gebunden". „Er handelt im weltlichen Werk der Erziehung, also auch im Gesetzlichen, aber vom Evangelium her. Dadurch wird das erzieherische Handeln anders. Dieses andere Handeln ist nicht sein Werk, nicht sein Verdienst, nicht seine Sicherheit, sondern das Tun Christi ..."[203]. Damit hat das Evangelium nach Hammelsbeck durchaus eine Relevanz für den weltlichen Raum der Pädagogik. „Für das erzieherische Tun in der Welt

[196] a. a. O., S. 50.
[197] a. a. O., S. 124.
[198] a. a. O., S. 123.
[199] a. a. O., S. 126.
[200] a. a. O., S. 127.
[201] Vgl. die ausführliche Behandlung dieser Frage, auf die wir hier nicht eingehen können, im Abschnitt IV der „Evangelischen Lehre von der Erziehung", S. 80—99.
[202] Das Menschenbild und die Aufgabe der Erziehung, in: Hammelsbeck, Minear, Niftrik, Erziehung und Menschenbild, München 1953, S. 5—33.
[203] Evangelische Lehre von der Erziehung, S. 130.

ist es entscheidend und unterscheidend, ob es vom Evangelium her geschieht. Die dem Menschen anheimgestellten Dinge und Möglichkeiten der Schöpfung können in der Sünde oder im Gehorsam gebraucht werden" [204]. Von daher ergibt sich ein Auswahlprinzip für die „jeweils erwählten Mittel der in der Welt möglichen Erziehung" [205].
Hier nähert sich Hammelsbeck — trotz seiner eingangs radikal ausgesprochenen Ablehnung einer evangelischen Erziehung — dem Denken von Frör und Kittel an. Das hängt damit zusammen, daß er in seinem theologischen Ansatz von einer universalen Christologie ausgeht: Christus der Herr alles weltlichen Tuns. Wirksam wird aber diese Herrschaft Christi nur personal, nicht institutionell. Die „Kundmachung dessen, was evangelische Weltverantwortung ist ..., ist nur personal, nicht institutionell möglich" [206]. Deshalb lehnt Hammelsbeck im Gegensatz zu Frör grundsätzlich jede Institutionalisierbarkeit einer evangelischen Erziehung ab. Sein Hauptaugenmerk bleibt auf die Freigabe der pädagogischen Wirklichkeit und die Betonung der Eigenständigkeit der Erziehung gerichtet. Wie die Inanspruchnahme pädagogischer Kategorien durch die Vorentscheidung vom Evangelium her aussieht, darüber macht er keine systematisierbaren Aussagen. Er bleibt bewußt bei einem „theologischen Aktualismus und einer pädagogischen Situationsethik" [207]. Von daher sind auch alle seine Äußerungen zur Schulfrage bestimmt [208].

3. Die Konzeption G. Ottos vom Jahre 1957 im Anschluß an F. Gogarten

Die Theologie F. Gogartens wurde noch ein zweites Mal ausschlaggebend für die evangelische Religionspädagogik und die Frage nach der Begründung einer evangelischen Erziehung. Es war nicht mehr die frühe Theologie der Schöpfungsordnungen, von der M. v. Tiling ausgegangen war, sondern die neue — von der Existenztheologie bestimmte — Konzeption eines „theologischen Personalismus", die jetzt pädagogisch fruchtbar gemacht wurde. Neben E. Reimers und M. Stallmann hat vor allem G. Otto

[204] a. a. O., S. 141.
[205] ebenda.
[206] O. Hammelsbeck, Volksschule in evangelischer Verantwortung, Bochum o. J., S. 149.
[207] K. Frör, Das Gespräch zwischen Erziehungswissenschaft und evangelischer Theologie, S. 102.
[208] Vgl. dazu: Volksschule in evangelischer Verantwortung, vor allem Kapitel II und V.

in seiner Dissertation von 1957[209] einen ausführlichen Versuch unternommen, die bisherige Diskussion aufzugreifen, zu sichten und — von seiner Sicht her — zu einem gewissen Abschluß zu führen. Dies gelang ihm insofern, als von diesem Zeitpunkt an der Problemkreis Verkündigung und Erziehung gegenüber den schulpolitischen Fragen und dem Streit um den Religionsunterricht in den Hintergrund trat. Das bedeutete allerdings nicht, daß die Problematik deshalb geklärt war. Sie hatte sich lediglich auf ein anderes Feld verlagert.

3.1 Die grundsätzliche Ablehnung jeglichen Begründungszusammenhangs zwischen Theologie und Pädagogik

Ottos Konzeption stellt insofern einen gewissen Schlußpunkt der Diskussion dar, als er den Ansatz aller bisherigen religionspädagogichen Bemühungen um eine evangelische Erziehung pauschal ablehnt. Jegliches „noetische Gefüge von Theologie und Pädagogik"[210] im Sinne eines Begründungszusammenhangs ist grundsätzlich verfehlt. Damit sind für ihn alle alttestamentlichen, neutestamentlichen und systematischen Begründungen für eine evangelische Lehre von der Erziehung hinfällig. „Die ‚weltlichen' Wissenschaften sind mündig geworden und von der Bevormundung befreit, in der sie dadurch gestanden haben, daß man sie nicht anders als im Gesamtgefüge der Theologie zu sehen vermochte und dementsprechende Forderungen, Beurteilungen und Maßstäbe an sie legen mußte"[211]. Deshalb sind auch die „begründenden Tendenzen in der Religionspädagogik ... ein deutliches Kennzeichen für ein theologisches Mißverständnis"[212]. Der Ansatz ist falsch, selbst wenn Einzelerkenntnisse richtig sind[213]. Ottos Fazit lautet: „Erziehung ist ihrem Wesen nach letztlich *unbegründbar*"[214]. Ein weltliches Phänomen wie das der Erziehung bedarf nicht einer theologischen Begründung. „Man muß es vielmehr in seiner Vorfindlichkeit *verstehen* und ... *bewältigen*"[215]. Wie ist das theologisch sachgemäß möglich?

[209] G. Otto, Verkündigung und Erziehung, Göttingen 1957. Vgl. auch: Zum Problemfeld zwischen Verkündigung und Erziehung, in: Der Evangelische Erzieher, 11. Jg., 1959, S. 124 ff.
[210] Verkündigung und Erziehung, S. 39.
[211] a. a. O., S. 37 f.
[212] a. a. O., S. 38.
[213] a. a. O., S. 39.
[214] a. a. O., S. 47.
[215] a. a. O., S. 48.

3.2 Der personale Ansatz im Sinne F. Gogartens

Die Verkündigung des Evangeliums als unverfügbares Geschehen von Gott her intendiert nicht Theorie, Lehre oder Norm — das wäre das gesetzliche Mißverständnis —, sie intendiert vielmehr personhafte Wirklichkeit[216]. Das bedeutet: Durch das Wort Gottes wird der Mensch zur „Person", d. h. in die rechte Relation zu Gott versetzt. Die so gewonnene „Freiheit für Gott" beinhaltet aber zugleich „Freiheit von der Welt" und „Freiheit für die Welt". Das nennt Gogarten Säkularisierung: Der der Welt gegenüber selbständige Mensch „bekommt die Möglichkeit, die Welt, die Dinge und Mächte in ihr, ihre Ordnungen und Notwendigkeiten und die Zusammenhänge, in denen sie stehen, kraft seiner Vernunft kritisch zu begreifen"[217]. Der Christ ist durch das Evangelium von Christus nicht in eine „Überwirklichkeit", eine Sonderwirklichkeit für bestimmte Glaubensbereiche versetzt, er ist vielmehr zu echter Weltlichkeit und zu rechter Sachlichkeit in dieser unserer Wirklichkeit befreit. Ihm ist es gegeben, „mit den Mitteln (des) Verstandes die Aufgaben dieser Welt in Angriff zu nehmen, ohne ... sie vorher theologisch legitimieren (zu) müssen"[218]. Für den Christen ist damit jede theologische Begründung seines pädagogischen Handelns hinfällig. Genau wie durch Christus „die Welt zum Weltsein befreit wird", so wird „die Pädagogik ‚zu sich selbst' befreit, frei gemacht für ihr Eigensein und Eigenrecht, frei gemacht von aller Notwendigkeit, in ihrer Existenz zuvor von anderer Seite her legitimiert werden zu müssen"[219]. Daraus ergibt sich die theologische Forderung nach der Autonomie der Pädagogik, allerdings einer „relativen", die sich ohne pädagogische Hybris im Sinne Wenigers selbst beschränkt[220].

3.3 Das Problem der „Sachentscheidungen"

Nun bleibt allerdings Otto nicht bei einem absoluten Personalismus stehen, der die Welt unkritisch sich selber überläßt. Er will vielmehr einen „sachbezogenen" Personalismus, der in die Sachentscheidungen hineinwirkt. Otto prägt dafür den umstrittenen Begriff „personal-ontologisch". Er wendet sich gegen einen „*falschen* Rückzug auf die an sich *richtige* Devise: ‚der Erzieher als Christ'. Person ohne sachhafte Realität, ohne faktisches Gegenüber gibt es nicht. Person und Geschehensrealität miteinander

[216] a. a. O., S. 62 ff.
[217] Gogartenzitat bei Otto, a. a. O., S. 55.
[218] a. a. O., S. 55.
[219] a. a. O., S. 60.
[220] ebenda.

ander, ineinander machen überhaupt erst das Leben aus ... Leben ist weder durch Personalität allein, noch durch Pragmatik allein richtig umschrieben ... Jedes Verstehen stiftet ein Sein" [221]. Von hier sieht Otto eine tragfähige Brücke zur hermeneutischen Pädagogik W. Flitners: Die Begegnung zwischen Theologie und Pädagogik ist ein „hermeneutischer Vollzug" [222]. Vom Vorverständnis des Erziehers her erfolgt in der jeweiligen geschichtlichen Situation Auslegung und Modifizierung der pädagogischen Sachfragen. Das Thema einer christlichen Pädagogik ist deshalb die Frage nach dem Christen als einem *sachgemäßen* Erzieher [223]. Die Theologie liefert der Pädagogik keine Prinzipien für eine Normenpädagogik, sondern die Begegnung zwischen Theologie und Pädagogik geschieht in concreto, wenn ein von der Verkündigung getroffener Mensch der pädagogischen Wirklichkeit begegnet und so — unter voller Beachtung der Sachgemäßheit — pädagogische Phänomene auslegt, indem er zugleich sich selbst auslegt [224]. Dadurch bekommt das Christsein Relevanz bis in „ontische Modifikationen" [225]. Nach Otto darf nun allerdings daraus unter keinen Umständen eine neue christliche „pädagogische" Theorie erwachsen [226]. Die Begegnung zwischen Person und Erziehungswirklichkeit ist rein *geschichtlich* [227]. Es gibt nur eine christliche Situationspädagogik. Alles was darüber hinausgeht und gewisse Strukturen im pädagogischen Raum anstrebt im Sinne Frörs, führt nach Otto zu einer falschen Dogmatisierung und damit zu einer „Katholisierung der Pädagogik" [228]. Es gibt zwar Situationen, in denen der Christ die Erziehungswirklichkeit anders sieht als der Nichtchrist [229]. Das geschieht aber nur von Fall zu Fall, ist verwechselbar und keinesfalls „systematisierbar". Solche Entscheidungen

221 G. Otto, Die Frage nach Erziehung und Verkündigung in theologischer Sicht, in: G. Otto/H. Scheuerl/I. Röbbelen, Neue Beiträge zum Thema Erziehung und Verkündigung (zit. Neue Beiträge), Heidelberg 1960, S. 10 f.

222 Verkündigung und Erziehung, S. 69.

223 a. a. O., S. 43 ff. Von daher ist nach Otto „das falsche Gegenüber einer sogenannten ‚christlichen' und einer sogenannten ‚weltlichen' Pädagogik gar nicht haltbar. Es kann ‚aufgehoben' werden ... in einer sachgemäßen Pädagogik" (a. a. O., S. 45 f).

224 a. a. O., S. 68 ff.

225 a. a. O., S. 69: „Es gibt keine ‚christliche Erziehung', es gibt nur Christen, die erziehen, wie es Christen gibt, die schreiben, mauern, ackern oder unterrichten. Das Christsein in actu in seiner vollen Relevanz, d. h. bis hinein in die ontischen Modifikationen durch alle noetischen Prozesse hindurch, ist entscheidend."

226 Neue Beiträge, S. 11.

227 a. a. O., S. 12.

228 Verkündigung und Erziehung, S. 75.

229 Neue Beiträge, S. 12.

können dem Nichtchristen gegenüber nicht theologisch, sondern nur *pädagogisch* verantwortet werden"[230].

4. Beurteilung der Konzeptionen einer „weltlichen Erziehung"

Die oben entwickelten Konzeptionen haben Erkenntnisse gebracht, die unaufgebbar sind und sich in der religionspädagogischen Diskussion heute weithin durchgesetzt haben.

4.1 Es ist theologisch unmöglich, eine evangelische Erziehungs- und Unterrichtslehre aus dem Evangelium abzuleiten. Erziehung gehört zum *Bereich der Vernunft*, der gerade durch das Evangelium zu echter „Weltlichkeit" befreit ist. Das wurde durch I. Asheim in seiner die Diskussion weiterführenden Lutherdeutung erneut bestätigt. „Die Erziehung ist ein ‚weltlich ding' und gehört in das ‚regnum rationis'. Infolgedessen ist es auch ohne kirchliche Anleitung, auf rein rationale Weise möglich, die richtige Lösung der Erziehungsfragen zu finden"[231]. „Evangelischer Glaube schließt keine eigene, deduktiv ableitbare Erziehungs- und Bildungslehre in sich"[232]. Luther entwickelt deshalb keine Erziehungskonzeption aus dem Evangelium. Er greift vielmehr vieles vom Erziehungswissen seiner Zeit auf. Zahlreiche seiner pädagogischen Gedanken sind nichts anderes „als eine Widerspiegelung zeitgenössischer Ideen und Praktiken"[233].

4.2 Diese Freigabe der Erziehung an die pädagogische Vernunft kann nun allerdings nicht bedeuten, daß das Evangelium keinerlei Relevanz für das Erziehungsfeld hat. Bei Luther gibt es „neben dem entschiedenen Nein zu einer theologischen Einmischung in das, was freie Verantwortung des Erziehers bleiben muß, ein ebenso entschiedenes Ja zu einer besonderen, sich von gewöhnlicher pädagogischer Verantwortung klar unterscheidenden *theologischen Verantwortung* in bezug auf die Erziehungsfragen"[234]. Sie kann allerdings nur so wahrgenommen werden, daß der Er-

[230] a. a. O., S. 13.
[231] I. Asheim, Glaube und Erziehung bei Luther, Heidelberg 1961, S. 29.
[232] K. E. Nipkow, Evangelischer Glaube zwischen Reformation und Bildungsreform, Veröffentlichung des Arbeitskreises evangelischer Erziehergemeinschaften in Bayern, S. 19.
[233] Asheim, a. a. O., S. 41.
[234] a. a. O., S. 30.

zieher als Christ unter der Verkündigung des Wortes steht und als Angeredeter die Erziehungswirklichkeit auslegt. Hier ist auch von Luther her der oben entwickelte hermeneutische Ansatz G. Ottos, dem H. Kittel und K. Frör heute im Prinzip zustimmen, unaufgebbar. Nur über die Person des Erziehers kann das Evangelium in die Sachbereiche und Sachentscheidungen des pädagogischen Aufgabenfeldes hineinwirken. Durch das Evangelium werden die vorwissenschaftlichen, glaubensmäßigen Vorentscheidungen des Erziehers qualifiziert, die dann Relevanz für die pädagogischen Sachfragen bekommen[235]. Deshalb hat Luther keine Theologie der Erziehung, wohl aber eine „Theologie des erzieherischen Berufes" entwickelt, die in enger Anlehnung an seine Berufstheologie zu sehen ist[236]. Welche Funktion hat das Evangelium im Blick auf den Erzieher?

4.21 Das Evangelium *bestätigt* das Amt der Erziehung[237]. Es steht „dem Erzieher als Menschen bei"[238]. Es macht ihm Mut, seine oft von Anfechtung und Mißerfolg gefährdete Aufgabe in pädagogischer Verantwortung und Zuversicht zu erfüllen[239]. „Der Glaube kann nicht dem pädagogischen Verstand hineinreden und aus sich eine pädagogische Theorie über das richtige Erziehen und Unterrichten ableiten; aber der Glaube muß dem Erzieher ein letztes umgreifendes Verständnis seiner Aufgabe und damit einen letzten Halt geben"[240]. Zugleich hat die Verkündigung eine *reinigende* Funktion; denn die Vernunfterkenntnis ist häufig vergessen und verfinstert. Der Mensch muß wieder zur rechten Vernunft geführt und „an das in seinem eigenen Herzen eingeschriebene ‚geschaffene Recht'

[235] Vgl. dazu W. Flitner, Die Sozialwissenschaften als pragmatisch-hermeneutische Disziplinen und ihr Verhältnis zur Theologie. Bemerkungen zu Eduard Heimanns „Theologie der Gesellschaft", in: Hamburger Jahrbuch für Wirtschafts- und Gesellschaftspolitik, Tübingen 1957, S. 134: „Es ist der Tatbestand des Glaubens, der die Lebensauslegung eindeutig macht, mag es nun der religiöse Glaube sein oder das, was Karl Jaspers als den philosophischen bezeichnet. Damit sind wir aber in eine Region geraten, die zwar die stärksten Impulse zum Philosophieren und zum wissenschaftlichen Forschen erzeugt ..., die aber nicht wissenschaftlich von einer abermals tieferen Region her zu begründen ist. Dies eben ist die Situation aller Wissenschaft, daß sie nicht selbst Urzeugung ihrer Gründe ist; sie ist auf einen außerwissenschaftlichen Grund bezogen." Vgl. auch das oben beim Abschnitt über Frör zitierte Flitnerzitat aus: Das Selbstverständnis der Erziehungswissenschaft, Heidelberg 1957, S. 30 f.

[236] I. Asheim, a. a. O., S. 179; K. E. Nipkow, a. a. O., S. 22.

[237] I. Asheim, a. a. O., S. 26 und 31.

[238] K. E. Nipkow, a. a. O., S. 27.

[239] Vgl. I. Asheim, a. a. O., S. 198 f.

[240] K. E. Nipkow, a. a. O., S. 22 f.

erinnert werden"[241]. Dadurch wird er zur rechten Sachlichkeit und Nüchternheit für seine Erziehungstätigkeit befreit.

4.22 Das kann nun aber nicht bedeuten, daß das Evangelium nur die Aufgabe hat, die aus der Vernunft erkannte Erziehungswirklichkeit zu sanktionieren und „dem in sich ruhenden Bereich des Weltlichen einen Stempel göttlicher Dignität aufzudrücken". Wenn das der Fall wäre, dann wären Luthers zahlreiche Vermahnungen an die Erzieher „nicht viel mehr als bloße Deklamationen"[242]. Deshalb weist Asheim — im Unterschied zu der Lutherinterpretation von E. Reimers[243], mit der er sich expressis verbis auseinandersetzt — nach, daß bei Luther die Verkündigung des Evangeliums an die Person des Erziehers auch eine *sachkritische* Funktion bekommt. Es weist die *Grenzen* der menschlichen Vernunft auf und bewahrt sie vor Vergötzung und Hybris, aber auch vor Verzweiflung und Resignation. Sie wird nicht autonom, sondern als „donum dei", als Gabe des Schöpfers gesehen[244]. Deshalb ist Luthers Erziehungsbegriff nur theozentrisch zu verstehen. Er spricht von „Erziehung zu Gottes Dienst"[245]. Sie geschieht im Auftrag des Schöpfers und ist nie Letztes, sondern immer nur Vorletztes. Hier liegt der Kern seiner Erziehungsauffassung. Damit wehrt sich Luther gegen jeden ideologisch übersteigerten Optimismus oder Pessimismus in der Erziehung. Er grenzt sich gegen alle „anthropologischen und bildungstheoretischen Vorstellungen ab, die den Menschen an die Stelle Gottes setzen, in welcher groben und sublimen Form dies auch immer geschehen mag"[246]. Das hat eine wichtige Konsequenz: Luther hat die pädagogischen Konzeptionen seiner Zeit nicht uneingeschränkt übernommen. Er hat nicht jeder pädagogischen Theorie zugestimmt. Das zeigt z.B. seine Auseinandersetzung mit dem Humanismus[247]. Er war nicht offen für „jeden Erziehungsbegriff"[248]. Jede platonisierende Verwechslung von Bildung und Glaube[249] wurde von ihm abgewiesen. Er nahm die erzieherische Tradition seiner Zeit so weit auf, als er ihre Intentionen bejahen konnte. Meist brauchte er sie nicht grund-

[241] I. Asheim, a.a.O., S. 32; vgl. auch Anmerkung 47: „Ideo manet in conscientia et ratione lux quidem. Sed ubi non admonetur, obliviscitur" (WA 49, 6, 33 — 7, 2).

[242] a.a.O., S. 34, Anmerkung 51.

[243] E. Reimers, Recht und Grenzen einer Berufung auf Luther in den Bemühungen um die evangelische Erziehung, Weinheim o.J. (1958), S. 133 ff.

[244] I. Asheim, a.a.O., S. 159 f und 163.

[245] a.a.O., S. 254.

[246] K. E. Nipkow, a.a.O., S. 27.

[247] I. Asheim, a.a.O., S. 82 f.

[248] a.a.O., S. 266. Das ist wieder gegen E. Reimers, a.a.O., S. 146 ff, formuliert.

[249] K. E. Nipkow, a.a.O., S. 33.

sätzlich umzugestalten; es war aber oft eine neue, kritische Auslegung erforderlich[250].

4.3 An diesem Punkt sollte auch die im Ansatz richtige Konzeption G. Ottos weitergeführt werden. Es müßten heute für unsere Situation *Kriterien* entwickelt werden, von denen her der Christ bei der Auslegung der Erziehungswirklichkeit seine Sachentscheidungen fällt. Nur dann kann der Glaube „gegenüber allen Grenzüberschreitungen im erzieherischen Feld" seine „kritische Funktion" behalten[251]. Zugleich wären dann auch die Voraussetzungen gegeben für eine echte und verantwortliche interdisziplinäre Kommunikation zwischen Theologie und Erziehungswissenschaft, wie sie heute in dem weiterführenden Buch von W. Schilling gefordert wird[252]. Dabei wird es sich zeigen, daß der „christliche Glaube mit einer Pluralität von pädagogischen Standpunkten vereinbar ist, über deren pädagogische Rechtmäßigkeit in erster Linie der pädagogische Sachverstand kritisch zu urteilen hat"[253]. Daran muß unabdingbar festgehalten werden. Andererseits sind aber dem interdisziplinären Gespräch auch immer wieder Grenzen gesetzt, nicht nur durch die „Sprachdifferenz"[254], sondern durch klare theologische Sachentscheidungen, die nach Schilling vor allem an dem „gemeinsamen Schnitt- oder Kreuzungspunkt, dem gemeinsamen ‚anthropologischen Ort'" fallen, „an welchem sowohl die Differenzen und Divergenzen als auch — nicht minder deutlich — die Interdependenzen beider Disziplinen offenbar werden"[255].
Von daher können dann auch über die aktualistische Sicht des hermeneutisch-dialogischen Prozesses hinaus *grundsätzliche* Abgrenzungen nötig werden. Das bedeutet keinesfalls, daß wir uns wieder auf den Binnenraum einer „evangelischen Pädagogik" zurückziehen könnten. Es gibt keine christliche Erziehung. Sie ist und bleibt ein unableitbares „weltliches" Phänomen. Aber nicht jede „weltliche" Erziehungskonzeption kann vom Christen mitverantwortet und mitgetragen werden. Die Grenzen sind sehr weit zu setzen und in der Diskussion fließend. Der christliche Glaube hat nicht das Recht, das Gespräch mit irgendeiner pädagogischen Konzeption vorschnell abzubrechen oder — was noch schlimmer wäre — sich auf eine bestimmte Theorie festzulegen und sie christlich zu sanktionieren. Andererseits muß aber auch immer wieder der Mut zu deutlicher

[250] a. a. O., S. 266.
[251] K. E. Nipkow, a. a. O., S. 33.
[252] W. Schilling, Grundlagen der Religionspädagogik, Zum Verhältnis von Theologie und Erziehungswissenschaft, Düsseldorf 1970, vor allem S. 274 ff.
[253] K. E. Nipkow, a. a. O., S. 34.
[254] W. Schilling, a. a. O., S. 290 im Anschluß an Weniger und Delekat.
[255] a. a. O., S. 326.

Grenzziehung vorhanden sein, wenn die christliche Botschaft ihre kritische Relevanz in der Welt und für die Welt behalten soll. H. Schilling zeigt das exemplarisch auf in seiner Auseinandersetzung mit dem pädagogischen Empirismus[256]. Hier gelangt — nach seiner Meinung — der Dialog mit der Theologie heute an eine kaum zu überwindende Barriere.

5. Die schulpolitischen Konsequenzen dieser Konzeptionen

5.1 Die Infragestellung der „christlichen Schule"

Die Konsequenz der Ablehnung einer „christlichen Erziehung" war notwendig die Infragestellung des Konzepts der „christlichen Schule". Aus der Diskussion um die „Weltlichkeit der Erziehung" entwickelte sich deshalb folgerichtig — mit einer gewissen Phasenverschiebung — ein Streit um die „Christlichkeit der Schule". Wir wollen diese Diskussion, die zuletzt in dem Sammelband von H.-B. Kaufmann[257] zusammengefaßt wurde, schwerpunktmäßig verfolgen.
Vor allem H. Stock, G. Otto und M. Stallmann setzen sich seit einigen Jahren ausführlich mit den Begründungen für die Bekenntnisschule und die christliche Gemeinschaftsschule auseinander. Stock hat seine Position in drei grundlegenden Aufsätzen dargelegt[258], Otto nimmt schon 1967 diese Gedanken auf[259], ebenso Stallmann[260] in seiner Schrift von 1968. Weitere Stimmen finden sich in dem oben erwähnten Sammelband[261]. Sie

[256] a. a. O., S. 294 ff.

[257] H.-B. Kaufmann (Hrsg.), Streit um die Christlichkeit der Schule, Gütersloh 1970.

[258] Jenseits von Konfessionalismus und Neutralismus — Bemerkungen zum Streit um den Religionsunterricht in Bremen (1965), in: Beiträge zur Religionspädagogik, Gütersloh 1969, S. 135—147; Schule und Christentum — Fragen zum Niedersächsischen Schulgesetz (1966), a. a. O., S. 148—170; Die Stimme der Vernunft im Streit um die „christliche Schule" (1968), a. a. O., S. 171—177.

[259] Zum Selbstverständnis einer christlichen Gemeinschaftsschule, zuerst in: Kirche in der Zeit, 22. Jg., 1967, S. 517 ff; jetzt abgedruckt in: Schule, Religionsunterricht, Kirche, Göttingen 1968^3, S. 192—203 (danach zitiert).

[260] Die Christlichkeit der „christlichen Schule", Bensheimer Heft 36, Göttingen 1968; Die fragwürdige Christlichkeit der „christlichen Schule", in: Streit um die Christlichkeit der Schule, S. 117 f; vgl. auch: Der Religionsunterricht als Frage an das Selbstverständnis der Schule, in: Die Deutsche Schule, 52. Jg., 1960, S. 571 ff.

[261] Vor allem: K. E. Nipkow, Die „christliche" Schule, S. 13 ff; H. Halbfas, Die Christen und die „Schule für alle", S. 69 ff; O. Basse, Wollen die Kirchen eine „christliche Schule"?, S. 106 ff; H. Scarbath, Warum keine „christliche Schule"?, S. 119 f.

alle stimmen darin überein, daß nicht nur die Bekenntnisschule heute überholt sei, sondern auch die „christliche Gemeinschaftsschule“. Die Bezeichnung „christlich“ sei mißverständlich und deshalb als ungeeignet abzulehnen. Dafür werden vor allem drei Argumente beigebracht:

5.11 Die Vokabel „christlich“ trage immer die Gefahr einer Ideologisierung der Schule in sich[262]. Gerade um des Ideologieverdachts willen, der auch im Interesse der Kirche vermieden werden müsse, sei es besser, diesen Begriff aufzugeben. „Die Schule kann sich keiner weltanschaulichen Macht ausliefern, auch nicht dem Christentum“[263]. Das sei auch nicht im Sinne des christlichen Glaubens, der ein Interesse gerade an der „Weltlichkeit“ der Schule hat, die frei von Ideologien der Sachlichkeit und dem offenen Dialog verpflichtet sein muß[264].

5.12 Die Generalüberschrift „christliche Schule“ schafft nach Stock „eine unehrliche Situation“[265]. Denn die „faktische Bedeutung der Bezeichnung ‚christlich‘ für Schulen im Unterschied zu solchen, wo sie fehlt, ist nicht erkennbar“[266]. Sie ändert weithin nichts an der Schulwirklichkeit[267]. Deshalb „ist eine ‚grundsätzlich christliche Schule‘ irreal, sie fixiert eine Illusion“[268].

5.13 Durch die Christlichkeit der Schule solle gewährleistet werden, daß institutionalisierte Formen des Christseins, wie Schulgebet, Schulandachten und verordnete Schulgottesdienste stattfinden können[269]. Das ist aber heute nach Ottos und Stocks Meinung nicht mehr sachgemäß. Spezifische christliche Lebensformen sind „für die moderne Schule eine unaufhörliche Nötigung zu Halbheit, Unechtheit, Unsicherheit“[270]. Ein „Überstülpen von Frömmigkeitsformen“ ist abzulehnen; die Schule sollte lediglich offen bleiben für freiwillige Andachtsformen und „Raum frei halten für alle (diesbezüglichen) Initiativen“ von Lehrern und Schülern[271].

5.2 Die Konzeption einer „Schule für alle“

Aus den genannten Gründen ergibt sich die Forderung einer „Schule für

[262] G. Otto, a.a.O., S. 197.
[263] H. Stock, Schule und Christentum, S. 167.
[264] M. Stallmann, Die Christlichkeit der „christlichen Schule“, S. 29 f.
[265] H. Stock, a.a.O., S. 166.
[266] G. Otto, a.a.O., S. 197.
[267] „Das Gesetz ändert nichts an der Schulwirklichkeit; aber es schafft eine unklare Situation“ (H. Stock, a.a.O., S. 165).
[268] a.a.O., S. 167 im Anschluß an H. W. Bartsch.
[269] G. Otto, a.a.O., S. 200.
[270] H. Stock, a.a.O., S. 166.
[271] G. Otto, a.a.O., S. 200.

alle"[272], die an die Stelle der Konfessionsschule und der sogenannten christlichen Schule treten soll. Was ist darunter zu verstehen? „Die Schule für alle" ist weltanschaulich nicht geschlossen, sie „kann sich nur noch ‚dialogisch' verstehen"[273], wenn sie der pluralistischen Gesellschaft der Gegenwart gerecht werden will. Diese „Offenheit für die Pluralität der Überlieferung und für die Kompliziertheit der gesellschaftlichen Situation ist unentrinnbar das pädagogische Geschick der modernen Schule"[274]. Das bedeutet aber nicht, daß damit „dem Relativismus und der Indifferenz das Feld überlassen" wird[275]. Es handelt sich vielmehr um eine Schule, die „das Christentum in ‚offener Repräsentanz' in die dialogische Struktur des Unterrichts und der Bildung aufnimmt und einschließt"[276]. Es geht also mit der Ablehnung der Bezeichnung „christlich" in keiner Weise darum, das Element des Christentums aus der Schule zu verbannen. Es soll vielmehr in einer „nichtinstitutionalisierten Ordnung der Dinge"[277] in die Aufgaben einer sich dialogisch verstehenden Schule integriert sein. Das hat folgende Konsequenzen:

5.21 Die „Schule für alle" bleibt bezogen auf die christliche *Tradition.* Unaufgebbar ist die „sachgerechte Einordnung christlicher Überlieferung in den Unterrichtszusammenhang der Schule"[278]. Auf diesen „dialogischen Umgang mit dem Christentum"[279] darf die Schule der Zukunft um ihrer selbst willen nicht verzichten.

5.22 Die „Schule für alle" muß zugleich offen sein für den Dialog mit den christlichen Daseinsauslegungen der *Gegenwart.* Es reicht nicht aus, wenn sie nur „die Aufgabe einer historisch-sachlichen Orientierung" leistet; entscheidend ist, daß sie auch dem christlichen Glauben eine Mitsprache bei der „Persongenese" und Selbstfindung des jungen Menschen

[272] Zur Herkunft dieses Namens vgl. H. Stock, Die Stimme der Vernunft . . ., S. 177; W. Dirks, Der Glaube und die „Schule für alle", in: W. Dirks und Th. Filthaut, Glaube und Schule, 1947; ders., Eine Schule für alle. Die Politik der falschen Alternativen, in: Frankfurter Hefte 1967, Heft 10, S. 705 ff; ferner: K. E. Nipkow, Christliche Bildungstheorie und Schulpolitik, Deutsches Institut für Bildung und Wissen 1958—1968, Gütersloh 1969, S. 156 (zit. Bildungstheorie).

[273] H. Stock, Schule und Christentum, S. 167.

[274] ebenda.

[275] M. Stallmann, a.a.O., S. 13; vgl. H. Stock, a.a.O., S. 168: „Die geistige Welt der Schule (darf) nicht charakterlos und indifferent werden."

[276] H. Stock, Die Stimme der Vernunft . . ., S. 177.

[277] ebenda.

[278] ders., Schule und Christentum, S. 166; vgl. auch: M. Stallmann, in: Streit um die Christlichkeit der Schule, S. 118: „Eine ‚Schule für alle' respektiert das Christentum als Tradition, indem sie es in den Dialog einbezieht, der in ihr geführt werden muß."

[279] M. Stallmann, Die Christlichkeit der „christlichen Schule", S. 31.

heute einräumt[280]. Insofern gehört die Begegnung mit dem Christentum notwendig zum Auftrag der Humanorientierung in der modernen Schule. „Die Aufgabe der Repräsentanz und Interpretation des Christlichen ist zur Erhellung der Herkunft und Zukunft menschlichen Selbstverständnisses für die Schule immer gestellt“[281].

5.23 Die „Schule für alle“ braucht schließlich um ihrer *pädagogischen Gesamtverantwortung* willen den Dialog mit dem christlichen Glauben. Darauf hat vor allem M. Stallmann hingewiesen. „Die Schule ist mit ihrem Unterricht immer angewiesen auf etwas ihr Vorgegebenes und sie Umgreifendes ... auf gewisse sittliche Grundanschauungen und Verhaltensweisen, die den Kindern und Jugendlichen gegenüber von der Schule vertreten und eingeprägt werden“[282]. Nur so kann sie ihrer pädagogischen Aufgabe, zur Verantwortung und zur echten Mündigkeit zu erziehen, gerecht werden. Das ist unter dem gegenwärtigen Leistungsdruck ein lebensnotwendiger Auftrag. Gegen den immer stärker werdenden „Anpassungsdrill“ muß die aus christlicher Freiheit erwachsende Eigenverantwortung und Widerstandsfähigkeit gestärkt werden[283]. Deshalb ist die Repräsentanz des Christlichen in der Leistungsschule ein dauernder „Appell, der der Schule zumutet, *in pädagogischer Bewußtheit* sich ihres erzieherischen, bildenden Auftrages anzunehmen“, der ja in Zukunft immer mehr gefährdet sein wird[284].

5.24 Aus diesen drei genannten Gründen wird die Forderung abgeleitet, daß die „Schule für alle“ um ihrer selbst willen Raum für den Religionsunterricht haben müsse. „Die Schule kann ... auf christlichen Religionsunterricht nicht verzichten wollen, solange sie die Frage nach der Personwerdung des Menschen ernstlich stellt und insofern sie die Heranwachsenden auf die wirkliche Welt vorbereitet“[285]. Es ergibt sich also aus dieser Konzeption eine schulisch begründete Verantwortung für einen Religionsunterricht, in dem die Schulziele der Traditions- und Humanorientierung verwirklicht werden können[286].

5.25 Zur „Schule für alle“ gehört aber zugleich die Offenheit für nichtchristliche Daseinsauslegungen. Es muß gewährleistet sein, daß in ihr auch alle anderen Positionen sachgemäß zur Sprache kommen können. Das ist im Blick auf die Gesellschaft, aber auch mit Rücksicht auf die Weltorien-

[280] H. Stock, Die Stimme der Vernunft ..., S. 177.
[281] G. Otto, a. a. O., S. 199.
[282] a. a. O., S. 14 f.
[283] a. a. O., S. 20.
[284] a. a. O., S. 21.
[285] H. Stock, Schule und Christentum, S. 169; vgl. auch M. Stallmann, in: Streit um die Christlichkeit der Schule, S. 118.
[286] Eine ausführliche Erörterung dieser Frage erfolgt in Kapitel 4.

tierung des christlichen Glaubens notwendig, der nicht in einem Ghetto, sondern in offener, geistiger Auseinandersetzung sich bewähren muß. Deshalb ist einer „Schule für alle“ aufgetragen, „unterschiedliche Begründungen, christliche und nichtchristliche, in ein offenes Gespräch einzubeziehen“ [287].

5.3 *Beurteilung und Weiterführung*

Dieser Konzeption einer so verstandenen „Schule für alle“ kann man weithin zustimmen. Es kommt dabei nicht auf die Begrifflichkeit „christlich“, sondern auf die Sache an, an der festgehalten werden muß. Deshalb ist es zweckmäßig, die *wesentlichen und unaufgebbaren Elemente* noch einmal zusammenzufassen:

5.31 Die „Schule für alle“ muß eine *„freie“* Schule sein. Dieser Satz verlangt allerdings eine richtige Interpretation: Sie muß frei sein von ideologischer Bevormundung jeglicher Gestalt. Damit ist nicht nur gemeint Bevormundung durch die Kirchen, sondern auch — was häufig übersehen wird — durch andere Mächte und Ideologien unserer Zeit. Darauf haben vor allem K. Hauschildt und K. Frör immer wieder hingewiesen: Es wäre verhängnisvoll, wenn „klerikale“ Bevormundung abgelöst würde durch „Ideologien und Weltanschauungen, die zum Religionsersatz werden (und) das gesamte Schulleben beherrschen“ [288]. Deshalb müssen die „öffentlichen Schulen wirksam geschützt werden gegen die innere und äußere Uniformierung durch eine Weltanschauung, die mit Zwang durchgesetzt werden soll, sei es durch die Monopolisierung einer totalitären Ideologie, sei es durch die nivellierende Bürokratisierung im Sinne einer negativen Toleranz“ [289].

5.32 Die „Schule für alle“ muß eine echt *„dialogische“* Schule sein. Auch hier kommt es auf die richtige Interpretation an. Das bedeutet, daß wir es nicht mehr mit der „Schule der Mehrheit“ zu tun haben. Insofern hat Nipkow recht mit seiner Anfrage an die „christlich geprägte Schule“, wie sie von dem Deutschen Institut für Bildung und Wissen in dem „Gutachten zur christlich geprägten Gemeinschaftsschule“ verlangt wird [290]. Die

[287] K. E. Nipkow, Bildungstheorie, S. 189.

[288] K. Hauschildt, Der Anspruch der Kirche an die evangelische Unterweisung, in: Die Spur, 5. Jg., 1965, S. 33.

[289] K. Frör, Die Kirchen, ihr Miterziehungsauftrag und Miterziehungswille, S. 602.

[290] Vgl. K. E. Nipkow, Die christliche Schule, in: Streit um die Christlichkeit der Schule, S. 15 f; ferner: ders., Bildungstheorie, S. 144. Außerdem das „Gutachten zur christlich geprägten Gemeinschaftsschule“, Frankfurt/Main 1966, herausgegeben vom Deutschen Institut für Bildung und Wissen, in: Empfehlungen und Vorschläge zur Reform des Bildungswesens, Heft 6.

„Schule für alle" schließt die „Inanspruchnahme von Vorrechten" aus[291]. Das bedeutet andererseits aber auch, daß wir es nicht mit einer Schule des „blassen Relativismus" oder des „verwirrenden Pluralismus" zu tun haben können[292]. Auch „die Relativierung und Nivellierung auf einen ‚kleinsten gemeinsamen Nenner'", wie sie nach H. O. Wölber die — falsch verstandene — Pluralismus-These fordert[293], wäre pädagogisch nicht zu verantworten. Es geht vielmehr um den echten Dialog, der allen politischen, religiösen und weltanschaulichen Positionen und Gruppen der pluralistischen Gesellschaft die Möglichkeit gibt, ihre Wert- und Zielvorstellungen in die geistige Auseinandersetzung und in das Ringen um Wahrheit mit einzubringen. Zu diesem Dialog gehört — wie oben im einzelnen ausgeführt — *notwendig* das Christentum hinzu: „Ohne die Einbeziehung des Christentums in Vergangenheit und Gegenwart kann der Schüler seine Umwelt nicht sachgemäß *verstehen,* und ohne das Gespräch zwischen Christen und Nichtchristen gibt es keine Aussicht, sich in unserer Zeit dauerhaft *zu verständigen*"[294]. Dieser Dialog kann nun aber nicht von der Schule *allein* verantwortet werden, sondern nur in Partnerschaft mit der gesellschaftlichen Gruppe, die hinter diesen Glaubenspositionen steht, also mit der Kirche. Die „Schule für alle" wird also ihrem dialogischen Charakter nur gerecht, wenn sie zur freien, offenen und partnerschaftlichen Zusammenarbeit mit der Kirche bereit ist. Wie diese Kooperation speziell im Religionsunterricht der Zukunft aussehen sollte, wird im vierten Kapitel ausführlich erörtert.

5.33 Zu dieser Zusammenarbeit gehört unabdingbar die Forderung, daß die Schule Raum gewährt für die „personale Repräsentation" des Christlichen durch den christlichen Lehrer. „Lehrer und Schüler müßten die Freiheit haben, in der Schule als Christen zu leben"[295]. Das wird vor allem von K. E. Nipkow betont. Gemeint ist kein Vorrang des Christlichen, sondern die Freiheit dafür, daß die „Stimmen der Christen" neben und mit allen anderen gehört werden. Insofern als Christen „unabdingbar in die Schule gehören", kann nun nach Nipkow die Schule für alle „als eine *immer auch christliche Schule*"[296] angesprochen werden. Nur so verstanden hat die Bezeichnung „christlich" einen Sinn. „Die Christlichkeit der für alle Schüler gemeinsamen Schule meint in unserer

[291] H. B. Kaufmann, in: Streit um die Christlichkeit der Schule, S. 12.
[292] K. E. Nipkow, Bildungstheorie, S. 184.
[293] Vgl. Kaufmann, a. a. O., S. 12. Siehe auch: H. O. Wölber, Kirche und Gesellschaft, in: Lutherische Monatshefte, 9. Jg., 1970, S. 136 ff.
[294] K. E. Nipkow, Bildungstheorie, S. 188.
[295] H. Stock, a. a. O., S. 169.
[296] K. E. Nipkow, a. a. O., S. 184.

Sicht die auf die Christen in der Schule angewiesene Schule"[297]. Damit nähern wir uns der oben angeführten Position Kittels[298] an. Ob man allerdings den Begriff christlich deshalb weiterhin gebrauchen sollte, ist sehr fraglich. Ausschlaggebend ist, daß die damit gemeinte Sache festgehalten wird.

5.34 Ein Problem, das noch nicht gelöst ist, ist die Frage, inwieweit eine juristisch fixierte („institutionalisierte") Garantie für die Freiheit des christlichen Lehrers in der „Schule für alle" notwendig ist. Sie wird von den meisten bisher genannten Religionspädagogen als „falsches Sicherheitsdenken" der Kirche abgelehnt. Dabei besteht aber die Gefahr, daß man die Möglichkeiten einer neuen Ideologisierung der Schule in der Zukunft zu wenig beachtet. Zweifellos ist eine Absicherung in der bisherigen Form nicht mehr möglich. Die Frage ist, ob nicht neue Wege gefunden werden können, z. B. durch die Objektivierung der „Curriculumentscheidungen", an denen alle gesellschaftlichen Gruppen, also auch Kirche und Theologie, beteiligt sind[299]. Hier befriedigt der gegenwärtige Diskussionsstand noch nicht.

5.35 Ein zweites Problem, über das noch nachgedacht werden muß, ist die Frage, wie in der „Schule für alle" eine freie und offene Begegnung mit Aktionsformen des Christseins heute möglich ist. Hier scheinen die oben vorgetragenen Lösungen von Otto und Stock pädagogisch und theologisch nicht ausreichend zu sein.

Beide Fragen werden im vierten Kapitel ausführlich zur Sprache kommen, wenn die Begründung eines von der Schule und der Kirche partnerschaftlich verantworteten Religionsunterrichts versucht wird.

[297] a. a. O., S. 189.

[298] Vgl. Abschnitt A III 3.

[299] Vgl. dazu K. E. Nipkow, Curriculumforschung und Religionsunterricht, in: Die Deutsche Schule, 61. Jg., 1969, S. 767 ff. Eine ausführliche Erörterung dieses Problemkreises erfolgt im 4. Kapitel, vor allem im Abschnitt II 2.3.

Zweites Kapitel

Der Streit um die Begründung des Religionsunterrichts

Die religionspädagogische Diskussion in Deutschland befaßte sich in ihrer ersten Phase nach 1945 überwiegend mit den Möglichkeiten und Grenzen einer evangelischen Erziehung. Der Religionsunterricht wurde nicht ignoriert, er war aber bis 1957 im wesentlichen nicht umstritten. Alle Religionspädagogen gingen — mit kleinen Abweichungen — von der 1930 eingeschlagenen Linie der „Verkündigungskonzeption" aus. Das änderte sich nach 1957. An die Stelle der Diskussion um die evangelische Erziehung trat der Streit um Ort und Aufgabe des Religionsunterrichts heute. Das hing damit zusammen, daß die Praxis des Religionsunterrichts immer schwieriger wurde und die bisherigen Begründungsmodelle dafür nicht mehr ausreichten. Der Religionsunterricht wurde in den letzten zehn Jahren geradezu zum Prüfstein und Testfall für die Möglichkeiten und Grenzen des kirchlichen Erziehungsauftrages heute. Dabei zeigte sich, daß sich im Problemfeld Religionsunterricht — mit einer gewissen Phasenverschiebung — die gleichen Fronten bildeten wie bei der Erziehungsdebatte, wobei allerdings einige Religionspädagogen jetzt auf der anderen Seite der „Front" stehen. Es ist deshalb in einem zweiten Durchgang für unsere Arbeit unerläßlich, die Positionen der letzten zehn Jahre nachzuzeichnen.

A. DIE KIRCHLICHE BEGRÜNDUNG DES RELIGIONSUNTERRICHTS — RELIGIONSUNTERRICHT ALS VERKÜNDIGUNG

1. Die Konzeption G. Bohnes

Bei Gerhard Bohne können wir uns in diesem Teil kurz fassen, da seine Sicht des Religionsunterrichts schon im Zusammenhang mit seiner im ersten Kapitel dargestellten Erziehungskonzeption beachtet werden mußte. Es ist aber um der Klarheit willen wichtig, noch einmal die Schwerpunkte dieses grundlegenden religionspädagogischen Neuansatzes im Blick auf den Religionsunterricht aufzuzeigen, weil hier der Anknüpfungspunkt für alle späteren Konzeptionen liegt.
Bohnes Position kann unter folgenden vier Aspekten zusammengefaßt werden:

1.1 Religionsunterricht kann seiner Aufgabe nur gerecht werden, wenn er sie ausschließlich in der *Verkündigung des Wortes Gottes*[1] sieht. Was bedeutet das konkret? Hier muß deutlich gesehen werden, daß Bohne Verkündigung und Predigt nicht gleichsetzt, sondern durch differenzierte Aussagen die spätere „Überlastung" des Verkündigungsbegriffs zu vermeiden sucht:

1.11 Verkündigen heißt: „verantwortlich berichten"[2]. Das bedeutet einmal: Der Lehrer spricht als Zeuge von etwas, das er selbst glaubt. Er steht mit seiner christlichen Existenz hinter der Botschaft, die er zu bringen hat. Alles andere wäre Heuchelei.

Andererseits ist es aber unmöglich, die Wirkung des Wortes Gottes von der Person, die es weitergibt, abhängig zu machen.

1.12 Deshalb heißt Verkündigen: „Wir geben nicht die Sache selbst, sondern wir sprechen nur von der Sache"[3]. Verkündigung bleibt letztlich unverfügbar. Daß das Wort der Bibel verkündigendes Wort wird, liegt nicht in unserer Hand. Wer verkündigt, gibt „etwas, das (er) nicht aus sich selbst hat"[4].

1.13 Verkündigen heißt daher „nicht: predigen". Wichtiger ist es, daß der Lehrer das Kind „zum Fragen bringt und ihm dann antwortet"[5]. Bohne legt gerade in diesem Zusammenhang besonderen Wert auf die Fragen, die Meinungsäußerungen und das Weiterdenken der Kinder.

1.14 Verkündigen bedeutet aber auch nicht „die Wahl lassen, sondern einen Anspruch geltend machen und Zustimmung fordern"[6]. Es geht um ein Reden, das zwar das Kind nicht vergewaltigen will, das aber doch in einem klaren Anspruch von ihm Glauben und Gehorsam verlangt. „Die Auffassung, daß der Religionsunterricht die Religion gewissermaßen dem Kinde zur Anschauung anbiete, damit es in einer sogenannten freien Entscheidung sich auswählt, was ihm gefällt, ist eine völlige Verkennung des Wesens der Religion"[7].

[1] G. Bohne, Evangelische Religion, Gegenstand und Gestaltung (zit. „Religion"), Leipzig 1936², vor allem S. 55 ff; vgl. auch: Das Wort Gottes, S. 203 ff; ferner die im 1. Kapitel erwähnte Literatur. Von neueren Aufsätzen sind zu nennen: Gegenwartsfragen des evangelischen Religionsunterrichts, in: Lebendiges Wort in der Evangelischen Unterweisung, Itzehoe 1962, S. 13 ff; ferner die Zusammenstellung zahlreicher instruktiver Vorbereitungshilfen für den Religionsunterricht in diesem Sammelband. Vgl. außerdem: Evangelische Unterweisung und theologische Wissenschaft, in: Evangelische Unterweisung, 15. Jg., 1960, S. 17 ff.

[2] Religion, S. 56.

[3] a. a. O., S. 55.

[4] a. a. O., S. 56 f.

[5] a. a. O., S. 57.

[6] a. a. O., S. 58.

[7] ebenda.

Es ist wichtig, diese vier Elemente in Bohnes Verkündigungsbegriff festzuhalten, um ihn einerseits nicht zu verzeichnen, andererseits die spätere Weiterentwicklung deutlicher zu erkennen.

1.2 Religionsunterricht als Verkündigung kann nicht als Bildungsgeschehen aufgefaßt werden, sondern als die *große Krisis* jeglicher Bildungsbemühung. Religionsunterricht hat deshalb primär nichts mit Erziehung zu tun, er ist *Störung* der Entwicklung[8]. Hier hat Bohne den Verkündigungsbegriff zunächst stark negativ gefaßt unter dem Eindruck der Theologie der Krise beim frühen Barth. Das wurde oft kritisiert. Sowohl Rang wie Frör greifen die Überbetonung des „Krisismotivs“ an. Bohne habe noch zu stark aus der Abgrenzung gegenüber dem humanistischen Bildungsideal argumentiert. Wie wir oben zeigten, hat er allerdings — z. T. schon in seinem Frühwerk und später immer deutlicher — diese dialektische Konzeption selbst aufgegeben, so daß ihm in viel höherem Maße der gegenteilige Vorwurf eines neuerlichen christlichen Idealismus gemacht werden konnte.

1.3 Ziel des Religionsunterrichts ist die *Entscheidung* des Menschen vor Gott. Auch hier begann Bohne mit einer Abgrenzung gegen die Erziehungskonzeption der früheren Religionspädagogik. Es geht nicht um die Entfaltung und Entwicklung der religiösen Anlagen des Kindes. Vielmehr wird das Kind vor den Entscheid gestellt dadurch, daß ihm der Anspruch begegnet „hinzuhören und zu gehorchen“[9]. Allerdings hat Bohne diesen einseitigen Entscheidungsbegriff, der schon im Ansatz umstritten war, durch Neuinterpretation weitergeführt. Der Lehrer nimmt im Religionsunterricht das Kind in den Glauben mit hinein und führt es[10]. Solche Formulierungen weisen in die Richtung des „erziehenden Religionsunterrichts“ — wie er in der Folgezeit wieder gefordert wurde.

1.4 Religionsunterricht bleibt in einer *dauernden Spannung* zwischen Schule und Evangelium, die nicht aufgelöst werden darf. Sie besteht darin, daß das Evangelium, das jegliche Bildung stört, doch zugleich in den Bildungsprozeß eingehen muß[11].
Die von Bohne eingeführte Kategorie der Spannung führte zunächst zu einer sehr unklaren Ortsbestimmung des Religionsunterrichts. Es wurde nicht gesagt, wie diese Spannung praktisch durchgehalten werden kann.

[8] Siehe dazu die ausführliche Darstellung in Kapitel I, Abschnitt A I 1.1.
[9] a. a. O., S. 61.
[10] a. a. O., S. 61 ff.
[11] Belege dazu siehe Kapitel I, Abschnitt A I 1.1.

Der Religionsunterricht drohte in eine „abstrakte Isolierung" in der Schule zu geraten. Hier setzten die Kritiker Bohnes, vor allem M. Rang, an: Die Spannung des Religionsunterrichts kann nur durchgehalten werden, wenn er auch als Geschehen in der Schule bewußt von der Institution Kirche her verantwortet wird. Dieser Gesichtspunkt kam bei Bohnes früher Dialektik noch kaum ins Blickfeld. Es ergab sich deshalb als logische Konsequenz aus dieser Aporie, daß in der nun folgenden zweiten Begründungsphase die Kirche als Subjekt und Objekt des Religionsunterrichts expressis verbis eingeführt werden mußte.

2. Die Konzeption M. Rangs

Die Position M. Rangs ist die zweite weiterführende Phase bei den Bemühungen um die kirchliche Begründung des Religionsunterrichts. Bei ihm kam die Entwicklung zu einem vorläufigen Abschluß. Es gelang ihm, eine systematisch geschlossene Konzeption zu entwickeln, die über die Aporien, die bei Bohne geblieben waren, hinausführt. Das geschah in seinen beiden vor dem Zweiten Weltkrieg maßgebenden Hauptwerken[12], in denen er eine ins einzelne gehende Didaktik und Methodik des Religionsunterrichts entwarf. In unserem Zusammenhang ist vor allem die „Grundlegung" in Band I des „Handbuchs für den biblischen Unterricht" entscheidend. Rangs Konzeption hat folgende Schwerpunkte, die aus dem Aufbau des Werkes klar hervorgehen:

2.1 Ausgangspunkt ist für ihn unbestritten die *Verkündigungskonzeption* Bohnes, bei der er expressis verbis einsetzt[13]. „Es darf ... seit Bohnes bahnbrechendem Buche ‚Das Wort Gottes und der Unterricht' als gemeinsame Überzeugung der neueren Religionspädagogik gelten, daß der christliche Religionsunterricht seinen Auftrag und seinen Inhalt nicht von Größen menschlicher Kultur und Bildung, sondern von Gottes Offenbarung und Gottes Befehl herleitet"[14]. Dabei wird der Verkündigungs-

[12] M. Rang, Biblischer Unterricht. Theoretische Grundlegung und praktische Handreichung für den Religionsunterricht in Schule, Kirche und Familie, Berlin 1936; Handbuch für den biblischen Unterricht. Theoretische Grundlegung und praktische Handreichung für die christliche Unterweisung der evangelischen Jugend, 2 Bände, Berlin 1939, 1947² (zit. „Handbuch" nach der 2. Auflage). Vgl. ferner den Aufsatz: Religionsunterricht und Verkündigung — Religionsunterricht und Leben, in: Haus und Schule, 33. Jg., 1937, S. 330 ff.

[13] Handbuch I, S. 17.

[14] ebenda.

begriff nach drei Aspekten entfaltet, die ihn noch schärfer als bei Bohne akzentuieren.

2.11 Verkündigung hat es ausschließlich und unteilbar mit dem *Wort Gottes* zu tun[15]. Gottes Wort ist aber nicht identisch mit der Bibel, sondern ist theologisch sachgemäß zu differenzieren: Es geht darum, „in dem biblischen Wort Gottes Wort zu hören und zu Gehör zu bringen“[16]. Dabei ist Rang durchaus dafür offen, daß Gottes Wort nicht nur in biblischen Texten, sondern z. B. auch in der richtig behandelten Kirchengeschichte laut werden kann[17].

2.12 Verkündigung des Wortes als „einer Botschaft, die Gehorsam und Gehör verlangt“[18], setzt eine bestimmte Haltung voraus: nämlich den *„Lehrer als Zeugen“*[19], der sich zu dem Wort bekennt, und den *„Schüler als Hörer“*[20], der sich dem Wort öffnet. Im Mittelpunkt steht die personale Repräsentanz, das Engagement des Lehrenden. Jeder neutrale, informierende Unterricht widerspricht der Sache, um die es geht.

2.13 Verkündigung im Unterricht muß aber nach Rang zugleich deutlich abgegrenzt werden von der Predigt[21]. In der Predigt „verwirklicht sich die Verkündigung unmittelbar“[22]. Dagegen ist der „Religionsunterricht seinem inneren Wesen nach nur vorbereitend und vorläufig“[23]. Unterricht soll auf die Predigt hinführen. Predigt ohne Unterricht wäre möglich, aber nie Unterricht ohne Predigt. Das bedeutet allerdings durchaus nicht, daß Rang den Verkündigungsbegriff wieder relativiert. Religionsunterricht bleibt Verkündigung. Aber es geht ihm um die seelsorgerliche „Freigabe“ des Schülers, die es vermeiden will, „dem Kind auf der Seele zu knien“[24]. Dabei grenzt er sich allerdings klar von der nur „propädeutischen“ und „deiktischen“ Konzeption ab, wie sie von der sogenannten „autonomen Pädagogik“ gefordert wurde[25].

2.2 An einem Punkt führt Rang richtungweisend über Bohne hinaus: mit der bewußt *kirchlichen* Begründung des Religionsunterrichts. Rang setzt ein bei dem unbefriedigenden Begriff „in die Entscheidung stellen“. Er sei von Bohne nur negativ, als die Störung der religiösen Entwicklung,

[15] a. a. O., S. 18.
[16] ebenda.
[17] a. a. O., S. 20.
[18] ebenda.
[19] ebenda.
[20] a. a. O., S. 22.
[21] a. a. O., S. 27 ff.
[22] a. a. O., S. 28.
[23] a. a. O., S. 30.
[24] a. a. O., S. 32.
[25] a. a. O., S. 31 f.

gedeutet worden. Bohne habe übersehen, daß der Schüler normalerweise getauft ist, daß es sich bei dem „Entscheid" nicht um die Absage an eine gegenchristliche Lebenswelt, sondern in der Tat um eine „Entwicklung" handelt, allerdings nicht um die der religiösen Anlagen, sondern um „eine Entwicklung des Kindes und Jugendlichen *als Glied der Kirche*" [26]. Religionsunterricht kann deshalb nur als kirchlicher Unterricht verstanden werden: Wenn „Lehrer und Schüler im Religionsunterricht als Glieder ihrer Kirche stehen" [27], also nicht als Privatpersonen in eigener Verantwortung oder als Beauftragte der Schule und des Staates, dann wird die Kirche zum Träger des Religionsunterrichts. Der Religionsunterricht wird *„Kirche in der Schule"* [28]. Das hat folgende weitreichende Konsequenzen:

2.21 Der Religionsunterricht kommt *von der Kirche her.* Sie ist Subjekt des Religionsunterrichts. Er gehört in die erzieherische Verantwortung, die sie *von der Taufe* her den ihr anvertrauten Kindern gegenüber hat. „Das Kind gehört durch die Taufe zur Kirche, aber so, daß in der Taufe sein Eintritt in die Glaubensgemeinschaft nur *begonnen* ist. Die Kindertaufe ist, soll sie nicht magisch mißverstanden werden, nicht zu lösen von der folgenden christlichen Erziehung und Unterweisung" [29]. Zu diesem nachgeholten Taufunterricht ist die Kirche nicht nur berechtigt, sondern auch verpflichtet. „Es gibt nur *einen* Religionsunterricht, der seine Begründung in der Taufe hat" [30].

2.22 Der so innerkirchlich verstandene Religionsunterricht ist deshalb nicht in erster Linie *missionarisch* zu sehen. Das kann nur eine „Nebenaufgabe" sein [31]. Hier beurteilt Rang die Möglichkeiten ganz realistisch: „Der Unterricht kann nicht retten, was die Gemeinde verloren hat" [32]. Primär ist er *„entwickelnd"*, d.h. er soll „den Namen Jesu Christi, der schon über dem Täufling gesagt wurde, mit Inhalt füllen" [33]. Er gehört deshalb zur „erhaltenden und pflegenden" Funktion der Kirche [34].

2.23 Der Religionsunterricht in der Schule muß *inhaltlich* von der Kirche her verantwortet werden. Rang stellt — der Kirchenkampfsituation entsprechend — präzise Forderungen auf: „Ein Religionsunterricht, der nicht ihrem Glauben entspricht, ist für die Kirche ein unchristlicher und gegen-

[26] a.a.O., S. 24.
[27] a.a.O., S. 27.
[28] a.a.O., S. 106.
[29] a.a.O., S. 100.
[30] ebenda.
[31] a.a.O., S. 98.
[32] a.a.O., S. 99, Anmerkung 1.
[33] a.a.O., S. 98.
[34] a.a.O., S. 89.

christlicher Unterricht und als solcher untragbar“ [35]. Daraus ergibt sich eine Lehrautorität der Kirche, die Rang von der „geistlichen Schulaufsicht“ klar abzugrenzen versucht: Der Religionsunterricht „gehört seinem inneren Wesen nach zur Kirche und untersteht in seinem Inhalt, nicht anders wie der Inhalt jeder Predigt oder jeder theologischen Vorlesung, der bekenntnismäßigen Prüfung: ob das Wort Gottes rein gelehrt werde“ [36]. Die evangelische Kirche hat zwar keine Lehrinstanz, sie sollte jedoch vom Bekenntnis her verantwortlich hinter dem Inhalt stehen.
2.24 Die Kirche hat auch eine *personale* Verantwortung für den Religionsunterricht. Der Religionslehrer ist keine autonome Erzieherpersönlichkeit, sondern „Beauftragter“ der Kirche [37]. Er ist kirchlicher Amtsträger. „Er gibt seinen Unterricht nicht als Vertreter des Staates, sondern der Kirche“ [38]. Daraus ergibt sich das Prinzip der kirchlichen Vokation, das bis in die Gegenwart zu den umstrittensten juristischen Konsequenzen dieser Konzeption gehört.

2.3 Unlösbar verbunden mit der kirchlichen Begründung ist die kirchliche Zielsetzung des Religionsunterrichts. Er ist *bewußte Erziehung, die zur Kirche hinführen soll.* Das erzieherische Moment des Religionsunterrichts, das bei Bohne zurückgetreten war, wird jetzt wieder expressis verbis aufgenommen. Der Religionsunterricht gehört zur „erzieherischen Verantwortung der Kirche“ [39]. Es geht allerdings nicht um Erziehung zur „christlichen Persönlichkeit“, sondern um Erziehung zum Gemeindeglied. Der Religionsunterricht ist „Fortsetzung der kirchlichen Erziehung [40], die bereits im Elternhaus, Kindergarten und Kindergottesdienst begonnen hat. Er bekommt die Aufgabe, das Kind *bewußt* in die „kirchliche Sitte“ einzuführen, ihm sozusagen seine „geistige Heimat Kirche“, in der es immer schon steht, bewußt zu machen. Rang entwickelt diese Gedanken in seinen Abschnitten über gottesdienstliche Haltung und Andachtsformen im Religionsunterricht [41]. Er fordert eine liturgische Erziehung, die sich eng an das Kirchenjahr anschließt und zu lebendiger Einübung durch Wiederholung anleitet. Diese Vorschläge werden von K. Frör aufgenommen und in seiner Konzeption einer „Erziehung zur Gemeinde“ [42] weitergeführt.

[35] a. a. O., S. 103.
[36] a. a. O., S. 106.
[37] a. a. O., S. 107.
[38] a. a. O., S. 105.
[39] a. a. O., S. 100.
[40] a. a. O., S. 97.
[41] a. a. O., S. 114 ff und 117 ff.
[42] Siehe K. Frörs Konzeption (Ziffer A 4 in diesem Kapitel).

2.4 Zusammenfassend ist festzustellen, daß M. Rang den Religionsunterricht ganz in die kirchlichen Katechumenatsformen eingliedert. Er stellt eine Phase des kirchlichen Handelns an den Jugendlichen in einem bestimmten Lebensabschnitt dar. Es gibt keine Trennung zwischen innerkirchlichem Unterricht und schulischem Religionsunterricht; beide werden sowohl *theologisch* wie *pädagogisch* auf einer Ebene gesehen. In diesem Punkt lag die Stärke, aber — wie sich schließlich zeigen wird — auch die Schwäche dieser Konzeption einer Integration des Religionsunterrichts in die Kirche.

3. Die Konzeption O. Hammelsbecks

Hammelsbeck versteht in seiner Grundsatzschrift „Der kirchliche Unterricht" seine Position selbst als „dritte Etappe" nach G. Bohne und M. Rang[43]. Er nimmt die dortigen Ansätze auf und führt sie an *einem* Punkt entscheidend weiter:

3.1 Hammelsbeck setzt ein bei einer originellen Analyse des Wortes „Unterricht". Er leitet es ab von der Formel „Richten-unter"[44]. Das ist für ihn kein bloßes Wortspiel. Er versteht das „Richten-unter das Wort Gottes" in scharfer Abgrenzung von einem intellektualistischen Verständnis des schulischen Unterrichtens. Religionsunterricht ist für ihn ein ganzheitliches Geschehen. „Es handelt sich ... nicht um eine intellektuelle Angelegenheit, die zu einem baldigen Abschluß geführt werden kann, sondern dieses Richten-unter fordert den ganzen Menschen zum Hinbeugen unter das Wort Gottes und infolgedessen zu einem ‚Danach-leben'"[45]. Von daher fordert er eine enge Bindung des Unterrichts an die Lebenswirklichkeit der Gemeinde. „Unterrichten im Sinne unseres Richten-unter ist nur möglich als Geschehen in der Gemeinde"[46]. Der Unterricht ist deshalb eine „organische Funktion der Gemeinde"[47]. „Es gibt nur

[43] O. Hammelsbeck, Der kirchliche Unterricht, München 1939, 1947^2 (zit. „Unterricht" nach der 2. Auflage), S. 53 ff. Vgl. auch den Aufsatz: Leben unter dem Wort als Frage des kirchlichen Unterrichts, in: Theologische Existenz heute 55, 1938. An neueren Veröffentlichungen zu diesem Themenkreis sind zu nennen: Der Auftrag des evangelischen Lehrers, in: Der Evangelische Erzieher, 15. Jg., 1963, S. 221 ff. Auf S. 228 ff findet sich eine Auseinandersetzung mit Stallmann und Otto. Vgl. auch: Warum evangelische Unterweisung?, in: Der Evangelische Erzieher, 10. Jg., 1958, S. 79 ff.

[44] Unterricht, S. 16.

[45] ebenda.

[46] a. a. O., S. 21.

[47] ebenda.

insoweit kirchlichen Unterricht, als Gemeinde da ist“[48]. Bis hierher folgt er der Argumentation seines Vorgängers.

3.2 Sein weiterführender Beitrag besteht in einer umfassenderen Sicht des Unterrichtsgeschehens, die er im Anschluß an seine Deutung des Missionsbefehls[49] entwickelt. Er unterscheidet einen „missionierenden Unterricht“, der sich aus der Taufe ergibt und die Zeit bis zur Konfirmation umfaßt, und einen „gemeindlichen“, lehrhaften Unterricht, der sich aus der Heiligung ableitet und die Zeit nach der Konfirmation bis zum Erwachsenenkatechumenat umschließt. „Es sind im Abschiedsbefehl Jesu um die Mitte der Taufe zwei Aufträge zu lehren erteilt. Der erste betrifft das missionarische Wirken in die Welt hinein. Zu ihm gehört auch die Verantwortung der Gemeinde, ihre früh getauften Kinder im Glauben bereit zu machen zur Annahme des Heils ihrer Taufe ... Der zweite Lehrauftrag setzt den Gewinn des Glaubens durch den Heiligen Geist voraus und betrifft die Zubereitung und Heiligung der Kinder Gottes, ihr Leben unter dem Wort, ihr Weltdasein in der Freiheit eines Christenmenschen“[50]. Diese beiden „Lehraufträge“ gehören notwendig zum kirchlichen Katechumenat. Entscheidend ist, daß eine innere Verbindung zwischen beiden Phasen besteht. Hammelsbeck kommt deshalb als erster zur Forderung eines *Gesamtkatechumenats,* der das ganze Leben des Christen von der Kindheit bis zum Stand des mündigen Laien umfaßt.
Dieser Gesamtkatechumenat weist folgende Gliederung auf:
3.21 Vor dem Haupteinschnitt der Konfirmation liegen in der *„missionierenden“* Phase „die in der Volkskirche entwickelten Formen“[51] Religionsunterricht, Kindergottesdienst und Konfirmandenunterricht. Der schulische Unterricht fügt sich hier nach Hammelsbeck ohne jeden Bruch ein. Es gibt von seinem Ansatz her keinerlei Differenzierung zwischen innerkirchlicher und schulischer Unterweisung. Ja, *nur* die Einordnung in den Gesamtkatechumenat gibt dem Religionsunterricht seinen Sinn. Er ist nur *von der Gemeinde her* und *zur Gemeinde hin* zu begründen.
3.211 „Allein von der Gemeinde her kann ein christlicher Religionsunterricht mit Vollmacht erteilt werden, auch wenn er nicht im Rahmen der Kirche, sondern im Rahmen der weltlichen Einrichtung Schule erteilt wird“[52]. Dabei ist die Kirche nicht als Aufsichtsbehörde zu verstehen, sondern als „Helfer und Sprecher in die Welt hinein“[53]. Das hat Konse-

[48] a. a. O., S. 20.
[49] a. a. O., S. 29.
[50] a. a. O., S. 43.
[51] a. a. O., S. 51 ff.
[52] a. a. O., S. 55.
[53] ebenda.

quenzen für die Person des Lehrers. Er kann nur „unter dem Wort und als lebendiges Glied der Gemeinde sein Amt versehen“ [54]. Er ist nicht „Sachverständiger“ ohne Gemeinde, „sondern Zeuge, der nicht aus Fachkenntnis, sondern aus Glauben lehrt“ [55].

3.212 Noch wichtiger ist für diesen Unterricht aber seine Zielrichtung auf die Gemeinde hin, seine „erziehende Funktion“, die Hammelsbeck noch stärker betont wissen will als seine Vorgänger. Er spricht von einer notwendigen „eschatologischen Ausrichtung“. Der Religionsunterricht geschieht „zwischen Himmelfahrt und dem kommenden Tag des Herrn“; das bedeutet, daß „er nicht irgendwo in der Welt und für die Welt gegeben werden kann, ohne zugleich für die Gemeinde Christi zu erziehen“ [56].

3.213 Diese letzten Bemerkungen Hammelsbecks zeigen, daß für diesen Unterricht die Bezeichnung „missionarisches Wirken in die Welt hinein“ [57] eigentlich nicht paßt. Es geht ja gerade bei einer Erziehung in der Gemeinde und zur Gemeinde primär nicht um eine Wirkung „nach außen“, sondern um ein Handeln an den Getauften, um ein innerkirchliches Geschehen. Deshalb wurde von vielen Kritikern (Frör u. a.) bezweifelt, daß der Religionsunterricht unter die Kategorie des „Missionarischen“ gefaßt werden könne. Hier konnte sich Hammelsbecks These nicht durchsetzen.

3.22 Die *„gemeindliche“* Katechumenatsphase läßt Hammelsbeck mit der Gemeindejugendarbeit beginnen. Er betont dann als erster die Bedeutung der Erwachsenenbildung in der Gemeinde [58]. Hier werden wichtige Anregungen gegeben, die leider in der Folgezeit in der deutschen Religionspädagogik zu kurz kamen.

3.3 Beurteilung

Fraglich war in Hammelsbecks Konzeption die Unterscheidung zwischen missionierendem und innerkirchlichem Unterricht, vor allem in der von ihm vorgenommenen Verteilung auf die Zeit vor und nach der Konfirmation. Aus terminologischen und sachlichen Gründen wurde diese Sicht schon frühzeitig abgelehnt [59]. An ihre Stelle tritt für uns heute die Unterscheidung zwischen schulisch und kirchlich begründetem Unterricht, die

[54] a. a. O., S. 63.
[55] a. a. O., S. 62 f.
[56] a. a. O., S. 60.
[57] a. a. O., S. 43.
[58] a. a. O., S. 156 ff, 167 ff und 181 ff unter den Stichworten: „Die Mündigkeit des Laien in der Gemeinde“, „Der nachbarschaftliche Bibelkreis“, „Der Gottesdienst als kirchlicher Unterricht“.
[59] Siehe K. Frörs Kritik im nächsten Abschnitt, Ziffer 4.21.

Hammelsbeck von seinem Ansatz aus noch nicht in den Blick bekommen konnte. Für ihn mußte aller Unterricht in den kirchlichen Gesamtkatechumenat integriert bleiben.
Unaufgebbar ist dagegen die umfassende Sicht eines kircheneigenen Erziehungsauftrages, der bei der Konfirmation nicht enden darf, sondern gerade den Sektor der Erwachsenenbildung neu bedenken muß. Hier liegt ein weites Feld vor uns, das der gründlichen Bearbeitung bedarf [60].

4. Die Konzeptionen K. Frörs, S. Wolfs und H. Angermeyers

Wenn man die Konzeption Frörs würdigen will, muß man bedenken, daß er nicht nur an den religionspädagogischen Neuansatz bei Bohne und Rang anknüpft und ihn weiterführt, sondern zugleich in einem eigenständigen Traditionszusammenhang steht, der bis auf die Erlanger Theologie des 19. Jahrhunderts (G. v. Zezschwitz und Th. Harnack) zurückreicht, die ihrerseits stark am Katechumenat der Alten Kirche orientiert war. Von daher wird die Schwerpunktsetzung in Frörs Konzeption verständlich [61].

4.1 Religionsunterricht als Verkündigung

In diesem Punkt stimmt Frör mit Rang und Hammelsbeck überein. „Der katechetische Dienst hat seinen Ursprung in der Tatsache, daß der Kirche der Dienst der Wortverkündigung aufgetragen ist“ [62]. In einer ausführlichen Analyse dessen, was in der Wortverkündigung geschieht, kommt Frör zu einer trinitarischen Begründung des Religionsunterrichts; denn die „Wortverkündigung der Gemeinde ist das Werkzeug des endzeitlichen Schöpferhandelns des dreieinigen Gottes“ [63]. Deshalb steht hinter dem unterrichtlichen Handeln der Gemeinde letztlich Gott selbst als Subjekt. „In, mit und unter diesem Menschenwort ist Christus selber da und redet

[60] Vgl. Kapitel 3, vor allem Ziffer III 3.3.
[61] Vgl. S. Wolf, Evangelische Unterweisung und Innere Schulreform, München 1959, S. 35; K. Frör, Zur theologischen Grundlegung des katechetischen Dienstes I und II (zit. „Grundlegung I und II“), in: Schule und Leben, 7. Jg., 1955/56, S. 41—48 und 82—87; hier vor allem S. 82 ff. Frörs Konzeption vgl. ferner: Methoden der christlichen Unterweisung in der Schule, in: Die Bibel im Rundfunk, Schriftenreihe der Evang. Akademie für Rundfunk und Fernsehen, 1956, S. 21—42; Was ist wissenschaftlicher Religionsunterricht?, in: Schule und Leben, 9. Jg., 1957, S. 361 ff.
[62] Grundlegung I, S. 41.
[63] a. a. O., S. 44.

mit den Seinen ....“ [64]. Das hat für Frörs Verkündigungsbegriff eine doppelte Konsequenz:

4.11 Er wird nicht überfrachtet in dem Sinne, daß der verkündigende Lehrer selbst mühsam das Wort zur Wirkung bringen müßte. Verkündigen heißt nicht, durch religiöse Ergriffenheit die Kinder mitreißen. Es geht um etwas viel Schlichteres, nämlich darum, „das Wort so weiterzugeben, daß verstanden wird, was es sagen will, und dem dreieinigen Gott zuzutrauen, daß er nach seiner Verheißung handelt“ [65]. Insofern kann man auch hier schon von einer gewissen „Entlastung“ des Verkündigungsbegriffs sprechen.

4.12 Andererseits lehnt aber Frör jede Form eines propädeutischen Unterrichts ab. Es geht im Religionsunterricht nie um Vorbereitung der Verkündigung, sondern immer um die Sache selbst. Hier grenzt er sich ausdrücklich von K. Barths Auffassung ab, der in der Jugendunterweisung nur eine „das Verständnis der Verkündigung vorbereitende, sozusagen technisch unterbauende“ Tätigkeit sieht [66]. Aus theologischen Gründen ist diese Sicht unmöglich. „Es gibt in der Weitergabe des biblischen Wortes keine Vorläufigkeiten, sondern nur die Botschaft in ihrer Ganzheit von Zeugnis und Bericht, Bericht und Zeugnis“ [67]. Zu einem „vorläufigen Bekanntmachen“ wären allenfalls „die Stoffe der sogenannten Hilfswissenschaften“ geeignet [68]. In der gleichen Richtung argumentiert auch S. Wolf, wenn er Unterricht als „*eine* Form der Verkündigung neben Predigt, Sakrament und seelsorgerlichem Gespräch“ definiert [69]. Allerdings wird von Frör in diesem Zusammenhang immer wieder betont, daß eine psychologische Meßbarkeit und Nachprüfbarkeit dessen, was in der Verkündigung geschieht, grundsätzlich ausscheidet. Hier ist für ihn das „ubi et quando visum est deo“ unabdingbare Voraussetzung für alles verantwortliche Handeln des verkündigenden Lehrers. Diese Auffassung hat Frör bis heute durchgehalten [70].

[64] a. a. O., S. 43.
[65] a. a. O., S. 45.
[66] Kirchliche Dogmatik I 1, S. 51 f; vgl. Grundlegung I, S. 45 f.
[67] Grundlegung I, S. 46.
[68] ebenda.
[69] S. Wolf, a. a. O., S. 41.
[70] Vgl. die ausführliche Auseinandersetzung mit der propädeutischen Konzeption in dem Aufsatz: Religionsunterricht in der säkularisierten Gesellschaft, in: Erziehung im Spannungsfeld von Staat und Kirche, München 1969, S. 55 ff.

4.2 Religionsunterricht als Lebensfunktion der Gemeinde
(„erziehender Religionsunterricht")

Auf diesen Punkt legt Frör in allen seinen Veröffentlichungen bis heute den Hauptakzent. Das geschieht in der doppelten Blickrichtung, die auch bei Rang und Kittel zu finden ist:

4.21 Religionsunterricht kommt *von der Gemeinde her* als nachgeholter Taufunterricht. Er geschieht „im geistlichen Raum der christlichen Gemeinde" [71]. Er ist deshalb nicht als missionierende, sondern als innerkirchliche Wortverkündigung anzusprechen. Hier grenzt sich Frör von der Unterscheidung Hammelsbecks ab [72]. Ähnlich urteilt S. Wolf: „Das Ziel des kirchlichen Unterrichts liegt in dem, was Christus dem jungen Menschen in der Taufe schon gegeben hat" [73]. Das bedeutet nun aber nicht, daß die Unterweisung dadurch eine terminmäßige Begrenzung, z. B. durch die Konfirmation, bekommen sollte. Auch wenn Frör den Begriff des Erwachsenenkatechumenats nicht übernimmt, setzt er sich doch entschieden für eine innergemeindliche Unterweisung der Erwachsenen ein. Der Dienst der Gemeinde an ihren Getauften muß das ganze Leben umfassen.

4.22 Der so als „Lebensfunktion der christlichen Gemeinde" [74] verstandene Religionsunterricht kann aber nur dann seinen Sinn erfüllen, wenn er nicht nur von der Gemeinde ausgeht, sondern *in die Gemeinde einführt.* Auf diesen Punkt hat Frör bis heute in seinen Veröffentlichungen das Hauptaugenmerk gerichtet. Er teilt deshalb dem Religionsunterricht — viel stärker als die meisten anderen Religionspädagogen — eine Erziehungsaufgabe zu. Das geschieht schon in seiner Grundsatzschrift von 1933: „Herein mit der Erziehung in die Verkündigung des Religionsunterrichts!" [75]. Ins einzelne gehende Vorschläge macht er in seiner Aufsatzserie von 1952 [76]. Aber auch in seinem Aufsatz von 1969 bleibt diese Frage im Mittelpunkt [77]. Dabei geht es Frör keinesfalls um eine Pädagogisierung der Verkündigung, sondern um die „Ganzheit des Katechu-

[71] K. Frör, Der Religionsunterricht als Lebensfunktion der Gemeinde, in: Schule und Leben, 4. Jg., 1952/53, S. 8 (zit. Lebensfunktion); vgl. auch Grundlegung II, S. 82.

[72] ebenda.

[73] S. Wolf, a. a. O., S. 50.

[74] K. Frör, Lebensfunktion, S. 10.

[75] Was ist evangelische Erziehung?, S. 114.

[76] Der Religionsunterricht als Erziehung zur Gemeinde, in: Schule und Leben, 4. Jg., 1952/53, S. 76—82 und S. 97—102.

[77] Religionsunterricht in der säkularisierten Gesellschaft, S. 67 ff (Abschnitt IV).

menats“[78], die nur durch Unterricht *und* „Mitleben in der Gemeinde“[79] zu verwirklichen ist. Er gibt sich zwar keinen Illusionen über die volkskirchliche Situation hin, in welcher der Lebenszusammenhang von Unterricht und Gemeinde weithin verlorengegangen ist. Aber er wehrt sich leidenschaftlich dagegen, zu kapitulieren und sich mit der Isolierung des Religionsunterrichts heute abzufinden.

In einer Reihe von Vorschlägen sucht er einen Damm gegen jeden weiteren Abbau des Gemeindebezugs zu errichten:

4.221 Der erzieherische Auftrag des Religionsunterrichts muß in der säkularisierten Umwelt viel ernster genommen werden. „Je weniger die Kinder in ihrer sonstigen Umwelt dem konkret begegnen, worüber im kirchlichen Unterricht gesprochen wird, der Wirklichkeit der Gemeinde, desto nötiger ist es, daß ihnen wenigstens hier die wesentlichen Lebensäußerungen der Gemeinde lebendig begegnen“[80].

4.222 Es muß der Versuch gemacht werden, mit den Kindern in der Schule Gemeinde zu verwirklichen. „Ehe wir mit den Kindern darüber sprechen, was die Gemeinde ist und was in ihr geschieht, wollen wir erst einmal mit ihnen Gemeinde sein“[81]. Frör prägt den Begriff der „christlichen Schulgemeinde“, die über den Religionsunterricht hinausgreifend „die Ganzheit des Gemeinschaftslebens der Schule durchdringen muß“[82]. An dieser Forderung entzündete sich sehr stark die Kritik.

4.223 Erziehung zur Gemeinde sollte nach Frör an fünf Punkten ansetzen, an denen Gemeinde im schulischen Raum verwirklicht werden kann: Erziehung zum Gebet, gemeinsames Singen und Feiern, gemeinsames Hören, Erziehung zum Gottesdienst (liturgische Erziehung) und zur Diakonie[83].

4.23 Auch S. Wolf betont in einem ausführlichen Abschnitt die Notwendigkeit „kirchlicher Erziehung“, unter der er „Hinführen und Heimischwerden in den Ordnungen der Kirche“ versteht[84]. Dabei geht es ihm zunächst um die „Einbettung in einen Raum funktionaler Erziehung“, wodurch das Kind seine Kirche als „geistige Heimat“ erleben kann[85]. Im reiferen Alter kommt als erzieherische Aufgabe dazu, die Einführung und Einübung in die kirchlichen Ordnungen „mit dem deutenden Wort zu

[78] Grundlegung II, S. 85.
[79] a. a. O., S. 84.
[80] Erziehung und Kerygma, S. 51.
[81] Lebensfunktion, S. 11.
[82] Erziehung und Kerygma, S. 50.
[83] Der Religionsunterricht als Erziehung zur Gemeinde, S. 77, 78, 80, 97, 99 und 101.
[84] S. Wolf, a. a. O., S. 45.
[85] Wolf ebenda im Anschluß an Rang.

begleiten"[86]. Ziel dieser kirchlichen Erziehung, die wir heute mit dem Stichwort „christliche Sozialisation" bezeichnen würden, ist das gegenwärtig viel diskutierte emanzipatorische Element der „Eigenverantwortlichkeit des jungen Menschen"[87], der fähig sein soll, aktiv und kritisch zugleich das kirchliche Leben mitzugestalten.

Neben diesem gemeinschaftsbezogenen Aspekt der kirchlichen Erziehung steht für Wolf die „seelsorgerliche Ausrichtung" im Vordergrund. Es geht ihm dabei um das „Ernstnehmen der Situation des Jugendlichen" und um die Bedeutung der personalen Repräsentanz des Lehrers im pädagogischen Bezug. „Der Lehrer wirkt mehr durch sein Vorbild und Vorleben als durch sein Wort"[88]. Hier werden zwei Punkte angesprochen, die in der heutigen Diskussion wieder neu in den Mittelpunkt getreten sind[89].

4.24 Dieses Konzept einer Erziehung zur Gemeinde ist allerdings nach Frör und Wolf nur unter der Bedingung sinnvoll, daß es gelingt eine Koordination und sinnvolle Gliederung des „ganzheitlichen Katechumenats" der Kirche zu erreichen[90]. Wolf spricht hier im Anschluß an Heubach vom „Gesamtkatechumenat" der Kirche, in den der Religionsunterricht organisch eingegliedert sein muß, wenn er aus seiner Isolierung herausfinden soll. Dabei werden einige Punkte genannt, bei denen diese Koordination vorrangig ansetzen sollte[91]: Elternarbeit, Gemeindejugendarbeit, Reform des Unterrichts im Sinne der Erziehungskonzeption, ganzheitliche Zusammenarbeit aller Katechumenatsformen, Zusammenarbeit mit der Schule. Es hat sich inzwischen gezeigt, daß die Einordnung des schulischen Religionsunterrichts in den kirchlichen Katechumenat in dieser Form heute nicht mehr möglich ist. Trotzdem bleibt die Frage weiterhin bestehen, wie der tödlichen Isolierung des Religionsunterrichts vom kirchlichen Leben in der säkularisierten Gesellschaft entgegengewirkt werden kann. Dieses Problem wird ausführlich im 4. Kapitel erörtert werden. Im übrigen sind die obigen Erwägungen entscheidend für eine Neuordnung der innerkirchlichen Erziehungs- und Unterrichtsaktivitäten[92].

4.3 Der didaktische Ort des kirchlichen Unterrichts in der Schule

Die Konzeption Frörs ging bewußt von einer theologischen und kirch-

[86] ebenda.
[87] ebenda.
[88] a. a. O., S. 46 und 47.
[89] Vgl. Kapitel 4, Abschnitt II 2.2.
[90] K. Frör, Grundlegung II, S. 86 und S. Wolf, a. a. O., S. 58 ff.
[91] K. Frör, ebenda; S. Wolf, ebenda.
[92] Vgl. Kapitel 3.

lichen Begründung des Religionsunterrichts aus. Das bedeutete aber in keiner Weise eine Mißachtung der didaktischen und methodischen Notwendigkeiten, wie sie der Raum der Schule verlangt. Man kann überhaupt der Verkündigungskonzeption nicht vorwerfen, daß sie die schulische Situation nicht ernst genommen habe. Es wurde zwar sehr häufig der Satz Heckels aus der Methodik von 1929 zitiert: „Die Bitte um den Heiligen Geist, der durch das Wort zum Glauben ruft, ist schlechthin wichtiger als alle Methodik“ [93]. Zugleich aber wurden — von der richtig verstandenen Menschlichkeit des Wortes Gottes her — die didaktischen Fragen gründlicher angegangen, als man das heute oft sieht. Das beweisen die zahlreichen methodischen Arbeiten von Heckel über Rang bis Burkert. Es wurde immer davor gewarnt, „ein denaturiertes Christentum zu lehren, das nicht nur eine ungesunde Frömmigkeit gedeihen läßt, sondern schließlich auch das Evangelium unverständlich macht“ [94]. Deshalb wurde ständig der Dialog mit der Didaktik der „weltlichen Fächer“ aufrechterhalten, besonders von Frör und seinem Kreis. So betont Burkert: „Es bekommt dem kirchlichen Unterricht sehr gut, wenn er nicht abseits der weltlichen Bildung in einen kirchlichen Winkel getrieben wird, sondern sich mit ihr dauernd berührt; er bleibt dann um so eher wirklichkeitsnahe und lebensoffen und wird nicht zu einer Insel frommer Träume“ [95]. Vor allem H. Angermeyer trieb die Rezeption des didaktischen Instrumentariums und die Erarbeitung einer Fachdidaktik des Religionsunterrichts voran. Dabei hatte er primär die Situation des Gymnasiums im Auge, die er für die Arbeit in der Haupt- und der Realschule fruchtbar machte [96]. „Der Religionsunterricht verläuft in der gleichen Arbeitssitua-

[93] Th. Heckel, Zur Methodik des evangelischen Religionsunterrichts, München 1930², S. 29.

[94] H. Kittel, Vom Religionsunterricht zur Evangelischen Unterweisung, Berlin/Hannover 1947, S. 25.

[95] A. Burkert, Methodik des kirchlichen Unterrichts, München 1952, S. 27.

[96] H. Angermeyer, Didaktik und Methodik der Evangelischen Unterweisung, besonders an Volks- und Realschulen, München 1965. Vgl. auch: Die evangelische Unterweisung an höheren Schulen, Grundlegung und Methode, München 1957 und die zahlreichen Aufsätze zur Didaktik, z.B.: Exegese und Katechese, in: Der Evangelische Erzieher, 12. Jg., 1960, S. 77 ff; Die evangelische Unterweisung in den Reifungsjahren, in: Der Evangelische Erzieher, 8. Jg., 1956, S. 259 ff und 271 ff; 9. Jg., 1957, S. 36 ff; ferner von den neueren Veröffentlichungen: Überlegungen zur Lektüre des Markusevangeliums, in: Der Evangelische Erzieher, 19. Jg., 1967, S. 151 ff; Die Stellung der Kirchengeschichte im Rahmen der Religionspädagogik, in: Der Evangelische Erzieher, 20. Jg., 1968, S. 224 ff; Mit Kindern sachgemäß von Gott reden, in: Der Evangelische Erzieher, 21. Jg., 1969, S. 389 ff; Schüler vor der Gottesfrage, in: Das Mandat der Theologie und die Zukunft des Glaubens. Festschrift für W. Andersen, hrsg. von Gg. F. Vicedom, München 1971, S. 13 ff.

tion wie der übrige Schulunterricht. Er hat deshalb an dessen didaktischen Möglichkeiten und Zielen teil"[97]. Es würde den Rahmen dieser Überlegungen sprengen, hier auf Einzelheiten dieser didaktischen Konzeption eines kirchlichen Religionsunterrichts „im Schallbereich der Stimmen aus den anderen Fächern"[98] einzugehen. Wir werden im 4. Kapitel darauf zurückkommen, da viele der hier entwickelten Gedanken auch in einem von den Schulzielen her verantworteten Religionsunterricht aufgenommen werden müssen[99].
S. Wolf unterzog sich in seiner Arbeit von 1959 der Aufgabe, speziell den didaktischen Ertrag der Inneren Schulreform für die Evangelische Unterweisung fruchtbar zu machen. Dabei wurde vor allem die Relevanz der von der Arbeitsschuldidaktik entwickelten Unterrichtsprinzipien (Selbsttätigkeit, Lebensnähe, Gemeinschaftspflege)[100] und Arbeitsformen (freies Gespräch, Gruppenunterricht, Alleinarbeit des Schülers)[101] für den kirchlichen Unterricht untersucht und die „Grundlagen für ein weiterführendes und für beide Seiten fruchtbares Gespräch" gelegt[102]. Es wurde bereits im Rahmen der „Verkündigungskonzeption" die Forderung nach einer pädagogischen und didaktischen Verantwortung für den Religionsunterricht erhoben, wie sie heute allgemein anerkannt ist. Damit waren Ansätze gegeben, die Religionspädagogik aus einer falschen kirchlichen Ghettosituation herauszuführen. „Die Religionspädagogik bezeugt ... ihre Bereitschaft, sich für den Gesamtbereich der schulischen Erziehung und Bildung mitverantwortlich zu wissen"[103].

5. H. Kittels Zusammenfassung der kirchlichen Konzeption des Religionsunterrichts

Höhepunkt und zugleich Abschluß für die kirchliche Konzeption des Religionsunterrichts bedeutete die rückschauend programmatische Schrift H. Kittels „Vom Religionsunterricht zur Evangelischen Unterweisung",

97 derselbe, Didaktik und Methodik der Evangelischen Unterweisung, S. 15.
98 a. a. O., S. 17.
99 Siehe dort auch Angermeyers heutige Position, wie sie in seinen neuesten Aufsätzen zum Ausdruck kommt: Zu Aufgabe und Ermöglichung des Religionsunterrichts in der Schule, in: Korrespondenzblatt, 85. Jg., 1970, S. 1 ff; Das Selbstverständnis des schulischen Religionsunterrichts, in: Nachrichten der Evangelisch-Lutherischen Kirche in Bayern, 25. Jg., 1970, S. 241 ff.
100 S. Wolf, a. a. O., S. 215 ff.
101 a. a. O., S. 243 ff.
102 a. a. O., S. 258.
103 ebenda.

deren 3. Auflage 1957 einen Schlußpunkt in der Entwicklung setzte[104]. Kittel brachte in dieser Veröffentlichung nach dem Kriege noch einmal eine in ihrer Geschlossenheit überzeugende Zusammenschau des religionspädagogischen Ertrages aus der Zeit des Kirchenkampfes und bestimmte damit die Entwicklung in der Bundesrepublik in den ersten zehn Nachkriegsjahren entscheidend. Daraus wurde ein Programm für den Neuanfang, das zunächst unumstößlich zu sein schien, und dem sich bis zum Jahre 1957 fast alle Religionspädagogen verpflichtet wußten[105]. Es war damals noch nicht zu übersehen, daß innerhalb von 20 Jahren die Entwicklung über diesen Ansatz endgültig hinausgehen sollte. Nur so sind die Sätze Kittels zu verstehen: „Evangelische Unterweisung, so heißt die neue uns gestellte Aufgabe — nie wieder Religionsunterricht! Wir wissen jetzt, daß jeder überkonfessionelle Religionsunterricht in Wahrheit weniger als konfessionell wird, jeder überchristliche in Wahrheit weniger als christlich" [106].

Da Kittels Werk eine Art Ertragssicherung der bisherigen Diskussion darstellt, lohnt es sich, die Schwerpunkte seiner Arbeit zu einer abschließenden Zusammenfassung zu verwenden:

5.1 „Evangelische Unterweisung ist *Unterweisung im rechten Umgang mit dem Evangelium*" [107]. Mit diesem Satz grenzt sich Kittel noch einmal gegen die alten religionspädagogischen „Fehlformen" vor Bohne ab: gegen den historisierenden, den theoretisierenden und den moralisierenden Unterricht[108]. In der Evangelischen Unterweisung geht es allein um „Hören vor Gottes Angesicht" [109], d.h. um Hören auf das Zeugnis der Bibel. Im Mittelpunkt steht deshalb der biblische Unterricht. Damit gehören untrennbar zusammen der Umgang mit dem Gesangbuch als „Gebets- und Singebuch", dem Katechismus als einem der „Grundtexte" der Evangelischen Unterweisung und die Behandlung der Kirchenge-

[104] H. Kittel, Vom Religionsunterricht zur Evangelischen Unterweisung, Berlin/Hannover 1957³ (zit. „Religionsunterricht"). Von seinen späteren Veröffentlichungen ist vor allem wichtig: Religion und Evangelium in der Schule, in: Glauben und Erziehen (Bohne-Festschrift), hrsg. von H. Heeger, Neumünster 1960, S. 161 ff. Hier setzt er sich ausführlich mit M. Stallmann auseinander.

[105] Vgl. z.B. die frühen Äußerungen G. Ottos in diesem Kapitel, Ziffer B I 2 Vorbemerkung.

[106] H. Kittel, Religionsunterricht, S. 10.

[107] ebenda (Hervorhebung von mir). Vgl. auch: Evangelische Unterweisung und Reformpädagogik, Lüneburg 1947, jetzt wieder abgedruckt in: Studien zu Religionspädagogik und Lehrerbildung I, Dortmund 1968, S. 41: „Wer künftig EU erteilt, soll sich in *erster Linie* zur Schriftauslegung berufen wissen, überzeugt, daß ihm, wenn sie gelingt, auch der Unterricht gerät."

[108] Religionsunterricht, S. 10 f.

[109] a.a.O., S. 11 f.

schichte[110]. Die Beschäftigung mit diesen Stoffen ist aber nur sachgemäß in Verbindung mit Gottesdienst und Andacht in der Schule. „Es gibt keine evangelische Unterweisung ohne evangelisches Beten. Damit ist ... im Grunde der wahre Sinn der Andacht im Schulleben schon erkannt"[111]. Für Kittel bilden die Interpretation von Gottes Wort und die Antwort auf dieses Wort in „Bitten, Loben und Danken" eine Einheit. „Andachten in der Schule sind Gottesdienst in der Schule, oder sie sind nicht evangelisch"[112].

5.2 Evangelische Unterweisung kann es nur geben *im „Zusammenhang mit dem Leben der Kirche"*[113]. Das bedeutet zunächst negativ: die Evangelische Unterweisung ist vom „Bildungssystem der Volksschulfächer gelöst" und deshalb „einsam in der Schule"[114]. Daran ist um der Sache willen nichts zu ändern. Von dieser Einsamkeit kann Kittel bis heute sprechen, z.B. in den Loccumer Thesen von 1968: „Die Vereinsamung des christlichen Lehrers — die in den kommenden Jahren zunehmen wird — ist sachgemäß. Auch die Unbehagen weckende Einsicht, mit der Evangelischen Unterweisung nicht ganz in die Schul-Welt zu passen, ist sachgemäß. Christlicher Religionslehrer sein wird auch in Zukunft Freude machen, aber doch auch heißen, etwas ‚Narr in Christo' zu werden"[115].
Positiv hat die innere Bindung der Evangelischen Unterweisung an die Kirche nach Kittel die beiden oben immer wieder herausgestellten Konsequenzen:
5.21 Evangelische Unterweisung kommt *„von der Kirche her"* — die Formel ist von Kittel geprägt: „Wo Evangelische Unterweisung ihren Sinn erfüllt, da tut sie das von der Kirche her. Das ist einfach die Schilderung eines Tatbestands. Dies Von-der-Kirche-her-Leben gehört zum *Wesen* der Evangelischen Unterweisung"[116]. Deshalb werden von Kittel im Anschluß an Rang die Kinder als Getaufte angesprochen. Die Taufe ist für ihn konstitutiv für die evangelische „Anthropologie"[117].
5.22 Evangelische Unterweisung besteht aber immer zugleich *„auf die Kirche zu"*, Kittel formuliert sogar, „nur auf die Kirche zu"[118]. Es geht

[110] a.a.O., S. 12—19.
[111] a.a.O., S. 20.
[112] a.a.O., S. 21.
[113] a.a.O., S. 30 (Hervorhebung von mir).
[114] ebenda.
[115] „Schule unter dem Evangelium — 1968", Thesen zur Loccumer Tagung „Streit um die Christlichkeit der Schule" 1968 (Abzug des Religionspädagogischen Instituts) Thesen 11 und 12.
[116] Religionsunterricht, S. 31.
[117] a.a.O., S. 33 ff.
[118] a.a.O., S. 31.

immer um den „Tatbestand des wesensnotwendigen Hineingebundenseins der Evangelischen Unterweisung in das Leben der Kirche" ... „aus der Kirche leben *ist* für die Kirche leben ..."[119]. Dabei lehnt Kittel die traditionelle Scheidung zwischen sichtbarer und unsichtbarer Kirche ab; er möchte in diesem Zusammenhang offensichtlich nicht Institution und Personengemeinschaft gegeneinander ausspielen, obwohl er auch hier vor „institutionellen Mißverständnissen"[120] und einseitigem „kirchenpolitischen Interesse"[121] warnt.

5.3 Ausführlich kommt Kittel auf das *„Amt der Evangelischen Unterweisung"* zu sprechen: Der Auftrag des Religionslehrers kann nicht von der Schule abgeleitet werden. Religion ist kein Kulturgut, für dessen „Überlieferung bzw. Fortentwicklung der Staat verantwortlich" ist[122]. Auftraggeber ist für Kittel aber auch nicht primär die Institution Kirche. Er hält hier an seinem personalen Ansatz fest: Den Auftrag erteilt Jesus Christus selbst, der „gegenwärtige Herr"[123].

6. Die Aporien der kirchlichen Konzeptionen

In dem auf den ersten Blick einheitlichen Konzept einer „Evangelischen Unterweisung" waren von Anfang an heterogene Elemente miteinander verbunden, zwischen denen ein erhebliches Spannungsverhältnis bestand. Nicht umsonst hatte diese Konzeption ihren Ausgangspunkt bei der Kategorie der Spannung. In den späteren Entwürfen wurden diese Aporien weithin überdeckt, so daß das Verkündigungsmodell sich jahrzehntelang als tragfähig erwies. Erst die gesellschaftlichen und geistesgeschichtlichen Wandlungen der Nachkriegszeit ließen die Schwierigkeiten wieder mit aller Macht aufbrechen. Es sind vor allem drei Probleme, deren Lösung nie befriedigend gelungen war:

1. Wie verhalten sich *Unterricht und Verkündigung?*
2. Welchen *Ort* hat der Religionsunterricht *zwischen Kirche und Schule?*
3. Wie sieht das Verhältnis zwischen *Religionsunterricht und Lebenswirklichkeit der Kinder und Jugendlichen heute* aus?

Im Ringen um diese drei Fragen entstanden die neuen Begründungsmodelle, die wir im folgenden unter dem Stichwort „schulische Begründung des Religionsunterrichts" zusammenfassen.

[119] a. a. O., S. 32.
[120] ebenda.
[121] a. a. O., S. 33.
[122] a. a. O., S. 37.
[123] ebenda; vgl. dazu im ersten Kapitel Ziffer A II 2.1.

B. DIE SCHULISCHE BEGRÜNDUNG DES RELIGIONSUNTERRICHTS

I. Religionsunterricht als Hermeneutik

1. Die Konzeption M. Stallmanns von 1958

M. Stallmann unternahm als erster Religionspädagoge nach dem Kriege den Versuch, den Religionsunterricht wieder konsequent aus der Schule zu begründen und damit die seit 30 Jahren unangefochtene kirchliche Konzeption radikal in Frage zu stellen. Damit leitete er eine Wende in der Religionspädagogik ein, deren Auswirkungen bis heute noch nicht abzusehen sind.

1.1 In seinem Buch „Christentum und Schule" [124] beginnt er mit einer ausführlichen Untersuchung über *Tradition* in der modernen Welt. Dabei zeigt er auf, wie der ungeheure Traditionsverlust unser „geschichtliches Erbe" und Zeichen unserer „religiösen Verlegenheit" heute ist [125]. Gibt es überhaupt eine Möglichkeit, wieder Zugang zur Tradition zu gewinnen? Wie kann das legitim geschehen? Das sind die Ausgangsfragen für Stallmanns Konzept.
In Beantwortung dieser Fragen schreibt er der *Schule* eine entscheidende Aufgabe zu.

[124] M. Stallmann, Christentum und Schule, Stuttgart 1958. Zur Auseinandersetzung mit dieser Konzeption vgl.: H. Kittel, Religion und Evangelium in der Schule, in: Glauben und Erziehen (Bohne-Festschrift), 1960, S. 161 ff; G. Koch, Die didaktischen und methodischen Konsequenzen für die Evangelische Unterweisung aus der gegenwärtigen theologischen Situation, in: Der Evangelische Erzieher, 13. Jg., 1961, S. 330 ff; K. Frör, Christentum und Schule I—III, in: Schule und Leben, 10. Jg., 1958/59, S. 407 ff und 441 ff und 11. Jg., 1959/60, S. 2 ff; I. Baldermann, Zwischen Religionsunterricht und Evangelischer Unterweisung, in: Lutherische Monatshefte, 1. Jg., 1962, S. 480 ff; O. Hammelsbeck, Der Auftrag des evangelischen Lehrers, in: Der Evangelische Erzieher, 15. Jg., 1963, S. 229 ff. Außerdem G. Otto, Schule — Religionsunterricht — Kirche, 1968³, S. 35 ff; K. E. Nipkow, Zur Begründung des schulischen Religionsunterrichts, in: Grundfragen des Religionsunterrichts in der Gegenwart, Heidelberg 1969², S. 5 ff (zit. „Grundfragen").

[125] a. a. O., S. 48 ff und S. 82 ff.

1.11 Sie ist Sachwalterin der Überlieferung, indem sie diese für uns heute neu auslegt. Das geschieht nicht in erster Linie aus historischem Interesse, sondern aus „erzieherischer Verantwortung" für die jungen Menschen von heute[126]. Die Schule bedient sich des „Mediums der Überlieferung", um dem Schüler eine Hilfe angesichts der Ansprüche der gegenwärtigen Wirklichkeit zu geben. Der Umgang mit der Tradition geschieht also nicht um ihrer selbst willen; es sollen vielmehr dem Schüler „Antworten auf die Frage nach der Möglichkeit menschlicher Existenz gegeben" werden[127]. Die „Begegnung mit Überlieferung hilft dem Schüler, die Herausforderung, den Anruf und Anspruch unserer Welt verstehend zu vernehmen und darauf zu antworten, sie ruft indirekt die eigene Verantwortung wach. Indem Überlieferung in der Schule auf die jeweils darin ergriffene Möglichkeit menschlicher Existenz hin ausgelegt wird, erfährt der Schüler den Möglichkeitscharakter seiner eigenen Existenz, der ihn zu verantwortlicher Entscheidung ruft"[128].

1.12 Zu der Tradition, der die Schule in dieser Weise verpflichtet ist, gehört nach Stallmann das *Christentum.* Dabei scheidet er im Anschluß an Gogartens existenztheologischen Entwurf zwischen Christentum und Glauben, zwischen Überlieferung und Offenbarungsbotschaft. „Den christlichen Glauben kann man nicht zur Grundlage des Schulwesens machen". Er kann nämlich kein „geistiger Besitz" werden, aus dem man „Richtlinien für eine kontinuierliche Arbeit in der Schule herleiten könnte"[129]. Glaube bleibt unverfügbar, immer angewiesen auf das „hörende Vernehmen des verkündigten Wortes Gottes"[130]. „Das Christentum dagegen läßt sich als Grundlage der Schule in Anspruch nehmen, wenn darunter ein durch die christliche Verkündigung beeinflußtes Denken und Verstehen gemeint ist, ein Element unserer geistigen Überlieferung, in der das geschichtliche Selbstverständnis des Menschen seinen Niederschlag gefunden hat"[131].

Die so verstandene christliche Überlieferung ist Sache der Schule. Sie gehört mit dem Humanismus zusammen zu der *„einen* geistigen Wirklichkeit, in der die Schule ihre verpflichtende Grundlage hat"[132]. Es ist des-

[126] a. a. O., S. 167.
[127] a. a. O., S. 168; „Der antwortend verantwortliche Umgang mit Tradition in der Schule trägt auf indirekte Weise dazu bei, daß der Schüler die Sprache des Inanspruchgenommenwerdens verstehen lernt" (ebenda).
[128] ebenda.
[129] a. a. O., S. 150.
[130] ebenda.
[131] ebenda; vgl. dazu auch: Evangelischer Religionsunterricht, Düsseldorf 1968, S. 23 ff.
[132] Christentum und Schule, S. 156.

halb für ihre Zukunft entscheidend, ob der Lehrer ein richtiges Verhältnis zur Tradition hat. „Der Lehrer muß auch um die christliche Tradition wissen, er muß das Christentum als Element unserer geistigen Wirklichkeit verstehen und muß in seiner Schule diese Wirklichkeit vergegenwärtigen und interpretieren“ [133].

1.2 Aus dieser Aufgabenbestimmung der Schule ergibt sich folgerichtig das Selbstverständnis des Religionsunterrichts [134]. Weil es üblich geworden ist, einzelnen Fächern „bestimmte Überlieferungsbereiche zuzuweisen“ [135], wird dem Religionsunterricht *von der Schule* die christliche Überlieferung zugewiesen. Religionsunterricht ist das „Fach, in dem die christliche Tradition ausgelegt wird“ [136]. Er soll den jungen Menschen mit dem Christentum vertraut machen und die Bibel „bildungsmäßig erschließen“ [137]. Sein Ziel ist „eine kritische Auseinandersetzung mit der Tradition“ [138].

1.21 Das hat nun weitreichende Konsequenzen. Stallmann lehnt damit die Verkündigungskonzeption eindeutig ab. Es geht nicht mehr um Verkündigung, sondern um einen „Unterricht über die von der Verkündigung herkommende Tradition“ [139]. Hier greift Stallmann auf den oben begründeten Dualismus zwischen Christentum und christlichem Glauben zurück. Er grenzt den Unterricht deutlich von der Predigt ab. „Der Unterricht will ein Wissen vermitteln, aber dieses Wissen ist es nicht, das die Tür zum Glauben aufstößt“ [140]. Deshalb muß zwischen Unterricht als Interpretation und Predigt als aktueller Bezeugung des Wortes Gottes unterschieden werden: Das Wort Gottes „kann nicht schon die Textinterpretation hervorholen, sondern es wird in der konkreten Bezeugung der Predigt hörbar“ [141].

1.22 Ziel dieses interpretierenden Unterrichts ist nicht der Glaube, der unverfügbar bleibt, sondern ein *Verstehen* der von der Verkündigung herkommenden Tradition, also ein hermeneutischer Prozeß. Im Unterricht geht es „um das Erschließen eines Verständnisses und um verstehende Auslegung“ [142]. „Christlicher Unterricht kann also zum Verstehen helfen,

[133] a. a. O., S. 182.
[134] a. a. O., S. 186 ff.
[135] a. a. O., S. 186.
[136] a. a. O., S. 191.
[137] Artikel „Bibel“ in: H. H. Groothoff und M. Stallmann, Pädagogisches Lexikon, Stuttgart 1961¹, Sp. 120.
[138] Artikel „Schule“ im Pädagogischen Lexikon, Sp. 825.
[139] Christentum und Schule, S. 190.
[140] Artikel „Erziehung und Religion“ im Pädagogischen Lexikon, Sp. 254.
[141] Artikel „Bibel“ im Pädagogischen Lexikon, Sp. 120.
[142] Christentum und Schule, S. 199; vgl. auch: Zur hermeneutischen und didaktischen Problematik des biblischen Unterrichts, in: Die biblische Geschichte

auch wenn er den Glauben an das Unglaubliche im Hörer nicht zu begründen vermag" [143].

Diese scharfe Trennung von Unterricht und Predigt, Verstehen und Glauben ist typisch für die Argumentation Stallmanns von 1958—1964. Sie wurde von vielen Seiten, nicht zuletzt von Otto, in dieser Radikalität in Frage gestellt. Stallmann selbst hat in seinen späteren Schriften wesentlich vorsichtiger argumentiert. Es muß aber deutlich gesehen werden, daß der Verstehensbegriff Stallmanns nie im Sinne einer neutralen, objektivierenden Beschäftigung mit der christlichen Tradition gemeint war. Das geht zwingend aus den Ausführungen hervor, die oben über den Umgang mit der Tradition gemacht wurden. Das Hören auf den existentiellen Anspruch des Textes und das Engagement von Lehrern und Schülern gehören zu echter Interpretation und zu sachgemäßem Verstehen notwendig dazu. Auslegung der christlichen Tradition „geschieht nicht durch eine distanzierende ‚Objektivität' und nicht durch historisierende Neutralität. So würde Überlieferung überhaupt nicht als das, was sie ist, zur Geltung kommen. Vergegenwärtigung und Auslegung einer Tradition geschieht, wo das uns Fragende und Fordernde darin vernehmbar wird" [144]. Damit wird der Religionsunterricht ganz in Analogie zum guten Deutschunterricht gesehen, in dem es ja auch um engagiertes Verstehen gehen muß. Das ist durchaus sachgemäß. Aber die Frage bleibt: Muß der Religionsunterricht darüber hinaus nicht dafür offen sein, daß der Umschlag vom „existentialen" zum „existentiellen" Hören möglich werden kann, auch wenn das keinesfalls ein verfügbares oder als Lernziel planbares Geschehen sein kann? [145]

1.23 Wichtig ist, daß bei dieser Konzeption Stallmanns — auch wenn der Unterricht noch in erster Linie traditions- und bibelorientiert ist — der Gegenwartsbezug und die Lebenswirklichkeit heute bereits deutlich ins Auge gefaßt werden. Stallmann darf keineswegs „historistisch" mißverstanden werden. Darauf hat K. E. Nipkow in seiner ausführlichen Besprechung besonders hingewiesen [146]. Die Motivation für die Begegnung mit der Tradition liegt für Stallmann in der Gegenwart und in der Zukunft. „Hermeneutik der Tradition" ist notwendig um der „Hermeneu-

im Unterricht, Göttingen 1963, S. 242: Unterrichten ist „eine Anleitung zum Verstehen".

143 a. a. O., S. 242 f.

144 Christentum und Schule, S. 182 f.

145 Näheres siehe Kapitel 4 Ziffer II 3.1; vgl. auch: Evangelischer Religionsunterricht, S. 25: „Die Aufgabe des Unterrichts besteht ... darin, die christliche Tradition so zu behandeln, daß die Schüler ihren Inhalt als verbindlich verstehen und übernehmen können."

146 K. E. Nipkow, Grundfragen, S. 21 ff.

tik des Daseins"[147] willen. Auslegung der Tradition ist deshalb für ihn nie bloße Anpassung, sondern immer kritische Auseinandersetzung. Es geht um einen echten Dialog, in dem „die Fragwürdigkeit des Menschen zum ehrlichen Eingeständnis"[148] kommt. Hinter allem steht die Verantwortung vor der heutigen, geschichtlichen Wirklichkeit. Es geht nicht darum, „daß bestimmte absolut gesetzte Traditionsgehalte der Schule, dem Lehrer oder der Schülerschaft aufgenötigt werden. Dadurch wird allenfalls eine Anpassung erzwungen. Der auslegende Umgang mit der Tradition ist die der Schule gemäße Weise, junge Menschen vor die Frage der geschichtlichen Wirklichkeit zu stellen, so daß sie einer Antwort nicht nur nicht ausweichen, sondern auch eine Antwort geben können, die ihre ganze Person umschließt"[149].

1.3 Mit der rein schulischen Begründung des Religionsunterrichts wird für Stallmann die spezifische *kirchliche Bindung* des Religionsunterrichts unmöglich und unnötig.

1.31 Religionsunterricht kann keine *von der Kirche* herkommende Evangelische Unterweisung sein. Die Schule ist *allein* für die Auslegung der Tradition verantwortlich. Die in der Verfassung geforderte Übereinstimmung des Religionsunterrichts mit den Grundsätzen der Kirchen kann nach Stallmann nur bedeuten, daß die Schule an die christliche Tradition gewiesen ist. Eine darüber hinausgehende Bindung, eine von der Kirche her reglementierte Auslegung der Tradition gibt es nicht. „Einem unterrichtenden Umgang mit dem Christentum wäre eine dogmatische Bindung unangemessen. Im Religionsunterricht, wenn man ihn überhaupt mit unserer heutigen Schule in Verbindung bringt, können keine religiösen Lehrsätze, keine Glaubenssätze und keine verbindlichen Normen eingeprägt werden"[150]. Die „Orientierung solchen Unterrichts an den Grundsätzen der evangelischen Kirche besteht darin, daß in ihm die christliche Überlieferung auf die Bibel hin und von der Bibel her ausgelegt wird ..."[151]. Es geht also um eine Auslegung der Bibel ohne hermeneutische Bindung an ein Bekenntnis der Kirche. Hier ist der Punkt, an dem die Konzeption Stallmanns vor allem von Frör angegriffen wurde: Ist eine Interpretation biblischer Texte ohne den Raum, in dem diese Texte entstanden sind und in dem sie heute gebraucht werden, legitim? Auch in

[147] M. Stallmann, Das Problem einer theologischen Bestimmung des evangelischen Religionsunterrichts, in: Pädagogische Rundschau, 1. Beiheft (1965), S. 53.

[148] Christentum und Schule, S. 155.

[149] a. a. O., S. 185.

[150] a. a. O., S. 199.

[151] ebenda.

dieser Frage hat Stallmann eine gewisse Wendung vollzogen. In seinen späteren Veröffentlichungen sieht er die Beziehung des Religionsunterrichts zum Leben der Kirche heute positiver[152].

1.32 Völlig unmöglich sind aber von Stallmanns Ansatz aus alle Konzeptionen eines *„zur Gemeinde hin" erziehenden* Religionsunterrichts. Hier setzt er dem schulischen Religionsunterricht deutliche Grenzen. Er wehrt sich dagegen, daß die Kirche als Institution, als Gemeinde, konkret in der Schule in Erscheinung tritt. Selbst wenn er sich bereitfindet, Religionsunterricht im weiteren Sinn mit der kirchlichen Wirklichkeit in Verbindung zu bringen, lehnt er das institutionelle Denken radikal ab: Es ist ein Mißverständnis zu meinen, daß „es ein Gebot der Sache wäre, daß der Religionsunterricht von der ‚Kirche', wobei man an kirchliche Institutionen denkt, getragen wird"[153]. Damit fällt der Gedanke der „christlichen Sozialisation", wie er in den kirchlichen Konzeptionen im Mittelpunkt stand, völlig weg.

1.4 Nicht ganz eindeutig zu bestimmen ist die *Stellung des Religionslehrers* in Stallmanns Entwurf. Er möchte die Einstellung zur christlichen Tradition nicht unbedingt mit der Mitgliedschaft in der Kirche in Verbindung bringen. „Die Zugehörigkeit zur Kirche ist ... noch kein Beweis für ein positives und der Kirchenaustritt keiner für ein negatives Verhältnis zur christlichen Tradition"[154]. Dabei wird nicht deutlich, ob Stallmann die Mitgliedschaft des Religionslehrers in der Kirche für notwendig hält oder nicht. Otto greift ihn deswegen an[155]. Stallmann verteidigt sich gegen Ottos Vorwurf[156], möchte allerdings die Verbindlichkeit der christlichen Tradition für die Schule nicht von der Kirchengliedschaft des Lehrers abhängig machen. Auch in dieser Frage hat er später vorsichtiger geurteilt[157].

2. Die Konzeption G. Ottos von 1961

Vorbemerkung

Wir können bei der Stellung Ottos zum Religionsunterricht mehrere Phasen unterscheiden. In der Frühphase stand Otto durchaus der kirchlichen

[152] Vgl. 4. Kapitel, Abschnitt II 3.31. Hier auch die entsprechenden Zitate.
[153] M. Stallmann, Die biblische Geschichte im Unterricht, S. 253.
[154] Christentum und Schule, S. 184.
[155] Schule - Religionsunterricht - Kirche, Göttingen 1968³, S. 72 ff.
[156] Die biblische Geschichte im Unterricht, S. 253, Anmerkung 82.
[157] Die Belege dafür siehe im 4. Kapitel, Ziffer II 3.31.

Verkündigungskonzeption im Sinne Kittels nahe. Als Beleg seien zwei markante Zitate aus jener Zeit angeführt: „Evangelische Unterweisung findet *in* der Gemeinde statt; wo Evangelische Unterweisung ist, da *ist* Gemeinde“ [158]. „Evangelische Unterweisung findet statt für getaufte Kinder durch getaufte Lehrer“ [159]. Es zeigt sich allerdings bei ihm schon frühzeitig die Tendenz, den überfrachteten Verkündigungsbegriff zu entlasten [160].

Der grundlegende Wandel bei Otto vollzog sich zwischen 1957 und 1961. Der Ertrag dieser zweiten Phase ist seine Hamburger Habilitationsschrift „Schule — Religionsunterricht — Kirche“ [161], in der er den Ansatz Stallmanns aufgreift, ihn aber in eigenständiger Weise weiterführt. Die Schwerpunkte seiner Konzeption sind folgende:

2.1 Im Anschluß an Stallmann leitet Otto den Religionsunterricht vom *Überlieferungsauftrag der Schule* ab. Die Schule muß von ihrem ureigenen Bildungsauftrag her „auf das Christentum stoßen“ [162]. Hier liegt die Begründung des Religionsunterrichts, „auf die die Schule angesprochen werden muß und der sie sich von ihrer eigenen Aufgabe her nicht entziehen kann“ [163]. Da aber das Christentum nur von seinen Ursprüngen her zu verstehen ist, müssen die Texte interpretiert werden, die es mit diesem Ursprung zu tun haben. Daraus ergibt sich notwendig der Umgang mit der biblischen Tradition. „Wenn die Schule ihrer vielfältigen Aufgabe, der Einführung und Einübung in Leben und Welt, gerecht werden will, dann kann sie auf die angemessene Berücksichtigung der biblischen Überlieferung und ihrer Auslegung nicht verzichten. Diese Forderung geht nicht einfach auf Wünsche der Kirche zurück, sondern sie hat ihren Grund darin, daß die Schule in ihrer Aufgabe auf die geschichtliche Wahrheit verpflichtet ist“ [164].

Dabei geht Otto allerdings in diesem Punkt schon über Stallmann hinaus. Es geht im Religionsunterricht nach seiner Meinung nicht nur darum, „die vom Evangelium herkommende Tradition“ zu interpretieren — das

158 G. Otto, Gemeinde im Neuen Testament und ihre Bedeutung für religionspädagogische Fragen, in: Monatsschrift für Pastoraltheologie, 44. Jg., 1955, S. 358.

159 ebenda, S. 350.

160 R. Dross, Religionsunterricht und Verkündigung, S. 146 ff.

161 G. Otto, Schule - Religionsunterricht - Kirche, Göttingen 1961, 1968[3] (zit. „Religionsunterricht“ nach der 3. Auflage). Die Literatur zur Auseinandersetzung mit diesem Werk ist von Otto selbst im Vorwort zur 3. Auflage, S. 5 f (Anmerkung 1) vollständig zusammengestellt.

162 a. a. O., S. 46.

163 a. a. O., S. 50.

164 Handbuch des Religionsunterrichts, Hamburg 1964[1], S. 16.

ist die Gesamtaufgabe einer „christlichen Schule". Der Religionsunterricht führt noch einen Schritt weiter: er soll „hinter die vom Evangelium herkommende Tradition zum Evangelium selbst vordringen" [165]. „Die Interpretation dieser Überlieferungskomponente führt notwendig zur kritischen Konfrontation mit dem Evangelium als seinem Ursprung" [166]. Trotzdem bleibt der schulische Religionsunterricht „nicht durch kirchliche Ansprüche, sondern aus sachlichen Zwangsläufigkeiten, die geistesgeschichtlich bedingt sind, begründet" [167].

2.2 Der vom Selbstverständnis der Schule her entworfene Religionsunterricht ist nach Otto deutlich vom kirchlichen Unterricht, also *von allen innerkirchlichen Katechumenatsformen abzugrenzen.* Deshalb bestreitet er die traditionelle Begründung des Religionsunterrichts mit der Taufe, wie sie vor allem von M. Rang entwickelt wurde. Die Taufe war in dieser Konzeption zum „verpflichtenden Angelpunkt der Beziehung zwischen Schule und Kirche" geworden. Sie zeigt „die Gebundenheit der Schule an die Kirche, aber auch die Angewiesenheit der Kirche auf die Schule" [168]. Otto hält es für unmöglich, daß der Schule die Verantwortung für die aus der Taufe erwachsenden Verpflichtungen aufgebürdet wird. Das ist theologisch unmöglich und führt zugleich zu einer pädagogischen Einengung [169]. Deshalb kann die Taufe nur zur Begründung des innerkirchlichen Unterrichts, des Konfirmandenunterrichts, herangezogen werden. „Für die Aufgabe schulischen Religionsunterrichts ist das Getauftsein oder Nicht-Getauftsein des Kindes sekundär" [170].

2.3 In engem Zusammenhang mit der Ablehnung dieser Begründung des Religionsunterrichts steht die *Infragestellung der kirchlichen Vokation* für den Religionslehrer. Vokation als juristischer Akt ist nach Otto nur im Konzept der Evangelischen Unterweisung möglich. Sie ist bei einer schulischen Begründung des Religionsunterrichts nicht mehr in der bisherigen Weise aufrechtzuerhalten. Otto möchte sie aber nicht pauschal abschaffen, sondern sie nur ihres institutionellen, rechtlichen Charakters entkleiden. Es soll nicht mehr um „Berechtigung" gehen, sondern um „Erfahrung von Hilfe in Zuspruch und Bindung". Um in diesem Sinne geistliche Hilfe leisten zu können, muß die Vokation ein *„freiwilliges Ange-*

165 Religionsunterricht, S. 51.
166 a. a. O., S. 52; Näheres dazu siehe 2.4.
167 ebenda.
168 a. a. O., S. 63.
169 a. a. O., S. 64: „Die Aufgabe schulischen Religionsunterrichts ist fälschlich verengt, wenn man Ungetaufte nicht berücksichtigt."
170 a. a. O., S. 65.

bot der Kirche an den Lehrer" sein. Sie hat ihr Recht auf *personaler* und nicht auf institutioneller Ebene als „Bindeglied zwischen Kirche und Schule" [171]. Diese Gedanken zeigen, daß Otto auch in der Frage der Kirchenzugehörigkeit des Religionslehrers vorsichtiger argumentiert als Stallmann. Sie kann nicht institutionelle Sicherung oder „rechtliche Garantie" dafür sein, daß der Religionslehrer „den Anforderungen entspricht". Dagegen hält Otto sie für „sachlich relevant" [172]. Die notwendige personale Repräsentanz des Religionslehrers, der „Einsatz seiner Person" und „die *Offenheit* und Bereitschaft, sich selbst von diesem Inhalt, von der in ihm liegenden *Forderung* und der in ihm liegenden *Anrede* überführen zu lassen" [173], verlangen die Bindung des Lehrers an die Kirche. Der Religionslehrer repräsentiert nicht institutionell, wohl aber personal „unvermeidlich immer auch Kirche, wenn er den Inhalt recht versteht" [174]. Hier schließt sich Otto wieder der Konzeption H. Kittels an [175].

2.4 Wie wird nun der schulisch begründete Religionsunterricht von Otto inhaltlich gefaßt? Hier bleibt er in seiner Konzeption von 1961 noch einseitig „bibelorientiert", so daß ihm sogar der Vorwurf des Biblizismus gemacht werden konnte. Im Mittelpunkt des interpretierenden Unterrichts steht die *Auslegung der Bibel.* Das ist die „didaktische Grundform des Religionsunterrichts" [176]. Alle anderen Inhalte des Religionsunterrichts sind nur vertretbar, wenn sie auf die Auslegung der Bibel bezogen sind. Dieser Auslegungsauftrag des Religionsunterrichts hat nun eine doppelte Zielrichtung:

2.41 Durch Auslegung wird „*Verstehen* eröffnet". Zugleich wird „sachgemäßer *eigener Umgang* mit biblischen Texten eingeübt" [177]. Otto geht sehr ausführlich auf den Begriff des „Verstehens" ein. Es geht nicht darum, im biblischen Unterricht einen „Gegenstand" zu überliefern, das wäre Sachkunde. Es geht bei Auslegung und Verstehen um die Mitteilung von Wirklichkeit und Teilhabe an Wirklichkeit durch Sprache [178]. Religionsunterricht wird also eine Art „Sprachschule". Auslegungsgeschehen bedeutet für das Kind: „mit *eigenen* Worten *nachsprechen* müssen, was da

[171] a. a. O., S. 61.
[172] a. a. O., S. 75.
[173] a. a. O., S. 76.
[174] a. a. O., S. 77.
[175] a. a. O., S. 78: „Was Kittel im personalen Bereich ausführt, gilt auch heute; es gilt in einem Religionsunterricht, der anders strukturiert ist als die von Kittel geforderte Evangelische Unterweisung."
[176] a. a. O., S. 79 (Hervorhebung weggelassen).
[177] ebenda.
[178] a. a. O., S. 86 ff.

geschrieben steht"[179]. Das richtig verstandene Auslegungsgeschehen hat damit zwei Dimensionen: die Weltbezogenheit und die Personbezogenheit. Das bedeutet: Jede Auslegung schließt zugleich *Welt* mit ein. „Auslegend ereignet es sich, daß Text und Welt *aneinander* zur Sprache kommen"[180]. Dieser Punkt wird in Ottos früher Konzeption noch ganz knapp und beiläufig behandelt. Er sollte später in der Diskussion des problem- und weltorientierten Religionsunterrichts große Bedeutung erlangen. Klarer kommt die *„Personbezogenheit"* der Auslegung heraus: „Der jeweilige ‚Adressat' des Textes geht in die Auslegung mit ein"[181]. Sie ist ohne den subjektiven Bezug, ohne Betroffenheit nicht möglich.

2.42 Wie verhalten sich aber *Auslegung und Unterricht* zueinander? Otto zeigt, daß die Struktur des Unterrichts und die Struktur der Auslegung einander entsprechen. Gerade im Unterricht kann Auslegung sachgemäß erfolgen. Deshalb ist der so verstandene Religionsunterricht analog zu den übrigen Auslegungsfächern, vor allem Deutsch und Geschichte, zu sehen; „denn auch hier geht es unmittelbar um Auslegung und Verstehen". Unterrichtlich gesehen, ist Religionsunterricht wie jedes andere Fach „bestimmt durch Lehren, Lernen, Verstehen und Einweisen in Welt und Leben im umfassendsten Sinne"[182]. Deshalb besteht kein Grund, statt von Unterricht von „Unterweisung" zu reden. Es gibt keine eigene Hermeneutik für den Religionsunterricht.

2.43 Daraus ergibt sich von selbst die Frage nach dem brennenden Problem: Wie verhalten sich *Auslegung und Verkündigung* zueinander? Kann man beim hermeneutischen Unterricht überhaupt von „Verkündigung" sprechen oder ist der Begriff radikal abzulehnen wie bei Stallmann? Otto kommt zu einem abgewogeneren Urteil. Er scheidet zwischen „Auftrag" und „Ereignis": „Von Verkündigung als einer Tätigkeit oder Aufgabe kann nicht die Rede sein"[183]. Glaube zu wecken ist nicht „Lernziel" des Religionsunterrichts. Dagegen kann es beim Umgang mit kerygmatischen Texten durchaus „Ereignis" werden, daß Verkündigung geschieht[184], daß die „kerygmatische Intention des Textes erfahren wird". Nur wenn das geschieht, „ist der Text zu seinem Recht gekommen"[185].

Von daher kommt nun allerdings Otto zu einer fragwürdigen Scheidung von kirchlichem und schulischem Auftrag. Die Kirche hat den „Verkün-

[179] a. a. O., S. 88.
[180] a. a. O., S. 90.
[181] a. a. O., S. 91.
[182] a. a. O., S. 106.
[183] a. a. O., S. 111.
[184] a. a. O., S. 110.
[185] a. a. O., S. 111; vgl. auch S. 115 f.

digungs-", die Schule den „Auslegungsauftrag" [186]. Das erinnert auf den ersten Blick an Stallmanns Unterscheidung zwischen Predigt und Unterricht. So ist es aber nicht gemeint, wie die Auseinandersetzung mit Stallmann in diesem Zusammenhang beweist. Otto sieht in Stallmanns Predigtverständnis „eine fast mystische Angelegenheit" [187]. Stallmann „‚methodisiert' die Verkündigung, indem er sie allein an die Predigt *bindet*" [188]. Für Otto bleibt Auslegung offen für Verkündigung. Er schließt sich H. Stock an und betont ausdrücklich „den Einsatz bei der existentialen und den Umschlag zur existentiellen Auslegung" [189]. Otto geht so weit, daß er schulischen Unterricht und Predigt aufeinander bezieht. „Eine entscheidende Voraussetzung allen Religionsunterrichts ist darin zu sehen, daß die Kirche gestern, heute und morgen *predigt*". Predigt und Religionsunterricht greifen „faktisch ineinander". Nur so kann „der Historisierung seines Inhalts" gewehrt werden [190]. Leider kommen diese Gedanken in Ottos Gesamtkonzeption zu wenig zum Tragen. Hier war eine Weiterführung erforderlich.
Allerdings bleibt auch in diesem Zusammenhang immer die starke Abwehrhaltung gegenüber der Kirche bestehen. „Die Beziehung zur Predigt muß institutionell immer ungreifbar bleiben und darf niemals zu Ansprüchen der Kirche gegenüber der Schule führen" [191].

2.5 Das hat eine wichtige Konsequenz: Die Auslegung der biblischen Texte wird von Otto in die Verantwortung der Schule und des Lehrers gelegt und bewußt der kirchlichen Mitverantwortung entzogen. „Die Schule ist auf Grund ihres geistigen Auftrages, der in einer geschichtlichen Situation wurzelt, zur Auslegung der Bibel genötigt. In dieser Tatsache hat schulischer Religionsunterricht seinen Grund und sein Recht. Weiterer Begründungen, Stützungen, Rechtfertigungen und Inanspruchnahmen von außerhalb der Schule her bedarf es nicht" [192]. Es gibt beim Auslegungs-

186 a. a. O., S. 111 f.
187 a. a. O., S. 113.
188 a. a. O., S. 114.
189 a. a. O., S. 115. Vgl. dazu die Diskussion H. Stock/R. Lennert von 1952, wieder abgedruckt in: H. Stock, Beiträge zur Religionspädagogik, S. 50 ff, 64 ff und 75 ff. Ähnlich argumentiert Stock auch noch in: Der kerygmatische Charakter der Evangelientexte als Unterrichtsproblem, ebenda, S. 118: Der Religionsunterricht hat „das Ziel eines existentiellen Verstehens". Zu Stocks heutiger Position vgl. dagegen Ziffer B II 2 in diesem Kapitel.
190 G. Otto, Religionsunterricht, S. 116.
191 ebenda.
192 These 3 aus den Thesen von G. Otto in der Diskussion mit K. Frör, abgedruckt in: H. Gloy, Evangelischer Religionsunterricht in einer säkularisierten Gesellschaft, S. 123.

geschehen kein *„Von-der-Kirche-her"*. Otto postuliert zwar ein „Aufeinanderverwiesensein" von Kirche und Schule. Dies besteht aber nur darin, daß „der Inhalt des Religionsunterrichts beide gleichermaßen, aber jeweils von anderer Seite und in anderer Weise betrifft"[193]. Dagegen gelingt es Otto nicht — wie das vor allem die Kritik durch Chr. Hartlich und K. Frör deutlich herausstellt[194] —, die von Kittel übernommene Grundeinsicht durchzuhalten, „daß jeglicher evangelische Religionsunterricht an das Konkretum Kirche gebunden ist, von da her und nach dort hin lebt"[195]. Otto stimmt Kittel zwar im Prinzip zu, daß es „ohne die konkrete Kirche weder Christentum noch christlichen Glauben gäbe"[196]. „Religionsunterricht ist nicht gewiesen auf ein Abstraktum, genannt Religion, sondern er lebt von der Kirche her, von der der Inhalt des Religionsunterrichts nicht abstrahierbar ist"[197]. Aber er zieht daraus keine Konsequenzen — weder für das „Woher" noch für das „Ziel" des Auslegungsgeschehens im Unterricht. „Die Texte werden unter Absehung ihres Sitzes im Leben der aktualen Gemeinde ausgelegt"[198]. Die Kirche wird nicht als Interpretationsraum, in dem die Texte entstanden sind und zu dem sie gehören, gesehen. Dadurch entsteht die später von Nipkow und Stallmann gesehene Gefahr einer „biblizistischen" und „historisierenden" Tendenz in Ottos Konzeption[199]. Die biblischen Texte bleiben „eigentümlich abstrakt und wirklichkeitsfern"[200]. Die Interpretation droht im „luftleeren Raum" jenseits der Gemeinde, die mit diesen Texten umgeht, isoliert zu werden. Diese Aporie wurde in der Folgezeit immer deutlicher gesehen. Deshalb setzte bald die Gegenbewegung in Richtung auf einen „problemorientierten Religionsunterricht" ein, die eine Ergänzung des Auslegungsgeschehens durch Bezugnahme auf das „Christsein und Menschsein heute" verlangt. Diesen Weg ist inzwischen auch Otto mitgegangen[201].

[193] Religionsunterricht, S. 57.

[194] K. Frör, Der Religionsunterricht an den öffentlichen Schulen als unbewältigtes theologisches Problem, in: Schule und Leben, 14. Jg., 1963, S. 291 ff, vor allem S. 300. Vgl. auch aus den Thesen Frörs Nr. 9—12, abgedruckt bei H. Gloy, a. a. O., S. 122 f; K. Frör, Weltlicher oder kirchlicher Religionsunterricht?, in: Norika. Vorträge der Tagung der Evang. Schulbünde 1963 in Nürnberg; Chr. Hartlich, Kritische Fragen zu Gert Ottos Konzeption des Religionsunterrichts, in: Der Evangelische Erzieher, 18. Jg., 1966, S. 175 ff.

[195] Religionsunterricht, S. 28.

[196] ebenda.

[197] ebenda.

[198] Chr. Hartlich (im Anschluß an Frör), a. a. O., S. 190.

[199] Vgl. dazu Kapitel 4; ferner K. E. Nipkow, Grundfragen, S. 12 ff.

[200] Chr. Hartlich, a. a. O., S. 190.

[201] Vgl. den nächsten Abschnitt B II.

2.6 Noch entschiedener als das „Von-der-Kirche-her“ wird von Otto ein *„Zur-Kirche-hin“* abgelehnt. Der „erziehende Religionsunterricht“ mit dem Ziel der „christlichen Sozialisation“ und der Hinführung zur Gemeinde im Sinne Frörs ist für ihn völlig undenkbar. „Der Schüler soll im Religionsunterricht nicht nur überlieferten Texten begegnen, sondern der gelebten Wirklichkeit der christlichen Gemeinde“ [202]. Diese These Frörs wird mit aller Schärfe angegriffen. Zunächst theologisch vom Kirchenbegriff aus: „Die geforderte ‚Einlagerung‘ des schulischen Religionsunterrichts in die Kirche operiert mit der Kirche als etwas eigentümlich Vorgegebenem, das einfach besteht. Luther verstand die Kirche anders“ [203]. Hier liegt eine einseitig aktualistische Sicht vor, die zumindest ergänzungsbedürftig ist [204]. Überzeugender sind die aus der praktischen Erfahrung genommenen Argumente, die allerdings primär den Verhältnissen in stark entkirchlichtem Milieu entsprechen. „Bei dem vielfältig wiederholten Hinweis auf die ‚gelebte Wirklichkeit der Gemeinde‘ und ihre Bedeutung für den Schulunterricht wird verkannt, wie *unwirklich* das Gemeindeleben in der Gegenwart häufig ist. Fruchtbare Bezugsmöglichkeiten auf vorhandenes Leben der Gemeinde sind doch viel spärlicher, als hier vorausgesetzt ist! Auch deswegen ist die geforderte ‚Kirchlichkeit‘ schulischen Religionsunterrichts eine Utopie“ [205]. Es ist zuzugeben, daß diese Analyse — zumindest in den Städten — weithin zutrifft. Sie wird in der Zukunft noch stichhaltiger werden. Trotzdem bleibt die Frage, ob es möglich ist, so rasch „aus der Not eine Tugend zu machen“ und den Gedanken der „christlichen Sozialisation“ im Religionsunterricht von vornherein ad acta zu legen. Müßte er nicht — unabhängig von volkskirchlichen Strukturen — gerade heute neu bedacht werden? Richtig ist, daß eine traditionelle Einführung in die volkskirchlichen Mammutgemeinden fraglich geworden ist. Hier müssen neue Wege versucht werden — gerade wenn die schulische Begründung ernst genommen werden soll [206].

[202] K. Frör, These 6, bei H. Gloy, a. a. O., S. 122.

[203] G. Otto, These 9, bei H. Gloy, a. a. O., S. 124.

[204] Siehe Kapitel 3, Abschnitt I, vor allem die Ausführungen zum Verständnis von Kirche.

[205] G. Otto, These 9.

[206] Näheres Kapitel 4, Stichwort Gesellschaftsorientierung.

II. Religionsunterricht als Humanorientierung

1. G. Ottos Konzeption von 1967—1969

Wir haben gesehen, daß die Hauptschwierigkeit der Konzeption Ottos von 1961 in der einseitigen „Traditions- und Bibelorientierung" lag. Hier wurde seine Sicht weithin als ergänzungsbedürftig empfunden[207]. Es wurde festgestellt, daß die gegenwärtige Lebenswirklichkeit, d.h. der Mensch in unserer Welt mit ihren Problemen, Nöten, Herausforderungen und Verantwortungen zu kurz komme. Im Religionsunterricht dürfe es nicht primär um Hermeneutik der Tradition, sondern vielmehr um *Hermeneutik des Daseins,* um Klärung von Sinn- und Wertfragen bei den Kindern und Jugendlichen heute gehen. Mit der Hinwendung zu dieser Fragestellung begann die Religionspädagogik etwas aufzuholen, was sie nach Meinung W. Lochs seit Jahrzehnten — sowohl in der „Verkündigungsphase" wie in der „Auslegungsphase" — an den Rand gedrängt hatte[208]. Den Auftakt zu dieser Hinwendung des Religionsunterrichts zur „Problemorientierung" gab allerdings Otto 1967 selbst in seinem Aufsatz „Der Mensch in seiner Welt" und in den folgenden Veröffentlichungen[209].

1.1 Otto geht aus von der Frage nach dem „Generalthema" aller christlichen Theologie: Es ist *„der Mensch in der Gegenwart,* in je seiner Welt ...; um den Menschen und sein Leben in Zeit und Welt geht es"[210]. Die biblische Rede ist nur sinnvoll, wenn sie ganz diesem Zweck dienst-

[207] Vgl. die Kritik durch Nipkow, Kaufmann und auch Stallmann; Näheres Kapitel 4.

[208] Vgl. W. Loch, Die Verleugnung des Kindes in der evangelischen Pädagogik, Neue pädagogische Bemühungen, Band 11, Essen 1964, vor allem Abschnitt I, S. 9 ff.

[209] G. Otto, Der Mensch in seiner Welt, in: Theologia Practica, 2. Jg., 1967, S. 289 ff. Wieder abgedruckt in: Schule - Religionsunterricht - Kirche, 1968³, S. 168 ff (danach zitiert); ferner: Oldenburger Thesen von G. Otto 1969 (in der Diskussion mit E. Hübner), abgedruckt in: Im Lichte der Reformation, Jahrbuch des Evangelischen Bundes XIII, Göttingen 1970, S. 89 f; Die Bedeutung des Christlichen für unsere Gesellschaft, in: Heft 29 der Schriftenreihe der CSU in Bayern, München 1969, S. 13 ff; Das Ende des konfessionellen Religionsunterrichts?, in: Theologie und Unterricht (Stock-Festschrift), hrsg. von K. Wegenast, Gütersloh 1969, S. 123 ff. Zur Auseinandersetzung mit G. Ottos Konzeption vgl. vor allem E. Hübner, Von der evangelischen Unterweisung zum Religionsunterricht?, in: Wort und Gemeinde (Thurneysen-Festschrift), Zürich 1968, S. 262 ff.

[210] Der Mensch in seiner Welt, S. 173.

bar gemacht wird. „Denn die biblische Rede von Gott ist für uns ein unverzichtbares Interpretament, mit dessen Hilfe Aussagen über den Menschen in der Welt gemacht werden“ [211]. Auf die Problematik dieses Satzes und die dahinter stehende theologische Konzeption soll erst später eingegangen werden.

1.2 Welche Konsequenzen ergeben sich aus diesem Ansatz für den Religionsunterricht?

Sein *Ziel* kann nur sein, „den Menschen in seiner Welt lebensfähig zu machen“ [212]. Der Inhalt des Religionsunterrichts muß von der Frage nach „Mensch und Welt heute“ bestimmt sein. Otto führt die Unsicherheit und Problematik des Religionsunterrichts weitgehend darauf zurück, daß bisher seine theologischen Grundlagen einseitig waren. „Religionsunterricht muß sich des vieldeutigen Phänomens religiöser Welt- und Menschendeutung annehmen und darf nicht nur an biblischer Theologie orientiert sein“ [213]. Deshalb ist es jetzt Aufgabe des Religionsunterrichts, nicht Bibel und Kirche, sondern die Welt zu „thematisieren“, wobei dann von Fall zu Fall auch „die christliche Tradition und die Gegenwartsauseinandersetzung um die christliche Tradition mit zum Zuge kommt“ [214]. Im Mittelpunkt steht der Mensch mit seinen Fragen und Antworten. Der radikalen anthropologischen Orientierung des theologischen Denkens entspricht die bewußt „säkulare“ Orientierung des Religionsunterrichts [215].

1.3 Aus dieser Zielbestimmung ergibt sich eine ebenso eindeutige *Ortsbestimmung* des Religionsunterrichts. Er muß *total „in die Gesamtaufgabe der Schule“* [216] *integriert* werden. Hier geht Otto in seiner Forderung weit über seine frühere Konzeption hinaus. Diese totale Integration hat weitreichende Konsequenzen:

1.31 Der Religionsunterricht muß völlig analog zu den übrigen Fächern gesehen werden. Er darf keinen Fremdkörper, keinen Schonraum, keine Enklave in der Schulwirklichkeit darstellen. Das gilt zunächst pädagogisch-psychologisch. Der Religionsunterricht braucht das *gleiche didaktische Niveau* wie die übrigen Fächer. Es geht auch hier um Lernen im umfassenden Sinn des Wortes. Dieses Lernen darf weder theologisch reduziert noch überhöht werden. Der Religionsunterricht muß deshalb rein pädago-

[211] a. a. O., S. 174 (Hervorhebungen weggelassen).
[212] a. a. O., S. 178.
[213] Aus der Oldenburger These 1, a. a. O., S. 89.
[214] ebenda.
[215] Der Mensch in seiner Welt, S. 178.
[216] ebenda.

gisch beschrieben werden können — ohne Anleihe bei einer theologischen Begrifflichkeit [217].

1.32 Der Religionsunterricht hat zum Mittelpunkt „die Sinn- und Wertfrage, auf die die Schule nicht verzichten darf“ [218]. Dabei ist entscheidend, daß in diesem Unterricht der *„Pluralismus der Antworten“* zur Sprache kommt, allerdings nicht in einer Art von geistesgeschichtlichem oder religionskundlichem Supermarkt, sondern in echter Auseinandersetzung zwischen den verschiedenen Auffassungen. Pluralismus bedeutet für Otto nicht Relativierung der Standpunkte im Sinne einer neutralisierten Information. Deshalb wehrt er sich bis heute gegen einen Religionskundeunterricht. Er legt vielmehr Wert darauf, daß „die verschiedenen Positionen miteinander redefähig gemacht werden“ [219]. Auch in dieser Konzeption ist der engagierte, in einer bestimmten Glaubenshaltung stehende Lehrer unabdingbar. Pluralismus in der Klasse bedeutet redliche Auseinandersetzung mit klaren Standpunkten ohne verwaschenen Relativismus.

1.33 Von daher kommt Otto zu seinem *„bikonfessionellen“ Konzept* [220]. Er möchte das deutlich von jeder überkonfessionellen Lösung abgesetzt wissen. Es gibt keine Neutralität über den Konfessionen. „Bikonfessioneller Religionsunterricht ist weder ‚überkonfessionell‘ noch ‚unkonfessionell‘, weil dies beides unsachgemäße Weisen sind, sich dem Problem der Konfessionalität zu stellen. Bikonfessioneller Religionsunterricht *reflektiert* vielmehr das Faktum konfessioneller Prägungen und Bindungen. Er leitet zu Verständnis und Beurteilung an — wogegen überkonfessioneller Religionsunterricht sie *umgeht* und unkonfessioneller sie *überspielt*“ [221]. Die Diskussion über dieses Konzept erfolgt ausführlich im 4. Kapitel [222].

1.34 In jüngster Zeit scheint Otto allerdings über die bikonfessionelle Lösung hinausgehen zu wollen. Er möchte sie „als einen ersten Schritt verstehen“ [223]. Die weitere Richtung gibt er in der These 3 von Oldenburg an: Es geht ihm darum, daß der künftige Religionsunterricht für die Wahrheitsfrage in ganz anderer Weise „offen“ ist als bisher. „Er darf nicht vorweg das biblische Gotteszeugnis zur Norm erheben, sondern (soll) Einführung in verschiedene Inhalte bieten und die Wahrheitsfrage dabei dem Prozeß des Unterrichts aussetzen ... Erst im Prozeß des

[217] Vgl. dazu G. Otto, Der problematische Religionsunterricht, in: Radius 1964, Heft 4, S. 21—26.

[218] Oldenburger These 2, a. a. O., S. 89.

[219] ebenda.

[220] Religionsunterricht und politische Situation (1966), abgedruckt in: Religionsunterricht, S. 213.

[221] G. Otto, Das Ende des konfessionellen Religionsunterrichts?, S. 126.

[222] Vgl. im 4. Kapitel Abschnitt II 4.

[223] Oldenburger These 2, a. a. O., S. 90.

Unterrichts zeigt es sich für den Schüler, was und wo die Wahrheit ist"[224]. In diesem Punkte dürfte allerdings die Grenze überschritten sein, die für einen christlichen Religionsunterricht gezogen werden muß[225]. Selbstverständlich soll der Lehrer die Schüler keineswegs in ihren Überzeugungen manipulieren oder in ihren Entscheidungen präjudizieren. Die Gegenpositionen, auch die des Unglaubens, müssen in diesem Unterricht ihren legitimen Platz haben. Das bedeutet aber nicht, daß der Lehrer, der in persönlichem Engagement die christliche Botschaft vertritt, letztlich die Wahrheitsfrage offen lassen kann. Es geht nicht um ein Offenlassen, sondern um einen echten Dialog und um ein Ringen um die Wahrheit.

1.35 Welche Rolle spielen in diesem integrierten Schulfach Religion noch *die biblischen* Texte? Hier löst sich Otto von seiner früheren „biblizistischen" Konzeption. Die Bibel wird aus ihrer traditionellen Mittelpunktstellung verdrängt. Zwar bleiben die Bibeltexte durchaus noch relevant. Sie sind für die Existenzklärung und Lebensdeutung unerläßlich. „Es ist notwendig und sinnvoll, daß der Schüler mit biblischen Texten befaßt wird, weil Menschen in unserem Kulturkreis ihr Sein in der Welt an kaum einem anderen Material derart intensiv ‚eingeübt' haben wie an gerade diesem"[226]. Dazu kommt, daß wir es hier mit besonders „sprachkräftiger" Überlieferung zu tun haben, die den abendländischen Kulturkreis entscheidend beeinflußt hat. Ohne „unermeßliche Verarmung" können wir nicht darauf verzichten[227]. Wichtig ist allerdings, daß die Bibeltexte nicht ungeschichtlich verstanden werden; sie müssen eingebettet bleiben in den Strom der abendländischen Überlieferung. Deshalb sind spätere Spiegelungen der biblischen Botschaft in der Geschichte, wie wir sie in zahlreichen Quellentexten aus Philosophie- und Geistesgeschichte vorfinden, genauso relevant für die Einübung von Menschsein heute. Gerade durch die „Berücksichtigung der Wirkungsgeschichte des biblischen Wortes (wird) die anthropologische Dimension im weitesten Sinne in den Unterricht eingebracht"[228]. Das bedeutet, daß Bibeltexte und kirchengeschichtliche bzw. moderne Quellentexte gleichberechtigte Inhalte werden, die sich gegenseitig bedingen. Die Quellentexte „haben daher für den Unterricht gleichen Rang wie biblische Texte"[229].

1.36 Damit bleibt auch in dieser Konzeption die Arbeit an Texten im Mittelpunkt. Darauf legt Otto besonderen Wert. Die Textarbeit geschieht

[224] Oldenburger These 3, a. a. O., S. 90.
[225] Vgl. dazu die ausführliche Erwiderung in E. Hübners Oldenburger Thesen (a. a. O., S. 85 ff).
[226] Der Mensch in seiner Welt, S. 185.
[227] ebenda.
[228] a. a. O., S. 187.
[229] ebenda.

nicht aus historischem oder philologischem Interesse, sondern dient der *Erziehung zur Kritik- und Dialogfähigkeit.* Gerade dadurch will Otto im Religionsunterricht das Schulziel der „Emanzipation“ verwirklichen: Hinführung zu selbständigem, theologischem Denken in einem *wissenschaftsorientierten Religionsunterricht,* der im Niveau nicht hinter Deutsch und Geschichte zurückstehen darf. „Religionsunterricht gewinnt nur dann sein rechtes Niveau, wenn die zu unterrichtende biblische Überlieferung *kritisch* befragt wird“ [230]. Das gelingt nur, wenn der Schüler sich auf das „Abenteuer radikaler Auslegung“einläßt, „bei der keine Ergebnisse vorher feststehen“ [231]. Deshalb verlangt die Textbegegnung „intensiven Kontakt mit der theologischen Arbeit der jeweiligen Zeit“. Von daher kommt Otto zu der Forderung, „im Religionsunterricht keine geringeren Denkanforderungen zu stellen als in jedem anderen Fach“ [232]. Nur auf diese Weise können „die naive Beziehung zur Bibel im Verlauf der Schulzeit konstruktiv abgebaut“ und „Wege *reflektierenden* Verständnisses eröffnet“ werden [233]. Dabei betont Otto wieder das Engagement des Lehrers, das dazu führt, daß der Schüler den Anspruch der Sache vernimmt. Ziel dieses Unterrichts ist ein durch Reflexion begründetes Ja zur Bibel. „Das Ja zur Bibel muß sich ausweisen können. Das Nein muß gegründet sein im Verstehen dessen, was man ablehnt. Ja und Nein sind erlaubte Antworten ..., wenn sie fundiert sind. Denn: gedankenloser Glaube ist so niveaulos wie gedankenloser Unglaube“ [234]. Diesen Forderungen ist voll zuzustimmen. Hier muß das Niveau des landläufigen Religionsunterrichts entscheidend angehoben werden. Das Hauptproblem bleibt, ob die Textarbeit, die ja primär dem Stil des Gymnasiums entspricht, genügend Motivation für die Schüler der Grund- und Hauptschule liefert oder ob nicht die Bezugnahme auf Gegebenheiten des Christseins heute und auf das konkrete Leben der Gegenwart in den Mittelpunkt treten muß.

1.4 Die relativ starke Philologisierung des Religionsunterrichts und seine Bindung an Textarbeit im weitesten Sinne kommt bei Otto daher, daß er in seinem integrierten Schulfach Religion aus prinzipiellen Gründen die *kirchliche Wirklichkeit heute* völlig zurücktreten läßt. Die Schule darf unter keinen Umständen mehr „für kirchliche Zwecke beansprucht“ werden [235]. Das bedeutet im einzelnen:
1.41 Die Kirche erscheint nicht als *hermeneutischer Ort* oder als Kontext

[230] Der problematische Religionsunterricht, S. 25.
[231] ebenda.
[232] a. a. O., S. 26.
[233] ebenda.
[234] ebenda.
[235] Der Mensch in seiner Welt, S. 180.

für die Interpretationsarbeit im Religionsunterricht. Die Kirche kann in keiner Weise Subjekt oder Ausgangspunkt für die Interpretation sein; jede „Einbettung“ in die Kirche ist abzulehnen. Für Otto kann sie nur noch als „Unterrichtsgegenstand“ erscheinen, d. h. als Stoff, der von Fall zu Fall anzusprechen ist. In diesem Punkt hat Otto der Kritik von Frör und Hartlich in keiner Weise Konzessionen gemacht[236]. „Offenheit des Lehrers gegenüber dem Inhalt und seinen Grundaussagen“ ist das einzige, was Otto zuläßt; aber das gilt nicht mehr und nicht weniger für alle Schulfächer.

1.42 Die Kirche erscheint aber auch nicht als *gegenwärtige Lebenswirklichkeit,* als Lebensform oder Gemeinschaft, zu der der Religionsunterricht irgendeine Verbindung hat. Die Kirche darf den Religionsunterricht nicht für ihre Zwecke ausnützen. Was Kirche ist, wird nicht an der Institution, sondern an den Texten erfahren. Otto sieht hier eine jahrhundertealte Ideologisierung des schulischen Religionsunterrichts, die endlich abgebaut werden muß. Diese Entideologisierung muß sich vor allem in Stil und Atmosphäre des Unterrichts zeigen[237]. Es dürfen nicht institutionalisierte Formen kirchlichen Lebens im Sinne der Frör'schen „Schulgemeinde“ in den Unterricht übernommen werden. Otto lehnt deshalb nicht nur das allgemeine Schulgebet, die Schulandacht und den Schulgottesdienst als falsch verstandenen Schonraum in der „Schule für alle“ ab[238]. Für ihn wird auch das Gebet am Anfang und Ende der Religionsstunde fraglich. Dadurch würde nur der Enklavencharakter des Religionsunterrichts verstärkt, nämlich „die Auffassung, der Umgang mit der Bibel oder mit Inhalten des christlichen Glaubens geschehe auf einer anderen Ebene und in einer anderen Haltung als die Beschäftigung mit anderen Unterrichtsinhalten“[239]. Der Inhalt des Religionsunterrichts würde zu wenig auf die „Realität des Lebens“ bezogen[240]. Gerade um dieses Lebensbezugs willen müssen „alle Veranstaltungen, die den Rahmen einer säkularen Schule sprengen“, abgebaut werden[241]. Otto will nur freiwillige Andachtsformen gelten lassen, um den Raum für Initiativen von Lehrern und Schülern offenzuhalten[242].

[236] ebenda, Anmerkung 20.

[237] a. a. O., S. 179.

[238] Zum Selbstverständnis einer christlichen Gemeinschaftsschule, in: Religionsunterricht, S. 200; vgl. oben die schulpolitische Konzeption im 1. Kapitel, Abschnitt B 5.

[239] Der Mensch in seiner Welt, S. 179.

[240] ebenda.

[241] Zum Selbstverständnis einer christlichen Gemeinschaftsschule, S. 200.

[242] ebenda.

1.43 Beurteilung

Es ist durchaus legitim, daß Otto eine Überfremdung des Religionsunterrichts durch institutionalisiertes Denken ablehnt. Im Mittelpunkt des Religionsunterrichts muß die *personale* Repräsentanz des *Lehrers* stehen. Aber die Frage ist: Wieweit braucht dieser Lehrer einen Raum, von dem her er lebt und an den er gebunden ist. Es geht also nicht primär um die Institution, sondern um den Lehrer. Das gleiche gilt für den *Schüler*. Der Schüler, der dem Christentum in den Texten begegnet, wird immer zugleich nach dem Christsein heute fragen, in dem die Texte eine Rolle spielen, ja er wird mit den Texten weithin nur konfrontiert, wenn er Christsein heute erlebt. In diesem Punkt bleibt Ottos Ansatz ergänzungsbedürftig. Er hat durch Nipkow und den späteren Stallmann eine entscheidende Weiterführung erfahren[243].

2. Die Konzeption H. Stocks von 1968

In seiner Schrift „Religionsunterricht in der kritischen Schule"[244] hat H. Stock eine neue Konzeption des Religionsunterrichts entwickelt, die sich überraschend weit von der bibelorientierten Ausrichtung seiner früheren und mittleren Periode entfernt[245].

Dabei geht er aus von den kritischen Anfragen, die heute von den Schülern an den Religionsunterricht gerichtet werden. Seiner Meinung nach kann der immer stärker werdenden Austrittsbewegung nur gewehrt werden, wenn die neuen Forderungen ernst genommen werden. „Die für den Religionsunterricht zu schaffenden Bedingungen müßten so gestellt sein, daß er (die) geschichtlichen Wandlungen aufnehmen kann, an seinem Ort innerhalb eines Unterrichtssystems und einer Schulkonzeption, die der Gegenwart gerecht werden, weil sie für Zukünftiges offenbleiben und doch das Erbe der Vergangenheit mit einbringen"[246].

2.1 Die von Stock zitierten Anfragen der Schüler aus einem Schülerbrief

[243] Vgl. Kapitel 4.

[244] H. Stock, Religionsunterricht in der kritischen Schule, Gütersloh 1968 (zit. „Religionsunterricht").

[245] Einen guten Überblick über die Entwicklung Stocks bietet der Sammelband: Beiträge zur Religionspädagogik, Gütersloh 1969. Vgl. darin vor allem die Aufsätze: H. Stock und R. Lennert, Verkündigung durch Auslegung!, S. 75 ff (1952); H. Stock, Die Aktualisierung der Verkündigung in der Evangelischen Unterweisung, S. 83 ff (1953); Der kerygmatische Charakter der Evangelientexte als Unterrichtsproblem, S. 108 ff (1960).

[246] Religionsunterricht, S. 11.

sind in der Vorbemerkung dieser Arbeit bereits abgedruckt[247]. Sie gipfeln in der Forderung, daß Religionsunterricht in Zukunft nicht als „Bekenntnisfach“, sondern als „Wissenschaftsfach“ verstanden werden soll[248], das nicht mehr an Konfession und Kirche gebunden ist, vielmehr der „sachlichen Unterrichtung, der freien Diskussion und der Behandlung von Gegenwartsfragen“ dient[249].

2.2 Wie begegnet Stock diesen Forderungen? Er kommt ihnen sehr weit entgegen, ohne dann aber eine ganz klare Konzeption zu entwickeln. Seine wichtigsten Vorschläge sind:

2.21 „Der Religionsunterricht der Schule dürfte *nicht* mehr sinnvoll und produktiv als Teil der *kirchlichen Lehre*, Glied eines Gesamtkatechumenats in äußerlich der Schule angepaßter Form, zu behaupten sein“[250]. Damit lehnt Stock jetzt seine jahrelang verteidigte Konzeption einer „indirekten Verkündigung“ ab. Genauso wenig geeignet erscheint ihm das Auslegungsmodell von Otto, Stallmann und Baldermann: „Auslegung der in der christlichen Verkündigung sich ereignenden ‚Sprache‘“ ist keine Begründung für ein notwendiges Unterrichtsfach, das Lehrern und Schülern einleuchtet[251].

2.22 Religionsunterricht als Schulfach muß sich „in human verstehbaren Kategorien aussprechen lassen“[252]. Er muß einen Beitrag zur „‚Selbstdefinition‘ des heutigen Menschen“[253], „für die Persongenese und für die Weltorientierung der Person“ leisten[254]. Es geht um einen dialogischen, „problemoffenen *Orientierungsunterricht,* der von der geistigen Situation der Moderne ausgeht und den christlichen Beitrag einbezieht“[255]. Diese Orientierung ist allerdings nicht im Sinne einer neutralisierten Information, sondern als kritische Aufklärung und Interpretation zu verstehen,

247 Vgl. die Vorbemerkung, Ziffer 2 (Schülererwartungsschemata).

248 Vgl. dazu das Zitat aus der Allgemeinen Deutschen Lehrerzeitung, 20. Jg., 1968, bei H. Stock, a. a. O., S. 23.

249 H. Stock führt in diesem Zusammenhang als Schwerpunkte der Kritik an: „eine zu enge Gebundenheit an Konfession und Kirche, unkritische Weitergabe von Tradition, zuviel historisches Material, miserable Lehrbücher mit inhaltlichen Vorentscheidungen und zubereiteten Auffassungen“. Die Forderungen lauten: „sachliche Unterrichtung, freie Diskussion, Behandlung von Gegenwartsfragen individueller und gesellschaftlicher Relevanz, so daß der einzelne dabei zur Sprache kommt“ (a. a. O., S. 23 f).

250 a. a. O., S. 31 (Hervorhebung von mir).

251 ebenda.

252 a. a. O., S. 32.

253 a. a. O., S. 36.

254 a. a. O., S. 32.

255 a. a. O., S. 37 (Hervorhebung von mir).

die das Engagement mit einschließt. Hier muß Stocks Vorschlag von einer relativierenden Religionskunde deutlich abgesetzt werden.

2.23 Was gehört nun inhaltlich zu diesem Unterricht?

2.231 Er ist primär gegenwartsbezogen. Es geht zunächst um *Selbstfindung* und Selbstauslegung des Schülers, um „persönliche Orientierung ... in seiner individuellen Bedürftigkeit und gesellschaftlichen Lage“ [256]. Das ist nicht nur individualistisch zu verstehen, sondern auch im gesellschaftlichen Zusammenhang: In der Leistungsschule braucht der Schüler „eine Gelegenheit zu freier Selbstreflexion und zur Klärung der existentiellen Probleme“. Religionsunterricht wird zum Ort der „Aussprache“, wo „thematisch und zentral, über die spezifischen Sachsphären und Lebensbereiche hinaus, die persönlich und gesellschaftlich aktuellen Fragen ausgesprochen und verhandelt werden können“ [257]. Von daher unterstützt Stock ausdrücklich die Konzeption Nipkows vom „zweiten didaktischen Grundtypus“ [258].

2.232 Von dieser Frage nach dem humanen Selbstverständnis her wird nun auch die geschichtliche Dimension des Christentums relevant. Stock will den Beitrag der christlichen *Tradition* bewußt einbringen, ohne den es „kein Verständnis unserer geschichtlichen Gegenwart gibt“ [259]. Dabei ist allerdings fraglich, wie dieser Beitrag aussieht. Hier bleibt Stock unklar. Er greift zwar die Formel Nipkows vom „Christsein und Menschsein in der Gegenwart“ als problematisch an [260]. Aber die rechte Korrelation von Tradition und Gegenwart kann er auch nicht befriedigend beschreiben. Er spricht lediglich davon, daß der Religionsunterricht „in einfachen und verständlichen Begriffen konkret und anschaulich sagen ... muß, nicht nur was der Glaube an Jesus besitzt, sondern was mit ihm an Humanitätsdenken in die Geschichte der Menschheit eingegangen ist“ [261]. Das ist *ein* Aspekt, aber noch nicht alles, was das Christentum in den Dialog mit einzubringen hat.

2.233 Dieser Unterricht hat schließlich auch eine Orientierungsaufgabe für die *Zukunft*. Er hat Vorgaben zu leisten im Blick auf die Sinn- und Wertfragen: „Welchen Sinn hat es, für eine Zukunft zu lernen und zu planen?“ Welche Rolle spielen hierbei „sittliche Weisungen“? „Steht und fällt der Mensch mit seiner Leistung?“ [262]

2.24 Daraus ergibt sich eine bewußte *Umstrukturierung des bisherigen*

[256] a. a. O., S. 38.
[257] ebenda.
[258] a. a. O., S. 42 f.
[259] a. a. O., S. 37.
[260] a. a. O., S. 43.
[261] a. a. O., S. 35 (im Anschluß an Kolakowski).
[262] a. a. O., S. 39.

Religionsunterrichts. Er kann selbstverständlich keine einseitige kirchliche Ausrichtung mehr vertragen. Er ist pluralistisch und dient dem Dialog „zwischen den Auffassungen und Personen“ [263]. „Eine Spezialisierung auf christliche Glaubensunterweisung ist deshalb nahezu aussichtslos“ [264]. Die Kirche kann sinngemäß nur als „Element unterrichtlicher Information und Orientierung, in sachgerechter Interpretation wie in kritischer Einordnung“ vorkommen. Sie ist nicht mehr „Auftraggeber und Regulativ“ [265]. Ziel des Unterrichts ist die „freie Beziehung“ zur Kirche, wie sie bei einem emanzipierten Menschen selbstverständlich sein sollte [266]. In diesem Unterricht darf die Wahrheitsfrage nicht vorentschieden sein. Es muß freier Raum für den Unglauben und die Gegenentscheidung bleiben [267].

Nötig ist eine „neue Fundierung“ des Religionsunterrichts, der von der „christlichen Indoktrinierung“ und „geistigen Vereinnahmung“ weg [268] zur freien Auseinandersetzung mit der Sache hinführt. „Der Beitrag des Christlichen (kann nur dann) in der Schule eine wirkliche Hilfe werden“, wenn „der entsprechende Unterricht sich aus der Isolierung herauswagt und, selbstkritisch und beziehungsreich, allein auf die Evidenz der Sache vertraut“ [269]. Auf diese Weise wird es möglich, „ein Interesse auch des nicht-religiösen Schülers legitim zu fordern und pädagogisch-sachlich zu ermöglichen“ [270].

3. Die Konzeption H. Gloys — der „phänomenologische Ansatz“

H. Gloy entwickelt seine Konzeption von der Berufsschuldidaktik aus: [271]

[263] ebenda. „Es geht um die eigene Sprachfindung, um das Zuhörenlernen, um das Respektieren des anderen“ (ebenda).
[264] ebenda.
[265] a. a. O., S. 40. „Die Kirche und ihre Verkündigung bleiben Unterrichtsgegenstand, aber sie sind nicht mehr Subjekt einer Unterweisung“ (a. a. O., S. 37).
[266] a. a. O., S. 37.
[267] Es geht darum, daß der Schüler nicht mit „festgelegten (sozialisierten) Glaubenspositionen“ vertraut gemacht wird, daß er es vielmehr lernt, sich davon zu lösen, „um sich der Skepsis des Gedankens zu exponieren“ (Th. Wilhelm, zit. bei Stock, a. a. O., S. 42). Es muß ihm freigestellt werden, „ob und wie ein bestimmtes Erbe angetreten wird“ (a. a. O., S. 39).
[268] a. a. O., S. 47.
[269] a. a. O., S. 48.
[270] ebenda.
[271] H. Gloy, Die religiöse Ansprechbarkeit Jugendlicher als didaktisches Problem dargestellt am Beispiel des Religionsunterrichts an der Berufsschule, Hamburg 1969 (zit. „Ansprechbarkeit“).

Dabei nimmt er spezifische Elemente dieses Unterrichts auf und macht sie allgemein für die Didaktik des Religionsunterrichts fruchtbar. Deshalb sind seine Ausführungen für unsere Überlegungen wichtig.

3.1 Gloy setzt ein mit der Erörterung der *Verkündigungskonzeption*. Er stellt ihre Hauptvertreter auf dem Berufsschulsektor vor, deren Auffassung sich nicht wesentlich von den in Teil A dieses Kapitels entwickelten Konzeptionen unterscheidet. Die Hauptstichworte sind auch hier: Verkündigung — Lehrer im Raum der Gemeinde — Ziel: Gemeindegliedschaft und christliche Sozialisation. Typisch ist die Definition E. Müllers: „Aufgabe der Evangelischen Unterweisung ist es, die jungen, getauften Christen innerhalb der Gemeinde auf dem Wege über das aufmerksame Hören des Wortes Gottes zu seelisch Horchenden am Wort Gottes zu machen, d.h. Saat zu säen auf die Hoffnung hin, daß sie dabei zu Ge-horchenden unter dem Wort Gottes für ihr ganzes Leben werden“ [272]. Der Hauptvorwurf, den Gloy der Verkündigungskonzeption macht, ist der, daß sie ausschließlich eine theologische Begründung für den Religionsunterricht gibt. Es fehlt jeder hermeneutische und pädagogische Begründungszusammenhang. „Die Rechtfertigung, die für den verkündigenden Unterricht gegeben wird, ist rein theologischer Natur“ [273]. Die didaktische Fragestellung wird „theologisiert“. Die Konsequenz ist, daß nicht nach den Verstehensmöglichkeiten des Jugendlichen von heute gefragt wird. „Die pädagogisch-didaktische Frage, ob denn der Jugendliche auch bereit und fähig sei zur Aufnahme jener ‚Lehre‘, wird mit Hilfe der theologischen Aussage, daß es überhaupt nicht auf die Verstehensmöglichkeiten der Jugendlichen, sondern allein auf Gott ankomme, übersprungen und ersetzt durch das Vertrauen auf die Verheißung Gottes, Glauben zu wirken ...“ [274]. Dieser Vorwurf Gloys ist auf der einen Seite richtig. Die gesamte Verkündigungskonzeption argumentierte von ihrem Ausgangspunkt aus primär theologisch und drohte, — im *theoretischen* Ansatz — das Kind und den Jugendlichen „zu verleugnen“ [275]. Andererseits wurden aber seit Bohne *faktisch* so viele psychologische Erkenntnisse und pädagogische Erfahrungen — wenn auch nicht systematisiert — in die religionspädagogische Diskussion mit eingebracht, daß die Wirklichkeit

[272] E. Müller, Methodik der Evangelischen Unterweisung in der Berufsschule, München 1955, S. 11.

[273] H. Gloy, Ansprechbarkeit, S. 76.

[274] a.a.O., S. 77.

[275] Vgl. W. Loch, Die Verleugnung des Kindes in der Evangelischen Pädagogik, vor allem S. 18 ff.

der Kinder und Jugendlichen ernster genommen wurde, als es heute oft dargestellt wird[276].

3.2 Zugleich mit der Verkündigungskonzeption greift Gloy W. Nordmanns Ansatz einer *„christlichen Lebenshilfe“* an[277]. Hier ist zwar anzuerkennen, daß von der Fragestellung der Jugendlichen ausgegangen wird. „Im Gegensatz zur Verkündigungskonzeption scheint also im lebenskundlichen Ansatz schon durch die Wahl des thematischen Ausgangspunktes der Jugendliche in seiner seelisch-geistigen Situation und religiösen Lage entscheidend berücksichtigt“[278]. Trotzdem verfällt letztlich auch dieser Entwurf in den gleichen Fehler wie der obige. Das liegt an der Methode, die als „Konfrontation der werktätigen Jugendlichen mit dem Evangelium“ beschrieben wird[279]. Dadurch wird nach Gloy der lebenskundliche Ansatz zum Aufhänger für das Glaubenszeugnis: die Fragen und Probleme des Berufsschülers werden zum „bloßen Mittel“[280]. Die Lebensfragen werden zum Stichwort degradiert, an das sich ein „gesetzlich-weltanschaulicher“ Religionsunterricht anschließt[281]. Lebensfrage und Glaubensantwort werden einander in einer mehr oder weniger abstrakten Weise gegenübergestellt“[282]. Sie bleiben dadurch weithin beziehungslos.
Hier ist freilich zu fragen, ob damit die Sicht Nordmanns nicht verzeichnet ist. Die Konfrontation ist bei ihm nicht im Sinne einer gesetzlich-moralischen Gegenüberstellung und eines bloßen Aufhängers gemeint, sondern im Sinne der Tillich'schen Korrelation, die ja Gloy selber bejaht[283].

3.3 Anstelle dieser Fehlformen schlägt Gloy den *phänomenologischen „Loccumer Ansatz“*, den „Weg der Existenzklärung“ vor, wie er, ausgehend von K. Witt und G. Otto (1958), von H. Schultze weiter entwickelt wurde[284]. Allerdings werden hier Witt und Otto, die durchaus

[276] Vgl. M. Rangs oder E. Müllers ausführliche jugendpsychologische und didaktische Erwägungen.
[277] H. Gloy, a. a. O., S. 86.
[278] a. a. O., S. 89.
[279] a. a. O., S. 94.
[280] a. a. O., S. 95.
[281] a. a. O., S. 99.
[282] a. a. O., S. 106. Dadurch kehren „alle Fragwürdigkeiten der Verkündigungskonzeption wieder zurück“ (ebenda).
[283] Vgl. dazu die aktuelle Auseinandersetzung zwischen H. Gloy und I. Baldermann, die im 4. Kapitel, Ziffer I 2.22 ausführlich erörtert wird.
[284] a. a. O., S. 108.

dem Ansatz Nordmanns nahestanden[285], ganz im Sinne der späteren phänomenologischen Konzeption interpretiert.

3.31 Ausgangspunkt des „phänomenologischen Ansatzes" ist die „Forderung, nicht in ‚zwei Räumen' zu denken, sondern dem Schüler ‚gerade diese Welt ... als Gottes Welt zu zeigen ‚und ihm' *in* der Welt Gottes Wort hörbar zu machen'"[286]. Es geht also nicht mehr um die Begegnung zweier Wirklichkeiten, sondern um die Interpretation der *einen* Wirklichkeit. Diese eine Wirklichkeit, nämlich „die Lebenswirklichkeit", müsse „Thema des Unterrichts sein"[287]. An die Stelle der Konfrontation mit Bibel und Katechismus tritt für Schultze „ein sorgsames Durchdringen der Lebenswirklichkeit selbst" mit dem Ziel, „daß ihr Wesen offenbar wird, ohne daß man es definiert"[288].

3.32 Wie sieht dieses Durchdringen der Wirklichkeit aus? Dafür werden verschiedene Kategorien angeboten: Es geht um „Öffnen der Situation", um „Erhellung der Wirklichkeit und ... Verstehen des eigenen Lebensvollzugs" mit dem Ziel, „hinter dem Vordergründigen das Hintergründige freizulegen" und so dessen Dimension zu Gott hin sichtbar werden zu lassen[289]. Die Welt- und Selbsterfahrung des Jugendlichen wird entschränkt zur Dimension Gottes hin. Es ist also eine neue „induktive" Methode.[290].

3.33 Sie unterscheidet sich allerdings von den früheren induktiven Versuchen, z.B. des Katechismusunterrichts, grundlegend. Der Lehrer hat nur die Aufgabe, „den ‚Raum' für die ‚Begegnung' mit der christlichen Botschaft zu schaffen". Er muß sich auf das „Öffnen der Wirklichkeit" konzentrieren und beschränken[291]. „Das Einleuchten der Botschaft"[292] bleibt unverfügbar. Ziel dieses Religionsunterrichts ist also nicht Bezeugung des Wortes in einer bestimmten Situation, sondern Vorbereitung auf das Wort durch vertiefende Klärung der Situation[293], also eine Art Vorhofsarbeit, damit das Wesentliche sich ereignen kann.

3.34 Nun erkennt allerdings Gloy, daß Schultze diese Forderungen noch nicht konkret genug erfüllt. Er gibt deshalb selbst *weiterführende Orientierungspunkte* für diesen „phänomenologischen Unterricht", nachdem er

[285] Das zeigt Gloy selbst an einigen Zitaten: a.a.O., S. 109 ff.
[286] a.a.O., S. 110 (Zitat von Otto/Witt).
[287] a.a.O., S. 125; im Anschluß an H. Schultze.
[288] ebenda.
[289] a.a.O., S. 126 f.
[290] a.a.O., S. 130.
[291] ebenda.
[292] a.a.O., S. 129.
[293] a.a.O., S. 131.

ausführlich die Frage der religiösen Ansprechbarkeit des Jugendlichen behandelt hat[294].

3.341 Aufgabe des „Religionsgesprächs" ist es, „das oft vordergründige, aber auch hilflose Interesse an Lebensfragen zu durchstoßen und den berufstätigen Jugendlichen wieder in einem echten Sinne religiös ansprechbar zu machen"[295], d.h. den Raum für die Begegnung mit der biblischen Botschaft zu schaffen.

Dazu ist eine *„Horizonterweiterung"* notwendig, die die Wirklichkeitserfahrung, also die Welt- und Selbsterfahrung des Schülers in Richtung auf die „Dimension des Unbedingten" erschließt[296].

3.342 Wie sieht dieser „Weg der Existenzklärung" konkret aus? Gloy macht dazu folgenden Vorschlag: Die drei Urrelationen des Menschen, seine Beziehung zur Welt, zum Mitmenschen und zu sich selbst, müssen so ausgelegt werden, daß „Überraschungshorizonte" sichtbar werden: die Ambivalenz der Wirklichkeit, die „Offenheit der Welt" in Natur und Geschichte, die spannungsgeladene Problematik der Mitmenschlichkeit und das „Nachvollziehen oder Neuerleben von Phänomenen menschlicher Selbstbegegnung und -erfahrung"[297]. Es geht darum, „im Gespräch mit dem Jugendlichen das geheime Thema seines Lebens zu ‚entbinden'"[298]. Von daher soll er zur Dimension des Unbedingten geführt und ansprechbar werden für die biblische Botschaft.

3.4 Beurteilung

Im einzelnen soll auf diesen Ansatz Gloys hier noch nicht eingegangen werden, da eine ausführliche Beurteilung dieser Konzeption im Zusammenhang des 4. Kapitels erfolgen wird[299].

III. Religionsunterricht als Religionskunde

1. Religionskunde als neutrale Information

In jüngster Zeit wurde — angeregt durch die Schülererwartungen und die Forderungen zahlreicher gesellschaftlicher Gruppen — der Ruf nach

[294] a.a.O., S. 248 ff.
[295] a.a.O., S. 250.
[296] ebenda.
[297] a.a.O., S. 252 f; vgl. auch S. 163.
[298] a.a.O., S. 254.
[299] Vgl. dazu im 4. Kapitel die Abschnitte I 2.22 und II 3.2 (Stichwort: Humanorientierung).

einem religionskundlichen Unterricht immer lauter. Dabei wurde immer wieder betont, daß hier eine entscheidende Möglichkeit für die Reform des Religionsunterrichts liege. Alle früheren Modelle werden als Kompromißlösungen und Halbheiten abgestempelt. „*Vom Religionsunterricht zur Religionskunde* — so sollte die uns heute und morgen gestellte Aufgabe lauten, wenn wir aus der Sackgasse, in der sich der Religionsunterricht an der öffentlichen Schule befindet, herauskommen wollen", so wird von G. Pieper gefordert. Einen guten Überblick liefert die Dokumentation von K. Ringshausen[300]. Die Forderungen der religionskundlichen Konzeption lassen sich folgendermaßen zusammenfassen:

1.1 Inhaltliche Bestimmung

1.11 Religionskunde hat zunächst eine *historische* Dimension. „Die Schüler erhalten Einblick in die geistesgeschichtlichen Entwicklungen, die zur Entstehung der modernen Welt geführt haben, und die ohne den Beitrag des Christentums zur abendländischen Bildungsgeschichte nicht zu verstehen sind"[301]. Deshalb steht die Christentumskunde im Vordergrund. Hier geht es „um die Vergegenwärtigung der die menschliche Existenz bestimmenden religiösen und philosophischen Dimensionen, die im abendländischen Kulturkreis vor allem in der Form christlicher Überlieferung und der ihr widerstreitenden Weltanschauungsformen des 19. und 20. Jahrhunderts wirksam werden"[302].
Daneben ist aber auch die Begegnung mit anderen Religionen und Kulturkreisen unerläßlich. Der Unterricht muß von der Sache her nicht nur überkonfessionell sein, sondern alle großen Religionen umfassen, „da die

[300] K. Ringshausen, Religionsunterricht zwischen Ghetto und Boulevard, in: Arbeitshilfe für den evangelischen Religionsunterricht, 21. Jg., 1970, S. 1 ff; daraus vor allem: G. Pieper, Was hat eigentlich die Kirche mit der Schule zu tun? Dokument Nr. XV, S. 17 ff (das angeführte Zitat S. 18) und „Resolution von Plön", Dokument Nr. II, S. 6 (Forderung eines Unterrichts in Religionskunde und Philosophie — URP). Vgl. auch den sehr instruktiven und abgewogenen Aufsatz von W. Cremer, Schule und Religion, Überlegungen eines Religionswissenschaftlers, in: Der Evangelische Erzieher, 22. Jg., 1970, S. 375 ff. Darin findet sich ein guter Überblick über die in der Zeitschrift „Vorgänge" 1967—1970 von E. Fischer, E. Hapke, J. Kahl, F. Ley und O. Thimme geführte Diskussion (S. 377 — Anmerkungen 8—10).

[301] K. Frör, Die Krise des Religionsunterrichts im Spiegel neuer Reformvorschläge, in: H. Horn, I. Röbbelen (Hrsg), Im Dienst für Schule, Kirche und Staat (Gedenkschrift für A. Bach), Heidelberg 1970, S. 52 (zit. „Die Krise des Religionsunterrichts").

[302] Plöner Resolution, a. a. O., S. 6.

Möglichkeiten religiösen und philosophischen Existenz- und Weltverständnisses auch in anderen Erscheinungsformen begegnen"[303].

1.12 Im Mittelpunkt einer richtig verstandenen Religionskunde steht der *Gegenwartsbezug*. Wie im humanorientierten Konzept geht es um die Grundfragen menschlicher Existenz, um Selbstbestimmung und Selbstfindung im Sinne einer Lebenskunde. Damit untrennbar verbunden ist die Einführung in Fragen der heutigen Gesellschaftsordnung, in sozialethische und sozialkritische Probleme, also eine „sozialkundliche, völkerkundliche und politische Dimension"[304]. Religionskunde umfaßt zugleich *Hermeneutik des Daseins, der Welt und der Gesellschaft*. Aus diesen Faktoren leitet O. Thimme eine ausführliche Begründung der Religionskunde, wie sie in Hessen praktiziert wird, ab:

„Es ist im Erziehungs- und Unterrichtswesen unserer Gesellschaft unerläßlich, daß unter demselben pädagogischen Aspekt, unter dem ‚Gemeinschaftskunde' in die schulische Arbeit integriert ist, ein Fach geschaffen wird, durch das der Heranwachsende *in streng neutralem und kritischem Sinn* von früh an auf einen Sachbereich hingewiesen wird, dem er als Erwachsener in freier und völlig unabhängiger Weise begegnen soll. Da dieser Sachbereich zugleich ein Wertbereich sein kann, durch den die Tatsache einer allgemein menschlichen Grundsituation ins Auge gefaßt wird, in dem die Sinnfrage als ein Existential des Menschen erscheint und damit alle möglichen Teilantworten subsumiert werden, ist die Voraussetzung erfüllt, die für das Erziehungs- und Bildungswesen einer demokratisch-offenen Gesellschaft unabdingbar ist: in einer appellierenden, aber keineswegs ‚gelenkten' Weise soll der junge Mensch im gesamten Bereich seiner Personalität durch Lernen, d.h. durch Wachsen am begegnenden Stoff gleichsam auf die Spur eines beginnenden Engagements gesetzt werden, um so die Aufgabe seiner Selbstverwirklichung langsam in die eigene Hand zu nehmen ..."

„Es wird nicht mehr bestritten werden können, daß so verstandener und praktizierter religionskundlicher Unterricht eine Lücke schließt, die aus dem veränderten Weltverständnis unserer Tage entstanden ist, aber auch nur von hier aus geschlossen werden kann"[305].

Im gleichen Sinne fordert W. Cremer einen „fächerübergreifenden Projektunterricht", der „als ein philosophisch-religionswissenschaftlicher Problemunterricht konzipiert werden sollte, der nach rein wissenschaftlichen und pädagogischen Gesichtspunkten von der Schule getragen und gestal-

[303] ebenda.
[304] G. Pieper, a. a. O., S. 19.
[305] O. Thimme, Vom Religionsunterricht zur Religionskunde, in: Vorgänge 7/8, 8. Jg., 1969, S. 269 f (Hervorhebung von mir).

tet wird und sich vor allem mit den aktuellen und existentiellen Fragen des jungen Menschen kritisch auseinandersetzt"[306].

1.2 Daraus ergibt sich folgende *didaktische Zielsetzung:*
1.21 Der Unterricht verlangt als conditio sine qua non eine Wissensvermittlung über die betreffenden Phänomene ohne den Versuch einer ideologischen Indoktrination. „Der Unterricht in Religionskunde und Philosophie (URP) darf den Schüler nicht auf eine bestimmte Religion oder Ideologie festlegen, sondern soll ihn zu einem eigenen Urteil befähigen"[307]. Deshalb wird es bewußt abgelehnt, daß Religionskunde ein „Unterricht in einem wie immer gearteten *freireligiösen Bekenntnis* sein sollte oder dürfte"[308]. Andererseits ist es entscheidend, daß dieser Unterricht über die bloße Wissensvermittlung hinaus gerade der Erziehung und Bildung dient. Das geschieht „durch die Hinführung zum toleranten Verhalten und zur sachlichen Auseinandersetzung mit anderen Religionen und Weltanschauungen"[309], ferner durch Erziehung zu Kommunikations- und Mitsprachefähigkeit und zu verantwortlichem Handeln in der Gesellschaft.
Das hat wichtige Konsequenzen für das Verhalten von Lehrer und Schüler.

1.22 Voraussetzungen für die Person des Lehrers
Hier stehen im Mittelpunkt „verständnisvolle Sachlichkeit, vorbildliche Toleranz, Vermeidung jeder Konditionierung des Schülers"[310]. Deshalb können nur solche Lehrer diesen Unterricht erteilen, die „sich mit den

[306] W. Cremer, a. a. O., S. 387.
[307] Plöner Resolution, a. a. O., S. 6.
[308] Vgl. dazu die „Vorlage einer Kommission der Pädagogischen Hochschule Hannover zum Lehrauftrag ‚Didaktik des religionskundlichen Unterrichts'" vom Mai 1967 (hektographiert) (Hervorhebung von mir).
[309] G. Pieper, a. a. O., S. 18 f. Ähnlich wird es in der obengenannten „Vorlage" der Pädagogischen Hochschule Hannover formuliert: „Einmal soll es um Wissensvermittlung über die großen Religionen gehen, zum anderen um Erziehung und Bildung." „Der religionskundliche Unterricht soll nicht nur informieren, sondern soll die Kinder tiefer und ernster und angesichts der verschiedenen Religionen tolerant machen." Für diese Erziehung zur Toleranz macht W. Cremer folgenden Vorschlag: „Mit der Unterscheidung von existentieller und ontologischer Gültigkeit einer religiösen Aussage können die Absolutheitsansprüche der verschiedenen Religionen auf das Wesentliche hin modifiziert werden. Damit wäre auch ein Kernprinzip echter inhaltlicher Toleranz gegeben und die Basis einer undogmatischen religiösen Bewußtseinsbildung" (a. a. O., S. 387). Es ist leider in diesem Zusammenhang nicht möglich, auf diese interessante These einzugehen.
[310] K. Frör, a. a. O., S. 52.

Grundsätzen des URP einverstanden erklären und die fachlichen Voraussetzungen besitzen"[311]. Was ist damit gemeint? „Auch ein atheistischer Lehrer, d.h. ein nicht an einen persönlichen Gott fest gebundener, kann und darf Religionskunde erteilen"[312]. „Die zur Zeit tätigen Fachlehrer für den evangelischen bzw. katholischen Religionsunterricht ... sollten nur dann weiterhin Religionsunterricht erteilen, wenn sie sich zu einem religionskundlichen Unterricht bekennen und an einem vom Staat eingerichteten Fortbildungslehrgang für Religionswissenschaft ... teilgenommen haben ... Hauptamtliche kirchliche Mitarbeiter (Pfarrer, Katecheten, ...) sollten in der Regel an einer allgemeinbildenden öffentlichen Schule nicht mehr unterrichten; sie sollten sich nur der Unterweisung innerhalb der Kirche widmen"[313]. An diesen beiden Punkten, „Bekenntnis (?) zu einem religionskundlichen Unterricht" — „Zurücknahme aller kirchlichen Kräfte in die innerkirchliche Unterweisung", ergeben sich die größten grundsätzlichen wie praktischen Schwierigkeiten bei der Verwirklichung dieser Konzeption. Wie sieht die Ausbildung des „Religionskundelehrers" aus? Er braucht ein Spezialstudium, das „Geschichte der Religionskritik, Judentumskunde, Christentumskunde, Buddhologie, Hinduismuskunde, Islamkunde, ‚Weltanschauungslehre', Religionssoziologie, Religionspsychologie, Religionspädagogik, Didaktik und Methodik der Religionskunde" umfaßt[314]. Auch hier stehen der Verwirklichung noch große Schwierigkeiten entgegen.

1.23 Konsequenzen für den Schüler

Religionskunde ist ein Unterricht, der nach Meinung der Initiatoren dem Schüler wesentlich besser gerecht wird. Das beginnt schon bei der stärkeren Aktivierung, die dadurch gegeben ist, daß Aktualität zum „Auswahlprinzip für die Bildungsinhalte"[315] wird und die Schüler an der Lernzielbestimmung und Lernorganisation wesentlich beteiligt werden. Dazu kommt das Ernstnehmen der „emanzipatorischen" Schulziele, das der Religionskundeunterricht in ganz anderem Maße ermöglicht. „Freiheit zur Diskussion, Einübung in kritisch-rationale Reflexion, selbständige Urteils-

[311] Plöner Resolution, a.a.O., S. 6.
[312] G. Pieper, a.a.O., S. 20.
[313] ebenda.
[314] ebenda (im Anschluß an J. Kahl). Ähnlich fordert W. Cremer: „Die zukünftigen Lehrer für diesen fächerübergreifenden Projektunterricht müßten in Religionsgeschichte (eventuell ev. oder kath. Theologie), Philosophie, Soziologie, Psychologie, Pädagogik und Didaktik ausgebildet werden und an Universitäten und Hochschulen die Lehrbefähigung für dieses Fach erwerben können" (a.a.O., S. 388).
[315] a.a.O., S. 19.

bildung“ [316], Fähigkeit zu verantwortlichem Handeln jenseits von Indifferenz und ideologischer Verkrampfung werden hier gewährleistet.

1.3 Aus diesen Voraussetzungen ergibt sich eine klare *Ortsbestimmung*.

1.31 Religionskundlicher Unterricht ist *ausschließlich* von dem Bildungsauftrag der *Schule* her zu bestimmen. Er ist „ordentliches Lehrfach, dessen Gestaltung wie die jedes anderen Fachunterrichts wissenschaftlichen und pädagogischen Gesichtspunkten zu unterliegen hat“ [317]. Deshalb soll er *Pflichtfach* werden, von dem es keine Abmeldung gibt. Diese Forderung wird von allen Vertretern des Religionskundeunterrichts erhoben [318]. Der religionskundliche Unterricht sollte erstmalig in der „Orientierungsstufe“, also ab der 5. Klasse, erteilt werden [319]. In der Grundschule ist „eine regelmäßige Erteilung“ nicht erforderlich. Im 4. Schuljahr kann es eine Art „Propädeutik“ geben [320].

1.32 Welche Funktion hat die *Kirche* in diesem Unterricht?
Der Bereich Kirche kann nur noch als „Unterrichtsgegenstand erhalten bleiben“. Im übrigen ist der „Zeitpunkt für den vollständigen Rückzug der Kirche als einer sichtbaren, nicht staatlichen Institution aus der öffentlichen Schule gekommen“ [321]. Das bedeutet im einzelnen:
Jede Konfessionalisierung des Unterrichts muß im Prinzip ausgeschaltet sein. Die Kirchen müssen ihre „Monopolstellung“ oder auch jede führende Stellung aufgeben. „Der herkömmliche evangelische und katholische Religionsunterricht gehen in dem religionskundlichen Unterricht auf“ [322].
Der Unterricht kann nicht mehr an ein Bekenntnis einer Landeskirche

[316] K. Frör, a. a. O., S. 52.
[317] G. Pieper, a. a. O., S. 18.
[318] Vgl. die Forderung W. Cremers: „Der fächerübergreifende philosophisch-religionswissenschaftliche Unterricht sollte als Fach der öffentlichen Schule obligatorisch für alle sein, da er dem jungen Menschen nicht nur ein Wissen über eine unendlich reiche und vielfältige Tradition der Geistesgeschichte vermittelt, sondern ihm auch eine gute Möglichkeit bietet, im Parlament der Daseinsdeutungen den eigenen Standort zu bestimmen und zu einem reflektierten Menschen- und Weltbild zu gelangen“ (a. a. O., S. 388).
[319] So sieht es das Gesetz über das öffentliche Schulwesen in Niedersachsen vom 14. September 1954 in § 5 (6) vor: „Für Schüler, die am Religionsunterricht nicht teilnehmen, ist vom fünften Schuljahr ab religionskundlicher-Unterricht als ordentliches Lehrfach einzurichten.“
[320] G. Pieper, a. a. O., S. 19.
[321] a. a. O., S. 20.
[322] a. a. O., S. 19.

gebunden sein. Der Religionslehrer hat keine Verpflichtung gegenüber „Lehren und Ordnungen einer Kirche oder Religionsgemeinschaft“ [323].
„Institutionalisierte“ Andachten haben in der öffentlichen Schule keinen Platz mehr. Lediglich Gottesdienst und Andachten „auf freiwilliger Basis“ sollen möglich sein [324].
Alle Unterrichtsformen mit dem Ziel „christlicher Sozialisation“, alles, „was an Konfirmandenunterricht erinnert“, muß an die Kirche redelegiert werden. Auch die Katechetischen Ämter sollen sich auf die innerkirchliche Unterweisung beschränken. Ziel des etablierten Religionskundeunterrichts ist eine *„völlig neue Aufgabenteilung in religionssoziologischer und -pädagogischer Sicht zwischen Schule und Kirche*, wobei zwischen beiden Bereichen sauber getrennt werden muß“ [325].

2. Die Problematik der religionskundlichen Konzeption

2.1 Zunächst müssen einige *Vorteile* des religionskundlichen Modells deutlich gesehen werden, wie sie K. Frör übersichtlich zusammengestellt hat:
Bei diesem Unterricht wird eine „Trennung nach Konfessionen hinfällig“ [326]. Das ist ein entscheidender pädagogischer und organisatorischer Vorzug.
Wenn der Unterricht verbindliches Lehrfach ist, gibt es keine Spaltung in der Klasse durch Austritte und die damit zusammenhängenden „belastenden Auseinandersetzungen“ [327].
Das wichtigste Argument ist folgendes: „Dieser Unterricht ist auch für die große Masse der Schüler zumutbar, die dem christlichen Glauben und der Kirche gleichgültig oder ablehnend gegenüberstehen.“ Das kann eine „pädagogische Entlastung des Gesamtklimas“ bedeuten [328].
Von daher ist zu fragen, ob nicht Elemente in dieser Konzeption stekken, die nicht ohne weiteres preisgegeben werden sollten. Bevor wir das entscheiden können, müssen wir uns den schwerwiegenden Bedenken zuwenden, die gegenüber der Religionskunde geltend gemacht werden.

2.2 Die evangelische Religionspädagogik von Otto bis Nipkow sieht die *Problematik* einer Religionskunde in dem Versuch, sich mit einer mehr

[323] a. a. O., S. 20.
[324] ebenda.
[325] a. a. O., S. 21.
[326] K. Frör, a. a. O., S. 53.
[327] ebenda.
[328] ebenda.

oder weniger neutralisierten und objektivierten Information zu begnügen. Wie in den Abschnitten B I und II dieses Kapitels deutlich herauskam, sind sich alle darin einig, daß Religionsunterricht als Wert- und Sinnfach nicht in der Weise einer „Sachkunde" gegeben werden kann. Information und Engagement gehören untrennbar zusammen. Die *„personale Repräsentanz"* des Lehrers, mit der ein solches Fach steht und fällt, kann unter keinen Umständen zurückgedrängt werden, wenn nicht ein billiger religions- oder geistesgeschichtlicher „Supermarkt" entstehen soll. Verwaschener Relativismus ohne Engagement und festgefügte Fronten ist sowohl theologisch wie pädagogisch unannehmbar. Die theologischen Argumente wurden oben bei der Diskussion der hermeneutischen Konzeption aufgeführt. Sie gelten auch hier. Die pädagogischen werden zur Zeit vor allem von K. E. Nipkow u. a. ins Feld geführt: Der Schüler brauche die *„Chance der Identifikation"*, wenn der Religionsunterricht überhaupt pädagogisch fruchtbar werden soll [329].
Th. Wilhelm, der an sich der religionskundlichen Konzeption nahesteht, macht Bedenken *von der Motivation her* geltend: Unterricht ohne Engagement wäre nur Propädeutik, die keine Bedeutung für den Augenblick hat. „Was nicht *jetzt* von Bedeutung ist, was nicht auf *jeder* Station des Lernprozesses als ein lohnendes Ziel erfahren werden kann, ist nur von schleppender motivierender Wirkung ... Es ist im Religionsunterricht nicht anders" [330].
Weiterführende Argumente bringt neuerdings W. Hoeres [331]. Er behandelt zunächst die verschiedenen Versuche der Umfunktionierung des Religionsunterrichts in „vergleichende Religionskunde, Weltanschauungskunde und Lebenskunde" [332]. Hinter der Tendenz zur „Objektivierung" steht nach seiner Meinung die „Renaissance des Wissenschaftskultes, der das 19. Jahrhundert beherrscht und Wissenschaft völlig mit exakter Naturwissenschaft gleichgesetzt hat" [333]. Hoeres zeigt auf, daß das geisteswissenschaftliche Denken immer grundsätzliche Bedenken angemeldet hat, wenn naturwissenschaftliche Kriterien auf den geistig-humanen Sektor übertragen werden sollten. Im personalen, also auch im ethischen und religiösen Bereich gilt M. Schelers These von der „Erkenntnis als einem stellungnehmenden, engagierten Verstehen". Daraus folgt, „daß Erkenntnis im Bereich der Religion immer zugleich stellungnehmendes Bekenntnis sein muß, um ihren Gegenstand zu erreichen". „Was Religion ist, läßt sich

329 Vgl. die ausführliche Erörterung dieser Frage im 4. Kapitel, Zifter II 2.2.
330 Th. Wilhelm, Theorie der Schule, S. 329.
331 W. Hoeres, Religionsunterricht oder Religions- und Lebenskunde, in: Welt der Schule, 23. Jg., 1970, Ausgabe Hauptschule, S. 161 ff.
332 a. a. O., S. 161 f.
333 a. a. O., S. 162.

nicht im Wege einer rein objektiven Information und nicht mit der Sachlichkeit ermitteln, mit der ein Techniker auf seine Apparate blickt"[334]. Es entsteht vielmehr die Gefahr, daß mit der „sachlichen, unvoreingenommen prüfenden, vergleichenden Darstellung" die „Religionskunde wie ein Kuriositätenkabinett erscheinen muß und der Religionskundler dem Ethnologen immer ähnlicher wird, der auch über seltsame Bräuche berichtet, die wir nicht mehr haben"[335]. Das wäre allerdings eine Perversion dessen, was Religionskunde ihrer eigentlichen Intention nach will. Von daher kommt Hoeres zu der Schlußfolgerung, daß auch eine als Ersatz für den bekenntnismäßigen Religionsunterricht gedachte Religions- und Lebenskunde letztlich vor dem gleichen Problem steht. Sie kommt um die „Gretchenfrage nach der eigenen Überzeugung und damit um das engagierte Gespräch" nicht herum. „Daher scheint es ehrlicher, toleranter und dem Zweck des modernen Unterrichts, nämlich der gemeinsamen Wahrheitsfindung durchaus angemessener zu sein, wenn der Lehrer auch hier seine Überzeugung durchaus kundgibt und zur Diskussion stellt"[336]. Es bleibt also auch in einem Religionskundeunterricht das persönliche Engagement gefordert um des Lehrers, um der Schüler und um der Sache selbst willen. „Bekenntnis und Engagement, die man dem Religionsunterricht vorwirft, müssen auch in allen Formen eines Ersatzunterrichts vorhanden sein, soll dieser nicht alle Substanz verlieren"[337].

2.3 Das Hauptargument gegen die informierende Religionskunde wird allerdings von Religionspädagogen vorgebracht, die in erster Linie auf die Zielbestimmung und den pädagogischen Ertrag eines solchen Unterrichts schauen. Kann Religionskunde das intendierte „Lernziel" erreichen? Gräßmann und Frör bestreiten dies seit Jahren in ihrer Auseinandersetzung mit den propädeutischen Modellen. Objektivierender Unterricht würde dem Schüler nicht die religiöse Dimension erschließen, sondern ihn vielmehr dagegen „immunisieren"[338]. Was schon im bisherigen Religionsunterricht weithin der Fall ist, würde bei der Religionskunde institutionalisiert und verfestigt. „Der rein informative Unterricht führt notwendig dazu, daß der Schüler systematisch zu einer distanzierenden Haltung gegenüber den Texten und der Sache, die sie vertreten, angeleitet wird"[339]. Damit wird die Sprengkraft, die in den biblischen, aber auch in anderen

[334] a. a. O., S. 163.
[335] a. a. O., S. 163 f.
[336] a. a. O., S. 168.
[337] a. a. O., S. 169.
[338] K. Frör, Religionsunterricht in der säkularisierten Gesellschaft, S. 60 f und F. Gräßmann, Religionsunterricht zwischen Kirche und Schule, München 1961, S. 172—188.
[339] K. Frör, ebenda (im Anschluß an Gräßmann).

religionsgeschichtlichen Texten liegt, zur Bedeutungslosigkeit nivelliert. „Die Stoffe des Unterrichts werden einer distanzierenden und objektivierenden Manipulation unterworfen, die die Texte faktisch mundtot macht"[340]. Was dem Schüler mitgeteilt wird, „verpflichtet zu nichts, und es ist dann verhältnismäßig gleichgültig, wieweit der einzelne es radikal ablehnt oder als ein entbehrliches Stück aus der Rumpelkammer der Vergangenheit beiseitelegt"[341]. Diese Darstellung mag etwas scharf klingen, aber es gibt durchaus diesbezügliche Erfahrungen, z. B. in Schweden, wo die „objektivierende Christentumskunde" der Beziehung der Jugendlichen zum christlichen Glauben nach allgemeiner Auffassung mehr schadet als nützt[342].

2.4 Die hier gezeigte Gefahr ist allerdings inzwischen auch von den Vertretern der Religionskunde erkannt worden. Deshalb legt z. B. O. Thimme Wert auf eine *engagierte Information.* Der Lehrer muß eine klare Stellung auf der einen oder anderen Seite beziehen. „Daß bei diesem Unterricht zentraler geistig-humaner Selbst- und Weltorientierung dem Lehrer eine entscheidende Rolle zukommt, ist aus seiner schon erwähnten Aufgabe, ‚Anwalt der Zukunft im Kinde' zu sein, einleuchtend. Er ist pädagogisch nur glaubwürdig, wenn er, aufgeschlossen für die religiös-weltanschauliche Fragestellung, nicht lediglich indifferente Information gibt, sondern *persönlich engagiert,* in kritischer Sachlichkeit die Jugend zur Selbstklärung führt und auf den Weg kommender Selbstverwirklichung weist"[343]. Dabei darf er aber in keiner Weise — weder personell noch sachlich — außerschulischen Institutionen verpflichtet sein[344]. Religionskunde kann nach dieser Sicht neben einem atheistisch oder marxistisch orientierten Lehrer sehr wohl auch ein engagierter Christ geben. Aber das darf keine kirchliche Beauftragung bedeuten oder gar kirchlichen Zwecken dienen. „Die von kirchlicher Seite geforderte Repräsentanz des Christlichen in der Schule durch den christlichen Lehrer hat also nur im Rahmen des allgemeinen erzieherischen Auftrags, wie er dem öffentlichen Bildungs- und Erziehungswesen gestellt ist, ihren Platz. Sie steht neben

340 ders., Die Krise des Religionsunterrichts, S. 54.

341 ders., Religionsunterricht in der säkularisierten Gesellschaft, S. 61.

342 Vgl. die Untersuchungen von K. E. Brattgård, Die Taufunterweisung der Kirche, Stockholm 1969, zusammengefaßt von Horst Reller (Maschinenmanuskript), vor allem S. 3 f.

343 O. Thimme, a. a. O., S. 271 (Hervorhebung von mir).

344 „Wie er es in dem Fach Gemeinschaftskunde ablehnt, Funktionär einer Partei und ihres angeblich allein die Gesellschaftsordnung stützenden Programms zu sein, kann er ebensowenig im religionskundlichen Unterricht den Auftrag einer religösen oder weltanschaulichen Gruppe oder Institution annehmen oder sich ihm verantwortlich fühlen" (ebenda).

der Repräsentanz anderer, die Vielstimmigkeit unserer geistigen Situation konstituierenden Anschauungen"[345].

Es ist zu begrüßen, daß die so verstandene Religionskunde in einem viel größeren Maße offen ist für echtes Engagement in Glaubensfragen. Die Schwierigkeit liegt allerdings immer noch darin, daß sich persönliche Haltung und Bindung des überzeugten christlichen Lehrers an eine Gemeinde nicht trennen lassen. Dadurch drohen dauernd „Grenzüberschreitungen", die das religionskundliche Konzept von innen her in Frage stellen. Es kann deshalb keine überzeugende *Alternative* sein, die die Schwierigkeiten der bisherigen Konzeptionen ohne weiteres beseitigen könnte. Die Möglichkeit eines zusätzlichen („pluralen") Angebotes wird im vierten Kapitel ausführlich diskutiert werden[346].

IV. Religionsunterricht als Religionskritik und Gesellschaftskritik

Die religionspädagogische Diskussion ist inzwischen — zumindest in den avantgardistischen Modellen — auch über die „objektivierende Religionskunde" hinweggegangen, ja sie zeigt Tendenzen, die gerade diesen „objektivierenden Bestrebungen" den Kampf ansagen. Es sind vor allem Modelle der Religions- und Gesellschaftskritik, die jetzt auch die Theorie des Religionsunterrichts erfassen. Von dieser Seite wird an allen bisher entwickelten Konzeptionen Kritik geübt. Sie seien im wesentlichen individualistisch orientiert, befaßten sich nur mit der Klärung religiöser Vorstellungen und des religiösen Bewußtseins (Wilhelm) und dienten nur dazu, die bestehenden Verhältnisse zu sanktionieren. Die schärfsten Angriffe werden von J. Kahl, von der Celler Theologenkonferenz und anderen radikalen Gruppen geführt[347].

1. Die Angriffe richten sich *gegen Schule und Kirche* zugleich. Beide vertreten die *„repressive Pädagogik* der spätkapitalistischen Gesellschaft"[348],

[345] ebenda.

[346] Zur abschließenden Erörterung dieser Frage vgl. im 4. Kapitel den Abschnitt II 4 (Das Problem der Konfessionalität des Religionsunterrichts).

[347] J. Kahl, Das Elend des Christentums, Hamburg 1968; Celler Protokoll (1. Celler Konferenz, Kritischer Theologentag, 29. 9. bis 3. 10. 1968 in Celle), 1968, hektogr., S. 2—4; Aufforderung zum Austritt aus dem Religionsunterricht, Frankfurter Flugblatt, abgedruckt in: Arbeitshilfe für den evangelischen Religionsunterricht, 19. Jg., 1968, S. 188 f (in der Vorbemerkung zitiert) u. a.

[348] K. Frör, Die Krise des Religionsunterrichts, S. 59 (Hervorhebung von mir).

die dazu dient, den Schüler an die Ausbeutungsgesellschaft anzupassen. Hier gehen die autoritären Strukturen von Kirche und Schule Hand in Hand.

2. Daraus ergibt sich, daß der traditionelle Religionsunterricht *pauschal abzulehnen* und durch organisierte Massenaustritte „auszutrocknen" sei. Er muß in der bisherigen Form bewußt zerstört werden. Dabei ist gleichgültig, ob er kirchlich oder schulisch begründet wird. Alle Modelle werden in gleicher Weise verworfen: Der Religionslehrer ist als Agent der *Kirche* der repressiven Gesellschaft verpflichtet; denn er ist „unverzichtbarer Bestandteil des Systems". Ihn treffen alle Angriffe der Kirchenkritik, wie sie das Celler Protokoll wiedergibt: Sein Religionsunterricht soll zum Untertanengehorsam schulen, die „Frustrationen in der Ausbeutungsgesellschaft erträglicher machen" [349] und damit die Herrschaftsinteressen der autoritären Gesellschaft stützen. Aber auch als Repräsentant der *Schule* dient er den gleichen Zwecken. Deshalb sind die religionspädagogischen Konzeptionen von Otto und Stallmann zumindest genauso verwerflich wie die alten kirchlichen Konzeptionen. Sie sind „lahme Zwittergebilde, die nicht weiterhelfen und qualitativ nichts verändern" [350]. Der Kampf richtet sich also gegen Kirche und Schule zugleich.

3. Primäres Ziel ist es, unter allen Umständen den kirchlichen Monopol- und Machtanspruch auf den Religionsunterricht zu brechen. „Der einfachste und für die Kirchen zugleich der honorigste Weg wäre natürlich der, daß sie freiwillig ihre unrechtmäßigen Machtpositionen räumten" [351]. Aber auch damit wäre noch nichts Endgültiges erreicht. Denn der in der Schule verbleibende Religionsunterricht muß bewußt zur *Religionskritik* umfunktioniert werden. Es geht nicht mehr darum, die jungen Menschen durch Anpassung in einer Religion zu etablieren, sondern sie zur Kritikfähigkeit gegenüber den Religionen und zum Ernstnehmen ihrer Religionsfreiheit zu führen. „Der einzige Religionsunterricht, der an öffentlichen Schulen erteilt werden kann und soll, ist eine wissenschaftliche Religionskunde, die in alle Weltreligionen und ihre Kritik einführt. Dieser obligatorische Unterricht dient der *Religionsfreiheit der Kinder.* Er soll sie befähigen — unabhängig von den Schranken und Vorurteilen ihrer Eltern —, die Religion zu wählen, die sie überzeugt, oder auch religionslos zu bleiben" [352]. Im Mittelpunkt dieses Unterrichts steht die

[349] Zitiert nach K. Frör, a. a. O., S. 60.
[350] J. Kahl, a. a. O., S. 128.
[351] ebenda.
[352] ebenda; (Hervorhebung von mir). Vgl. dazu J. Kahls „Acht Thesen zur Ersetzung des Religionsunterrichts durch Philosophieunterricht", die er beim Verbandstag der Humanistischen Union am 4. und 5. April 1970 in Nürn-

Religions- und Ideologiekritik, die zur Erhellung und Hinterfragung des religiösen Bewußtseins verhelfen muß. Von daher sind alle Lernziele und Inhalte zu entwickeln. Das Frankfurter Flugblatt gibt hier entsprechende Hinweise: Es muß gezeigt werden, wie die biblischen „Mythen und Legenden" in der „antiken Sklavenhaltergesellschaft" verwurzelt sind. Das „schönfärberische Bild" der Kirchengeschichte ist abzubauen und die nackte Wahrheit ans Licht zu bringen: „der kirchliche Antisemitismus, die triebfeindliche Sexualmoral und die Diffamierung der Frauen mit den Folgen im Hexenwahn, die Inquisition, die Verflechtung von Mission und Kolonialismus, die religiöse Rechtfertigung der Klassenstruktur der Gesellschaft" usw. Fremde Relgionen müssen objektiv und kritisch dargestellt werden. Zu diesen Erkenntnissen helfen allerdings nicht die „pseudokritischen Bultmanns und Rahners", sondern die ideologiekritischen Arbeiten von Feuerbach, Marx, Nietzsche, Freud und Bloch" [353].

4. Mit der Religionskritik untrennbar verbunden ist die *gesellschaftskritische Funktion* des Religionsunterrichts im Sinne einer „revolutionären Strategie" [354]. Hier wurden bisher noch keine ins einzelne gehenden Konzeptionen entwickelt. Doch ist die Generallinie im Sinne des Celler Protokolls klar: Der Religionsunterricht muß als Fach für „gesellschaftspolitische Diskussion und Aktion" umfunktioniert werden. Mit Hilfe des revolutionären Instrumentariums „Diskussion" — „kritische Analyse der repressiven Mechanismen" — „Planung von Aktionen" soll der Religionsunterricht den Schüler zur Emanzipation und kritischen Distanz gegenüber der Gesellschaft, ja zur Zerstörung ihrer repressiven Strukturen befähigen [355].

5. Diese extremen und noch sehr skizzenhaften Modelle haben allerdings

berg vorgetragen hat (abgedruckt im „Materialdienst", hrsg. von K. Hutten, Stuttgart 1970, Nr. 11, S. 127): Der Religionsunterricht läßt „sich weder politisch noch pädagogisch rechtfertigen". Er ist „formal die Agentur der Kirche in der Schule, das Relikt eines vordemokratischen Staatskirchentums". Er fördert die Erziehung zu autoritären Charakteren, „die an Glauben und Gehorsam gewöhnt sind (Abhängigkeit vom allmächtigen Vater, Menschen als Kinder oder Schafe)". Der Religionsunterricht muß ersetzt werden durch einen Philosophieunterricht. Dieser ist „nicht ‚neutral', sondern ergreift bewußt und offen Partei *für die menschliche Vernunft* und deren Interesse an einer freien und gerechten Gesellschaft. Das Christentum und die anderen Religionen werden befragt, welchen Beitrag sie hierzu geleistet haben und leisten."

353 Alle Zitate aus dem obengenannten Frankfurter Flugblatt, Arbeitshilfe 1968, S. 188.

354 K. Frör, a. a. O., S. 59.

355 Näheres a. a. O., S. 60.

bewirkt, daß sich auch die Religionspädagogik in ernsthafter Diskussion immer stärker der kritischen, welt- und gesellschaftsverändernden Funktion des Religionsunterrichts zuwendet.
K. E. Nipkow stellte schon immer das kritische Element des Religionsunterrichts in den Vordergrund[356]. Er nimmt bewußt Bohnes Kategorie der „Krise" auf und aktualisiert sie für unsere Situation. Religionsunterricht dient nicht nur der Anpassung an religiöse Verhaltensweisen, sondern zugleich auch der Kritik dieser Strukturen. Daraus folgt notwendig, daß er nicht die Aufgabe hat, zur Lebensbewältigung zu verhelfen, indem er die bestehende Welt religiös „sanktioniert", sondern indem er sie verändert. „Der Religionsunterricht muß mit dazu beitragen, *für eine vernünftige, der Zukunft angemessene Veränderung der Verhältnisse fähig zu machen*"[357].
Das gleiche Ziel verfolgt D. Stoodt in seinem Aufsatz „Die gesellschaftliche Funktion des Religionsunterrichts"[358]. Dabei sucht er eine vermittelnde Lösung zwischen den bisherigen Konzeptionen und den gesellschaftskritischen Tendenzen heute. Nach einer kritischen Auseinandersetzung mit der Verkündigungs- und Auslegungskonzeption und der damit verbundenen „Individualisierung" und „Personalisierung" des Religionsunterrichts bekennt er sich zu Th. Wilhelms Konzeption: Ziel des Religionsunterrichts ist die „Ordnung der religiösen Vorstellungen". Diese Ordnung ist aber nicht im Sinne einer Sanktionierung des Bestehenden gedacht, sondern als eminent emanzipatorischer Prozeß. Ordnen bedeutet „so viel wie denken lernen, den kritischen Umgang mit den Inhalten der verschiedenen Horizonte und etwas von *allen* Horizonten verstehen lernen. Wer es gelernt hat, seine Vorstellungen zu ordnen und mit den geordneten Vorstellungen umzugehen, der kann die Unsachlichkeit des Willens bremsen, der das Denken verhindern will ... Das starke kritische Vermögen hält ihn in Schach"[359]. Gerade durch die Rationalität werden kritisches Denken, Emanzipation und Autonomie gefördert. Auf diese Weise bekommt der Religionsunterricht seine gesellschaftliche und damit gesellschaftskritische Funktion. „Religionslehrer, seien es Theologen oder Pädagogen, die die religiösen Vorstellungen ordnen und zum kritischen Umgang mit ihnen anleiten und damit den Blick auf das Wesen unserer eigenen religiösen Tradition freigeben, das mit den Stichworten Freiheit, Emanzipation und Autonomie umrissen ist, leisten der Gesellschaft einen

[356] Vgl. seine Auseinandersetzung mit G. Otto in: Grundfragen, S. 16 f.
[357] Religionspädagogik und Religionsunterricht in der Gegenwart, in: Theologia Practica, 4. Jg., 1969, S. 225.
[358] In: Arbeitshilfe für den evangelischen Religionsunterricht, 20. Jg., 1969, S. 1 ff.
[359] a. a. O., S. 7.

wichtigen Dienst. Denn ein solcher gesellschaftlich reflektierter Religionsunterricht hat eine klärende und kritische Funktion für alle"[360].
In der letzten Zeit wurden diese emanzipatorischen Schulziele im Zusammenhang mit der Neuordnung des Religionsunterrichts der „Primarstufe" neu in die Diskussion gebracht[361]. Dabei wurde vor allem der Begriff der Sozialisation, der bisher die Grundschuldidaktik bestimmte, unter dem gesellschaftskritischen Aspekt neu gesehen. Ziel des zukünftigen Unterrichts in der Grundschule muß sein: „Veränderung und Verbesserung der Lebenssituation und Lebensmöglichkeit"[362]. Deshalb geht es im richtig verstandenen Sozialisationsprozeß immer um beides: „um Übernahme sozio-kultureller Muster, Werte, Normen *und* um die Entwicklung der Fähigkeit zur kritischen Distanzierung davon, um Anpassung *und* um Emanzipation"[363]. Um dieses Ziel zu erreichen, ist es nötig, neue Verfahren zu entwickeln und entsprechende Materialien einzusetzen[364]. Wichtig ist schon frühzeitig der *richtige* Umgang mit biblischen Texten, die nicht mehr unreflektiert übernommen werden dürfen, sondern in *„kritischer* Verwendung" zum mehrdimensionalen Denken erziehen sollen. Es müssen Stoffe ausgewählt werden, „denen die Kraft zum Aufsprengen verfestigter Situationen innewohnt", damit sie „den Kindern zu emanzipatorischem Verhalten verhelfen" können[365].
Im ganzen sind diese Thesen als erste Ansätze zu verstehen, die in der nächsten Zeit weiter entfaltet werden müssen.

6. Beurteilung

Eine zusammenfassende Beurteilung dieser gesellschaftskritischen Konzeptionen ist an dieser Stelle noch nicht möglich. Es ist klar, daß die *radikale* Umfunktionierung des Religionsunterrichts mit seinem Ende gleichzusetzen wäre. Das ist ja auch das erklärte Ziel dieser Versuche. Eine längere Diskussion darüber ist kaum sinnvoll. Andererseits ist es umso dringender, daß die gesellschaftskritischen Ansätze bewußt in die Konzeption des künftigen Religionsunterrichts integriert werden. Seine Funktionsziele lassen sich ohne den gesellschafts- und religionskritischen Aspekt nicht mehr formulieren. Jeder Religionsunterricht der Zukunft muß „eine Art Religionskritik enthalten ..., die Gesellschaftskritik impliziert"[366].

[360] a. a. O., S. 13.
[361] G. Otto/H. Rauschenberger, Mainzer Thesen zum Religionsunterricht in der Grundschule, in: Evangelische Kommentare, 3. Jg., 1970, S. 325 ff.
[362] a. a. O., S. 327.
[363] a. a. O., S. 326.
[364] ebenda. Vorgeschlagen werden vor allem Rollenspiele, Sprachvergleiche und Sprachspiele, moderne Texte, Märchen usw.
[365] a. a. O., S. 327.
[366] ebenda.

Welchen Stellenwert diese Elemente bekommen müssen, darüber kann nur bei einer Erörterung des gesamten Funktionszielkomplexes entschieden werden. Das soll im vierten Kapitel ausführlich geschehen[367].

[367] Vgl. dazu im 4. Kapitel vor allem die Abschnitte I 2.332 und I 2.334.

Drittes Kapitel

Möglichkeiten und Grenzen kircheneigener Erziehungs- und Unterrichtsaktivitäten

I. Die Begründung des kircheneigenen Erziehungsauftrages

Die in den beiden vorhergehenden Kapiteln dargestellte Diskussion über die Möglichkeiten und Grenzen kirchlicher Erziehungs- und Unterrichtstätigkeit konzentrierte sich ausschließlich auf die Frage, wie dieser pädagogische Auftrag in Verbindung mit den öffentlichen Schulen verwirklicht werden kann. Das ist auf Grund der historischen Entwicklung in Deutschland verständlich. Es zeigte sich aber in der Diskussionsübersicht, daß heute eine direkte Ableitung des schulischen Religionsunterrichts aus dem kirchlichen Auftrag grundsätzlich in Frage gestellt ist. Damit sind die in den verschiedenen Konzeptionen entwickelten Begründungen und Modelle für eine kirchliche Erziehungs- und Unterrichtstätigkeit in keiner Weise abgetan. Es muß nur deutlicher als früher gesehen werden, daß sie sich zunächst *nur* auf die kircheneigenen pädagogischen Aktivitäten beziehen und nicht — in unreflektierter Weise — auf die Schule übertragen werden können. Es wird eine klare Trennung zwischen dem kircheneigenen Unterricht, der von der Taufe her begründet wird (z.B. Konfirmandenunterricht), und dem schulischen Religionsunterricht verlangt[1]. Wir müssen uns deshalb in diesem Kapitel auf die Möglichkeiten der kircheneigenen Erziehungs- und Unterrichtsarbeit besinnen, um dann aufzeigen zu können, wo die Grenzen dieser „binnenorientierten" Konzeption liegen und wie künftig die „weltorientierte" Konzeption einer Zusammenarbeit der Kirche mit den öffentlichen Erziehungsträgern aussehen kann[2]. Zunächst ist es notwendig, sich theologisch Klarheit zu verschaffen, wie der Erziehungsauftrag der Kirche sachgemäß begründet werden kann. Wenn man dieser Frage nachgeht, stellt man fest, daß die Erziehungswirklichkeit der Kirche von den Pädagogen seit langem in Rechnung gestellt wurde, während die evangelische theologische Diskussion hier größte Schwierigkeiten hatte[3].

So hat W. Loch in seiner Studie „Die Verkündigung in der Erziehung" den Versuch gemacht, durch eine *pädagogische* Analyse des Verkündigungsgeschehens und durch einen Aufweis der pädagogischen Strukturen

[1] So G. Otto, Religionsunterricht, S. 61 ff, vor allem S. 65. Siehe Kapitel 2, Abschnitt B I 2.2. Vgl. auch Th. Wilhelm, Theorie der Schule, S. 332 f: „Religiosität im Sinne eines frommen ... Lebensgefühls kann sich auch unter dem Einfluß von Familie, Gemeinde und Gottesdienst herausbilden, dazu ist die Schule nicht unbedingt nötig." Die Schule hat die Aufgabe, dem Schüler zu helfen, „zu einem einigermaßen geordneten religiösen Vorstellungszusammenhang zu gelangen. Dazu ist die Schule unerläßlich." ... Dieser Unterricht ist aber „weder Gottesdienst noch Gemeindedienst".

[2] Siehe 4. Kapitel.

[3] Vgl. in Kapitel 1 den jahrzehntelangen Streit um die „evangelische Erziehung".

von Lehre und Überlieferung die Erziehungsdimension der Kirche aufzuweisen. „Schon indem die christliche Botschaft nur vernommen wird, erst recht aber, indem der Mensch sich nach ihr richtet, verhält, versteht und in ihr bleibt, gerät sie unter die Bedingungen des Menschseins und damit auch unter die Erziehungsbedingtheit des Menschen. Wenn nach dem Wort Gottes gelebt werden soll, muß es überliefert, gelehrt und vermahnt werden, d. h. sich in die Gewalt dieser Erziehungsformen begeben, ohne deren Unterstützung der Mensch nicht mit dem Wort zurecht käme"[4].
Diese pädagogische Argumentation mußte nun allerdings auf ihre *theologische* Sachgemäßheit und Relevanz untersucht werden. Das geschah in dem sehr differenzierten Gutachten zum Erziehungsauftrag der Kirche, das W. Lohff im Auftrag des Comeniusinstituts erstellt hat[5]. Lohff versucht im Rückgriff auf G. Gloege, Offenbarung und Überlieferung[6], aus einer theologischen Analyse der Selbstauslegung, „die im Sprachraum der Überlieferung von Jesus Christus"[7] geschieht, den Erziehungsauftrag der Kirche abzuleiten. Dabei sieht er eine doppelte Begründung, nämlich in der „verbalen" und in der „sozialen" Struktur der christlichen Sprache und Überlieferung, die wie zwei Seiten derselben Sache untrennbar zusammengesehen werden müssen. „Überall, wo die Überlieferung der christlichen Sprache menschliches Selbstverständnis weckt, wo sich also Erziehung im Sinne der Selbstauslegung des Menschen im Horizont christlicher Überlieferung ereignet, ist *die Kirche als Erziehungsmacht* am Werk" ... „Der Auftrag zur verbalen Verkündigung, in dem die Existenz der Kirche dogmatisch begründet ist, ist deshalb identisch mit dem Auftrag zu der erzieherischen Wirksamkeit, die sich auf den Gewinn des Selbstverständnisses im Glauben an die Verkündigung richtet ..."[8]. Diese Selbstauslegung im Sprachraum der christlichen Tradition darf aber nicht individualistisch mißverstanden werden. Deshalb ist der „verbale" Charakter der Kirche nur *ein* Aspekt. Denn es geht nicht nur um die Gewinnung eines Selbstverständnisses unter dem Wort, sondern zugleich um ein bestimmtes Verhalten, nämlich das der Stellvertretung, des „Füreinander-Stehens". Diese Konsequenz leitet Lohff aus der unauflöslichen Einheit von Verkündigung und Verhalten bei Jesus selbst ab. „Wie Jesu Wort und Ruf seine Interpretation und seine Verifikation in seinem Glaubensweg der Stellvertretung findet, so findet das Bekenntnis zu Chri-

[4] W. Loch, Die Verkündigung in der Erziehung, in: H. Diem/W. Loch, Erziehung durch Verkündigung, Heidelberg 1959, S. 38.
[5] W. Lohff, Der Erziehungsauftrag der Kirche, abgedruckt in: I. Röbbelen, Zum Problem des Elternrechts, Heidelberg 1966, S. 258 ff.
[6] G. Gloege, Offenbarung und Überlieferung, Hamburg 1954.
[7] W. Lohff, a. a. O., S. 267.
[8] a. a. O., S. 269.

stus, das Selbstverständnis des Glaubens an Christus, seine Interpretation und seine Verifikation erst vom Sein des Glaubenden in der Gemeinde der Stellvertretung her"[9]. Christsein kann deshalb nur als Bruderschaft gelebt werden. „In der Konfrontation mit der Wirklichkeit christlicher Bruderschaft wird die erziehende Wirksamkeit der Kirche erfahren"[10]. Deshalb ist „die Bereitschaft zur Stellvertretung die Wurzel ihrer erzieherischen Autorität und die eigentliche Gestalt ihres Erziehungsauftrages"[11].

Von daher kommt dann Lohff auch zu einer theologisch sachgemäßen Interpretation der pädagogischen Relevanz der sogenannten kirchlichen Lebensformen. Sie sind nicht Selbstzweck, nicht selbst heilsmächtig, sie sind andererseits aber auch nicht irrelevant, sozusagen eine äußere Gesetzlichkeit, die mit der „Wortlichkeit" der Kirche nichts zu tun hat. Vielmehr sind sie aus der Urordnung der Kirche, die in Wort und Sakrament besteht, abgeleitet. Sie „empfangen ihre Struktur vom Wesen des Glaubenslebens selbst"[12].

Diese Überlegungen führen primär zur Begründung des direkten Erziehungsauftrages der Kirche, also des Erziehungsgeschehens, „das im Leben der Kirche selbst begründet ist und sich im Raum der Kirche vollzieht"[13]. Es ist das eigene Erziehungsfeld der Kirche, das ihr von niemandem streitig gemacht werden kann.

Nun ergibt sich allerdings heute ein schwerwiegendes Problem. Sollte sich die Kirche in Zukunft nicht auf diesen ihren geschützten Erziehungsraum beschränken und darauf alle Aufmerksamkeit konzentrieren? Würde sie dadurch nicht vielen Schwierigkeiten, die heute auf sie zukommen, aus dem Weg gehen und eine effektivere Arbeit leisten können? Dieser für die Kirche existenzentscheidenden Frage wollen wir uns jetzt zuwenden.

II. Das Problem der Redelegation des Religionsunterrichts an die Kirche — Rückzug auf den innerkirchlichen Katechumenat ?

In den letzten Jahren wurden — zunächst vereinzelt, dann immer stärker — Stimmen laut, die dafür plädierten, die innerkirchliche Unterrichtstätigkeit in Zukunft soweit auszubauen, daß eine Rücknahme des schu-

[9] a. a. O., S. 268.
[10] a. a. O., S. 269.
[11] a. a. O., S. 270.
[12] a. a. O., S. 273.
[13] a. a. O., S. 258.

lischen Religionsunterrichts in den innerkirchlichen Raum in absehbarer Zeit möglich wird. Diese Forderung nach „Redelegation" wurde einerseits von bewußt christlicher Seite, andererseits aber auch von der Gegenseite, den Vertretern einer radikalen Religionskritik, erhoben. Hier treffen sich zwei Extreme, allerdings mit ganz unterschiedlicher Motivation [14].

1. Die Forderung von kirchlicher Seite

1.1 Einer der ersten, der nach dem Krieg die Ablösung des schulischen Religionsunterrichts durch freie kirchliche Katechumenatsformen oder zumindest seinen allmählichen Abbau ins Auge faßte, war F. Gräßmann in seiner bekannten Studie „Religionsunterricht zwischen Kirche und Schule" [15]. Er nimmt dabei seinen Ausgangspunkt bezeichnenderweise nicht bei einer Analyse der volkskirchlichen Situation und der darin liegenden Möglichkeiten und Grenzen, sondern bei einer *Strukturuntersuchung der Unterrichtsformen.* Er sucht — in einem historischen Rückblick — nachzuweisen, daß schulischer Religionsunterricht immer nur nach den Formalstufen — sei es auch in moderner, gewandelter Form — und im Sinne eines Lehrganges arbeiten kann. Das sei in der klassischen Katechetik nicht anders als bei Otto. „Katechetik und kirchliche Unterweisung kennen generell nur ein Arbeiten der kirchlichen Unterweisung nach dem Schema der Formalstufen" [16].
Die Richtigkeit dieser These kann hier nicht untersucht werden. Für die heutigen didaktischen Typen würde dieses Pauschalurteil nicht mehr zutreffen. Für uns sind aber die Konsequenzen wichtig, die Gräßmann zieht: Er meldet grundsätzliche Bedenken gegen den schulischen Religionsunterricht überhaupt an, selbst wenn er kirchlich begründet wird. Der unter den didaktischen Bedingungen der Schule durchgeführte Religionsunterricht widerspreche dem eigentlichen Verkündigungs- und Katechumenatsauftrag der Kirche, da er vorwiegend auf der rationalen Ebene arbeite. „Die kirchliche Unterweisung ist heute nach wie vor ‚Religionsunterricht'". Das bedeutet: „Es handelt sich um einen Lehrgang, der Wissen vermittelt und Kenntnisse einschult und der sich dabei der Methode der Begriffsbildung vorwiegend auf intellektueller, teilweise auf emotionaler Basis bedient" [17]. Dieser Unterricht wird deshalb den Zielvorstellungen nicht gerecht, die sich die Kirche setzen muß. Er ist in doppelter Hinsicht frag-

[14] Vgl. K. E. Nipkow, Vom Sinn des Religionsunterrichts in der Schule von morgen, in: Radius 1970, Heft 3, S. 36 f.

[15] F. Gräßmann, Religionsunterricht zwischen Kirche und Schule. Kritik seiner Praxis, München 1961.

[16] a. a. O., S. 97.

[17] a. a. O., S. 107.

lich. Er eignet sich einerseits nicht als „innerkirchliches Handeln“ der Gemeinde an ihrer Jugend: „Der Religionsunterricht an den öffentlichen Schulen kann heute nur noch in seltenen Fällen als ein innergemeindliches Handeln der Kirche an den Gliedern der ‚zweiten Generation‘ bezeichnet werden“[18]. Hier müssen wir Gräßmann zustimmen. Gravierender aber ist, daß er dem Religionsunterricht auch die Möglichkeit zu missionierendem Handeln in der volkskirchlichen Situation abspricht. Durch seine lehrhafte Struktur sei er dazu im Prinzip ungeeignet. Er bewirke vielmehr die „Immunisierung“ der Kinder und Jugendlichen gegen die eigentliche Botschaft des Evangeliums. „Wer auf lehrhafte Weise missionieren will, kann sein Ziel nicht nur nicht erreichen, sondern bewirkt das Gegenteil, nämlich die Immunisierung der Unterrichteten für das Evangelium durch synkretistische Eingliederung Jesu von Nazareth in den religiösen Besitz“[19]. Die Berechtigung dieser Immunisierungstheorie wurde bereits im zweiten Kapitel erörtert[20]. Sie pauschal auf die gesamte Praxis des Religionsunterrichts anzuwenden, ist zweifellos sehr fraglich.

1.2 Aus dieser negativen Analyse des gegenwärtig praktizierten Religionsunterrichts ergibt sich für Gräßmann zunächst die Forderung nach Reformen am Lehrplan und vor allem an der Methode. Allerdings sieht er deutlich, daß ein Abbau der didaktischen Elemente bei einem Religionsunterricht unter den Bedingungen der Schule unmöglich ist. Deshalb stellt er den schulischen Religionsunterricht grundsätzlich in Frage. Das geschieht in seinem Buch von 1961 noch vorsichtig. Er bezweifelt, „daß ein kirchlicher Unterricht an den öffentlichen Schulen dann noch sinnvoll und möglich ist, wenn die Lehrgangselemente in erheblichem Maße abgebaut werden“[21]. Scharf abgewiesen wird von ihm bereits die damals neu entwickelte schulische Konzeption G. Ottos: „Mit seinem Ansatz kann er nur zu einer zwar scharfsinnig durchgeführten, aber vom Missionsauftrag der Kirche her letztlich unmöglichen Konzeption kommen“[22]. In seinen späteren Vorträgen und Veröffentlichungen drängt Gräßmann immer stärker auf *die Ablösung des Religionsunterrichts* durch freie, offene kirchliche Katechumenatsformen. „Die Kirche muß sich rechtzeitig auf eine Neugestaltung ihrer religiösen Jugendunterweisung einstellen“[23]. Dabei schlägt er verschiedene Modelle für die Übergangszeit vor[24].

[18] a. a. O., S. 147.
[19] a. a. O., S. 187.
[20] Siehe den Abschnitt „Religionskunde“ im 2. Kapitel B III 2.
[21] a. a. O., S. 191.
[22] a. a. O., S. 188.
[23] Korrespondenzblatt, herausgegeben vom Pfarrerverein in der Evang.-Luth. Kirche in Bayern, 84. Jg., 1969, S. 94 f (Zitat S. 95).
[24] a. a. O., S. 95.

Modell 1: Der Religionsunterricht in der bisherigen Weise soll noch „als beste Lösung“ in „einigermaßen geschlossenen Gemeinden und kleineren Schulen“ weiterbestehen. Daneben muß — zunächst zweigleisig — der innerkirchliche Unterricht ausgebaut werden.
Modell 2: „Wo Verbands- und Zentralschulen aus mehreren Gemeinden vorhanden sind, empfiehlt sich ein Team-work aller beteiligten Pfarrer und Religionslehrer“. Ziel ist die Koordinierung der verschiedenen Katechumenatsformen und Gemeindeaktivitäten.
Modell 3: „Unabhängig vom Religionsunterricht der Schule sammelt der Pfarrer so häufig wie möglich, unterstützt von Lehrern, Katecheten und sonstigen Jugendarbeitern, die Jugend seiner Gemeinde von ungefähr 10 Jahren an zu Jugendstunden mit verschiedener, aber vom Evangelium her bestimmter Ausfüllung, wobei etwa gemeinsame Abendmahlsfeiern schon vor der Konfirmation zur Einübung in eine erste Sakramentspraxis in Frage kommen und überhaupt die Erziehung zum freiwilligen und mündigen Christenleben das Ziel ist“.
Schließlich schweben ihm rein innerkirchliche Konzeptionen vor:
Modell 4: Die „Sonntagsschule anglo-amerikanischen Musters“, bei der die „Mitarbeit von vielen Laien als Vorbildern mündigen und opferbereiten Christenlebens“ gewünscht wird. Sie soll aus den „heutigen Kindergottesdiensten“ (?) entwickelt werden.
Modell 5: Kirchliche Privatschulen.
Modell 6: Erziehung in den Elternhäusern, besonders in Verfolgungssituationen.

1.3 Neuerdings wurde die Forderung nach einem Rückzug der Kirche aus der Schule expressis verbis von Martin Niemöller erhoben: Ein Religionsunterricht, der nur über Religionen informiert, solle staatlich bestellten Lehrern überlassen werden. „Die Kirche solle dann in ihrem eigenen Religionsunterricht wirkliche Verkündigung treiben“ — analog dem Modell der amerikanischen Sonntagsschulen [25].
In ähnlicher Weise erklärte J. Heubach im „Breklumer Sonntagsblatt“: „Da mit dem Ende des Religionsunterrichts in den öffentlichen Schulen gerechnet werden müsse, sind die kircheneigenen Formen christlicher Unterweisung intensiver zu nutzen, auszubauen und neue Möglichkeiten von den Gemeinden her zu entwickeln“ [26].
Die gleichen Forderungen werden im katholischen Raum laut. Auf dem

[25] Notiz des „epd“ Baden vom 21. 11. 1969, abgedruckt in: Die evangelische Elternschaft, 1969, Nr. 12, S. 16.
[26] Bericht des epd-Nachrichtenspiegels Nr. 34, vom 27. August 1970, Seite 5: „Prof. Heubach fordert kircheneigene Formen christlicher Unterweisung.“

83. Deutschen Katholikentag in Trier 1970 verlangte der Referent Münzel, „die Kirche solle sich auf die Katechese, die unverzichtbare kirchliche Verkündigung beschränken, deren Platz jedoch in der Familie und in der Gemeinde sei. Den Religionsunterricht solle die Kirche dagegen sich selbst überlassen; denn so wie er jetzt sei, könne die Kirche nur Schaden erleiden, wenn er mit ihr identifiziert werde“ [27].
Wahrscheinlich wird der Trend in diese Richtung künftig gerade in bewußt kirchlichen Kreisen noch zunehmen.
Auf diese Vorschläge, die zwar erwägenswert, aber als einzige Lösungsmöglichkeit sehr problematisch sind, werden wir im Laufe dieses Kapitels noch ausführlich eingehen [28].

2. Die Forderung der Religionskritik

Die Redelegation in den Binnenraum der Kirche wird neuerdings sehr häufig von seiten der Gesellschafts- und Religionskritik gefordert. Die Kirche soll sich rein binnenorientiert auf ihren Sektor beschränken und freiwillig aus dem Bildungswesen und der Schule zurückziehen [29]. Deshalb dürfe es in Zukunft nur noch eine reinliche Scheidung zwischen schulischen Veranstaltungen, die auch auf dem Sektor Religion gesellschaftskritisch umzufunktionieren sind, und innerkirchlicher Unterrichtsarbeit geben“ [30].
„Der Zeitpunkt für den vollständigen Rückzug der Kirche als einer sichtbaren, nicht staatlichen Institution aus der öffentlichen Schule ist jetzt gekommen“ [31].
Aber nicht nur in extremen Gruppen, sondern auch in anderen Kreisen unserer Gesellschaft werden — wenn auch bisher noch vereinzelt — immer wieder Stimmen laut, die auf einen Rückzug der Kirche aus der Schule drängen. Als Beispiel sei ein Leserbrief eines Berliner Oberstudiendirektors aus der „Welt angeführt: „Es ist nun an der Zeit, das literarische

[27] Bericht von H. Burger in der „Süddeutschen Zeitung“ Nr. 219 vom 12./13. September 1970, S. 5.
[28] Vgl. dazu vor allem den Abschnitt IV dieses Kapitels.
[29] Vgl. das oben bereits zitierte Wort von J. Kahl: „Der einfachste und für die Kirchen zugleich der honorigste Weg wäre natürlich der, daß sie freiwillig ihre unrechtmäßigen Machtpositionen räumten“ (Das Elend des Christentums, S. 128).
[30] G. Pieper, Was hat eigentlich die Kirche mit der Schule zu tun?, a. a. O., S. 21: Er fordert „eine völlig neue Aufgabenteilung in religionssoziologischer und -pädagogischer Sicht zwischen Schule und Kirche, wobei zwischen beiden Bereichen sauber getrennt werden muß . . .“
[31] a. a. O., S. 20. Weitere Zitate und Belege siehe im Kapitel 2, Abschnitt B IV 1.32.

Gedankengut unserer Schulen einer Revision zu unterziehen. Es kommt darauf an, alte theologische Gedankengänge zu entfernen und sie durch klareres Denken zu ersetzen. Der Religionsunterricht als Quelle solcher Vorstellungen sollte nun endlich aus der Schule entfernt werden, die imstande ist, mehr anzubieten, als die dürftige Welt der Bibel ... Für eine Einübung von Riten und Gedankenschemata, die heutiger Erkenntnis nicht mehr genügen und die Schüler nur verbilden können, sollte uns unsere Jugend zu schade sein“ [32].

Es ist damit zu rechnen, daß derartige Stimmen noch zunehmen werden und der Kampf um den Religionsunterricht gerade von den Erwartungen der Schüler und Eltern her härter wird. Diese Situation wird sich noch verschärfen, wenn auf Grund des Lehrermangels in der Hauptschule zwingende Alternativen auftreten werden zwischen dem ordentlichen Lehrfach Religion und einem anderen ordentlichen Lehrfach, z. B. Physik. In solchen Fällen wird der Ruf nach Übernahme des Religionsunterrichts in kirchliche Regie stärker werden. Dazu kommt der Druck der Leistungsschule, der in der Bildungsgesellschaft der Zukunft immer mehr zunehmen und die humanorientierten Fächer, also auch den Religionsunterricht, an den Rand drängen wird [33].

3. Wie soll die Kirche auf diese von zwei Seiten auf sie zukommenden Forderungen reagieren? Welche Möglichkeiten hat sie, Auffangstellungen zu bauen oder auszubauen, die nach dem Ende des schulischen Religionsunterrichts bezogen werden können? Soll sie die Rücknahme forcieren, um ihre eigenen Chancen besser nutzen zu können?

Eine Antwort läßt sich nur geben, wenn wir den Versuch machen, Möglichkeiten und Grenzen der kircheneigenen Erziehungs- und Unterrichtsformen für die nächste Zukunft ins Auge zu fassen.

III. Die Möglichkeiten kircheneigener Erziehungs- und Unterrichtsaktivitäten

1. Die Notwendigkeit kirchlicher Bildungsaktivitäten

1.1 In den letzten Jahren wurde in verstärktem Maße gefordert, daß die Kirche ihre eigene pädagogische Dimension ernst nehmen und eine „Stra-

[32] Zitiert nach: Evangelisches Sonntagsblatt aus Bayern, 85. Jg., Rothenburg 1969, S. 424.

[33] Vgl. dazu die ausführlichen Erörterungen im 4. Kapitel.

tegie und Integration pädagogischer Aufgaben im Bereich der Kirche"[34] entwerfen solle. Viel zu lange habe sie sich auf die Mitarbeit bei anderen Erziehungsträgern verlassen und die bewußte Planung einer eigenen Erziehungs- und Unterrichtskonzeption unterlassen. Schon A. Flitner forderte in seinem Synodalvortrag von 1958 eine vermehrte Aktivität der Kirche auf dem Gebiet der Erziehung. Die Erziehungsaufgaben, „die sie von alters her gehabt und wahrgenommen hat"[35], müssen in einer veränderten Situation und unter Ernstnehmen der modernen pädagogischen Erkenntnisse neu angepackt werden. Dabei schreibt er der Kirche vor allem vier Aufgaben zu:

1.11 „Die Kirche kann nicht umhin, die Probleme der Erziehung auch *theoretisch* ernst zu nehmen und sich an ihrer gedanklichen Bewältigung zu beteiligen."

1.12 Die Kirche muß „ihre *eigene* Kinder- und Jugendarbeit" neu durchdenken.

1.13 Sie muß sich mit dem Problem der *„häuslichen* Erziehung, dem Amt und Werk der Eltern" neu befassen.

1.14 Sie muß das „Verhältnis zu den *öffentlichen* Erziehungseinrichtungen und -instanzen ... klären"[36].

1.2 Inzwischen ist die „Bildungsexplosion" auf der ganzen Welt so fortgeschritten, daß die Kirchen auf Weltebene darangegangen sind, sich umfassend mit Bildungsfragen zu befassen. Einen Markstein in dieser Entwicklung bilden der „Schlußbericht" der vom Ökumenischen Rat der Kirchen und vom Weltrat für christliche Erziehung berufenen „Gemeinsamen Studienkommission für Erziehungsfragen"[37] und die daran anschließende „Empfehlung des Beratungsausschusses für Erziehungsfragen des Deutschen Nationalkomitees des Lutherischen Weltbundes"[38].

[34] W. Flemmig, „Strategie" und „Integration" pädagogischer Aufgaben im Bereich der Kirche (Thesen), Abzug des Religionspädagogischen Instituts Loccum, S. 1.

[35] A. Flitner, Die Kirche vor den Aufgaben der Erziehung, Heidelberg 1958, S. 9.

[36] a. a. O., S. 10.

[37] Abgedruckt im Arbeitsbuch für die Ausschüsse der Vollversammlung in Uppsala 1968, Genf 1968, S. 295 ff (zit. „Arbeitsbuch Uppsala").

[38] Abgedruckt als Dokument Nr. 6 in der Dokumentation „Ev. Kirche und Religionsunterricht", hrsg. von der Kirchenkanzlei der Evangelischen Kirche in Deutschland, Hannover, S. 25 ff (zit. „Empfehlung des DNK"). Vgl. auch das Heft „Einheit 1970", Kirche und Erziehung, Lutherische Rundschau, 20. Jg., 1970, Heft 2 (April), vor allem S. 192—208 und S. 222—234 (LWB-Kommission für Erziehungsfragen). Der Schlußbericht der Erziehungskommission des Lutherischen Weltbundes 1965/69, Christliche Erziehung in einer

Ausgangspunkt der Überlegungen der Kommissionen ist die Tatsache, daß überall auf der Welt „Erziehung, Bildung und Ausbildung die Zentralfunktion in allen Lebensbereichen erhalten“ [39]. „Das bloße Ausmaß des Phänomens erzwingt die Aufmerksamkeit der Christen“ [40]. Dabei wird in diesem Zusammenhang vor allem auf die Zunahme der Haushaltspläne auf dem Bildungssektor, die umfassende Bildungsplanung, das Aufsprengen aller bisherigen Grenzen, die Bedeutung der Massenmedien u. a. hingewiesen [41]. Daraus zieht die Kommission folgendes Fazit: „Die Unaufhaltsamkeit der weiteren Entwicklung und Ausbreitung (von Erziehung und Bildung) kann nicht bestritten werden — es sei denn, daß eine nukleare Katastrophe uns wieder zu nahrungssuchenden Nomaden machen würde, zu Wilden in den zerborstenen Klüften der Architektur, die dann zur Geographie geworden ist“ [42]. Es ist deshalb für die Zukunft entscheidend, daß „im Raum der Kirchen“ eine „Aufklärung und Bewußtseinsbildung über die erwähnten Zusammenhänge“ stattfindet [43].

1.3 Aus dieser Analyse werden Richtlinien und leitende Gesichtspunkte entwickelt, aus denen in diesem Kapitel einige entscheidende Aspekte herausgegriffen und für unsere Themenstellung fruchtbar gemacht werden sollen.

Mit Nachdruck betonen die Kommissionen die *Notwendigkeit kircheneigener Erziehungs- und Bildungsaktivitäten* in der Zukunft [44]. „Ein starkes Engagement in Erziehung und Bildung ist eine entscheidende Voraussetzung für die christliche Verkündigung“ [45]. Es hat noch „nie eine Kirche ohne irgendeine Form christlicher Erziehung gegeben, und es wird niemals eine solche geben“ ... „Wenn die ... christliche Erziehung je verschwinden sollte, würde damit die Kirche zu einem unbedeutenden Nichts werden“ [46].

säkularen Welt, hrsg. von H. Schultze, Berlin/Hamburg 1970, ist erst nach Abschluß der Arbeit erschienen und konnte nicht mehr berücksichtigt werden.

39 Empfehlung des DNK, S. 26.

40 Arbeitsbuch Uppsala, S. 301.

41 a. a. O., S. 301—304.

42 a. a. O., S. 304.

43 Empfehlung des DNK, S. 26. Eine der wichtigsten Aufgaben für den Augenblick besteht darin, daß sich die Kirchen in der Bundesrepublik intensiv mit dem „Strukturplan für das Bildungswesen“, den der Deutsche Bildungsrat vorgelegt hat (Stuttgart 1970), auseinandersetzen. Ohne Berücksichtigung der hier entwickelten Perspektiven ist kirchliche Bildungsarbeit in der Zukunft unmöglich. Wir werden darauf an den entscheidenden Punkten zurückkommen.

44 Arbeitsbuch Uppsala, S. 326—333 (Dritte Richtlinie).

45 Empfehlung des DNK, S. 26.

46 Arbeitsbuch Uppsala, S. 329.

2. Die Forderung einer grundlegenden Reform

Untrennbar verbunden mit der Einsicht in die Notwendigkeit kircheneigener Erziehungsaktivitäten ist die Forderung, grundlegende Reformen auf diesem Gebiet in Angriff zu nehmen. Hier herrscht ein großer Nachholbedarf. Die bisherige religionspädagogische Diskussion hat sich viel zu lange — zumindest in Deutschland — fast ausschließlich mit Fragen des öffentlichen Religionsunterrichts befaßt und der pädagogischen Erneuerung des innerkirchlichen Erziehungswesens zu wenig Aufmerksamkeit geschenkt. Hier ist dringend Abhilfe erforderlich. „Es erscheint notwendig, die traditionellen Arbeitsfelder der Kirche im diakonischen und erzieherischen Bereich darauf hin zu prüfen, ob Aufgaben und Einrichtungen, die in einer bestimmten historischen Situation übernommen und entwickelt worden sind . . ., sich heute noch im gleichen Umfang rechtfertigen lassen und bewähren. Veraltete Leitbilder, Ziele und Methoden belasten vielfach die Arbeit“ [47]. Die religionspädagogische Grundsatzdiskussion über Möglichkeiten und Grenzen christlicher Erziehung und Unterweisung, wie sie dargestellt wurde, muß deshalb heute für den innerkirchlichen Sektor neu fruchtbar gemacht werden. Vor allem müssen die Zielvorstellungen und die Arbeitsformen im Blick auf die gegenwärtige Situation überprüft werden.

2.1 Zeitgemäße Fassung der Lern- und Erziehungsziele

Zweifellos hat die kircheneigene Erziehungs- und Unterrichtsarbeit weithin die Aufgaben und Ziele, die in der bisherigen Diskussion dem kirchlich begründeten Religionsunterricht zugeschrieben wurden. Dabei reicht aber die traditionelle Begründung für diese Arbeit durch die Kindertaufe nicht mehr aus. Hier ist eine umfassendere Sicht notwendig. „Nicht erst die kirchliche Praxis der Kindertaufe macht erzieherische Maßnahmen der Kirche erforderlich. Vielmehr ist die Erziehung, Ausbildung und Fortbildung der Kirchenglieder aller Altersstufen notwendig, damit sie als einzelne und als Gruppe fähig sind, in ihrer geschichtlichen Situation ihre Gliedschaft zu bewähren“ [48]. Damit sind wir bei dem entscheidenden Punkt. Es ist heute unerläßlich, daß die Ziele der innerkirchlichen Unterweisung nicht mehr primär vergangenheits- und binnenorientiert, sondern gegenwartsbezogen und weltoffen gefaßt werden. Das heißt aber, daß die pädagogischen Erkenntnisse, die bei der Formulierung der schulischen

[47] Empfehlung des DNK, S. 30 (Hervorhebung weggelassen).
[48] W. Flemmig, a. a. O., S. 1.

Funktionsziele des Religionsunterrichts erarbeitet werden, für die innerkirchliche Unterweisung fruchtbar gemacht werden müssen[49].

2.11 Die innerkirchliche Unterweisung kann in Zukunft nicht mehr einseitig *bibelorientiert* sein. Es war ein Grundfehler, den auch die Uppsala-Kommission feststellte, daß kirchlicher Unterricht überall auf der Welt seine Grundorientierung vorwiegend in der Vergangenheit hatte[50]. Hier ist eine Ergänzung dieser Konzeption im Sinne der *Humanorientierung* und des *Gegenwartsbezugs* dringend notwendig. Es geht primär um die Verwirklichung der christlichen Existenz heute, „um das rechte Zeugnis und richtige Handeln in einem von Gott in Ordnung gebrachten Leben"[51]. Alles was im nächsten Kapitel über die „Humanorientierung" des Religionsunterrichts ausgeführt wird[52], gilt auch für die innerkirchliche Unterweisung.

2.12 Kirchliche Unterweisung kann in Zukunft auch nicht mehr *binnenorientiert* im Sinne einer als Anpassung mißverstandenen „christlichen Sozialisation" aufgefaßt werden. Auch hier gelten die Grundsätze, die im 4. Kapitel unter dem Stichwort „Gesellschaftsorientierung des Religionsunterrichts" entwickelt werden[53]. Es geht darum, verantwortungsbewußte, kritikfähige Christen und aktive, zur eigenen Entscheidung und Freiheit fähige Gemeindeglieder zu erziehen. Gerade die innerkirchliche Erziehung braucht heute mehr denn je einen weltbezogenen Aspekt. „Bloße Ideen" und „liturgische Handlungen" reichen nicht mehr aus. „Allein die von einer machtvollen, umfassenden christlichen Weltsicht ausgehende sittliche Kraft wird heute genügen"[54].

2.2 Reform des Arbeitsstils und der Arbeitsformen

Hier hat die innerkirchliche Unterweisung den größten Nachholbedarf. Das läßt sich exemplarisch aufzeigen am Beispiel des *Konfirmandenunterrichts,* wie er heute bei uns im Mittelpunkt der Diskussion steht. Dabei können wir in diesem Zusammenhang nicht auf die Fülle der in den letzten Jahren entwickelten Vorschläge eingehen[55]. Es seien lediglich zwei Aspekte herausgegriffen:

[49] Siehe dazu Kapitel 4.
[50] Arbeitsbuch Uppsala, S. 327.
[51] a. a. O., S. 328.
[52] Vgl. dazu Kapitel 4, Ziffer I 2.2 und II 3.2, Stichwort: Humanorientierung.
[53] Vgl. Kapitel 4, Ziffer I 2.3 und II 3.3, Stichwort: Gesellschaftsorientierung.
[54] Arbeitsbuch Uppsala, S. 329.
[55] Von der älteren Literatur vergleiche die die Diskussion zusammenfassenden Sammelbände: K. Frör (Hrsg.), Confirmatio, Forschungen zur Geschichte und Praxis der Konfirmation, München 1959; K. Frör (Hrsg.), Zur Geschichte

2.21 Es geht einmal darum, die bewährten Erkenntnisse der empirischen Jugendforschung und der modernen Didaktik, wie sie für den Religionsunterricht erarbeitet wurden, — mutatis mutandis — für die innerkirchliche Unterweisung fruchtbar zu machen. Die Schwierigkeiten im Konfirmandenunterricht — die weithin noch größer sind als beim Religionsunterricht — beruhen zum Teil auf der mangelnden *Rezeption neuerer didaktischer und methodischer Erfahrungen.* Hier werden heute zahlreiche Verbesserungsvorschläge gemacht. Im Mittelpunkt steht das bewußte Ernstnehmen der anthropogenen und soziokulturellen Voraussetzungen im Konfirmandenalter, wie sie im Anschluß an die „empirische Wende" der Religionspädagogik von der Curriculumforschung heute herausge-

und Ordnung der Konfirmation in den lutherischen Kirchen, München 1962. Weiterführende Vorschläge für den Konfirmandenunterricht finden sich in: G. Otto, Konfirmation und Konfirmandenunterricht, in: Theologia Practica, 2. Jg., 1967, S. 133 ff, wieder abgedruckt in: Religionsunterricht 1968[3], S. 214 ff; „Zur Neugestaltung des Konfirmandenunterrichts in der Volkskirche", Loccumer Religionspädagogische Studien und Entwürfe, Heft II, Loccum 1968; „Erwägungen und Modelle zur Umgestaltung der Konfirmandenzeit", Loccumer Religionspädagogische Studien und Entwürfe, Heft III, Loccum 1968.

Die im Anschluß daran entwickelten Modelle sind in den vom Religionspädagogischen Institut Loccum herausgegebenen Arbeitshilfen abgedruckt: Nr. 1 Die Arbeit mit dem Konfirmandenbuch; Nr. 2 Die Ordnung des kirchlichen Unterrichts; Nr. 3 Konfirmandenfreizeiten.

Auch in den übrigen Landeskirchen sind zahlreiche Arbeitshilfen entstanden: Lehrplan für den Konfirmandenunterricht, bearbeitet vom Konfirmanden-Lehrplan-Ausschuß der Evangelischen Landeskirche von Kurhessen-Waldeck, Didaskalia Heft 2, Kassel 1963; dazu Handreichungen für die verschiedenen Themenkreise, Kassel 1964 ff; Handbuch zur Unterweisung und Konfirmation in der Lippischen Landeskirche, hrsg. vom Lippischen Landeskirchenamt, Detmold 1963; H. Padel, Konfirmandenunterricht als Einführung ins Leben der Kirche (mit dem Modell eines Zweijahresplanes), in: Pastoraltheologie — Wissenschaft und Praxis, 55. Jg., 1966, S. 40 ff; E. Achtnich/W. Brunotte, Arbeitshilfe für den Konfirmandenunterricht, 3 Ringbücher, Gelnhausen/Berlin 1966; W. Pioch, Meine Welt — mein Leben — mein Glaube, Arbeitsmappe für den Konfirmandenunterricht, Hamburg 1967[5]; dazu das Handbuch für den Unterrichtenden: Weg und Ziel im Konfirmandenunterricht, Hamburg 1967; Beiträge für den Konfirmandenunterricht, herausgegeben vom Katechetischen Amt der Evangelisch-Lutherischen Landeskirche Schleswig-Holsteins, Kiel 1967 ff; Konfirmandenunterricht, Arbeitshilfen für Pfarrer, herausgegeben von der Evangelischen Landeskirche in Baden, Karlsruhe 1970; „Betreff: Konfirmation", herausgegeben vom Evang.-Luth. Landeskirchenrat in München, 1969 (mit „Vorschlägen zur Konfirmationspraxis in der Evangelisch-Lutherischen Kirche in Bayern" und Modellentwürfen). Eine gute Zusammenfassung neuerer Vorschläge und Modelle bietet H. Schultze, Konfirmation heute und morgen, Alte Wege — Neue Ziele, Stuttgart 1969.

arbeitet werden[56]. Erst wenn in diesem Bereich auch im innerkirchlichen Unterricht größere Klarheit herrscht — wie das vorbildlich das amerikanische „Long-Range Program" [57] verwirklicht —, kann die Organisation und die didaktische Strukturierung des Konfirmandenunterrichts neu erfolgen. Die Rezeption moderner Lehrverfahren, z.B. des dialogisch-partnerschaftlichen Unterrichtsstils, und bewährter Unterrichtsgrundsätze, z.B. des exemplarischen Lehrens und Lernens, ergibt sich dann zwangsläufig[58].

2.22 Noch wichtiger ist die Entwicklung der für den innergemeindlichen Unterricht *spezifischen Möglichkeiten,* die ihn vom schulischen Unterricht abgrenzen. Hier kann vor allem die moderne Sozialpädagogik und Gruppendynamik Hilfen geben, die dem Proprium des kirchlichen Unterrichts Rechnung tragen[59]. H. Schultze hat im Anschluß an G. Otto folgende Zielvorstellungen für den Konfirmandenunterricht formuliert: „Vermittlung von Grundkenntnissen über die biblischen Schriften, Bescheidwissen über den Glauben und seine Konsequenzen, Einblick und Teilnahme am Leben der Gemeinde und Kirche" [60]. Diese Ziele sind nur dann sachgemäß zu erreichen, wenn das Spezifikum des innerkirchlichen Unterrichts beachtet wird: Die kognitive Lerndimension, die heute im Sinne einer „theologischen Laienbildung" [61] nötiger denn je ist, muß untrennbar mit der emotionalen und pragmatischen Dimension zusammengesehen werden[62]. Der Schwerpunkt dieses Unterrichts wird deshalb bei der gruppenpädagogischen Aktivierung der Jugendlichen, d.h. bei der Bildung von überschaubaren Gruppen, der Arbeit in Zellen und Teams, der Einübung von Verhaltensweisen und der Begegnung mit altersspezifischen Lebensformen des Christseins heute liegen. Von daher werden ganz neue Arbeitsformen aktuell, die zum Teil in der kirchlichen Jugendarbeit entwickelt wurden[63]. Es sind „jene ‚Grundformen der Bildung' (Ph. Hoerdt), die nicht nur Wege ... oder Stufenordnungen ... zu bestimmten Zielen sind, sondern

[56] Siehe 4. Kapitel.

[57] Vgl. dazu: „The Age Group Objectives of Christian Education, prepared in connection with the Lutheran Long-Range Program of Parish Education", herausgegeben von W. Kent Gilbert durch „The Board of Parish Education of The Lutheran Church in America", 1958.

[58] Vgl. dazu H. Schultze, a.a.O., S. 93 ff.

[59] Vgl. J. Scharfenberg, Religionspädagogik und Gruppendynamik, in: Wissenschaft und Praxis in Kirche und Gesellschaft, 59. Jg., 1970, S. 453 ff.

[60] H. Schultze, a.a.O., S. 167 im Anschluß an G. Otto, a.a.O., S. 214 ff.

[61] G. Otto, a.a.O., S. 225.

[62] Zu dieser Terminologie der Curriculumforschung vergleiche das 4. Kapitel, Ziffer I 2.125.

[63] Siehe den Abschnitt über Jugendarbeit in diesem Kapitel, Ziffer III 3.2.

die als ‚Formen' selbst bildende Gehalte sein können: vor allem das Spiel, das Gespräch, Fest und Feier, Wandern und Reisen, Werktätigkeit und Vorhaben ... usw." [64]. Voraussetzung dafür ist die organisatorische Neugliederung des Konfirmandenunterrichts in ein Gefüge von überschaubaren Kursen, Freizeiten, Seminaren und Arbeitsgemeinschaften, in das die Praktika und der Diensteinsatz von einzelnen und Gruppen organisch integriert sind, so daß ein fruchtbarer „Rhythmus von Unterricht und praktischer Tätigkeit" [65] entsteht. Hierzu werden heute zahlreiche Modelle angeboten [66], bei denen „Theorie und Praxis, Unterricht, Diensteinsatz und Formen gemeinsamen Lebens je nach Altersstufe und je nach Aufgabe des einzelnen Abschnitts wechseln" [67]. Wichtig ist eine intensive Verschränkung von Theorie und Praxis [68]. Die Möglichkeit zur Passivität muß auf ein Minimum eingeschränkt werden. Deshalb gehören das Miteinander von „Freiwilligkeit" und von „verbindlichen Forderungen an die Mitarbeit der Jugendlichen" zu den spezifischen Merkmalen dieses „Angebots der Ortsgemeinde an junge Menschen" [69].

Damit bekommt der Konfirmandenunterricht die wesentliche Aufgabe, dort fortzusetzen, wo der schulische Religionsunterricht an seine natürliche Grenze kommt und kommen muß [70]. Deshalb sollten Religionsunterricht und Konfirmandenunterricht nicht Konkurrenten sein, sondern miteinander kooperieren: „Der Religionsunterricht hat es auch dort, wo in ihm von der Gemeinde die Rede ist, mit der Gesellschaft zu tun. Der Konfirmandenunterricht hat es auch dort, wo von der Gesellschaft die Rede ist, mit Gemeinde zu tun" [71]. Der so verstandene Konfirmandenunterricht kann

[64] W. Klafki, Studien zur Bildungstheorie und Didaktik, Weinheim 1967[8/9], S. 78.

[65] H. Schultze, a. a. O., S. 109.

[66] Vgl. die konkreten Vorschläge bei G. Otto, a. a. O., S. 222 ff und H. Schultze, a. a. O., S. 163 ff. Die praktische Verwirklichungsmöglichkeit zeigen u. a. die von H. Schultze dargestellten sechs Modelle für den „Lehrgang": Hamburg, Baunatal, Loccum, Zuffenhausen, Katholische Gemeindeunterweisung (B. Welzel) und Evangelische Lebenskunde (H. H. Brunner) (a. a. O., S. 110—139). Vgl. ferner die bayerischen Kursmodelle: Entwurf Bibelriether und das „Schweinfurter Modell", abgedruckt in: „Betreff: Konfirmation", S. 12 ff und S. 24 ff. Den neuesten Bericht liefern E. Stöffler, Konfirmationspraxis in Stuttgart-Rot, und D. Best, Versuch eines Konfirmandenunterrichts in Reinach/Basel, in: Wissenschaft und Praxis in Kirche und Gesellschaft, 59. Jg., 1970, S. 468 ff und S. 480 ff. Siehe im übrigen die Literatur unter Anmerkung 55 in diesem Kapitel.

[67] H. Schultze, a. a. O., S. 99 (zum Modell „Zuffenhausen").

[68] a. a. O., S. 120.

[69] H. Schultze, a. a. O., S. 164 f.

[70] Siehe im nächsten Kapitel die Abschnitte zur „Gesellschaftsorientierung des Religionsunterrichts", Ziffer I 2.3 und II 3.3.

[71] H. Schultze, a. a. O., S. 193.

auch in der modernen Form nicht als Ersatz, sondern nur als notwendige Ergänzung für den schulischen Religionsunterricht verstanden werden. Sollte dieser eines Tages wegfallen, müßte der Konfirmandenunterricht von Grund auf umstrukturiert werden, wenn er in der Lage sein soll, „dieses Defizit auszugleichen“ [72].

3. Koordination und Schwerpunktbildung innerhalb der pädagogischen Aktivitäten der Kirche

Neben der Reform des innerkirchlichen Unterrichtswesens, die an einem Punkt exemplarisch erörtert wurde, bleibt ein Hauptproblem bestehen, das bis heute noch kaum angegangen wurde, die *Koordination* der verschiedenen Unterrichtsaktivitäten, die *Schwerpunktbildung* und die *Integration* in die kirchliche Gesamtarbeit. Es wurde von den Kirchen bisher versäumt, eine klare *Strategie* und *Zielplanung* auf diesem Gebiet zu entwickeln. Das wurde auf weltweiter Ebene vom „Schlußbericht der gemeinsamen Studienkommission für Erziehungsfragen“ bemängelt. Im Anschluß daran formulierte der Beratungsausschuß des Deutschen Nationalkomitees des Lutherischen Weltbundes: „Die Weltsituation erfordert heute zunehmend Koordinierung und Kooperation über die Grenzen der traditionellen Werke der Landeskirchen, der Konfessionen usw. hinaus“ [73]. Doch ehe der Blick über die Grenzen hinausreicht, ist eine Koordination innerhalb der Kirchen noch entscheidender. „Die pädagogischen Aufgaben der Kirche müssen angesichts der Herausforderung durch die geschichtliche Situation unter den gegenwärtigen und in Erwartung zukünftiger Bedingungen formuliert, geplant und verwirklicht werden. Dazu bedarf es einer Strategie, die für alle pädagogischen Aktivitäten der Kirche den intentionalen Bezugsrahmen entwirft und organisiert. Die Frage nach der Effektivität macht eine Integration der verschiedenen Aktivitäten notwendig“ [74]. Hier ist ein grundsätzlicher Neuansatz im Sinne einer kirchlichen Bildungsplanung notwendig. Diese kann im Rahmen dieses Themas nicht entfaltet werden. Es sind jedoch einige Richtlinien möglich.

[72] ebenda.

[73] Empfehlung des DNK, S. 30.

[74] W. Flemmig, a. a. O., S. 3. Das wurde erneut vom Beratungsausschuß des DNK des Lutherischen Weltbundes am 24. 3. 1970 bestätigt: „Die Maßnahmen christlicher Erziehung bedürfen der Koordination. Sie sind bisher nach theologischer Konzeption, Methode und Organisation von ihrer Tradition her noch völlig zersplittert. Wiederholungen, Überschneidungen, Kontaktlosigkeit, zurückgehende Teilnehmerzahlen und eine gewisse Resignation kennzeichnen weithin die Lage“ (abgedruckt bei Flemmig, a. a. O., S. 3).

Wichtig ist zunächst eine neue *Schwerpunktbildung* innerhalb der kircheneigenen Aktivitäten, um die Kräfte nicht zu zersplittern, sondern dort anzusetzen, wo ein Vakuum besteht und die größte Effektivität gewährleistet ist. Prioritäten werden die Kirchen vordringlich an *drei* Stellen setzen müssen, wobei es entscheidend ist, daß „stärker auf Qualität als auf Quantität gesehen wird“ und Modelle entwickelt werden, „die wegweisend für gegenwärtige und zukünftige Bildungsaufgaben sind“ [75].

3.1 Vorschulische Erziehung

Hier hat die Kirche auf dem Sektor der Inneren Mission bereits größte Aktivitäten entfaltet. Aber gerade auf diesem Gebiet ist von den modernen pädagogischen Erkenntnissen her eine Neuordnung dringend erforderlich, damit glaubwürdige Modelle angeboten werden können. Die kirchliche Vorschulerziehung muß im Sinne des „Strukturplans für das Bildungswesen“ [76], den der Deutsche Bildungsrat vorgelegt hat, umstrukturiert werden. Der Kindergarten, der in Zukunft nur noch die drei- und vierjährigen Kinder umfassen wird, soll „als Elementarbereich in das Bildungssystem einbezogen“ und als „freiwilliges Bildungsangebot“ verstanden werden. Er muß „systematisch und zielgerichtet — auf die diesem Alter entsprechende Lernfähigkeit abgestimmt — als Teil des gesamten Bildungsplanes“ angesehen werden. Nur so ist eine pädagogisch effektive Koordination mit dem folgenden Primarbereich möglich, zu dem die Kinder in Zukunft vom vollendeten 5. Lebensjahr an gehören werden. Diese Forderungen werden von einer Studie des Diakonischen Werkes der Evangelischen Kirche in Deutschland „Zur Lage evangelischer Kindergärten“ aufgenommen [77]. Es müssen aber daraus noch wesentliche personelle und strukturelle Konsequenzen gezogen werden. So können in Zukunft „zu einer Kindergruppe nicht mehr als 12 bis höchstens 15 Kinder gehören, die von einem Sozialpädagogen (mit Fachhochschulstudium) und einer Hilfskraft betreut werden“ [78]. Außerdem müssen noch viel mehr als bisher Modelle entwickelt werden, „durch die kindgemäße Formen und Methoden der Vorschulerziehung erprobt werden“ können [79]. Nur wenn

[75] Empfehlung des DNK, S. 28.

[76] Deutscher Bildungsrat, Empfehlungen der Bildungskommission, Strukturplan für das Bildungswesen, Stuttgart 1970 (zit. Strukturplan), vor allem Abschnitt II-1.3, S. 45 ff und III-1 (Elementarbereich), S. 102 ff.

[77] „Zur Lage evangelischer Kindergärten“, Studie des Diakonischen Werkes der Evangelischen Kirche in Deutschland, abgedruckt in epd-Dokumentation 30/70 vom 10. August 1970. Hieraus stammen die obigen Zitate (S. 14 f).

[78] ebenda. Die Minimalforderung für eine Übergangszeit beträgt höchstens 20 Kinder (vgl. Strukturplan, Ziffer III-1.2.4, S. 105).

[79] Studie des Diakonischen Werkes, S. 18. Nur durch die Auswertung solcher

diese Voraussetzungen gegeben sind, kann künftig der Bildungsauftrag des Kindergartens, wie ihn die Studie des Diakonischen Werkes ausführlich darstellt, erfüllt werden. Als Zielvorstellungen werden genannt: *„Gleiche Chancen für alle“*, die nur dann gegeben sind, wenn das Kind „frühzeitig seinem Alter gemäßen Bildungsreizen ausgesetzt ist“ — *„Achtung vor dem anderen Menschen“*, zu der allerdings (im Blick auf das emanzipatorische Bildungskonzept) Wahrnehmung der eigenen und Respektierung fremder Rechte zugleich gehören — Vorbereitung auf die *„Anforderungen der Schule“* in einem Bildungsraum „sui generis“[80]. Dabei wird besonders betont, daß der Kindergarten ein Einübungsraum der Freiheit“[81] werden muß. Diese Forderung kann nur dann erfüllt werden, wenn Christen als exakt ausgebildete, sozialpädagogische Fachleute darin am Werk sind. Daß daraus wesentliche Konsequenzen für die Ausbildung und Fortbildung von Fachkräften gezogen werden müssen, ist selbstverständlich[82].
Ein besonderes Problem stellt die *religiöse Erziehung* in diesem Bereich dar. Gerade hier liegt vieles im argen, obwohl es sich um eine kircheneigene Arbeit handelt. Vor allem die neuen Ergebnisse der Fachdidaktik des Religionsunterrichts in der Grundschule, die von der Religionspädagogik erarbeitet werden — bis hin zu den Versuchen mit der Vorfeldkatechese —, müssen für die Kindergartenarbeit dringend — mutatis mutandis — transponiert und fruchtbar gemacht werden. Wie sollen die heute geforderten Funktionsziele des schulischen Religionsunterrichts erreicht werden[83], wenn die kirchliche Vorschulerziehung in traditioneller und theologisch wie didaktisch unreflektierter Weise ihre Vorarbeit leistet? Eine Koordination mit der späteren Unterrichtsarbeit ist dringend erforderlich. Voraussetzung dafür ist, daß der Sektor der kirchlichen Vorschul-

„Modellerfahrungen“ kann dann auch die Frage nach dem pädagogisch legitimen Ort der Vorschulerziehung richtig beantwortet werden. Zur Problematik Vorschulerziehung—Kindergarten, auf die hier nicht im einzelnen eingegangenen werden kann, vgl. auch: „Zur Situation der Kindergärten“, Stellungnahme des Bayerischen Landesverbandes für Evangelische Kinderpflege, in: Korrespondenzblatt, 85. Jg., Nr. 8, S. 86 f.

80 Studie des Diakonischen Werkes, S. 13 f; vgl. dazu auch Strukturplan Ziffer III-1.4: Die Zielsetzung des Elementarbereichs. Hier wird vor allem die große Bedeutung der kompensatorischen Erziehung (1.4.1) hervorgehoben, auf die „Gestaltung von Gruppenaktivitäten im Sinne gruppenpädagogischer Lernprozesse“ Wert gelegt und die wichtige „Forderung aufgestellt, Lernerfahrungen für sozialeinsichtiges Verhalten zu ermöglichen und zum Erlernen demokratischer Verhaltensweisen beizutragen“ (1.4.2) (S. 110 f).

81 Studie des Diakonischen Werkes, S. 7 ff.

82 a. a. O., S. 21; vgl. Strukturplan, Ziffer III-1.6.2, S. 121 f.

83 Siehe dazu die ausführlichen Erörterungen des nächsten Kapitels.

erziehung in die allgemeine religionspädagogische Arbeit und — von der Organisation her — in die für den Schulsektor verantwortlichen kirchlichen Referate eingegliedert wird. Auch die religionspädagogisch oft unzureichende Ausbildung der Kindergärtnerinnen muß neu durchdacht und geordnet werden. Schlechte Vorschulerziehung kann sich die Kirche der Zukunft weder im Blick auf ihren eigenen Katechumenatsauftrag noch im Blick auf den allgemeinen Bildungsauftrag leisten. Der „Schlußbericht der gemeinsamen Kommission für Erziehungsfragen“ spricht hier von wesentlichen Erfahrungen in Asien und Nordamerika[84], von denen Anregungen aufgenommen werden sollten.

3.2 Die Arbeit mit den Zwölf- bis Fünfzehnjährigen

Auf diesem Gebiet liegt nach der Meinung vieler Fachleute eine der wichtigsten Aufgaben für die Kirche der Zukunft. „Die kirchlich-pädagogische Arbeit mit den Zwölf- bis Fünfzehnjährigen bietet zum gegenwärtigen Zeitpunkt die Möglichkeit, die pädagogische Fragestellung in der Kirche umfassend zur Geltung zu bringen“[85].

3.21 Dabei ist gerade in dieser Altersstufe eine *Koordination und Kooperation* der verschiedenen Formen des Jugendkatechumenats dringend erforderlich. Schon P. Krusche und K. Frör haben in ihren Vorträgen vor der VELKD-Synode 1963 auf die Notwendigkeit einer konzertierten Zusammenarbeit hingewiesen[86]. Wir haben bisher für die Jugendlichen ein umfassendes Angebot von drei Seiten: die mehr „geschlossenen“ Arbeitsformen im schulischen Religionsunterricht und im Konfirmandenunterricht, die „halboffene“ Jugendarbeit in Gruppen und Kreisen und die völlig freien und „offenen“ Arbeitsformen[87]. Dabei gab es viele Überschneidungen und auch in unguter Weise Konkurrenz und Übersättigung. Hier sind für die Zukunft „Konzeptionen für eine Integration dieser ‚pädagogischen Aufgaben der Kirche‘ zu erarbeiten“[88]. Das ist — wie W. Flemmig deutlich zeigt — nicht dadurch möglich, daß man „die anstehenden Fragen und Probleme im Überschneidungsbereich Konfirman-

[84] Arbeitsbuch Uppsala, S. 333, Ziffer 96.
[85] W. Flemmig, a. a. O., S. 4.
[86] P. Krusche, Der Ort der Jugend in der Gemeinde; K. Frör, Die Integration von Unterweisung und Erziehung im kirchlichen Katechumenat; beide Vorträge abgedruckt in: Kirche und Jugend, missionierende Gemeinde Heft 6, Berlin 1963, S. 25 ff und S. 45 ff.
[87] Vgl. dazu K. Frör, a. a. O., S. 54 und P. Krusche, a. a. O., S. 40 ff; siehe auch den Sammelband von E. Weiser, Freiheit und Bindung, Beiträge zur Situation der evangelischen Jugendarbeit in Deutschland, München 1963, passim.
[88] W. Flemmig, a. a. O., S. 5.

denunterricht — Jugendarbeit — Religionsunterricht durch eine Reduzierung eines Arbeitsbereiches oder durch Überführung bzw. Delegierung der Aufgaben des einen Arbeitsbereiches in den anderen lösen will"[89]. Vielmehr sollte nach seiner Meinung eine Kooperation auf vier Ebenen erfolgen:

1. „Ebene der Mitarbeiter (Funktionäre) der Institutionen;
2. Ebene der Aus-, Weiter- und Fortbildung;
3. Regionale Ebene (Kirchenkreis, Sprengel, Region);
4. Ebene der Kirchengemeinde."

Im einzelnen schlägt er „Kooperation bei bestimmten Vorhaben, Austausch von Material, Absprache von Programmen, Delegation von Aufgaben und Arbeitsbereichen, Abordnung von Mitarbeitern" usw. vor[90]. Noch wichtiger ist es, sich grundsätzlich über Sinn, Berechtigung und Effektivität der einzelnen Arbeitsformen und ihrer spezifischen Möglichkeiten klar zu werden, um sie nicht, wie es oft geschieht, gegeneinander auszuspielen. Es muß z.B. die „Auseinandersetzung aufhören, ob die Gruppe oder die sogenannte ‚offene Arbeit' die allein richtige Form der Bemühung um den modernen jungen Menschen sei". Nach Krusche muß es beides geben, „Jugendgruppen, die sich als Zellen und bruderschaftlich gegliederte Dienstgemeinschaften verstehen, sowie die offene Arbeit, die eine gewisse Unverbindlichkeit riskiert, um missionarisch beweglich zu bleiben"[91]. Häufig erscheint eine Verbindung der offenen Arbeit mit dem „Ansatz der Dienstgruppe" als besonders fruchtbare Lösung. Denn die isolierte Gruppenarbeit vermag zwar einen binnenorientierten „Gemeinschaftsprozeß" und „ein gutes Gruppenklima" zu fördern, aber nicht in gleicher Weise auf die Herausforderung einer modernen, pluralistischen Leistungsgesellschaft zu antworten[92]. Deshalb fordert Frör auf diesem Sektor „die Freiheit lebendigen Wachsens, Experimentierens und Planens". „Je älter die Jugendlichen werden, um deren Vertrauen die kirchliche Arbeit wirbt, desto mehr Bewegungsfreiheit braucht sie und desto schädlicher würde sich eine wohlmeinende Verschulung und Bevormundung auswirken müssen"[93].

3.22 Zur Koordination in diesem Sinn gehört es auch, daß die auf dem „Experimentierfeld Jugendarbeit"[94] gemachten Erfahrungen über *Sozia-*

[89] a.a.O., S. 4.
[90] a.a.O., S. 5.
[91] P. Krusche, a.a.O., S. 40.
[92] a.a.O., S. 41.
[93] K. Frör, a.a.O., S. 55.
[94] Vgl. C. Bäumler, Jugendarbeit als Experimentierfeld der Gemeinde, in: Theologia Practica, 2. Jg., 1967, S. 208 ff. Von seinen übrigen Veröffentlichungen siehe vor allem: Treffpunkt Gemeinde. Jugend im Gemeinde-

lisierungs- und Gruppenprozesse für die gesamte Arbeit in dieser Altersstufe fruchtbar gemacht werden. Hier sind die Erkenntnisse S. N. Eisenstadts[95] und K. Mollenhauers[96], die vor allem C. Bäumler aufgegriffen hat, noch zu wenig für die Religionspädagogik ausgewertet worden[97]. Dringend erforderlich ist ein „pädagogisches Konzept der Jugendarbeit im Rahmen einer gesamtkirchlichen Bildungsplanung und unter Berücksichtigung psychologischer und sozialpsychologischer Aspekte"[98]. Eine solche Theorie der Jugendarbeit läßt sich nach Bäumler[99] nur entwickeln, wenn man S. N. Eisenstadts „Analyse der Funktionen altershomogener Gruppen Jugendlicher in pluralistischen Gesellschaften" ernst nimmt. Dabei sind für die innerkirchliche Arbeit besonders die *„Grundmuster" außerschulischer Erziehung* wichtig, wie sie K. Mollenhauer für das „Erziehungsfeld Jugendarbeit" skizziert hat: Hier können und müssen Verhaltensmuster und Rollenfunktionen eingeübt werden, die entscheidende Bedeutung nach dem Ende des „reglementierten" Religionsunterrichts gewinnen können. Die wesentlichsten Punkte seien wegen ihrer didaktischen Bedeutsamkeit kurz zusammengefaßt. Sie sollten in Zukunft auch für den schulischen Religionsunterricht in dieser Altersstufe fruchtbar gemacht werden, vor allem im Blick auf den Aspekt der Gesellschaftsorientierung[100].

3.221 „Das Grundmuster der Jugendarbeit ist die freie Geselligkeit"[101]. Wir haben hier kein durch Gesetze und curriculare Vorentscheidungen reglementiertes Erziehungsfeld, sondern ein „Feld kommunikativer Selbstregulierungen"[102].

3.222 „Die Inhalte der Jugendarbeit werden im geselligen Prozeß der an

aufbau, München 1965 und neuerdings: Zwischen Gemeinde und Gesellschaft. Erwägungen zu einer Voruntersuchung über die evangelische Jugendarbeit in der Bundesrepublik, in: Praxis Ecclesiae (Frör-Festschrift), hrsg. von D. Stollberg, München 1970, S. 204 ff.

95 S. N. Eisenstadt, Von Generation zu Generation, Altersgruppen und Sozialstruktur, 1966.

96 K. Mollenhauer, Die Ursprünge der Sozialpädagogik in der industriellen Gesellschaft, Weinheim 1959 und ders., in: Müller/Kentler/Mollenhauer/Giesecke, Was ist Jugendarbeit?, München 1964. Vgl. ferner zu diesem Problemkreis: K. Mollenhauer, Erziehung und Emanzipation, München 1969; Mollenhauer/Kasakos/Ortmann/Bathke, Evangelische Jugendarbeit in Deutschland, Materialien und Analysen, München 1969.

97 Vgl. C. Bäumler, a. a. O., S. 208 ff und neuerdings B. Maurer, Kirche, Jugend und Erziehung, in: Der Evangelische Erzieher, 22. Jg., 1970, S. 85 ff.

98 B. Maurer, a. a. O., S. 94.

99 C. Bäumler, a. a. O., S. 214 ff.

100 Vgl. Kapitel 4.

101 C. Bäumler, a. a. O., S. 218.

102 K. Mollenhauer, Was ist Jugendarbeit, S. 108.

ihr teilnehmenden Personen erst herausgearbeitet"[103]. Deshalb stehen hier die Bedürfnisse der Jugendlichen im Mittelpunkt. „Es gibt ... in der Jugendarbeit keine didaktische Überlegung, in der vorweg entschieden würde, welche Inhalte in ihren Zusammenhang eintreten dürfen, sondern jeder Inhalt, sofern er als das Interesse eines Jugendlichen artikuliert ist, muß als Inhalt der Jugendarbeit zugelassen werden"[104].

3.223 Wir finden in der Jugendarbeit eine „beinahe unbegrenzte Variabilität von Methoden"[105].

3.224 Jugendarbeit ist ein spezifisches Experimentierfeld für gruppendynamische Prozesse und Teamarbeit. Die erziehende Person wird weithin durch das Team ersetzt. Was ist darunter zu verstehen? „Das Team in der Jugendarbeit ist eine Gruppe von Mitarbeitern, die bereit sind, experimentell zu leben. Dies erfordert ... ein Minimum an gemeinsamem Lebensvollzug, die Fähigkeit, das eigene Verhalten kritisch zu reflektieren und darüber eine geistige Auseinandersetzung zu führen." Hier hat der Jugendliche die Chance, von einer in der Familie erworbenen allgemeinen Rollendisposition zur Übernahme spezifischer Rollen" zu kommen[106].

3.225 Jugendarbeit geschieht „in der Schwellensituation" zwischen „Arbeit und Freizeit, Schule und Freizeit, Öffentlichkeit und Freizeit, Familie und Freizeit"[107]. Hier soll sie die Jugendlichen vor allem zur Kritikfähigkeit erziehen. Sie will nicht primär zur Anpassung an die Verhältnisse führen, sondern zur Überprüfung, ja zur Veränderung der Verhältnisse anleiten als ein „Experimentierfeld der zukünftigen Gesellschaft"[108].

So verstanden ist die kirchliche Jugendarbeit heute zweifellos eine entscheidende *Ergänzung* für den öffentlichen Religionsunterricht. Sie müßte allerdings viel gezielter und planmäßiger ausgebaut werden, falls sie einmal die Aufgaben der Schule mit übernehmen sollte. Hier liegt eine Chance für die Zukunft. Im gegenwärtigen Stadium ist ihr Aufbau noch lange nicht so weit fortgeschritten, daß das „Defizit" nach dem Ende eines schulischen Religionsunterrichts ohne Bruch ausgeglichen werden könnte.

3.23 Letztlich entscheidend für die Zukunft der innerkirchlichen Arbeit mit den Jugendlichen ist die Frage der Integration in die Gemeinde. Hier liegt der Lebensnerv dieser Arbeit. Gelingt es den Bestrebungen der Kirchenreform, die Frage des Gemeindeaufbaus und der Gemeindestrukturen

[103] C. Bäumler, a. a. O., S. 218.
[104] K. Mollenhauer, a. a. O., S. 102 f.
[105] C. Bäumler, a. a. O., S. 219.
[106] a. a. O., S. 220.
[107] a. a. O., S. 220 f (im Anschluß an H. Kentler).
[108] a. a. O., S. 221.

künftig so zu lösen, daß die Jugend darin ein Bezugsfeld finden kann, oder bleibt sie weiterhin auf ihr „Indianerreservat“ [109] ausgedrängt? Kann die Gemeinde als „Lebensgemeinschaft“, als „Dienstgemeinschaft“ und als „Sendungsgemeinschaft“ altersspezifische Lebensformen für Jugendliche entwickeln? [110] An dieser Frage wird sich in Zukunft die Effektivität aller kirchlichen Erziehungs- und Unterrichtsaktivitäten entscheiden.

Darauf hat neuerdings vor allem G. Krüger in einigen bemerkenswerten Thesen hingewiesen [111]. Er geht davon aus, daß religiöse Erziehung grundsätzlich *nur* in engster Verbindung mit konkreten Lebensformen des Christseins heute fruchtbar werden kann. Denn sie ist „ein Erziehungsgeschehen im Bereich des Fundamentalen“. Dem größten Teil der Kinder und Jugendlichen stehen aber heute „die erforderlichen Fundamentalerfahrungen nicht zur Verfügung“. Es kann von ihnen auch nicht erwartet werden, „daß sie sittlich und glaubensmäßig auf einem höheren Niveau leben als die umgebende Gesellschaft und die Menschen ihres sozialen Umfeldes“. Sie brauchen deshalb „zumindest eine Bezugsgruppe, an der sie sich inspirieren und orientieren, zu der sie Kontakt halten und bei der sie Halt finden können“. Deshalb sieht Krüger die conditio sine qua non für alle christliche Erziehungs- und Unterrichtstätigkeit in der „Bildung kleiner Gruppen und Zellen, in denen anschaulich und lebensmäßig dargestellt wird, wohin und wozu die Jugend erzogen werden soll“. Nur eine solche Umstrukturierung der Gemeinden von unten her kann zu jugendspezifischen Lebensformen führen. Gelingt sie nicht, dann werden alle kirchlichen Bemühungen um die Jugend auf die Dauer vergeblich sein. Die Kirche wird noch mehr als bisher „den Großteil ihrer Jugend in dem Augenblick verlieren, wo sie flügge geworden ist“ [112]. Das ist heute schon in vielen Fällen eine folgenschwere Entwicklung, das wäre aber nach dem Ende des schulischen Religionsunterrichts eine Katastrophe.

3.3 Erwachsenenbildung

Der dritte Schwerpunkt der pädagogischen Aktivitäten der Kirche wird auf der Erwachsenenbildung liegen müssen. „Die heutige gesellschaftliche Lage fordert von allen Menschen ein *ständiges Weiterlernen*. Daher müssen in allen Bereichen Ausbildung, Fortbildung und Weiterbildung verknüpft werden. Im kirchlichen Ausbildungswesen muß man vom Prinzip bestimmter ‚Abschlüsse‘ abkommen und das Prinzip der Durchlässigkeit

[109] K. Frör, a. a. O., S. 63.
[110] P. Krusche, a. a. O., S. 27 ff.
[111] G. Krüger, Thesen zur evangelischen Erziehung (hektogr.), vor allem S. 5; daraus alle folgenden Zitate.
[112] K. Frör, a. a. O., S. 63.

und Orientierung nach Funktionen stärker zur Geltung bringen. Im Bereich der Erwachsenenbildung bedarf es eines gezielten Angebots in bezug auf Beruf, Freizeit und personale Bildung“ [113]. Diese Empfehlung des Beratungsausschusses des Deutschen Nationalkomitees des Lutherischen Weltbundes entspricht völlig den Intentionen des Strukturplans für das Bildungswesen, in dem der „Weiterbildung im Rahmen des Bildungssystems“ eine außerordentliche Bedeutung beigemessen wird. In diesem Zusammenhang werden die Kirchen ausdrücklich unter den „wichtigsten Trägern von Einrichtungen der Weiterbildung“ genannt [114].

Wir können in dieser Arbeit auf den weiten hier angesprochenen Komplex nicht ausführlich eingehen; die Literatur ist entsprechend angewachsen [115]. Es seien nur einige für unseren Zusammenhang wichtige Aspekte herausgegriffen.

3.31 Die Erwachsenenbildung hat in Zukunft im kirchlichen Raum eine wichtige *theologische Aufgabe*. Es ist für die Kirchen in Deutschland lebensnotwendig, auf dem Sektor der „theologischen Laienbildung“ entscheidend aufzuholen. „Diese Aufgabe ... kommt als der vielleicht in der Zukunft dringlichste Faktor innerkirchlicher Arbeit neben dem Gottesdienst auf die Gemeinden zu“ [116]. Was hat die Rezeption moderner theologischer und didaktischer Erkenntnisse in den Jugendunterricht für einen Sinn, wenn sie in der Erwachsenengemeinde nicht aufgenommen werden können? Wie soll auf die Dauer eine Erneuerung des Religionsunterrichts möglich sein, wenn die Gemeinde der Eltern auf „Bibelstundenniveau“

[113] Empfehlung des DNK, S. 28 f.

[114] Vgl. den Strukturplan, Ziffer III-4 (Weiterbildung), S. 197 ff. Die hier aufgezeigten Perspektiven sind auch für die kirchliche Arbeit der Zukunft richtungweisend.

[115] Vgl. dazu vor allem die sehr gute Literaturübersicht in: B. Dreher/K. Lang, Theologische Erwachsenenbildung, Graz 1969; ferner F. Pöggeler, Methoden der Erwachsenenbildung, Freiburg 1964; Th. Ballauf/A. Beckel/F. Pöggeler, Gegenwartsaufgaben der Erwachsenenbildung, Beiträge zur Erwachsenenbildung 8, Osnabrück 1965; W. Dirks (Hrsg.), Konkurrenz der Bildungsangebote, Mainz 1968; W. Strzelewicz, Erwachsenenbildung, Soziologische Materialien, Gesellschaft und Erziehung, Bd. 10, Heidelberg 1968. Zur evangelischen Erwachsenenbildung vgl. auch: H. H. Ulrich, Erwachsenenkatechumenat, missionierende Gemeinde Heft 11, Berlin 1964; E. Heßler, Geschichte und Aufgabe des Erwachsenenkatechumenats, in: Die Christenlehre, 22. Jg., 1969, S. 287 ff; dieselbe, Die Erwachsenenbildung, in: Die Christenlehre, 23. Jg., 1970, S. 78 ff; L. Schmidt, Erwachsenenbildung in der Gemeinde, Stuttgart 1969; S. v. Kortzfleisch, Religiöse Erwachsenenbildung — Wider den Bildungsnotstand in der Kirche, Impulse Nr. 3, hrsg. von der Evangelischen Zentralstelle für Weltanschauungsfragen, Stuttgart 1969 (hier gute Literaturübersicht!).

[116] G. Otto, Konfirmation und Konfirmandenunterricht, in: Religionsunterricht, 1968^3, S. 225.

verharrt? Deshalb muß die kirchliche Erwachsenenbildung in Zukunft das im Gutachten „Zur Situation und Aufgabe der deutschen Erwachsenenbildung“[117] in den Mittelpunkt gestellte Prinzip der „Wissenschaftsbezogenheit“ ernst nehmen[118]. Die katholische Erwachsenenbildung hat diesen Grundsatz bewußt aufgenommen[119]. Dabei zeigt sich aber in beiden Kirchen noch immer ein fast unüberbrückbares Auseinanderklaffen von theologisch-wissenschaftlicher Forschung und schulisch-gemeindlicher Unterweisung[120]. Religionsunterricht und Erwachsenenbildung müssen parallel und gezielt im Sinne der Wissenschaftsorientierung ausgebaut werden. B. Dreher schreibt dabei der theologischen Erwachsenenbildung eine dreifache Funktion zu[121].

3.311 „Die informative Funktion“

Hier geht es „um eine ‚Information über Theologie‘, um die Mitteilung der Tatsachen, wo und in welcher Richtung und auch in welchen Problemkreisen die Theologie jeweils besonders voranschreitet“[122]. Es ist vor allem wichtig, „die zukunftsweisenden Tendenzen in den einzelnen Disziplinen und in der gesamten Theologie aufzugreifen und über sie zu informieren“[123]. Ein klassisches Beispiel, das wir im evangelischen Raum bisher vermissen, ist der Holländische Katechismus. Sein Vorzug liegt darin, daß er nicht nur Information über die moderne Theologie bietet, sondern zugleich echte Übersetzungs- und Vermittlungsarbeit für den Menschen der Gegenwart leistet[124]. Im übrigen gilt hier alles, was im nächsten

[117] Empfehlungen und Gutachten des Deutschen Ausschusses für das Erziehungs- und Bildungswesen, Folge 4, Stuttgart 1960, S. 24—27. „Erwachsenenbildung ist ... um so dringlicher, als eine Situation, die durch die Wissenschaft und ihre Rationalität entstanden ist, nicht durch eine Rückwärtswendung, durch die Beschwörung vergangener Formen oder irrationaler Mächte bewältigt werden kann, sondern nur durch ein Vorwärtsschreiten, in dem auch die Wissenschaft noch gründlicher forscht und denkt, sich noch radikaler an der Wahrheit orientiert und dabei gründlicher als bisher auch ihrer eigenen Grenzen bewußt wird“ (S. 26).

[118] Vgl. dazu auch K. G. Fischer, Über die Wissenschaften in der Erwachsenenbildung, in: Horizonte österreichischer Erwachsenenbildung, Wien 1968, S. 135 ff und F. Pöggeler, Inhalte der Erwachsenenbildung, Freiburg 1965, S. 216 ff.

[119] B. Dreher/K. Lang, a. a. O., S. 74: Es wird gefordert, „daß dieses Prinzip auch in der theologischen Bildungsarbeit realisiert werden muß“.

[120] Vgl. die Erfahrungen der Kirchentage.

[121] B. Dreher/K. Lang, a. a. O., S. 77 ff.

[122] a. a. O., S. 77 f.

[123] a. a. O., S. 79.

[124] Glaubensverkündigung für Erwachsene. Deutsche Ausgabe des Holländischen Katechismus. Nijmegen-Utrecht 1968; J. Dreißen, Diagnose des Holländischen Katechismus, Freiburg 1968². Im übrigen ist inzwischen im evangelischen

Kapitel über den „wissenschaftsorientierten Religionsunterricht" gesagt wird[125]. Dieses Konzept der Erwachsenenbildung läßt sich ohne Rückgriff auf einen ebenso verstandenen Unterricht in der Schule nicht verwirklichen.

3.312 „Die vermittelnde Funktion"
Sie ist heute bei der Vielfalt und Vielstimmigkeit theologischer Meinungen noch wichtiger. Dabei kommt es auf den sachgemäßen Brückenschlag zwischen der wissenschaftlichen Theologie und der Lebenswirklichkeit der christlichen Gemeinde heute an. Das darf allerdings nicht im Sinne der früheren „Anwendung" mißverstanden werden. Der erwachsene Christ soll vielmehr fähig gemacht werden, den Glauben der Gemeinde zu prüfen und bewußt mitzuverantworten[126]. Ziel ist der mündige Christ, der „von frommer Devotion" zu „kritischer Reflexion" geführt wird[127].

3.313 „Die interpretative Funktion"
Damit ist gemeint, daß der Christ lernt, die gesamte Lebens- und Weltwirklichkeit unter dem Aspekt des Glaubens zu deuten und nicht „schizophren" in verschiedenen Räumen zu leben. Es geht um den Dialog mit den übrigen Wissenschaftsbereichen und um das interdisziplinäre Gespräch. Theologische Erwachsenenbildung lebt von dem dauernden, lebendigen Kontakt mit den gegenwärtigen Wirklichkeitsauslegungen aller Wissenschaften oder sie verliert die Wirklichkeit überhaupt. Auch hier zeigt sich wieder, daß diese Arbeit nur als Verlängerung eines richtig verstandenen Religionsunterrichts möglich ist.

3.32 Eine weitere entscheidende Aufgabe der Erwachsenenbildung ist die *Humanorientierung*, hier verstanden als Erziehung zur Fähigkeit, sich kritisch in der Welt zurechtzufinden und mit ihr auseinanderzusetzen. Dieses emanzipatorische Prinzip steht heute im Mittelpunkt. „Es geht um die Entfaltung kritischen Denkens als der Möglichkeit eigenverantwortlicher

Raum eine Kommission mit der Vorbereitung eines Katechismus für Erwachsene befaßt.

125 Siehe 4. Kapitel, Abschnitt I 2.123.

126 B. Dreher/K. Lang, a. a. O., S. 84 ff.

127 H. D. Bastian, Abseits der Kanzel, Olten 1968, S. 7. In diesem Sammelband von Rundfunkvorträgen gibt Bastian ausgezeichnete Hinweise für die theologische Arbeit mit Erwachsenen. Im übrigen bieten heute gerade die Massenmedien (Presse, Funk und Fernsehen) mit ihrer außergewöhnlichen „Breitenwirkung" hervorragende Möglichkeiten für eine gezielte kirchliche und theologische Erwachsenenbildung. Vgl. dazu B. Klaus, Massenmedien im Dienst der Kirche, Theologie und Praxis, Berlin 1969, vor allem S. 166 ff („Indirekte Verkündigung im Hörfunk" — „Die Bildungsaufgabe des Rundfunks") und S. 182 ff („Bildung und Belehrung" beim Fernsehen).

Orientierung innerhalb einer pluralistischen Welt"[128]. Dabei werden vor allem zwei Momente genannt: Das Prinzip der „Offenheit" und das der „kritischen Aktivität"[129]. Diese Zielvorstellungen entsprechen dem emanzipatorischen Konzept der modernen Schule und stellen die direkte Weiterführung dessen dar, was im nächsten Kapitel unter den Schulzielen für den Religionsunterricht entwickelt wird. Hier zeigt sich noch deutlicher als vorhin die enge Verbindung der Erwachsenenbildung mit der übrigen Bildungskonzeption.

3.33 Von daher ergibt sich noch ein dritter Gesichtspunkt für die kirchliche Erwachsenenbildung. Sie muß der *Arbeit mit jungen Ehepaaren und Eltern* besondere Aufmerksamkeit widmen. Die Effektivität jeder Erwachsenenarbeit wird wesentlich davon abhängen, inwieweit sie zugleich als Elternarbeit fruchtbar wird. Die pädagogische Verantwortung der Kirche für die Eltern wird zwar seit Jahrzehnten betont[130], aber es wurde bisher keine überzeugende Konzeption für diese Arbeit gefunden. Sie wird in Zukunft nur Erfolg haben, wenn sie in die Erwachsenenbildung integriert ist. Von daher ergibt sich eine gegenseitige Befruchtung und Motivation. Jede Isolierung der Elternarbeit von echter Bildungsarbeit im oben entwickelten Sinn ist zum Scheitern verurteilt.

3.34 Über die vielfältigen Methoden der Erwachsenenbildung kann in diesem Zusammenhang nicht gehandelt werden. Sie erfordert — genau wie die anderen innerkirchlichen Aktivitäten — eine Rezeption moderner gruppendynamischer und gruppenpädagogischer Erkenntnisse und verlangt von den Leitern eine entsprechende Ausbildung. Erwachsenenbildung wird deshalb weithin *mit der Fortbildung der Fortbilder* stehen und fallen. Auf diesem Sektor haben die Kirchen einen großen Nachholbedarf. Die besten Ausbildung- und Fortbildungsmöglichkeiten sind heute für den Religionsunterricht vorhanden. In allen anderen Aktivitäten, vor allem in der Erwachsenenbildung, fehlen z. Z. noch die geschulten Mitarbeiter. Hier müssen die Kirchen mit einem gezielten Programm ansetzen. Erwachsenenbildung heißt im innerkirchlichen Raum in Zukunft vorrangig Fortbildung von Mitarbeitern. Das wurde auch als Fazit der oben genannten Stellungnahmen festgestellt. Das Papier der ökumenischen „Studienkommission" widmet dem kirchlichen Lehrer ein eigenes

[128] B. Dreher/K. Lang, a. a. O., S. 93.

[129] ebenda. Es würde zu weit führen, diese Zielvorstellungen hier zu entfalten. Vgl. Kapitel 4.

[130] Vgl. P. Krusche, a. a. O., S. 42 f und K. Frör, a. a. O., S. 53 f. Vgl. auch: Eltern — Schule — Gemeinde, Handreichung für die Elternarbeit, hrsg. vom Amt für Gemeindedienst der Evang.-Luth. Kirche in Bayern (hier gute Literaturübersicht).

Kapitel[131]. Die schwedische Studie von K. E. Brattgård entwickelt ein Fortbildungsprogramm[132]. Auf diesem Gebiet sind Koordination und Planung dringend erforderlich, wenn das kirchliche Erziehungs- und Bildungswesen auch nur einigermaßen in die Lage versetzt werden soll, das Unterrichtswesen in eigene Regie zu nehmen. Hier liegt der eigentliche Engpaß.

IV. Die Grenzen der kircheneigenen Erziehungs- und Unterrichtsaktivitäten

Wir haben im vorigen Abschnitt die Notwendigkeit und die Möglichkeiten innerkirchlicher pädagogischer Aktivitäten erörtert. Hier ist ein Sektor, auf dem die Kirche in den nächsten Jahren und Jahrzehnten wesentliche Aufbau- und Ausbauarbeit zu leisten hat. Nun bleibt aber die Kernfrage: Sollte das Ziel dieser Arbeit die Redelegation aller Erziehungs- und Unterrichtstätigkeit in den „Binnenraum“ der Kirche sein? Sollte sie also — konkret gesprochen — auf die Zusammenarbeit mit den außerkirchlichen Erziehungsträgern und damit auf den schulischen Religionsunterricht verzichten? Eine solche Zielvorstellung ist gefährlich. Dagegen sprechen schwerwiegende theologische, pädagogische und praktische Überlegungen.

1. Die theologischen Bedenken gegen einen Rückzug der Kirche aus der Zusammenarbeit mit den gesellschaftlichen Erziehungsträgern

1.1 Ein Rückzug der Kirche auf eine „binnenorientierte“ Erziehungs- und Unterrichtsarbeit würde ihrem Selbstverständnis widerstreiten. Darauf hat gerade W. Lohff in seiner Begründung des kirchlichen Erziehungsauftrages[133] deutlich hingewiesen. Es gehört zum Wesen der Kirche, als ekklesiologische Bruderschaft nicht für sich abgeschlossen zu leben, sondern ihre Botschaft der Welt zuzusprechen und das Angebot der Stellvertretung Christi in ihrem Handeln in der Welt weiterwirken zu lassen. Das ist der *Öffentlichkeitsauftrag der Kirche*. Er wird heute immer wieder diskutiert. Es kommt entscheidend darauf an, daß er richtig interpretiert wird.

[131] Arbeitsbuch Uppsala, S. 319 ff.
[132] K. E. Brattgård, Die Taufunterweisung der Kirche, S. 30 ff.
[133] Siehe in diesem Kapitel Abschnitt I.

1.11 Der Öffentlichkeitsauftrag kann nicht als *Anspruch* der Kirche gegenüber der Welt gesehen werden im Sinne eines „Subordinationismus" und „Integralismus". Die Kirche ist nach evangelischem Verständnis kein umfassendes „corpus mysticum", das die weltlichen Bereiche sich „ein- und unterordnet" und „in den eigenen Strukturzusammenhang aufnimmt". Die Kirche kann nicht „die Herrschaft über die außerkirchliche Daseinsauslegung ergreifen"[134]. Sie kann auch nicht zunächst in einem rein christlichen Bereich ... Lösungen suchen, um sie dann auf die Welt zu übertragen"[135]. Deshalb darf „Öffentlichkeit der Kirche" nicht primär juristisch oder machtpolitisch verstanden werden[136].

1.12 Der Öffentlichkeitsauftrag kann nur vom *Verkündigungs- und Missionsauftrag* her gesehen werden. „Die ‚Öffentlichkeit des Evangeliums' begründet die ‚Öffentlichkeit der Kirche'"[137]. Der universale Charakter des Wortes macht die Kirche öffentlich. Als Bruderschaft unter diesem Wort kann sie wesensmäßig nicht im Ghetto oder Schonraum, sondern nur mit dem „Zeugnisauftrag"[138] in der Welt leben. Zugleich muß der Öffentlichkeitsauftrag als *Diakonie an der Gesellschaft* gesehen werden, als Dienst der sich aus der Stellvertretung Christi für die Welt ergibt.

1.13 Dieser gesellschaftsdiakonische Auftrag hat eine doppelte Konsequenz: Er verlangt einmal ein Ernstnehmen der gesellschaftlichen Wirklichkeit und ihrer Belange. Er schließt das Wagnis mit ein, sich ganz auf diese Wirklichkeit einzulassen. Zugleich fordert er — vom Wesen des Evangeliums her — den kritischen Dialog mit eben dieser Wirklichkeit. Das führt zu einer *„kritischen Solidarität"*. Sie ist weder als „unkritische Annahme des Gegebenen und Anpassung an die Gesellschaft, wie sie gerade ist, noch als Distanz ohne Teilnahme, ohne Liebe" zu verstehen[139].

1.14 Diese gesellschaftsdiakonische Aufgabe schließt notwendig einen *„indirekten Erziehungsauftrag"* der Kirche mit ein. Damit ist gemeint, daß die Kirche bei der Gewinnung der pädagogischen Theorie und in der Praxis des Erziehungsfeldes mitarbeitet[140]. Das kann nicht in introvertier-

[134] W. Lohff, a.a.O., S. 270.

[135] T. Rendtorff, Artikel „Kirche — IV. Kirche und Welt" im Pädagogischen Lexikon, hrsg. v. H. H. Groothoff und M. Stallmann, 1961[1], Sp. 491.

[136] Vgl. W. Conrad, Der Öffentlichkeitsauftrag der Kirche, Göttingen 1964, S. 29.

[137] S. v. Kortzfleisch, Verkündigung und „öffentliche Meinungsbildung", Stuttgart 1960, S. 111 f; vgl. auch W. Lohff, a.a.O., S. 274, Ziffer 6.

[138] K. G. Steck, Kirche und Öffentlichkeit, Theologische Existenz heute, NF Nr. 76, München 1960, S. 7.

[139] H. D. Wendland, Autorität und Partnerschaft, in: I. Röbbelen, Zum Problem des Elternrechts, S. 223.

[140] Vgl. W. Lohff, a.a.O., S. 258 und S. 274, Ziffer 7.

ter Horizontverengung und ausschließlich im Blick auf ihre Glieder geschehen. „Die Mitverantwortung der Kirche für die Erziehung hört nicht dort auf, wo die konfessionelle Mitgliedschaft ihrer Glieder aufhört, sondern sie reicht weit darüber hinaus, nicht als klerikaler Anspruch, wie es erscheinen könnte, sondern als freies Angebot der Liebe und der diakonischen Bruderschaft"[141]. Wie diese Mitverantwortung inhaltlich aussieht, wurde im ersten Kapitel im Anschluß an die Konzeptionen einer „weltlichen Erziehung" ausführlich erörtert[142]. Es kann sich nicht um eine Ableitung der Erziehungswirklichkeit aus dem Evangelium handeln[143]. Es geht vielmehr um die kritische Mitarbeit im allgemeinen Erziehungsbereich, wobei die „unbegründbar vorgegebene Wirklichkeit im Zusammenhange der kirchlichen Überlieferung interpretiert wird"[144]. Diese „weltorientierte" Erziehungsverantwortung ist eine wesentliche Aufgabe für die Kirche. Ihre Aktivität auf dem Felde der allgemeinen und gemeinsamen Erziehungsaufgaben wird über ihre Zukunft genauso entscheiden wie ihre „binnenorientierte" Arbeit. „Die Unterscheidung zwischen christlicher Erziehung und allgemeiner Erziehung wird in der Welt immer mehr an Gewicht verlieren"[145]. Die Kirche wird gefragt werden, was sie in der Kooperation mit den übrigen Bildungsträgern für die Gesellschaft der Zukunft beizutragen hat. Denn die vor uns stehenden Erziehungsprobleme drängen zu einer gemeinsamen pädagogischen Strategie — gleichsam im Vorletzten —, mögen im Motivationshorizont — im Bereich des Letzten — bestimmte Unterschiede auch bleiben"[146].

1.2 Aus dieser theologischen Einsicht ziehen der Schlußbericht der „gemeinsamen Kommission für Erziehungsfragen" und die „Empfehlung des Beratungsausschusses" des Deutschen Nationalkomitees die entsprechenden Konsequenzen. Sie betonen übereinstimmend, daß der Erziehungsauftrag der Kirche in der Zukunft gerade nicht binnenorientiert gesehen werden kann. „Es gibt ... kein Ausweichen. Christen *müssen* die Entwicklung im Erziehungswesen mit wacher Aufmerksamkeit verfolgen und über ihre Bedeutung für sie selber nachdenken. Ein Bereich der Kultur, an dem sie immer intensiv beteiligt waren und für den sie zeitweise die Hauptverantwortung trugen, nimmt plötzlich derartig an Umfang zu,

141 K. Frör, Miterziehungsauftrag, S. 592.
142 Siehe im 1. Kapitel, Ziffer B 4.
143 „Die kirchliche Lehre kann ... nicht Erziehung an sich begründen wollen" (W. Lohff, a. a. O., S. 274).
144 ebenda.
145 K. E. Nipkow, Bildungstheorie, S. 159.
146 ebenda.

daß er nicht mehr wiedererkannt werden kann." Dazu kommt, daß dieser Bereich „heute systematischer, zwingender, wirksamer als je zuvor auf die vorrangigen Anliegen der Christen bezogen ist" [147]. Deshalb verlangt das Papier des Deutschen Nationalkomitees ausdrücklich: „Im Sinne ihres gesellschaftsdiakonischen Auftrages ist die Kirche aufgefordert, eine kritische Mitverantwortung für die Erziehung im ganzen zu übernehmen. In der gegenwärtigen Situation wird davon ihre Glaubwürdigkeit wesentlich mitbestimmt" [148]. Der Uppsalabericht rügt viele Kirchen, daß sie sich ihrer Mitverantwortung an den Aufgaben der allgemeinen Erziehung viel zu wenig bewußt seien [149]. „Auch die christliche Erziehung kann sich nicht auf den Sektor der religiösen Erziehung zurückziehen. Deshalb wird vor Engführungen gewarnt, durch die das kirchliche Interesse auf die Schule oder innerhalb der Schule auf den Religionsunterricht oder innerhalb des Religionsunterrichts auf das religiöse Wissen beschränkt wird" [150].

1.3 Von diesen Überlegungen aus wäre es verantwortungslos, wenn die Kirchen der Bundesrepublik sich ihrer Mitverantwortung für die Erziehung durch Rückzug aus dem Schul- und Bildungswesen entziehen wollten. Wichtig ist vielmehr, daß diese Mitverantwortung in Zukunft sachgemäß und nicht in veralteter und auf ein falsches Sicherheitsbedürfnis abgestellter Weise wahrgenommen wird. Deshalb wird ein Verzicht auf den schulischen Religionsunterricht von allen verantwortlichen Religionspädagogen abgelehnt; gerade in einer Zeit, in der — „nach dem Ende des kirchlichen Religionsunterrichts" — neue Formen der Begründung und Zusammenarbeit gesucht werden müssen [151]. Die Kirchen in Deutschland

[147] Arbeitsbuch Uppsala, S. 308, Ziffer 36.
[148] Empfehlung des DNK, S. 27 (Hervorhebung weggelassen).
[149] Arbeitsbuch Uppsala, S. 309, Ziffer 39.
[150] Empfehlung des DNK, S. 27.
[151] Am deutlichsten formuliert das H.-B. Kaufmann: „Die Aufgabe der Kirchen nach dem Ende des kirchlichen Religionsunterrichts und ihre Mitverantwortung für die Schule und für das Bildungssystem wird größer und schwerer: Die Versuchung wächst, sich aus diesem Engagement zu lösen, anstatt sich einem Prozeß der Wandlung und der kritischen Besinnung zu öffnen, der exemplarisch für ein neues Selbstverständnis der Kirche und ihres Auftrages in einer säkularisierten Gesellschaft sein könnte. M.E. kann weder die gegenwärtige Gesellschaft angesichts der Konflikte, Krisen und Herausforderungen auf einen neuen produktiven Beitrag der Kirchen, der Theologie und der Christen verzichten, noch können die Kirchen sich der Chance begeben, durch ein intensives Mitdenken und Mitarbeiten an den Fragen der Bildung und des Lernens, z.B. im Raum der Schule und des Religionsunterrichts, für ihren eigenen Dienst am Menschen und die notwendigen Veränderungen und Entwicklungsaufgaben in der Gestaltung dieses Dienstes zu lernen" (Die Aufgabe der Kirche nach dem Ende des kirchlichen Religionsunterrichts, in: Zeitschrift

würden sich freiwillig in eine Ghettosituation zurückziehen, die ihrem Auftrag widerspricht, wenn sie die ihnen heute noch von der Schule gebotene Möglichkeit der Kooperation mit Rücksicht auf ein gegenwärtig noch nicht realisierbares und auch nicht erstrebenswertes Ziel ablehnen würden. Es wäre eine Flucht, die sich sehr bald rächen würde.

2. Die pädagogischen Bedenken gegen eine Redelegation des Religionsunterrichts an die Kirche

Häufig wird argumentiert, daß den pädagogischen und didaktischen Schwierigkeiten, die der Religionsunterricht heute bereitet, durch eine Überführung in einen *freiwilligen* Kirchenunterricht begegnet werden könnte. Das mag insofern richtig sein, als die dann zu erwartenden viel kleineren Teilnehmerzahlen[152] in manchen Fällen die Arbeit erleichtern könnten. Es wird aber weithin übersehen, daß dabei neue und viel größere pädagogische Schwierigkeiten auftauchen, die heute noch gar nicht überschaubar sind.

Das Hauptproblem besteht darin, daß die Schwierigkeiten der Vermittlung und des Brückenschlags zwischen der Botschaft der Kirche und der Welt der Jugendlichen durch eine Verlagerung in den innerkirchlichen Raum nicht gelöst, sondern weithin verschärft werden. Alle Anfragen, die heute an den Religionsunterricht von Eltern, Schülern, Gesellschaftskritik, Pädagogik usw. gestellt werden, werden dann an den innerkirchlichen Unterricht herangetragen. Er wird zumindest der gleichen, auf die Dauer sogar der härteren Infragestellung ausgesetzt sein[153]. „Der freiwillige Rückzug der Kirche aus der Schule würde die entscheidenden Probleme nicht lösen, sondern nur in den innerkirchlichen Unterricht hinein verlagern“[154]. Denn die Kritik am Religionsunterricht wird schwerlich vor den Mauern der Kirche Halt machen. Vielmehr ist zu befürchten, „daß die Krise des öffenlichen Religionsunterrichts sofort übergreift auf das, was die Kirche innerhalb ihrer vier Wände zu bewältigen hat“[155].

für Religionspädagogik, 25. Jg., 1970, S. 11 — These 6). Vgl. auch die Stellungnahme zu Problemen des Religionsunterrichts, zur Sitzung der Kirchenkonferenz am 18. 12. 1969 in Hannover vorgelegt von einer Fachkommission des Comenius-Instituts, abgedruckt in: Ev. Kirche und Religionsunterricht, S. 16 ff.

[152] Vgl. die Erfahrungen in der DDR und in Frankreich.

[153] Vgl. die heute weithin schlechtere Beurteilung des Konfirmandenunterrichts in allen Rundfragen.

[154] K. Frör, Thesen von 1970, These 6.

[155] ders., Die Krise des Religionsunterrichts im Spiegel neuer Reformvorschläge, S. 62 f.

Der Rückzug auf innerkirchliche Bastionen kann schon deshalb keine Lösung sein, weil „die Problematik der Auseinandersetzung mit der modernen Gesellschaft, ihren Zwängen und Ideologien in beiden Bereichen die gleiche sein wird“ [156].

Es ist außerdem eine Illusion zu meinen, daß durch Redelegation die altersspezifischen (anthropogenen und soziokulturellen) Voraussetzungen des Unterrichts, die pädagogischen und didaktischen Möglichkeiten oder gar die Fähigkeiten der Unterrichtenden wesentlich verbessert werden. Durch den grundsätzlichen Verzicht auf schulisch bewährte Arbeitsweisen wird der Unterricht noch lange nicht in seiner Wirkung „missionarischer“, wie Gräßmann etwas kurzschlüssig meint. Eine Preisgabe der Didaktik ist keinerlei Garantie für Substanz oder gar für die Verhinderung der Immunisierung. Nicht zuletzt wird ja heute der Kirche auf ganz anderen Gebieten, wo keinerlei „Formalstufen“ angewandt werden, sondern unmittelbare Verkündigung geschehen kann, z. B. bei den Kasualhandlungen [157], ein noch viel stärkerer Immunisierungseffekt nachgesagt.

Aber auch der Bezug zu jugendgerechten Lebensformen der Gemeinde ist heute bei der innerkirchlichen Arbeit fast genau so schwierig wie beim Religionsunterricht. Hier wird — wie oben gezeigt — erst eine grundlegende Kirchenreform eine Änderung schaffen. Deshalb würde die Kritik an der Kirche in innerkirchlichen Arbeitsformen noch schärfer auftreten als im Religionsunterricht.

Schließlich bestünde für den Augenblick die Gefahr, daß der Substanzverlust bei freiwilligen Unterrichtsformen, die viel stärker auf „Werbung“ angewiesen sind, größer und die Versuchung einer niveaulosen Anpassung nicht ausgeräumt, sondern gesteigert würde. I. Baldermann hat durchaus recht, wenn er erklärt: „Wird der Religionsunterricht durch die herrschende Theorie der Schule vor die Wahl zwischen prinzipieller Anpassung oder seinem Ausscheiden aus der Schule gestellt, kann die Entscheidung nur gegen die Anpassung gefällt werden“ [158]. Nur ist die Frage, ob die Gefahr der Anpassung durch einen Auszug aus der Schule gebannt werden kann. Hier bestehen — im Blick auf die Erfahrungen der Freiwilligkeitskirchen und ihre Abhängigkeiten — große Bedenken. Welche Konzessionen muß ein freiwilliger kirchlicher Unterricht machen, damit er seine Schüler nicht verliert? Sie sind nicht oft wesentlich gefährlicher als die „Zugeständnisse“ an das Selbstverständnis der Schule?

[156] a. a. O., S. 63.

[157] Vgl. z. B. R. Bohren, Unsere Kasualpraxis — eine missionarische Gelegenheit?, München 1968⁴.

[158] Thesen zur gegenwärtigen Diskussion über den RU, in: Zeitschrift für Religionspädagogik, 1970, S. 20 f (These 3.1).

3. Praktische Bedenken gegen eine Redelegation im gegenwärtigen Zeitpunkt

Die größten Schwierigkeiten, die einer Redelegation des Unterrichts heute entgegenstehen, sind allerdings praktischer Art. Die Kirchen sind für den Augenblick nicht in der Lage, den Unterricht in eigene Regie zu übernehmen. Sie sind durch die oben genannten Aktivitäten schon so stark ausgelastet, daß eine Übernahme des gesamten „Unterrichtssektors" personell, räumlich und organisatorisch völlig ausgeschlossen ist. Das muß nicht für alle Zeiten so sein. Die Kirchen können heute schon viel dazu beitragen, daß überhaupt die Möglichkeit geschaffen wird, für den Ernstfall und den „Tag X" Auffangstellungen zu bauen. Das beginnt bei der vermehrten Planung von Ausbildungsstätten für kirchliche Mitarbeiter und endet bei der sinnvollen Einrichtung von Gemeindehäusern und -zentren für Unterrichtszwecke. Es wäre für die Kirchen heilsam und für die Aktivierung der Gemeinden hilfreich, wenn sie sich nicht grundsätzlich darauf verlassen würden, daß ihre Möglichkeiten in den öffentlchen Schulen für alle Zeiten garantiert seien. Es wäre ein theologisch und politisch fragwürdiges Sicherheitsdenken, aus der „Repräsentanz des Christlichen" in der Schule ein unabänderliches Dogma zu machen. Zweifellos würde ein plötzliches Ende des schulischen Religionsunterrichtes sich gegenwärtig katastrophal auswirken. Es ist andererseits aber nicht so, daß damit das Ende der Kirche besiegelt wäre. Sie hat ihren pädagogischen Auftrag in der Geschichte schon in mannigfaltigen Formen verwirklicht und tut das heute in der Welt in verschiedenster Weise. Nach einer gewissen Durststrecke, durch die sie zu inneren Reformen gezwungen würde, wäre sie sehr wohl in der Lage, wieder funktionierende Katechumenatsformen aufzubauen. Die Beispiele in den USA, in Frankreich, Holland, aber auch in der DDR beweisen es. *Trotzdem wäre es heute verantwortungslos, den schulischen Religionsunterricht leichtfertig und ohne Grund preiszugeben.* Er ist — in einer erneuerten, gemeinsam mit der Schule verantworteten Konzeption[159] — eine wertvolle Arbeitsform für die Kirchen der Bundesrepublik, die auf jeden Fall genutzt werden sollte. „Schon weil es auf unserer Erde genug überzeugende Beispiele gibt, müssen wir zugeben, daß weder die Erziehung noch der Glauben bleibenden Schaden nehmen, wenn man sie in der öffentlichen Schule — so gut als eben möglich — trennt. Aber wir halten es für besser, wenn man sie miteinander verbindet. Und wir sind bereit und willens, das Unsere dazu zu tun"[160]. Diesem Resümee H. Schultzes können wir zustimmen.

[159] Siehe 4. Kapitel.

[160] H. Schultze, Warum wir den Religionsunterricht wollen, in: Der Evangelische Erzieher, 22. Jg., 1970, S. 189 f.

Viertes Kapitel

Religionsunterricht in gemeinsamer Verantwortung von Schule und Kirche

I. Religionsunterricht in schulischer Verantwortung

Die unabdingbare Voraussetzung für einen künftigen Religionsunterricht in der Schule besteht darin, daß die öffentliche Schule sich von ihrem Selbstverständnis her verantwortlich weiß für die Aufgaben des Religionsunterrichts. Wir müssen deshalb die im zweiten Kapitel zusammengestellten schulischen Begründungsmodelle des Religionsunterrichts aufnehmen und können nicht mehr direkt auf die kirchlichen Konzeptionen zurückgreifen. *Die primäre Begründung muß künftig bei der Schule liegen.*

1. Die Notwendigkeit einer schulischen Begründung

Künftiger Religionsunterricht in der öffentlichen Schule kann nur damit begründet und verantwortet werden, daß die Schule ohne den Religionsunterricht ein Defizit aufweisen würde. Hier hat Th. Wilhelm in seiner Schultheorie das entscheidende Argument genannt: „Es muß nachweisbar sein, daß der Lehrplan der Schule gemessen am Maßstab dessen, was für einen Schüler heute lernnotwendig ist, ohne Religionsunterricht eine Lücke aufweist — daß also ein realistischer Schullehrplan des Jahres 1969 in der Bundesrepublik ohne Religionsunterricht ein defizienter Lehrplan ist[1]. Dieses Argument wurde inzwischen von der Religionspädagogik aufgenommen: „Aufgaben und Inhalte des Religionsunterrichts müssen ... so begründet und in einer Sprache formuliert werden, daß diese Begründung unter gesellschaftspolitischen und schulpädagogischen Kriterien für alle beteiligten und betroffenen Gruppen nachvollziehbar ist. Eine solche Begründung und Gestaltung des Religionsunterrichts gelingt nur, wenn einsichtig gemacht wird, daß die Inhalte und Aufgaben, die mit dem Fach ... 'Religion' gemeint sind, unabdingbar zum Auftrag der Schule in unserer Gesellschaft gehören ...“[2]. Deshalb wird die *Notwendigkeit* einer schultheoretischen Begründung des Religionsunterrichts heute in großer Ein-

[1] Th. Wilhelm, Theorie der Schule, 1969², S. 329.

[2] H.-B. Kaufmann, Thesen für einen pädagogischen Lehrgang, abgedruckt in: „zum Beispiel“, 4. Jg., 1969, Sonderheft, S. 23, Thesen 3 und 4. Vgl. auch die „Hamburger Leitsätze zum Religionsunterricht“, Hamburg 1969, S. 6, Abschnitt 4: „Religionsunterricht ist von dem *Erziehungs- und Bildungsauftrag der Schule* nicht ablösbar. Zu einer Einweisung in die gegenwärtige Lebenswelt, die eine wichtige Aufgabe der Schule darstellt, gehört die Erfassung der gesellschaftstragenden religiösen Mächte, ihrer Institutionen und ihrer Auswirkungen.“

mütigkeit von den meisten deutschen Religionspädagogen gefordert. In dieser Frage besteht kein Streitpunkt. „Die *Theorie des Religionsunterrichts* muß als *Teil der Theorie der Schule* entwickelt werden. Der Religionsunterricht wird damit pädagogisch begründet“ [3].
Die schwerwiegende Differenz, an der sich die Geister scheiden, bricht erst bei der Frage nach der *Ausschließlichkeit und Einlinigkeit dieser Begründung* auf. Darüber wird im Abschnitt II dieses Kapitels ausführlich gesprochen werden.

2. Die Tragfähigkeit einer schulischen Begründung — Die Bedeutung des Religionsunterrichts für die Schule

Das Hauptproblem, das sich aus der eben angeführten Forderung Th. Wilhelms ergibt, ist die Frage: Gibt es *tragfähige* Begründungen für den schulischen Religionsunterricht aus dem schultheoretischen Ansatz? Ist ein Defizit für die Schule ohne Religionsunterricht nachzuweisen? Diese Frage wollen wir untersuchen, indem wir die im zweiten Kapitel dargestellten schulischen Begründungsmodelle kritisch überprüfen und sichten. Dabei ist es vorab wichtig, daß zwei Fehler vermieden werden, die in diesem Zusammenhang immer wieder gemacht wurden.
Einmal wurde der Versuch unternommen, die schulische Begründung monothematisch, sozusagen aus *einem* Prinzip, zu deduzieren. Dadurch entstanden immer wieder unnötige Engführungen, die in gewollter Einseitigkeit entscheidende Sichtweisen ausblendeten. Wir wollen in einer mehrdimensionalen, komplementären Betrachtungsweise die verschiedenen

[3] *K. E. Nipkow,* Christliche Bildungstheorie und Schulpolitik, Gütersloh 1969, S. 193. Vgl. dazu auch seine „Gedanken zum Religionsunterricht“, abgedruckt in: „zum Beispiel“, 1969, Sonderheft, S. 9: „Ein schulischer Religionsunterricht, der in einseitiger Weise Zubringerdienste für die Religionsgemeinschaften leistet, der mehr auf treue Gliedschaft der Schüler in der Kirche bedacht ist als auf mündige Mitverantwortung, der mithin die in unserer Gesellschaft und Pädagogik wichtigen Leitgedanken der Emanzipation, Mitverantwortung, Mündigkeit und Demokratisierung nicht auch auf den Bereich der christlichen Erziehung anwendet, ist im Raum der Schule *pädagogisch* nicht tragbar.“ Vgl. auch *H. Halbfas:* „Entweder wird der schulische Religionsunterricht wegen seines kirchlich-missionarischen Charakters eine Veranstaltung für immer weniger Schüler, oder dieser Unterricht konzipiert sich konsequent vom *Selbstverständnis heutiger Schulen her,* um so ordentliches Lehrfach für *alle* Schüler bleiben zu können“ (abgedruckt in: „zum Beispiel“, S. 22 Nr. 34). *K. Wegenast* spricht davon, daß die „Schule ihren Religionsunterricht selbst vertritt“ (Religionsunterricht — wohin?, in: Lutherische Monatshefte, 9. Jg.,

Aspekte zusammensehen und so den schultheoretischen Ansatz in seiner ganzen Bandbreite tragfähig darstellen.
Der zweite Fehler lag in der *Verabsolutierung* der schultheoretischen Begründung. Hier wurde ein guter Ansatz ad absurdum geführt, weil seine Grenzen und seine Ergänzungsbedürftigkeit — häufig wegen der oben genannten Engführung im Prinzip — nicht gesehen wurden. Dieser zweite Fehler soll durch eine bewußt dialektische Sichtweise der Begründungszusammenhänge vermieden werden.
Für die schultheoretische Begründung des Religionsunterrichts sind *drei* Aspekte entscheidend, die im folgenden erörtert werden sollen.

2.1 Der Aspekt der Traditionsorientierung (Die wissenschaftstheoretische Begründung)

2.11 Die Schule braucht den Religionsunterricht um ihrer *geschichtlichen Aufgabe* willen. Dieser Ansatz M. Stallmanns wird von der modernen Schultheorie aufgenommen. Th. Wilhelm argumentiert in der gleichen Richtung. „Die wissenschaftliche Welt wird unvollständig, wenn man sich anschickt, die Elemente des Glaubens aus ihr auszufällen ... Die christliche Überlieferung (einschließlich der Bibeltexte) gehört in den Schulen der Gegenwart sowohl zum Material der allgemeinen Weltgeschichte als auch zu dem der aktuellen Sozialstruktur. Der Schüler stößt auf Schritt und Tritt auf die Glaubensdimension, gar nicht nur, wenn er sich ein speziell religiöses Verständnis der Gegenwart verschaffen möchte, sondern bei ganz profanen, soziologischen und politischen Reflexionen“ [4]. Von daher gehört die Begegnung mit der christlichen Tradition notwendig zur Aufgabe der Schule. Allerdings ist die Schultheorie

1970, S. 184). *K. Linke* erklärt den Religionsunterricht zur „Sache der staatlichen, pluralistischen Pflichtschule“ (These 2 der 20 Thesen zur Neugestaltung des Religionsunterrichts in Schulen der Bundesrepublik, abgedruckt in: Arbeitshilfe für den evangelischen Religionsunterricht, 21. Jg., 1970, S. 16). Eine ähnliche Formulierung ist in die Präambel der neuen Lehrplanrichtlinien von *Schleswig-Holstein* eingegangen: „Aufgabe und Inhalt des Lehrfaches ‚Religion‘ ergeben sich aus dem Auftrag der Schule“ (Evangelische Unterweisung, 24. Jg., 1969, S. 254). Vgl. auch die „Richtlinien für den Religionsunterricht in der Grundschule“. Ein Entwurf von E. Linnemann, Chr. Reents, H. Grosch, K. Wegenast. Erste Fassung von April 1970, zweite verbesserte Fassung vom September 1970, jetzt abgedruckt in: Zeitschrift für Religionspädagogik, 26. Jg., 1971, S. 20 ff: „Der Ort des Religionsunterrichts ist die öffentliche Schule, in der sowohl Probleme heutigen politischen, gesellschaftlichen und geistigen Lebens als auch wesentliche Traditionen, die zum Werden unserer Gesellschaft beigetragen haben, erschlossen werden“ (Teil C, S. 38).

4 Th. Wilhelm, a. a. O., S. 330.

inzwischen über die ursprünglich von Stallmann und Otto vertretene, einseitige Betonung des Traditionsbezugs hinausgegangen. Trotzdem bleibt er ein unaufgebbarer Teilaspekt[5].

2.12 Aus dieser schultheoretischen Begründung ergibt sich ein erster *traditionsorientierter Funktionszielkomplex* für den schulischen Religionsunterricht.

2.121 Seine primäre Aufgabe ist es, *Information und Orientierung* über die Tradition des Christentums zu vermitteln. Dazu gehört die biblische Überlieferung, aber auch die Kirchen- und Geistesgeschichte bis heute. „Der Religionsunterricht muß über Christentum, Religion und Weltanschauung in ihren *geschichtlich gewordenen* Formen hinreichend informieren[6]. Deshalb werden exakte *Sachkunde* und *Wissensvermittlung* in allen Schularten eine viel größere Rolle spielen müssen als bisher. Darauf weist vor allem H. Angermeyer hin[7]. Nur wenn diese Voraussetzung erfüllt ist, kann sich der Religionsunterricht im gehobenen Niveau der Leistungsschule behaupten.

2.122 Damit ist untrennbar verbunden die *sachgemäße Interpretation,* durch welche die Schüler zum rechten *Verstehen* geführt werden. Nur durch Auslegung wird die Tradition angesichts der Herausforderung der gegenwärtigen Wirklichkeit für uns relevant. Deshalb „muß der Reli-

[5] Vgl. den Abschnitt zur Konzeption der „Schule für alle“ im 1. Kapitel, Ziffer B 5. Siehe auch die Grundschulrichtlinien der Arbeitsgruppe Grosch/Linnemann/Reents/Wegenast (hektographierte Fassung vom April 1970), S. 1: Das Christentum hat unsere Kultur und Gesellschaft in Sprache und Sitte sowie im Verständnis von Mensch, Welt und Geschichte bis heute auf mannigfache Weise geprägt und die Lebensgestaltung des einzelnen beeinflußt. Deshalb ist es notwendig, daß eine Schule, die um der Erhellung heutiger Wirklichkeit und zukünftiger Aufgaben willen die Überlieferung kritisch bedenkt, auch die *christliche Überlieferung* in ihren verschiedenen Ausprägungen vermittelt und auf ihren gegenwärtigen Sinn hin befragt.“

[6] Funktionsziel Nr. 3 der „Ziele für den Religionsunterricht“ von K. Dessecker, G. Martin, K. Meyer zu Uptrup, abgedruckt in: Evangelische Kommentare, 3. Jg., 1970, S. 324.

[7] „Die Schüler wollen möglichst sachkundig und objektiv ‚informiert‘ werden. Der Unterricht soll Kenntnis des Gewordenen ... vermitteln. Er soll sich dabei sowohl vor Idealisierung wie vor negativen Verzeichnungen hüten. Deshalb sind für die Schüler Quellen wichtiger als Sekundärliteratur; sie wollen möglichst selbst an die Dinge herankommen“ (Zur Aufgabe und Ermöglichung des Religionsunterrichts in der Schule, in: Korrespondenzblatt, herausgegeben vom Pfarrerverein in der Evang.-Luth. Kirche in Bayern, 85. Jg., 1970, S. 4 — zit. „Aufgabe des Religionsunterrichts“).

gionsunterricht den Menschen als ein *geschichtliches* Wesen interpretieren, das aus seiner Tradition heraus *Zukunft* entwirft und darum verantwortlich leben muß"[8]. Ausschlaggebend für diese Interpretation ist nicht die Anpassung und die kritiklose Annahme des Überkommenen, sondern die kritische Auseinandersetzung mit der Überlieferung. Die religiöse Vorstellungswelt der Kinder, die ja weithin durch naive Tradition geprägt ist, muß „kritisch geklärt und geordnet werden im Medium theologischen Denkens"[9]. Eine Hauptaufgabe besteht darin, die altersspezifischen und gesellschaftlichen Mißverständnisse des christlichen Glaubens abzubauen und richtige Vorstellungen zu vermitteln. Das gelingt nur, wenn die Schüler die Fähigkeit erlangen, die Begriffe der christlichen Überlieferung zu hinterfragen, in ihrer „historischen" und „gesellschaftlichen Bedingtheit zu erkennen" und damit zugleich „sich im religiösen Fragen von Fremdbestimmung zu befreien" und „der Möglichkeit eines fraglosen Lebens der unreflektierten Anpassung zu widerstehen"[10]. Daraus soll das Vermögen erwachsen, Glaubensdinge sachgemäß zu verbalisieren und zu formulieren, und die „Willigkeit, radikale Fragen zu stellen, eigene Zweifel zu Ende zu zweifeln und Zweifel anderer ernst zu nehmen"[11].

Hier liegt die eminent rationale Seite des Religionsunterrichts, die Th. Wilhelm mit Recht betont. „Der schulische Religionsunterricht ist die Stelle im Lehrplan, wo Religion als rationale Struktur veranschlagt und 'durchgespielt' wird ... Es geht im Religionsunterricht der Schule darum,

[8] Funktionsziel Nr. 2 der „Ziele für den Religionsunterricht" von K. Dessecker u. a., a. a. O., S. 324.

[9] ebenda, aus Funktionsziel Nr. 1.

[10] S. Vierzig, Lernziele des Religionsunterrichts in der Grundschule, in: Religionsunterricht in der Grundschule, Loccumer Religionspädagogische Studien und Entwürfe, Heft VI, Loccum 1970, S. 20, Ziffer 2, 1.2, 2.2 und 2.3. Vgl. auch: Lernziele des Religionsunterrichts, in: Informationen des Pädagogisch-Theologischen Instituts Kassel, 1/2 1970, S. 12 ff (verbesserte Fassung).

[11] W. Jentsch in einem Arbeitspapier „Katechismuslernziele" (Abzug des Katechetischen Amts der Evang.-Luth. Kirche in Bayern), S. 2. Jentsch formuliert in diesem Zusammenhang u. a. folgende Lernziele: „*Bescheidwissen* über die wichtigsten *Denkrichtungen des Christentums* (Information)" — „*Durchdenkenkönnen der Elementarfragen des Glaubens* (Reflexion)"; dazu gehören die: „Fähigkeit, Begriffe der christlichen Überlieferung zu erfassen ..., zu hinterfragen und sinngemäß anzuwenden. Möglichkeit, historische und soziale Bedingtheiten als Kontext christlicher Überlieferung festzustellen und zu würdigen. Fähigkeit, verschiedene religiöse Standpunkte zu unterscheiden und miteinander zu vergleichen ... Bereitschaft, sich in Sachen Religion eine eigene Meinung zu bilden, sie unabhängig zu vertreten und anderen verständlich zu machen" usw. (S. 1 f). Dabei verläuft nach Jentsch „die Denkhilfe des RU in einem zunehmenden Ineinander von Information (‚mit'

die Welt als religiöse Vorstellung zu denken und diese religiöse Vorstellungswelt kritisch zu ordnen und mit profanen Weltbildern zu kontrastieren"[12]. Bedenklich an dieser Konzeption ist lediglich die Einseitigkeit, mit der von Wilhelm die emotionale Dimension ausgeblendet und der innerkirchlichen Verkündigung überlassen wird. Das ist eine äußerst fragwürdige Scheidung[13].

2.123 Zur Traditionsorientierung gehört unabweisbar die Aufgabe, die Schüler zu einer *wissenschaftsorientierten Arbeitsweise*, besonders im Umgang mit biblischen und geschichtlichen Texten, hinzuführen. Nur wenn der Religionsunterricht dieses Ziel deutlicher als bisher ins Auge faßt, wird er sich im Fächerkanon der Leistungsschule behaupten können. Der Strukturplan für das Bildungswesen fordert die „Wissenschaftsbestimmtheit des Lernens". „Die Wissenschaftsorientiertheit von Lerngegenstand und Lernmethode gilt für den Unterricht auf jeder Altersstufe"[14]. Deshalb kann der schulische Religionsunterricht künftig in keiner Schulgattung auf die exakte Orientierung an der *Fachwissenschaft Theologie* ver-

Interpretation) und Reflexion (‚mit' Konfrontation)" (S. 2). K. E. Nipkow faßt diesen Komplex unter dem Stichwort „Glaube und Denken" folgendermaßen zusammen: Es geht um „die Klärung der religiösen Vorstellungen, eine elementare Einführung in theologische Fragestellungen und Methoden, die kritische Betrachtung theologischer Denkmodelle, insgesamt die denkende Durchdringung der religiösen Dimension, in unserem Traditionszusammenhang besonders der christlichen Glaubensüberlieferung und der gegenwärtigen christlichen Verkündigung" (Curriculumforschung und Religionsunterricht, Vortrag vor bayerischen Lehrplankommissionen am 13. und 14. 2. 1970, hektographiert, S. 10).

12 Th. Wilhelm, a. a. O., S. 331. Wir müssen den von Wilhelm herausgestellten Aspekt in Zukunft viel ernster nehmen als bisher. „Die Kirche darf vor der Forderung nach der rationalen (nicht rationalistischen!) Klärung des Glaubens nicht zurückschrecken; sie sollte vielmehr bejahen, daß in der Schule kritischer Religionsunterricht durchgeführt wird: Einmal aus seelsorgerlichen Gründen, weil eben dadurch Religion und Ethik nicht verdrängt, sondern befragt werden und die Schüler eine eigene Überzeugung gewinnen ... können. Zum andern ist dieser Religionsunterricht auch Dienst an der Kirche. Denn sie braucht allezeit, aber heute vielleicht in besonderem Maße Menschen, die wissen, was Glaube ist, die verstehen, wie der Glaube sprach und spricht, die auch die Gründe Andersdenkender wenigstens teilweise kennengelernt haben, die darum fähig sind, einigermaßen sachgerecht einen Dialog mit ihren Mitmenschen zu führen" (H. Angermeyer, Das Selbstverständnis des schulischen Religionsunterrichts, in: Nachrichten der Evang.-Luth. Kirche in Bayern, 25. Jg., 1970, S. 247).

13 Siehe Abschnitt II.

14 Vgl. den Strukturplan, Ziffer I-4, vor allem 4.1 Wissenschaftsbestimmtes Lernen und 4.2 Das Lernen des Lernens (S. 33 ff).

zichten. Das bedeutet nicht, daß wissenschaftliche Erkenntnisse im Sinne eines unverarbeiteten Szientismus den Kindern übergestülpt werden; es geht vielmehr um altersspezifisch und didaktisch verantwortete Vermittlung wissenschaftlicher Arbeitsformen[15]. Dazu gehören die elementare Einführung in biblische Sprachformen, die allmähliche Erarbeitung des Verständnisses der Mehrdimensionalität des biblischen Zeugnisses (Unterschied von Gemeintem und Gesagtem), Vertrautwerden mit erprobten theologischen Arbeitsweisen (z. B. Form- und Traditionsgeschichte), Ernstnehmen der historisch-kritischen Arbeit[16].

2.124 Alle diese Funktionsziele entsprechen dem heutigen emanzipatorischen Schulkonzept, das den Schüler zu eigener Reflexion, zu Dialog- und Kritikfähigkeit führen soll. Von daher ergibt sich notwendig ein *neuer Unterrichtsstil,* wie ihn Frör in seinen „Thesen zum Religionsunterricht" von 1970 diesem Schulkonzept entsprechend formuliert hat:

a) Nichtrepressiver Unterrichtsstil. Nichtdirektive, integrative Lehr- und Lernarbeit.

b) Offenheit für kritisches Gespräch, Zweifel und Opposition. Keine religiösen und kirchlichen Vorleistungen.

c) Eigentätigkeit und Aktivität der Schüler, Arbeit an Quellenschriften und Texten, Referate ...

f) Einrichtung von Kursen mit differenzierter Thematik und freier Wahlmöglichkeit für die Schüler der Oberstufe..

[15] „Nicht eine erbauliche ‚Biblische Geschichte' ist dem Schüler zu vermitteln, vielmehr ist er zum selbständigen Umgang mit biblischen Texten anzuleiten und mit den Ergebnissen kritischer Bibelexegese vertraut zu machen" (Hamburger Leitsätze, S. 8, Abschnitt 7). Zur praktischen Verwirklichung dieser Zielvorstellung vgl. W. Sturm, Die Osterperikopen im Unterricht, in: Praxis Ecclesiae, München 1970, S. 268 ff; ferner W. Sturm, Die biblischen Urgeschichten im Unterricht; Die Gleichnisse Jesu im Unterricht; Die Wunder Jesu im Unterricht; Richtlinien zur Vorbereitung des biblischen Unterrichts (Vervielfältigungen des Kat. Amtes der Evang.-Luth. Kirche in Bayern).
Vgl. ferner: J. Müller-Bardorff, Verstehen und Unterweisen, Einführung in die Evangelien und ihre Weitergabe im Unterricht, München 1967; ders., Paulus, Wege zu didaktischer Erschließung der paulinischen Briefe, Gütersloh 1970.

[16] Nipkow führt hierzu als Teillernziele an: „Einsicht in den Tatbestand, daß Texte des Neuen Testaments planmäßig gestaltete Literatur sind; Einsicht in den Tatbestand, daß die Verfasser bestimmte Bilder gebrauchen als Interpretamente für das im Glauben Gemeinte; Einsicht in den Unterschied zwischen Gesagtem und Gemeintem; Einsicht in den Umstand, daß Bilder und Begriffe des Neuen Testaments mit dem Weltbild der Antike verknüpft sind" usw. Vgl. Curriculumforschung und Religionsunterricht (Vortrag), S. 11.

g) Im ganzen: Anspruchsvolleres geistiges Niveau“ [17].

2.125 An einem Punkt ist allerdings dieser traditionsorientierte Funktionszielkomplex noch ergänzungsbedürftig.
In der bisherigen Zusammenstellung der Lernziele zeigt sich deutlich ein Überhang der *rationalen und kognitiven* Elemente. Nach der Lernzielklassifikation, wie sie die Curriculumforschung verlangt [18], ist entscheidend, daß für die Lernzielbestimmung in gleicher Weise *die emotionale und die pragmatische (psychomotorische) Dimension* bedacht werden. Die Schwäche der meisten gegenwärtigen Konzeptionen liegt darin, daß diese beiden Lerndimensionen zu kurz kommen. Hier ist die Forderung Th. Wilhelms nach einer ausschließlich rationalen Aufarbeitung der religiösen Wirklichkeit geradezu gefährlich und der Sache unangemessen. Bei jeder Zielbestimmung müssen Information, Reflexion und Diskussion untrennbar verbunden bleiben mit Engagement und Aktion. Das ist nicht nur ein theologisches und kirchliches Anliegen, das im Abschnitt II ausführlich erörtert wird, sondern eine notwendige pädagogische Forderung. Es geht um den Zirkel jeder echten Erkenntnisbildung: „*Information* als Grundlage sachgemäßer *Diskussion* und freier Urteilsbildung. Engagierte

17 Hektographierte Thesen von 1970, aus These 11, S. 2.

18 Vgl. H.-B. Kaufmann, Einführende Bemerkungen zur Frage der Lernziele, in: Loccumer Religionspädagogische Studien und Entwürfe, Heft VI, S. 18 im Anschluß an W. Schulz (P. Heimann), Unterricht — Analyse und Planung, Hannover 1965, S. 27; B. S. Bloom (Hrsg.), Taxonomy of educational objectives. The classification of educational goals. Handbook I: Cognitive domain, New York 1956, S. 7; Chr. Möller, Technik der Lernplanung, Methoden und Probleme der Lernzielerstellung, Weinheim 1969, S. 124 ff; K. E. Nipkow, Curriculumforschung und Religionsunterricht (Vortrag), S. 8. Vgl. ferner: D. R. Krathwohl (Hrsg.), Taxonomy of educational objectives. Handbook II: Affective domain, New York 1964; R. F. Mager, Lernziele und programmierter Unterricht, Weinheim 1969³; S. B. Robinsohn, Bildungsreform als Revision des Curriculum, Neuwied 1967; K. Huhse, Theorie und Praxis der Curriculum-Entwicklung. Institut für Bildungsforschung in der Max-Planck-Gesellschaft, Studien und Berichte Nr. 13, Berlin 1968. Zur Frage des Religionsunterrichts vgl. ferner: G. R. Schmidt, Die Inhalte des Religionsunterrichts aus der Sicht der allgemeinen Curriculum-Theorie, in: Der Evangelische Erzieher, 22. Jg., 1970, S. 16 ff; G. Stachel, Lernziele und Religionsunterricht, in: Katechetische Blätter, 95. Jg., 1970, S. 343 ff (sehr gute Übersicht); H. Heinemann/G. Stachel/S. Vierzig, Lernziele und Religionsunterricht, Unterweisen und Verkünden 11, Zürich/Einsiedeln 1970, vor allem S. 24 ff und 57 ff.Neuerdings hat auf die drei Lerndimensionen W. Dignath hingewiesen in seiner Antrittsvorlesung „Die mehrdimensionale Aufgabe des Religionsunterrichts“, abgedruckt in: Zeitschrift für Religionspädagogik, 25. Jg., 1970, S. 163 ff. Er benützt die Terminologie A. Mitscherlichs von

Aktion als Basis der kritischen Reflexion"[19]. Dieser Dreitakt ist bei den traditionsbestimmten Schulzielen unaufgebbar.

2.126 Abschließend muß noch betont werden, daß dieser Funktionszielkomplex nicht nur für die Sekundarstufe, von der her er entworfen wurde, sondern gerade für den *Primarbereich (Grundschule)* verbindlich ist[20]. Die moderne Didaktik fordert für diesen Bereich einen elementaren Fachunterricht, der strukturorientiert und lernintensiv sein muß, um die Kinder frühzeitig zu einem elementaren Problembewußtsein zu führen. Es geht darum, „die Anfänge der Lernprozesse aufzufinden, die sich im Verlauf einer ständigen Auffächerung und Vertiefung auch auf einer höheren Abstraktionsebene wiederfinden lassen und die den Weg nach oben in der vielfachen Differenzierung ermöglichen, die für die Abschlüsse der Sekundarstufen I und II geplant ist"[21]. Deshalb wird die „prinzipielle wissenschaftliche Orientierung der Lerninhalte und Lernprozesse" auch im Primarbereich verlangt[22]. Nur dadurch wird gewährleistet, daß die Ziele der künftigen Schulkonzeption erreicht werden können. An diesen Forderungen kann der Religionsunterricht nicht vorübergehen. Die alte Regel, daß im Grundschulunterricht nichts gebracht werden darf, was später zurückgenommen werden muß, genügt längst nicht mehr. Der Religionsunterricht muß vielmehr frühzeitig eine Einführung in den *kritischen* Umgang mit der Tradition (Unterschied von Gemeintem und Gesagtem) und erste Anleitung zu selbständigem Werten und Entscheiden vermitteln. Deshalb stellen alle neueren Lernzielbestimmungen für die Grundschule[23] „die Fähigkeit zu zunehmender Unabhängigkeit von autoritativ aufgenommenen Meinungen" und „erste Ein-

den drei „Bildungsebenen" und spricht von „Sachbildung", „Affektbildung" und „Sozialbildung". Auch W. Jentsch zeigt in seinem „Arbeitspapier" (siehe Anmerkung 11) die innere Zusammengehörigkeit des „kognitiven, affektiven und Handlungs-Aspekts" auf.

19 Frör, Thesen von 1970 (hektographiert), aus These 11, S. 2.

20 Vgl. den Strukturplan, Ziffer III-2 (Primarbereich), vor allem 2.4 (Die grundlegenden Neuerungen), S. 132 ff.

21 a. a. O., S. 133.

22 ebenda.

23 Vgl. S. Vierzig, Lernziele des Religionsunterrichts in der Grundschule, und D. Steinwede, Lehrplanentwurf Religionsunterricht — Grundschule; beides in: Loccumer Religionspädagogische Studien und Entwürfe, Heft VI, S. 20 ff und S. 25 ff; ferner die oben genannten „Richtlinien" der Arbeitsgruppe Grosch/Linnemann/Reents/Wegenast. Vgl. ferner die neueste Fassung der Lehrziele von D. Steinwede: Lehrziele und Lehrplanentwurf für den Religionsunterricht der Primarstufe (Grundschule), in: Religionsunterricht und Gesellschaft. Plädoyer für die Freiheit, Düsseldorf/Göttingen 1970, S. 127 ff.

übung in kritisches Bewußtsein"[24] in den Mittelpunkt. Die Chancen des Religionsunterrichts in der Schule der Zukunft werden wesentlich davon abhängen, ob er diesen Anforderungen genügen wird.

2.2 Der Aspekt der Humanorientierung (Die anthropologische Begründung)

2.21 Die Schule braucht den Religionsunterricht *um des Menschen willen.* Das ist der zweite entscheidende Gesichtspunkt, der von der Schultheorie heute ins Gespräch gebracht wird. Die religiöse Dimension gehört nach Th. Wilhelm unabdingbar zum Menschsein. „Der Mensch ist nicht nur von Trieben besetzt und mit schöpferischen Kräften ausgestattet, sondern auch von Ängsten gejagt und auf Hoffnung angewiesen. Er ist nicht nur erziehungs-, sondern auch heilsbedürftig; und er ist glücklicherweise fähig, heilversprechende Botschaften zu vernehmen und in seinen seelischen Haushalt einzuverleiben"[25]. Deshalb kann die Schule der Zukunft, wenn sie ihrer pädagogischen Gesamtverantwortung gerecht werden will, ohne einen Raum der Humanorientierung und der Selbstfindung, der „Hermeneutik des Daseins" und der Welt, in der die religiöse Fragestellung ihren Platz hat, nicht leben. Sonst würde sie sich in ihrem Wesen selbst pervertieren. Auch hier sind die Argumente Stallmanns unabweisbar. Gerade die entideologisierte, unter dem Leistungsprinzip stehende Schule der pluralistischen Gesellschaft kann nur dann ihren pädagogischen Auftrag erfüllen, wenn sie sich um das Menschsein des Menschen inmitten der

[24] Vierzig, a.a.O., S. 20. Vgl. dazu auch R. Dross, Entdogmatisierung des Religionsunterrichts in der Grundschule, in: Zur Neukonzeption des Religionsunterrichts (Ges. Aufsätze), Gütersloh 1970, S. 132 ff. Dross gibt ein dreifaches Ziel für den Religionsunterricht in der Grundschule an: „Das erste ist der fortschreitende Abbau pseudoreligiöser Vorstellungen, etwa über Engel, Teufel, Himmel, Hölle; über den ‚lieben' oder den ‚allwissend strafenden' Gott. Als zweites kann das Verdeutlichen und Ordnen von solchen Gegebenheiten der christlich-kirchlichen Überlieferung und Sitte genannt werden, denen das Kind ohnehin begegnet, ohne sie jedoch ‚verarbeiten' zu können. Das dritte sollte dies sein, daß es den Kindern selbstverständlich wird, Jesus als den Menschen zu sehen, der rückhaltlos für diejenigen eintrat, die zurückgesetzt, hilflos, verlassen waren" (S. 142).

[25] Th. Wilhelm, Theorie der Schule, S. 329. Ähnlich argumentiert H. Roth: „Kein Mensch — auch nicht der einfachste Mensch — kann ohne Weltdeutung — sei sie noch so primitiv — pauschal geistig leben. Wo ihm nicht die Religion zu einer solchen Deutung verhilft, greift er zu Visionen, die diese ersetzen sollen. Wo kein Glaube aufscheint, ist es ein Aberglaube. Wer nicht christlich glaubt, der lebt aus einem philosophischen oder weltanschaulichen Glauben" (Pädagogische Anthropologie, Band 1, Hannover 1966, S. 141).

technisierten Umwelt und ihrer Ansprüche kümmert. Nur so kann sie ihr emanzipatorisches Ziel erreichen[26].

Das wird heute mit besonderem Nachdruck von H. Gloy betont[27]. Es wird eine der wesentlichen Aufgaben für die Schule der Zukunft bleiben, *Anwalt des Menschen und seiner Freiheit* inmitten einer immer inhumaner werdenden, technisierten Umwelt zu sein[28].

Diese Aufgabe ist der Schule auch vom Grundgesetz und den Länderverfassungen her gestellt. Deshalb wird sie vom Strukturplan für das Bildungswesen unter den „Allgemeinen Zielen“ für die öffentlichen Bildungseinrichtungen an erster Stelle genannt: „Das umfassende Ziel der Bildung ist die Fähigkeit des einzelnen zu individuellem und gesellschaftlichem Leben, verstanden als seine Fähigkeit, die *Freiheit und die Freiheiten zu verwirklichen,* die ihm die Verfassung gewährt und auferlegt“[29]. Dazu gehört auch die Freiheit des Glaubens, des Gewissens und des Bekenntnisses, wie sie im Artikel 4 des Grundgesetzes verankert ist. Sie wird in diesem Zusammenhang ausdrücklich genannt[30].

An dieser Stelle wird in Zukunft die primäre Begründung für den Religionsunterricht an öffentlichen Schulen liegen müssen. Er hat die Aufgabe, in der Schule an der konkreten Ausgestaltung der Religionsfreiheit mitzuwirken. Darauf hat neuerdings vor allem H. B. Kaufmann hingewiesen. „Verfassungsrechtlich ist die Notwendigkeit, Fragen des Glaubens und der Religion im Rahmen der öffentlichen Schule zu thematisieren ... durch die fundamentale Bedeutung von Artikel 4 (GG) im Wertsystem

[26] M. Stallmann, Die Christlichkeit der „christlichen Schule“, S. 20; vgl. dazu das 1. Kapitel, Ziffer B 5.2. Hier weitere Belege.

[27] „Die Schule der demokratischen Gesellschaft kann sich gerade angesichts der heutigen personalen, sozialen, gesellschaftlichen und politischen Herausforderungen nicht auf die Vermittlung des ‚technischen‘ Wissens und Könnens beschränken, das zum Leben in der heutigen Gesellschaft unumgänglich ist. Schule muß den jungen Menschen vielmehr zugleich zu human verantworteter Reflexion und Kritik der Gegenwart und Zukunft befähigen. Denn die Veränderungen und Entscheidungen in unseren persönlichen und sozialen Lebensvollzügen, die gesellschaftlichen und politischen Realitäten und Entwicklungen, die Ergebnisse und Projekte in Forschung und Technik sind nicht wertfrei, sondern stellen uns immer dringender vor die Frage, wer wir sind bzw. sein wollen, was wir für menschenwürdig und darum erstrebenswert halten“ (H. Gloy, Der umstrittene Religionsunterricht, in: Zeitschrift für Religionspädagogik, 25. Jg., 1970, S. 16 — 7. These).

[28] „Schule muß sich realisieren als Stätte humaner ‚Selbstdefinition‘ angesichts der wachsenden Möglichkeiten und Herausforderungen in allen Lebensbereichen“ (H. Gloy, a. a. O., S. 17).

[29] Strukturplan, Ziffer I-3.1 (Allgemeine Ziele — Grundrechte), S. 29 (Hervorhebungen von mir).

[30] ebenda.

des Grundgesetzes und in der Verfassungswirklichkeit der Bundesrepublik eindeutig und unabweisbar gegeben"[31]. K. E. Nipkow sieht denselben Begründungsnexus für den schulischen Religionsunterricht der Zukunft, wenn er vorschlägt, den „Unterrichtsbereich 'Religion' in der Schule primär aus der grundlegenden gesellschaftspolitischen und pädagogischen Verantwortung für die freie Entfaltung der Person zu begründen"[32]. Diese Argumentation liegt im Sinne des Strukturplanes. Deshalb wurde in den Bezugsrahmen, in dem dort das umfassende Curriculum der Zukunft gesehen wird, bewußt „Religion" mit aufgenommen[33]. Nur so kann das Ziel erreicht werden, „das Bildungswesen für eine neue Entwicklungsphase der Gesellschaft, für einen veränderten humanen, intellektuellen und zivilisatorischen Anspruch auszurüsten"[34].

Die Konsequenzen aus dieser Sicht zog die Hamburger Gesamtschulkommission: „In einer immer stärker leistungsorientierten Schule dürfen die humanwissenschaftlichen Fächer (Politologie, Psychologie, Soziologie, Theologie, historisch-hermeneutische Wissenschaften) nicht zu kurz kommen, denn sie verhindern den Umschlag eines auf Effektivität hin angelegten Schulsystems in eine verabsolutierte Leistungsideologie. Der ... Religionsunterricht würde gemeinsam mit den genannten humanwissenschaftlichen Fächern die Gefahr der technokratischen Einseitigkeit der Gesamtschule im Ansatz ausschließen"[35]. Ähnlich argumentiert H. Angermeyer: „Je stärker der Trend zur Leistungsschule wird, um so größere Bedeutung gewinnt ein Fach, in dem auf alle Fälle die Sinnfrage des Tuns gestellt wird"[36]. Auch H. Gloy zeigt in seinen neuesten Veröffentlichungen überzeugend auf, daß das Element Religion in der Schule als

31 H. B. Kaufmann, Die Aufgabe der Kirche nach dem Ende des kirchlichen Religionsunterrichts, S. 5 (aus These 2). Kaufmann möchte die Begründung des Religionsunterrichts aus Art. 4 (GG) an die Stelle der nach seiner Meinung revisionsbedürftigen Begründung über Art. 7, 3 (GG) setzen. Vgl. dazu auch seine 3. und 4. These (S. 7 ff).

32 K. E. Nipkow, Vom Sinn des Religionsunterrichts in der Schule von morgen, in: Radius 1970, Heft 3, S. 37. In gleicher Weise argumentiert Nipkow in seinen Thesen „Gesamtschule — Kirche — Religionsunterricht", in: Zeitschrift für Religionspädagogik, 25. Jg., 1970, S. 260.

33 Strukturplan, Ziffer II-3.2. Der gesellschaftspolitische Bezug des Curriculum-Problems, S. 60: „Der Bezugsrahmen, in dem das Curriculum zu sehen ist, ist umfassend. Er reicht von den Berufsfeldern über die verschiedenen Stufen wissenschaftlicher Orientierung bis zu jenen Lebensbereichen, die durch Wohnen, familiäres Zusammenleben, Umgang mit Menschen, politische Tätigkeit, Religion, Kunst, Sport, Unterhalten und anderes umschrieben werden können."

34 ebenda.

35 „zum Beispiel", Sonderheft, S. 23 (Nr. 35).

36 H. Angermeyer, Aufgabe des Religionsunterrichts, S. 2.

ein „unverzichtbarer Aspekt im Prozeß menschlicher Selbstdefinition" unaufgebbar ist[37]. Dabei geht allerdings Gloy darin zu weit, daß er versucht, den Fachunterricht durch eine fächerübergreifende Lösung im Sinne eines „'Curriculum-Elements Religion' im Rahmen der schulischen Gesamtaufgabe der 'Humanorientierung'" zu ersetzen. Unbeschadet der Tatsache, daß auch in anderen Fächern religiöse Fragen angesprochen werden können, ist es das Ende der „Repräsentanz des Christlichen in der Schule", wenn Religion als Fachunterricht wegfällt. Die Schwierigkeit, auf religiöse Fragen in den übrigen Fächern einzugehen, konnte ja nicht einmal die Bekenntnisschule lösen, die vom Ansatz her dafür prädestiniert schien, geschweige denn eine „Schule für alle". Ohne Fachunterricht geht das „Element Religion" in der Schule der Zukunft mit Sicherheit verloren[37a].

2.22 Aus dem Ansatz der Humanorientierung ergeben sich folgende *schulische Funktionsziele* für den Religionsunterricht:

2.221 Ziel des Unterrichts ist die *Klärung der Sinn- und Wertfragen* der Kinder und Jugendlichen. Es geht dabei nicht nur um Erhellung, Weckung und Deutung ihrer Existenzfragen, sondern *zugleich* um ein Transparentmachen dieser Existenzbezüge auf eine letzte Fragestellung hin[38]. Diese Horizonterweiterung hat einen dreifachen Bezug. Der Jugendliche soll zur *Selbstbestimmung und Selbstfindung im Blick auf sich selbst, auf die Welt, auf die Mitmenschen und die Gesellschaft* geführt werden. Es müssen deshalb vor allem *drei* Fähigkeiten eingeübt werden:

[37] H. Gloy, a.a.O., S. 17 (8. These). Im gleichen Sinne fordert H. v. Hentig bei seinen Lernzielbestimmungen für die Gesamtschule: „Der Schüler muß erfahren, daß die Irrationalität seiner Anschauungen und Gefühle ernst genommen wird — und zwar, weil sie es verdient, nicht weil es „pädagogisch" ist. Er muß sich der ihn auch weiterhin begleitenden Irrationalität bewußt bleiben und sie bejahen dürfen, solange sie der Vernunft nicht unmittelbar widerspricht. Er muß lernen, daß die Gewißheiten der Religion an Vorstellungsweisen gebunden sind, die die Vernunft nicht außer Kraft setzen, sondern die Vernunft nur auf einer anderen Ebene beanspruchen . . ." (Systemzwang und Selbstbestimmung, Stuttgart 1970³, S. 103).

[37a] Zur ausführlichen Auseinandersetzung mit Gloys Konzeption vgl. den Abschnitt II 3.2 in diesem Kapitel!

[38] K. Dessecker u.a., Ziele für den Religionsunterricht, S. 324 (Funktionsziel 1.2): „Der Religionsunterricht soll dazu beitragen, daß die Frage nach Gott als die Frage nach einem letzten Sinnhorizont der Welt und dem Ursprung unbedingter Verpflichtung offengehalten wird. Gerade dadurch kann der Religionsunterricht an der Erhellung der Denkhorizonte als einer allgemeinen Aufgabe der Schule teilhaben."

1. „Die Fähigkeit, die Frage nach dem eigenen *Ich* zu stellen" im Sinne einer „Ermutigung" der Kinder und Jugendlichen zu „reflektierender und deutender Auseinandersetzung mit sich selbst". Damit untrennbar verbunden ist die „Fähigkeit zu eigenverantwortlicher Existenz" [39] und die Frage nach der „Selbstidentität und der Selbstverwirklichung des Menschen" [40].
2. Die Fähigkeit, die *Welt* in ihren letzten Dimensionen und Überraschungshorizonten zu verstehen und zu durchdenken und entsprechende Verhaltensmuster- und -einstellungen zu entwickeln. Dazu gehören auch das Durchsichtigmachen des „Zwanges zur Deutung, Überhöhung und Rechtfertigung der Wirklichkeit (Ideologiebedürftigkeit)" und die „Aufklärung und Gestaltung der irrationalen Momente' unserer Erfahrung (v. Hentig), wie Geburt, Krankheit, Leid, Tod, Schicksalsschläge, biologische und soziologische Bestimmtheit der eigenen Existenz" [41].
3. „Die Fähigkeit, die *Gesellschaftsbezogenheit* menschlicher Existenz zu erkennen" [42]. Dazu gehört das Vermögen, ethische Fragestellungen zu durchdenken und „Kriterien für humanes Verhalten" im zwischenmenschlichen Bereich zu entwickeln [43]; ferner die Fähigkeit, Normen und Verhaltensweisen der Gesellschaft sowie politische, soziale und humane Zielvorstellungen unserer Zeit kritisch zu befragen und ein neues Rollenverhalten in der menschlichen Gesellschaft zu erlernen [44].

2.222 Bei diesen Zielen ist entscheidend, daß es sich hier nicht *nur* um philosophische oder anthropologische Auslegung handelt, daß vielmehr *Religion und Religiosität* bei diesem Auslegungsgeschäft als *„anthropologisches Grundphänomen* angenommen werden müssen" [45]. Deshalb steht

[39] S. Vierzig, a. a. O., S. 24 (Ziffer 3.9 und 3.10).
[40] H. B. Kaufmann, Aufgaben und Ziele des Religionsunterrichts im Zusammenhang der Schulziele, in: „zum Beispiel", Sonderheft 1969, S. 24 (Nr. 37, 6 c).
[41] ebenda.
[42] S. Vierzig, a. a. O., S. 22, Ziffer 3.1 (Hervorhebung von mir).
[43] a. a. O., S. 23, Ziffer 3.5. „Der Religionsunterricht soll Einsicht in die anthropologische Grundstruktur geschichtlich-gesellschaftlicher Existenz vermitteln. Tradition soll Anstoß werden für die eigene Auseinandersetzung mit der ethischen Problematik, um an einer verantwortlichen Gestaltung der Zukunft mitzuwirken." K. Dessecker u. a., a. a. O., S. 324 (Funktionsziel 2.2).
[44] Vgl. auch: K. Wegenast, Religionsunterricht — wohin?, S. 185: Der Religionsunterricht „will gegenwärtige Probleme des Jugendlichen und der Gesellschaft analysieren helfen, zusammen mit den Schülern nach humanen Lösungen suchen und Modelle für ein verantwortliches Handeln entwerfen und bedenken."
[45] H. B. Kaufmann, Religionsunterricht in der Hauptschule, in: Loccumer

und fällt diese schultheoretische Begründung mit der Bereitschaft der Schule, die oben genannten Bezüge auf ihre religiöse Dimension zu hinterfragen und nicht bei anthropologischer oder soziologischer Welt- und Menschendeutung stehenzubleiben. Es ist für den Religionsunterricht der Zukunft zwar existenzwichtig, daß er die Lebensprobleme und Lebensfragen, die Welterfassung und Welterfahrung des heutigen Menschen in einer „umfassenden Wirklichkeitsanalyse“ [46] ernst nimmt. Zugleich aber muß daran festgehalten werden, daß diese Analyse nicht bei einer „Selbstauslegung“ stehenbleiben darf. Religionsunterricht kann auch in schulischer Verantwortung nur als *„Begegnungsauslegung“* [47], im Dialog mit der christlichen Tradition und der in ihr intendierten Botschaft, verstanden werden. Es kann also nicht ausschließlich darum gehen, Weltverständnis und Selbstverständnis zu vermitteln, sondern ein Gespräch zu führen über die *Wirklichkeit im Lichte christlicher Daseins- und Weltauslegung.* „Der Religionsunterricht soll die Schüler in den Prozeß theologischer Erkenntnisgewinnung einbeziehen, damit sie unsere Welt im Licht der Heiligen Schrift verstehen lernen ...“ [48]. Er soll „Gotteserkenntnis in einer Korrelation von Weltverständnis und Selbstverständnis entwickeln“ [49]. Hier muß eine klare Zielbestimmung getroffen werden. Es gibt heute Aussagen über Humanorientierung, die die Grenzen zur Lebens- und Sozialkunde verwischen, weil keine eindeutige Zielformulierung gewagt wird. Diese Gefahr besteht bei H. Gloy [50] und H. Halbfas [51]. Religionsunterricht gibt sich selbst auf, wenn er aus der „Begegnungsauslegung“ eine „Selbstauslegung“ macht, wenn er die Spannung der Korrelation zugunsten eines einlinigen Wirklichkeitsverständnisses aufgibt, wenn nicht nur die Frage, sondern auch die Antwort im Raum der An-

Religionspädagogische Studien und Entwürfe V, Loccum 1969, S. 136 (Hervorhebung von mir).

[46] G. Ebeling, Wort und Glaube, Tübingen 1962², S. 366. Ohne „Situationsvergewisserung“ und „Situationsbericht“ können keine Glaubensaussagen im Religionsunterricht mehr gemacht werden. (Vgl. dazu J. B. Metz, Zur Theologie der Welt, Mainz/München 1968, S. 132).

[47] H. Braun, Gottes Existenz und meine Geschichtlichkeit im Neuen Testament. Eine Antwort an Helmut Gollwitzer, in: Zeit und Geschichte, hrsg. von E. Dinkler, Tübingen 1964, S. 407 f. — Vgl. dazu ausführlich den Abschnitt II dieses Kapitels, Ziffer 1.12.

[48] K. Dessecker, Ziele für den Religionsunterricht, S. 324, aus Funktionsziel 1.1.

[49] J. Moltmann, Theologie der Hoffnung, München 1968⁷, S. 57.

[50] Siehe oben Kapitel 2, Abschnitt B II, Ziffer 3.3.

[51] H. Halbfas, Fundamentalkatechetik, Sprache und Erfahrung im Religionsunterricht, Stuttgart 1968, vor allem Teil 1. Vgl. zur Diskussion dieses Ansatzes: G. Stachel (Hrsg.), Existentiale Hermeneutik, Einsiedeln 1969.

thropologie und Soziologie bleibt[52]. Religionsunterricht wird seiner Aufgabe nur gerecht, wenn er in sich dialogisch strukturiert ist, d. h. wenn es ihm gelingt, „zwischen dem überlieferten christlichen Glauben und unserer gegenwärtigen Welt zu vermitteln“[53]. Richtig verstandene Humanorientierung ist immer Auslegung der Wirklichkeit in Begegnung mit der biblischen Botschaft. Deshalb läßt sich das Proprium des Religionsunterrichts nur in einer dialektischen Zielformulierung ausdrücken: Evangelischer Religionsunterricht ist „Gespräch über die *Wirklichkeit im Licht evangelischen Glaubens*“ und zugleich „Gespräch über den *Glauben im Lichte der Wirklichkeit*“[54].

Mit diesen Formulierungen sind wir allerdings bereits an der *Grenze einer schulischen Begründung* des Religionsunterrichts angelangt. Der hier geforderte Dialog kann von der Schule *allein* nicht geführt werden. Hier braucht die Schule selbst das Gespräch mit Theologie und Kirche, damit sie den Dialog in ihrem Unterricht durchhalten kann[55].

Aus dieser Ineinanderschau von Gegenwartsorientierung und Traditionsorientierung ergibt sich zwingend, daß für die künftige Zielbestimmung des Religionsunterrichts niemals Kontextunterricht und Bibelunterricht gegeneinander ausgespielt oder auch nur in einer abwertenden Rangfolge gesehen werden dürfen. Wenn einer der beiden Aspekte aufgegeben

[52] Die theologische Begründung für diese Aussagen folgt im Abschnitt II dieses Kapitels im Anschluß an Tillichs Korrelationsbegriff und in Auseinandersetzung mit H. D. Bastian, Theologie der Frage, München 1969.

[53] G. Martin, in: Religionspädagogische Projektforschung, Tübingen 1968 (Fotodruck), S. 4; „Es geht dabei einerseits um die *Verantwortung* des Glaubens im Problemhorizont unserer gegenwärtigen Welt und andererseits um die *Antwort* des Glaubens auf die Fragen und Nöte unserer Zeit“ (ebenda).

[54] ders., Ort und Aufgabe evangelischen Religionsunterrichts, in: Der Evangelische Erzieher, 21. Jg., 1969, S. 6. Am präzisesten drückt sich hier K. Wegenast aus: „Solcher von der Schule vertretener Religionsunterricht hat die Aufgabe, durch die Auslegung heutiger Wirklichkeit im Lichte christlicher Überlieferung und durch die Auslegung christlicher Überlieferung im Kontext heutiger Wirklichkeit dem Schüler Einsichten zu vermitteln, die ihm dazu verhelfen, ein eigenes Welt- und Selbstverständnis zu gewinnen, gegenwärtiger und zukünftiger Verantwortung im öffentlichen und privaten Bereich innezuwerden und dazu in der Lage zu sein, in sozialer Offenheit und Toleranz Konflikte verantwortlich zu bewältigen“ (Religionsunterricht — wohin?, Lutherische Monatshefte, 9. Jg., 1970, S. 184). Diese These wird von Wegenast ausführlich entfaltet in seinem Aufsatz: „Gehört der Religionsunterricht in die öffentliche Schule? Theologische und pädagogische Stimmen zu einem aktuellen Problem“ (in: Glaube — Schule — Wirklichkeit, Beiträge zur Theorie und Praxis des Religionsunterrichts, Gütersloh 1970, S. 83 ff).

[55] Siehe dazu die ausführlichen Erörterungen im Abschnitt II dieses Kapitels, Ziffer 3.2.

wird, verliert der Religionsunterricht seinen Sinn. Es ist deshalb nicht fruchtbar, den Überhang der einen oder anderen Seite zu sehr zu betonen. Zu diesem Punkt ist die Diskussion zwischen H. Gloy und I. Baldermann während der Loccumer Tagung vom Januar 1970[56] äußerst aufschlußreich. Gloy betont bewußt einseitig die Problemorientierung des Religionsunterrichts, die an die Stelle der traditionellen „Bibelzentrierung" treten muß[57]. In seinen Gegenthesen bringt Baldermann die Sorge zum Ausdruck, daß ein solcher Unterricht die Substanz verliert, wenn er nicht primär biblisch orientiert bleibt[58]. Baldermanns Anliegen ist berechtigt. Trotzdem sollte man beide Aspekte nicht gegeneinander ausspielen. Problemorientierung und Bibelorientierung müssen eine spannungsvolle

56 Tagung in Loccum vom 3.—6. 1. 1970 über das Thema: Der Religionsunterricht in der gegenwärtigen schulpädagogischen und gesellschaftspolitischen Auseinandersetzung. Die Thesen sind abgedruckt in: Zeitschrift für Religionspädagogik, 25. Jg., 1970, S. 13 ff und S. 19 ff.

57 a. a. O., S. 16: „Es wäre verhängnisvoll, den Religionsunterricht erneut als einen weitgehend biblischen, jetzt freilich stärker der historisch-kritischen Exegese verpflichteten Religionsunterricht zu konzipieren. Die Gefahr des Auseinanderklaffens zwischen religionspädagogischer Theorie und Praxis einerseits und theologischem Denken andererseits würde damit an einer anderen Stelle erneut aufbrechen" ... „Es erscheint geboten, den Religionsunterricht aus seiner kirchlichen Bindung herauszulösen, ihn thematisch und stofflich zur Wirklichkeit des Schülers und seiner Welt hin zu öffnen und ihn in neue schulorganisatorische und lernökonomische Lösungen zu integrieren. In diesem Sinn kann gesagt werden, daß der Religionsunterricht von einem bekenntnisgebundenen und bibelzentrierten zu einem problemorientierten Religionsunterricht fortentwickelt werden muß." Vgl. dazu auch den Aufsatz von H.-B. Kaufmann, der diese Diskussion mit ausgelöst hat: Muß die Bibel im Mittelpunkt des Religionsunterrichts stehen?, in: Schule und Kirche vor den Aufgaben der Erziehung (Stallmann-Festschrift), hrsg. von G. Otto und H. Stock, Hamburg 1968, S. 79: „Die traditionelle Mittelpunktstellung der Bibel *als Gegenstand und Stoff des Religionsunterrichts* ist ein Selbstmißverständnis und weder theologisch noch didaktisch gerechtfertigt." Zum ganzen vgl. H.-B. Kaufmann, Möglichkeiten und Grenzen des Religionsunterrichts heute, in: Der Evangelische Erzieher, 20. Jg., 1968, S. 89 ff. Auch G. Otto geht in seiner neuesten Veröffentlichung zum Religionsunterricht noch einmal expressis verbis auf dieses Problem ein (Artikel „Religionsunterricht", in: Praktisch-Theologisches Handbuch, hrsg. von G. Otto, Hamburg 1970, S. 422 f, Ziffer 2.5: Die Stellung der Bibel). Zur Praxis des Problemorientierten Religionsunterrichts vgl. die nach Abschluß dieser Arbeit erschienenen Aufsätze: H. B. Kaufmann, Zum Thematischen Religionsunterricht, in: Religionsunterricht unterwegs, hrsg. von K. Wegenast und H. Grosch, Hamburg 1970, S. 39 ff; J. Weitz, Problemorientierter Religionsunterricht — wozu?, a. a. O., S. 55 ff; Chr. Reents, Zwischen Bibelunterricht und thematischem Religionsunterricht, a. a. O., S. 77 ff.

58 a. a. O., S. 21 (aus These 3.4): „Ein sachgemäßer Religionsunterricht wird

Einheit bilden wie die beiden Pole einer Ellipse[59]. Die Lebenswirklichkeit kann nicht ohne den Kontext der Bibel, die Bibel kann nicht ohne den Kontext der Lebenswirklichkeit ausgelegt werden.

2.223 Zum Funktionsziel der Humanorientierung gehört aber nicht nur die Deutung von Lebenswirklichkeit im Kontext der biblischen und theologischen Aussagen sondern ebenso die „Bewährung biblischer und theologischer Aussagen im *Kontext unterschiedlicher weltanschaulicher Positionen*“[60]. Diesen Funktionszielkomplex faßt Nipkow unter dem Oberthema „Glaube und Unglaube bzw. anderer Glaube“[61]. H. Angermeyer spricht von „Glaubensunterricht im Kontext der Andersglaubenden“[62]. Hier hat der Religionsunterricht die Aufgabe, den offenen Pluralismus der Meinungen im Sinne Ottos auszuhalten und bewußt durchzuspielen. Dabei sind *zwei Irrwege* zu vermeiden.

2.2231 Der *eine* ist die bisher weithin geübte Form der Indoktrination, mit der der Jugendliche von vornherein ohne echte Auseinandersetzung auf eine Glaubenshaltung festgelegt wird. Die Gegenmeinungen werden dann zur „Folie“ abgewertet, auf der die Wahrheit aufleuchten soll. In diesem Punkt hat die Verkündigungskonzeption manche Verkrampfung mit sich gebracht. Allerdings haben erfahrene Pädagogen auch in jener Epoche sich nicht ohne weiteres zur Manipulation der Kinder hinreißen lassen[63]. Andererseits haben wir heute die Aufgabe, eine *echte* Konfrontation mit anderen Meinungen und Weltanschauungen im Religionsunterricht *bewußt* herbeizuführen. Am Mut zu dieser dialogischen Offenheit wird sich die Zukunft des Religionsunterrichts entscheiden. In diesem

deshalb in seiner entscheidenden Orientierung (d. h. seiner Anlage und Intention nach, nicht in allen einzelnen Phasen) biblischer Unterricht bleiben müssen“. Vgl. auch I. Baldermann, Der biblische Unterricht, Braunschweig 1969, S. 16: „Ungeklärt bleibt vor allem die Frage, was eigentlich die Substanz eines Religionsunterrichts sein soll, in dem die Bibel ihre zentrale Stellung als Gegenstand und Orientierungspunkt verloren hat.“ In ausführlicher Auseinandersetzung mit H. B. Kaufmann fordert er „nicht nur die Mittelpunktstellung der Bibel im Religionsunterricht, sondern auch eine Mittelpunktstellung des biblischen Unterrichts in der Didaktik des Religionsunterrichts“ (a. a. O., S. 19).

59 Vgl. das im Anschluß an Tillich entwickelte Ellipsenmodell im Abschnitt II dieses Kapitels, Ziffer 3.23.

60 K. E. Nipkow, Curriculumforschung und Religionsunterricht (Vortrag), S. 14 (Hervorhebung von mir).

61 ebenda.

62 Aufgabe des Religionsunterrichts, S. 4.

63 Vgl. die Abschnitte bei G. Bohne über das richtige Gespräch mit Kindern! Siehe dazu im 2. Kapitel, Teil A 1.

Punkte gehen alle Erhebungen über Schülererwartungen in die gleiche Richtung: Die Schüler sind allergisch gegen jede Manipulation, sie suchen die freie Auseinandersetzung über Glaubensfragen[64]. Es ist für den Religionsunterricht unerläßlich, daß die echte Gegenentscheidung, auch die Entscheidung zum Unglauben, einen legitimen Platz bekommt. Jede Abkapselung im Sinne eines falschen Sicherheitsdenkens ist zu vermeiden. Es geht um einen „zunächst offenen Streit um die Wirklichkeit und die Wahrheit". „Wir sollten ... diese Auseinandersetzung jenseits des Kleinglaubens vergangener Zeiten beginnen und nicht einseitig unsere Antworten aufzwingen wollen"[65]. Daraus ergeben sich klare Zielbestimmungen: „Der Religionsunterricht soll die Schüler befähigen, im Dialog die Überzeugung des anderen zu achten und über das Trennende hinaus die möglichen gemeinsamen Werte des Zusammenlebens zu suchen"[66]. Frör verlangt in diesem Zusammenhang „Offenheit für kritisches Gespräch, Zweifel und Opposition". Es dürfen *„keine religiösen oder kirchlichen Vorleistungen"* gefordert werden[67]. Der Religionslehrer darf sich nicht mehr „als der 'Vollstreckungsbeamte der Kirche' fühlen"[68].

Von daher ist der immer wieder ausgesprochenen Forderung nach einer ausführlichen Religionskunde, also einer Einführung in die gegenwärtigen religiösen Positionen und Anschauungen, im weitesten Umfang Rechnung zu tragen. Das gilt nicht nur für das Gymnasium, sondern auch für die Hauptschule. Hier muß das Angebot sachgemäßer Information und echter Diskussionsmöglichkeit entscheidend verbessert werden. Dabei geht es nicht darum, daß eine Art „Supermarkt" der Weltanschauungen entsteht, sondern daß die „verschiedenen Positionen miteinander redefähig gemacht werden"[69]. Auch die Information über Religionen geschieht nicht aus musealem Interesse, sondern „hilft zum Verständnis der Wirklichkeit und

[64] Vgl. die Zusammenstellung der Schülererwartungen in: „zum Beispiel", Sonderheft 1969, S. 17 f.

[65] K. E. Nipkow, a. a. O., S. 14.

[66] K. Dessecker, Ziele ..., S. 325 (Funktionsziel 4.2).

[67] K. Frör, Thesen von 1970 (aus These 11 — Hervorhebung von mir). Ähnlich U. Becker: „Der Religionsunterricht muß Raum geben, um in einem freien, offenen Gespräch mit den Schülern die Stellung, die Bedeutung und den Anspruch von Glaube, Kirche und Religion in der heutigen Welt und angesichts der uns bedrängenden Probleme zu erörtern" (These 3 b zu dem Referat „Aufgabe und Stellung des Religionsunterrichts in der modernen Schule" — hektographiert).

[68] K. Frör auf einem Vortrag in Kulmbach am 19. 10. 1970 (nach epd-Landesdienst Bayern Nr. XXV/183 vom 19. Oktober 1970).

[69] G. Otto, These 2 von Oldenburg, Jahrbuch des Evangelischen Bundes, 1970, S. 89.

zur Orientierung an Zukunftsaufgaben"[70], d. h. sie dient letzten Endes der Thematisierung von Lebens- und Sinnfragen. Die Beschäftigung mit anderen Weltanschauungsgemeinschaften und Religionen hat den Sinn, ihre Antworten im Dialog mit der christlichen Glaubensüberzeugung in die Diskussion der Lebens- und Sinnfragen mit einzubringen.
Die Frage, wie der konfessionelle Religionsunterricht und die „Religionskunde" einander *organisatorisch* zugeordnet werden können, wird ausführlich im Schlußteil dieses Kapitels erörtert werden[71].

2.2232 Die Dialogfähigkeit der Schule im Religionsunterricht setzt nun allerdings voraus, daß der *zweite Irrweg* vermieden wird, nämlich das relativierende und neutralisierende Angebot, das kein persönliches Engagement und keine personale Repräsentanz des Lehrers verlangt. Hier sind sich inzwischen auch die verantwortlichen Befürworter der Religionskunde darüber einig[72], daß der echte Dialog der Meinungen einen klaren Standpunkt des Lehrers voraussetzt, der zwar nicht präjudizierend den Kindern übergestülpt werden, aber auch nicht krampfhaft verborgen werden darf. Ottos Forderung, daß die Wahrheit in keiner Weise vorgegeben sei, sondern im didaktischen Prozeß sich erst erweisen müsse[73], ist nur richtig, wenn sie nicht im Sinne einer Relativierung der Standpunkte mißverstanden wird. Ein solcher Unterricht wäre pädagogisch sinnlos und würde den Aufgaben der Schule widerstreiten. Ganz abgesehen davon, daß er der Sache nie gerecht werden könnte. „Keine Form von Religionsunterricht sollte einer Neutralisierung von Positionen sowie einem allgemeinen Relativismus und Indifferentismus Vorschub leisten. Von allen Lehrern, die ... christlich-konfessionellen oder religionskundlich-religionsphilosophisch orientierten Unterricht erteilen, muß erwartet werden, daß sie die Bedeutung religiösen Fragens, den Sinn bekenntnismäßiger und weltanschaulicher Bindung, die pädagogische Notwendigkeit begründeter eigener Stellungnahmen und kritischer Rückfragen sowie die Aufgabe der unterrichtlichen Zusammenarbeit mit andersdenkenden Lehrern und Schülern erkennen und bejahen"[74]. Deshalb muß dieser Unterricht seinen Weg zwischen der Scylla der „Gängelung" und Intoleranz und der Charybdis der blassen Unverbindlichkeit hindurchfinden. Es muß Raum zum Zweifeln, ja zum Zu-Ende-Denken

70 Stellungnahme zu Problemen des Religionsunterrichts, vorgelegt von einer Fachkommission des Comenius-Instituts, abgedruckt in: Evang. Kirche und Religionsunterricht, S. 19 (zit. Comenius-Stellungnahme).
71 Vgl. den Abschnitt II 4.
72 Siehe Kapitel 2, Abschnitt B III, Ziffer 2.4.
73 Oldenburger These Nr. 3, a. a. O., S. 90.
74 Comenius-Stellungnahme, S. 20.

der Zweifel, aber auch zum Antworten und Bekennen gegeben sein. „Im gemeinsamen Fragen, Zweifeln und Bekennen von Lehrern und Schülern, das gleichzeitig zur Toleranz erzieht, wird sich der Pluralismus von Weltanschauungen, aber auch die Verbindlichkeit von Glaubensüberzeugungen herausstellen" [75].

2.224 Diese prinzipiell dialogisch-kommunikative Grundstruktur des Religionsunterrichts verlangt nun auch einen nichtrepressiven, *partnerschaftlichen Unterrichtsstil.* Hier ergeben sich aus den neuen Zielvorstellungen klare Konsequenzen. Dabei geht es um mehr als um die Weckung der Schüleraktivität im Sinne der Reformpädagogik. Es geht um einen *kooperativen Gesamtstil* des Unterrichts. Dieser dialogische Unterricht sollte ein „von Lehrer und Schülern gemeinsam verantworteter Unterricht" werden, „unbeschadet der unaufgebbaren besonderen Verantwortung des Lehrers". Das setzt voraus, daß „die Schüler an der Planung des Unterrichts beteiligt werden; denn dort allein kann Verantwortung für den Unterricht als ganzen wahrgenommen werden". Näheres zu dieser kooperativen Unterrichtsplanung findet sich im Programm der „Religionspädagogischen Projektforschung" (RPF) von Württemberg [76]. Diese Konzeption ist zunächst für das Gymnasium entwickelt; doch ist es auch für das emanzipatorische Konzept der Hauptschule eminent wichtig, daß der dialogische Charakter des Religionsunterrichts bestimmend wird im Sinne einer Erziehung zur Dialog- und Kritikfähigkeit, wie es z. B. die Präambel zum Bayerischen Religionslehrplan für die 9. Klasse verlangt: „Dem Alter der Schüler in der 9. Klasse entspricht ein partnerschaftliches Verhältnis von Lehrer und Schüler. Der Lehrer gewährt dem Jugendlichen Selbständigkeit, überträgt ihm Verantwortung, respektiert die persönliche Sphäre und nimmt seine Meinungsäußerungen ernst" [77]. Aber auch die Grundschulreform fordert eine vorbereitende Hinführung zu diesem Unterrichtsstil, selbst wenn dort die Elemente der Darbietung durch den Lehrer noch überwiegen werden [78].

[75] a. a. O., S. 19.

[76] K. Dessecker/G. Martin/K. Meyer zu Uptrup, Religionspädagogische Projektforschung, Stuttgart/München 1970, vor allem S. 52 ff (hier auch die Zitate — Hervorhebungen weggelassen).

[77] Amtsblatt für die Evang.-Luth. Kirche in Bayern, 1969, Nr. 16, S. 140.

[78] Vgl. die Lernziele in Steinwedes Lehrplanentwurf für den Religionsunterricht in der Grundschule: „Öffnung der religiösen Fragehaltung ... Ausbildung der Fähigkeiten, im Bereich des Religiösen sprachfähig zu werden ... thematisierte Auseinandersetzung mit religiösen Grundfragen, die von theologischen Grundkategorien her aufzunehmen und fortzuführen sind usw." (Loccumer Religionspädagogische Studien und Entwürfe VI, S. 27).

Auf diesem Gebiet wird der Religionsunterricht der Zukunft seine stärkste Wandlung erfahren müssen[79]. Nur dann wird er den Forderungen gerecht werden, die der Strukturplan im Blick auf die „notwendigen Veränderungen im Lehrer-Schüler-Verhältnis“ erhebt. „Die künftige Schule wird vom Schüler mehr Selbständigkeit und Eigenverantwortung fordern und ihn zu beidem stärker motivieren. Der Lehrer wird außer der Sachkompetenz die erforderliche Sozialkompetenz besitzen müssen und dadurch als Lehrer eine neue Bedeutung gewinnen“[80].

2.3 Der Aspekt der Gesellschaftsorientierung

2.31 Die Aspekte der Traditions- und Humanorientierung des Religionsunterrichts standen, wie ja schon der historische Überblick im zweiten Kapitel bewies, bisher im Mittelpunkt der Diskussion. Das führte aber zu einer einseitig individualisierenden und personalisierenden Engführung in den Zielvorstellungen. Hier muß von einem gewandelten Bildungsbegriff und von der daraus resultierenden Schultheorie her eine wesentliche Neuorientierung des Religionsunterrichts erfolgen. Wir folgen hier der Konzeption W. Klafkis[81]. Er fordert eine Korrektur des bisherigen Selbstverständnisses der Schule im Blick auf die sie umgebende „wirtschaftlich-gesellschaftlich-politische Wirklichkeit“. Die Schule der Zukunft ist nicht ein autonomes Bildungsreservat, sondern auf die Kooperation mit allen gesellschaftlichen Kräften angewiesen. „Sie kann sich ... nicht mehr als relativ geschlossener ‚Schonraum‘, als Jugendenklave in der wirtschaftlich-gesellschaftlich-politischen Wirklichkeit und damit ausschließlich als Raum der reinen theoria ..., der freien Musen ... und der religiösen Unterweisung — zentriert um ‚Hören‘ und ‚Auslegung‘ — verstehen. Sie muß die *Dimension des Handelns und der handlungsbezogenen Besinnung — Engagement und Reflexion* — in ihren bisherigen Aufgabenzusammenhang integrieren. Über die Ermöglichung eines Schullebens hinaus muß sie den jungen Menschen zeitweilig in die *Erfahrung elementaren Mit-Handelns, Sich-Engagierens, Verantwortung-Übernehmens in der außerschulischen Wirklichkeit* hineinführen und eine *Didaktik und Methodik der reflexiven Erhellung, Vertiefung und Transposition* des Erfahrenen entwickeln“[82]. Zur gleichen Folgerung kommt Klafki bei

79 Ausgezeichnete Hinweise dafür bieten die Lehrplanvorarbeiten in dem in der vorigen Anmerkung genannten Sammelband.

80 Strukturplan, Ziffer I-4.7 (Soziales Lernen), S. 37.

81 Er entwickelt sie u. a. in seinen Studien zur Bildungstheorie und Didaktik, Weinheim 1964², vor allem in der 3. Studie „Engagement und Reflexion im Bildungsprozeß“, S. 47 ff.

82 a. a. O., S. 71.

einer Analyse des Bildungsbegriffes, den er als „eine bestimmte Weise des In-der-Welt-Seins, des Sich-Bewährens, der verantwortlichen Mitmenschlichkeit, des Mit-sich-selbst-und-mit-der-Welt-in-Ordnung-Kommens“ interpretiert. „Die Schule muß sich in ihrem Bemühen, Kindern und Jugendlichen Bildung — als Kinder- und Jugendbildung — zu ermöglichen, konsequent als auf das außerschulische Leben bezogen verstehen: als Ort der Vertiefung und Aufschlüsselung, der Sammlung und Konzentration, der Besinnung und Klärung des außerschulischen Lebens zunächst des Kindes und Jugendlichen, zugleich aber auch des die jungen Menschen interessierenden, ihnen bevorstehenden Erwachsenenlebens“ [83]. Ähnlich argumentiert W. Kramp in seiner Studie „Das Prinzip der Lebensnähe als pädagogisches Problem“ [84]. Er geht von den in den vergangenen Jahrzehnten entwickelten gegensätzlichen Schultheorien aus [85] und zeigt daran die „Unzulänglichkeit jeder monoprinzipiellen Begründung der Schule“ auf [86]. Bildung kann heute nur „als *Relationsbegriff* verstanden werden“, bezogen auf das „verantwortlich tätige *Leben*“ und auf „Bewältigung des Lebens in der modernen Arbeitswelt“ [87]. Daraus ergibt sich für die Schultheorie notwendig eine *dialektische Sicht:* Die Schule kann nicht *einseitig* als „heteronome Institution außerschulischer Mächte“ [88], als Anpassungsschule, aber auch nicht *ausschließlich* als autonome „Lebensform sui generis“ jenseits der Arbeitswelt, als „Schonraum“ und „pädagogische Provinz“ [89] gesehen werden. Die Schule muß immer „Funktion der Gesellschaft“ und *zugleich* „autonome Bildungsstätte“ sein [90]. Sie steht deshalb „in einem koordinierten Verhältnis zur Welt“ [91] und hat eine doppelte Aufgabe im Blick auf die Gesellschaft: Sie muß den Schüler fähig machen, „im Gespräch der Gesellschaft mündig mitzuspre-

[83] a. a. O., S. 95.

[84] In: Die Deutsche Schule, 53. Jg., 1961, S. 487—498.

[85] Er greift dabei u. a. auf die „klassischen“ Thesen von R. B. Jachmann von 1811 zurück: Über das Verhältnis der Schule zur Welt. In: Dokumente des Neuhumanismus I, hrsg. von R. Joerden. Kleine pädagogische Texte, H. 17, Langensalza o. J., S. 88 ff, bes. S. 92. Zur Diskussion über die Schultheorien vgl. K. Schaller (Hrsg.), Schule und Leben, Ein Repertorium zur Bildungsorganisation und Bildungsökonomie, Hamburg 1967 (darin auch ein Auszug aus Jachmann, S. 63 f); ferner: Der Evangelische Erzieher, 18. Jg., 1966, Heft 11 (S. 429 ff), „Gesamtthema: Was ist Schule?“.

[86] W. Kramp, a. a. O., S. 491.

[87] a. a. O., S. 496.

[88] a. a. O., S. 488. Die Schule kann nicht „dem Leben und der Arbeitswelt ‚subordiniert‘“ werden (nach Jachmann, a. a. O., S. 92).

[89] W. Kramp, a. a. O., S. 489 f. Die Schule kann auch nicht der Arbeitswelt „präordiniert“ werden (wie es Jachmann als Ideal sieht).

[90] a. a. O., S. 491; siehe auch S. 497.

[91] a. a. O., S. 491 (im Anschluß an die Terminologie Jachmanns).

chen, mit der Welt ‚in Ordnung zu kommen' und Verantwortung in ihr zu übernehmen"[92]. Sie muß deshalb bewußt „die Aufgaben des künftigen Erwachsenen in den Blick nehmen"[93]. Zugleich kann sie ihrem Auftrag, „Funktion der Gesellschaft" zu sein, nur gerecht werden, wenn sie „den jungen Menschen vor verfrühter Eingliederung in jene Gesellschaft behütet"[94]. Deshalb müssen die Aspekte der „Anpassung" und des „Widerstandes" untrennbar zusammengesehen werden[95].

Diese Konzeption setzt allerdings voraus, „daß die Schule von morgen nur verstanden und realisiert werden kann als *Veranstaltung der Gesamtgesellschaft*"[96]. Daraus ergibt sich eine wichtige Konsequenz, die das Gutachten der Fachkommission des Comenius-Instituts folgendermaßen zusammenfaßt: Die Schule „kann nicht mehr länger primär als Veranstaltung des Staates und als unterste Einheit einer Verwaltungshierarchie durchgeführt werden. Die in einem neuen Sinne ‚öffentliche Schule' müßte die Pluralität aller tragenden und prägenden Gruppen der Gesellschaft in ihren wechselseitigen Beziehungen und Verflechtungen in pädagogisch verantwortbarer Weise zur Geltung kommen lassen"[97].

Wenn diese Sicht ernst genommen wird, bekommt der Religionsunterricht eine gesellschaftsbezogene Aufgabe, die neu bedacht werden muß: Er muß die Schüler zur Begegnung mit den Sozialformen und Sozialgebilden der Gegenwart führen. Dazu gehört auch die von der christlichen Tradition her geprägte „Sozialform", die Kirche heute. Das bedeutet, daß die Kirche nicht nur in der Gestalt von Textauslegung oder bei der Interpretation

[92] a. a. O., S. 497.

[93] a. a. O., S. 498.

[94] a. a. O., S. 497.

[95] a. a. O., S. 491 im Anschluß an H. Schelsky, Anpassung oder Widerstand? Soziologische Bedenken zur Schulreform, Heidelberg 1961.

[96] Comenius-Stellungnahme, S. 18.

[97] ebenda. Auf die komplizierten juristischen Fragen, die sich aus dieser Forderung ergeben, kann in diesem Zusammenhang nicht eingegangen werden. Vgl. dazu vor allem R.-P. Calliess, Schule als Veranstaltung der Gesellschaft, Plädoyer für die rechtliche Selbständigkeit der Schule, in: Evangelische Kommentare, 2. Jg., 1969, S. 378 ff. Er fordert, „daß die Schule analog den Universitäten die Rechtsgestalt *einer Körperschaft des öffentlichen Rechts" erhalten solle* (S. 381). Vgl. auch seinen Aufsatz: Kirche, Schule und Demokratie, in: Zeitschrift für ev. Kirchenrecht, 1968, S. 58 ff. Zur Auseinandersetzung mit dieser Konzeption siehe bei H. B. Kaufmann, Die Aufgabe der Kirche nach dem Ende des kirchlichen Religionsunterrichts, 5. These, S. 10 f. Einen weiterführenden Vorschlag macht der Strukturplan des Deutschen Bildungsrates in Abschnitt V, vor allem Ziffer 2 (Öffentliche Verantwortung und institutionelle Ordnung im Bildungswesen): „1. Das gesamte Bildungswesen steht unter öffentlicher Verantwortung, die sich auf die Planung des Bildungswesens und die Formulierung von Lernzielen richtet sowie in staatlicher

von Glaubens- und Lebensfragen in Erscheinung tritt, sondern als „Lebensform" der Gegenwart. Daß hier große theologische und pädagogische Probleme liegen, hat das zweite Kapitel gezeigt. Man vergleiche die scharfen Einwände Ottos in den Thesen gegen Frör[98]. Offenbar ist es nicht mehr möglich, daß der Religionsunterricht der Zukunft unmittelbar in die volkskirchliche Situation einführt, wie es die Verkündigungskonzeption wollte. Die Verbindung zur Ortsgemeinde, wie sie in ländlichen Verhältnissen teilweise noch bestand, ist durch die Neugliederung des Schulsystems fast völlig verschwunden. Hier gibt es keine Möglichkeit, das alte Konzept einer „Erziehung zur Gemeinde" zu retten. Die volkskirchlichen Strukturen sind außerdem zu blaß, als daß der Religionsunterricht darauf als auf „gelebte Wirklichkeit der christlichen Gemeinde" Bezug nehmen könnte. Trotzdem darf der von Frör immer wieder betonte Kontakt zu „Aktionsformen des Christseins heute" nicht ohne weiteres preisgegeben werden, wenn der Religionsunterricht nicht einer tödlichen Historisierung und Individualisierung verfallen will. Denn die eigentliche Motivation für die Schüler, sich mit religiösen Fragen zu befassen, liegt nicht im Rückgriff auf Texte, sondern in der Tatsache, daß heute Menschen mit diesen Texten umgehen und damit eine Lebensgestaltung wagen.

Das wurde inzwischen von der Religionspädagogik wieder deutlicher erkannt, wie die Kritik Nipkows an Ottos Konzeption zeigt:[99] Nipkow nimmt Frörs Einwand gegen Otto auf, in dem es heißt, daß die „Isolie-

Finanzierung und in der Möglichkeit staatlicher Trägerschaft Ausdruck findet. 2. Die Bildungsinstitutionen erhalten in diesem Rahmen eine begrenzte Selbständgkeit. Diese findet in Bereichen eigener Verantwortung, in der Leitungs- und Organisationszuständigkeit sowie in der Beteiligung an Bildungsplanung und Curriculum-Revision Ausdruck. 3. Die Bildungsinstitutionen, ihre Träger und die gesellschaftlichen Gruppen sind an der Ausübung der öffentlichen Verantwortung im Bildungswesen beteiligt. 4. Die öffentliche Verantwortung für das Bildungswesen und die Bildungsfinanzierung sind grundsätzlich voneinander unabhängig" (S. 260, Ziffer V-2.2). Zum ganzen vgl. auch die ausführliche Untersuchung von A. v. Campenhausen, Erziehungsauftrag und staatliche Schulträgerschaft, Göttingen 1967.

98 „Es wird bei dem vielfältig wiederholten Hinweis auf die ‚gelebte Wirklichkeit der Gemeinde' (u. ä.) und ihre Bedeutung für den Schulunterricht verkannt, wie *unwirklich* das Gemeindeleben in der Gegenwart häufig ist. Fruchtbare Bezugsmöglichkeiten auf vorhandenes Leben der Gemeinde sind doch viel spärlicher, als hier vorausgesetzt ist! Auch deswegen ist die geforderte ‚Kirchlichkeit' schulischen Religionsunterrichts eine Utopie. Wo ist das kirchliche Leben, in dessen bergendem Schoß der Unterricht der Schule aufgehoben sein könnte?" These Nr. 9 von G. Otto, abgedruckt in: H. Gloy, Evangelischer Religionsunterricht in einer säkularisierten Gesellschaft, S. 124.

99 Grundfragen, S. 12 ff.

rung (des Religionsunterrichts) von der Gemeinde als Lebensgemeinschaft und Bruderschaft in der volkskirchlichen Situation heute seine größte Bedrohung ist"[100]. Nipkow betont dann gegen Frör, daß „vorgegebene positive Bindungen der Kinder und Jugendlichen an die Gemeinde"[101] heute weithin illusorisch seien. Dem würde allerdings Frör ohne weiteres zustimmen. Man vergleiche seine neuesten Thesen, in denen er fordert, daß der Religionsunterricht der Zukunft keine „religiösen oder kirchlichen Vorleistungen" mehr verlangen dürfe[102]. Aber auch wenn man diesen Tatbestand in Rechnung stellt, bleibt für Nipkow die Begegnung mit der gegenwärtigen Kirche im Religionsunterricht unaufgebbar. „Auch für jene Mehrheit der indifferenten und ablehnenden Jugendlichen, ja gerade für sie, bleibt die gegenwärtige Kirche mit ihren Äußerungsformen die unmittelbar vor Augen stehende Erscheinungsweise des Christentums in ihrer Welt: erwachsen doch Anstoß, Ärger und Gleichgültigkeit gerade an dieser sichtbaren Kirche"[103]. Dagegen ist das Christentum als „Bestandteil der abendländischen Geistesgeschichte ... ein sehr entfernter Anknüpfungspunkt"[104]. Daraus folgert Nipkow im Sinne der oben entwickelten Schultheorie: „Da nun die Schule dem Heranwachsenden in erster Linie *seine* Welt deuten soll, ist es pädagogisch geboten, zu dieser Aufgabe auch die unterrichtliche Erschließung des gegenwärtigen Christentums zu zählen"[105]. Deshalb ist es notwendig, Ottos Ansatz zu *ergänzen:* „Im Bildungsauftrag der Schule erscheint das Christentum nicht nur als *‚geschichtliche'*, sondern auch als *gegenwärtige Größe*"[106]. Nipkow korrigiert Otto im Sinne der „pädagogischen Polarität", die nach Klafki Vergangenheit, Gegenwart und Zukunft umfassen muß. Sie verlangt, daß der Religionsunterricht nicht grundsätzlich seinen Ausgangspunkt bei der Tradition nimmt, um dann nach der Gegenwart weiter zu fragen, daß er also erst nachträglich die Kirche in den Griff bekommt. Vielmehr hat der umgekehrte Weg die gleiche Berechtigung. Es gehört zur *„polaren Aufgabenstruktur der Schule"*, „die Existenz des schulischen Religionsunterrichts mit gleichem Recht aus der Tatsache der Kirche als einem Teil der ‚gegenwärtig erfahrbaren und greifbaren Strukturen unserer Welt' zu motivieren"[107]. Das heißt, die Begegnung mit dem Christsein heute bekommt

[100] K. Frör, These 9, abgedruckt bei H. Gloy, a. a. O., S. 122.
[101] K. E. Nipkow, a. a. O., S. 12 f.
[102] K. Frör, Thesen von 1970, S. 2.
[103] K. E. Nipkow, a. a. O., S. 13.
[104] ebenda.
[105] ebenda.
[106] ebenda.
[107] a. a. O., S. 14.

nach Nipkow einen Eigenwert, verlangt sogar einen eigenen didaktischen „Komplementärtypus" zum Bibelunterricht[108]. Ziel dieses Unterrichts ist die *„Eröffnung gegenwartsbezogener Zugänge zur Welt des Glaubens"*[109]. Zu diesem zweiten Typus rechnet Nipkow — im Gegensatz zur Konzeption der ausschließlichen Humanorientierung[110] — nicht nur die Behandlung ethischer Lebensfragen, sondern er meint mit seiner Formel „Unterricht über das Christsein und Menschsein" gerade auch die Begegnung mit der Kirche als gegenwärtiger Realität und Verwirklichungsort des Christseins[111]. Frör kann sich deshalb in seinen neuesten Veröffentlichungen zu Recht auf ihn berufen. Er möchte allerdings den Akzent noch stärker auf den Bezug zur kirchlichen Gegenwart verschieben. „Die Begegnung mit dem Lebensraum der Kirche heute wird als das pädagogisch Primäre und Eigentliche und die Begegnung mit den geschichtlichen Zeugnissen dieser Kirche als das pädagogisch Sekundäre und immer nur im Dienst des ersteren zu Beanspruchende zu verstehen sein"[112]. Letztlich wird man beide Elemente nicht gegeneinander ausspielen können. Vielmehr gehören sie als gleichberechtigte, integrierende Bestandteile zum gegenwärtigen Religionsunterricht. Die kirchliche Wirklichkeit läßt sich nicht ohne die sie konstituierenden Texte verstehen und umgekehrt. Akzentsetzungen ergeben sich bei der didaktischen Strukturierung der Stoffe in den verschiedenen Altersstufen.

2.32 Unter dem Aspekt der Gesellschaftsorientierung ergeben sich folgende *Funktionsziele für den Religionsunterricht:*

[108] Vgl. dazu den wegweisenden Aufsatz: Christlicher Glaubensunterricht in der Säkularität, in: Der Evangelische Erzieher, 20. Jg., 1968, S. 169—189, vor allem S. 181 ff.

[109] a. a. O., S. 185. Vgl. auch K. E. Nipkow, Welche „Themen" und „Stoffe" sollen außer der Heiligen Schrift in der Katechese verwendet werden?, in: Concilium, Internationale Zeitschrift für Theologie, 6. Jg., 1970, S. 166 ff. Jetzt überarbeitete Fassung in: W. G. Esser, Zum Religionsunterricht morgen II, München/Wuppertal 1971, S. 38 ff.

[110] Gloy, Stock, später Otto; vgl. Kapitel 2, Teil B II.

[111] Nipkow, Christlicher Glaubensunterricht in der Säkularität, S. 181. Er nennt diese Themen expressis verbis S. 187: „Die Themen des zweiten Grundtypus betreffen die Lebensformen der Kirche heute (Formen des Gemeindelebens, Gottesdienst, Diakonie), das Selbstverständnis der Kirche (auch im Vergleich zur katholischen Auffassung), die ökumenische Bewegung, die Sekten, Juden und Christen, Mission und nichtchristliche Religionen, die Herausforderung der Kirche durch die technische Zivilisation, durch Krieg und Völkermord ... das Verhalten der Kirche in Staat und Gesellschaft ... der rechtverstandene Öffentlichkeitsauftrag der Kirche ... usw."

[112] K. Frör, Religionsunterricht in der säkularisierten Gesellschaft, S. 69.

2.321 Es muß Ziel des Religionsunterrichts sein, zur Begegnung mit *Möglichkeiten des Christseins heute* zu führen. Dabei geht es zunächst *kognitiv* um das Kennenlernen und Verstehen christlicher Existenzformen in der modernen Welt. In diesem Punkt herrscht mindestens das gleiche Informationsbedürfnis wie in Sachen Religionskunde. Es muß den Kindern und Jugendlichen klarwerden, wie Glaubensformen sich in unserer modernen Wirklichkeit sachgemäß darstellen können. Es gehört deshalb zur unaufgebbaren Aufgabe des schulischen Religionsunterrichts, „über die Erscheinungsformen und gesellschaftliche Bedeutung des gegenwärtigen kirchlichen Lebens in der eigenen Konfession und in der Ökumene *ebenso* zu informieren wie über nichtchristliche Religionen und für unsere Gesellschaft relevante Weltanschauungen, die in ihrer Weise Grundfragen des öffentlichen und privaten Lebens beantworten“ [113]. Es leuchtet nicht ein, warum man die Notwendigkeit der Religionskunde betont, dagegen die Kirchenkunde, also die Einführung in die Verwirklichungsformen religiösen Lebens bei uns, weitgehend in den Hintergrund schiebt. Von hier aus müßte konsequenterweise G. Otto seinen Ansatz ergänzen. Denn er weiß durchaus um die Notwendigkeit gesellschaftlicher Verwirklichung christlichen Selbstverständnisses im „institutionellen Rahmen“ der Kirche heute [114]. Dabei sind wir mit ihm einig, daß kirchliche Wirklichkeit heute nicht nur in den volkskirchlichen Strukturen da ist, „daß gelebter christlicher Glaube, im Sinne von Lebensverständnis und Lebenspraxis, weiter als die institutionelle Kirche reichen“ [115]. Religionsunterricht muß durchaus ein „dynamisches Verständnis von Kirche“ [116] im Blick haben. Nicht die Information über die kirchliche Ordnung in der Bundesrepublik wird das Zentrale sein (obwohl das auch nötig ist), sondern die Begegnung mit

[113] K. Wegenast, Religionsunterricht — wohin? S. 184 (Hervorhebung von mir).

[114] Vgl. seinen Vortrag vor dem Evangelischen Arbeitskreis der CSU in Bayreuth: „Die Bedeutung des Christlichen für unsere Gesellschaft“, in: Heft 29 der Schriftenreihe der CSU in Bayern, S. 21: „Wer daran interessiert ist, christliches Verständnis von Mensch und Gesellschaft, von Leben und Welt publik und wirksam zu machen — nicht unter Verweis auf Rechte und Traditionen, sondern mit Argumenten —, der kann neben allen anderen Möglichkeiten, die es dafür gibt, natürlich nicht darauf verzichten, daß es einen institutionellen Rahmen, einen Verwirklichungsort gibt, der sich speziell dieser Frage annimmt. Von daher brauchen wir Kirche als Ort der Gruppenbildung derer, denen es um die Verwirklichung des Christlichen geht. Wir brauchen sie als Forum, auf dem christliche Tradition kritisch aufzuarbeiten und in den permanenten Dialog mit Gegenwart und Zukunft zu bringen, das heißt *weiterzudenken* ist. Wir brauchen Kirche als Sammlungsort derer, die nicht aufhören wollen, über das Christliche gemeinsam nachzudenken.“

[115] ebenda.

[116] ebenda.

Aktionsformen des Christseins, wie es sich immer mehr *in der Bildung von Gruppen und Zellen* innerhalb der volkskirchlichen Ordnung verwirklichen wird. Hier wird christlicher Glaube in der Zukunft primär sein Bewährungsfeld haben. Gerade aus *pädagogischen* Gründen kann auch der schulische Religionsunterricht nicht auf dieses Bezugsfeld verzichten, wenn er seinen Wirklichkeitsbezug nicht einer abstrakten Historisierung und Rationalisierung opfern will. Wir können diese Zielsetzung nicht nur dem „innerkirchlichen Unterricht" überlassen, auch wenn es in Zukunft dessen vorrangige Aufgabe sein wird. Begegnung mit Lebensformen gehört notwendig zur *Grundstruktur jeder religiösen Erziehung*, wenn sie nicht ihren eigenen Sinn verfehlen und zur Immunisierung führen soll. Deshalb gilt die im dritten Kapitel dargelegte Forderung G. Krügers, daß religiöse Erziehung als „ein Erziehungsgeschehen im Bereich des Fundamentalen" Bezugsgruppen voraussetzt, an denen Kinder und Jugendliche „sich inspirieren und orientieren, zu denen sie Kontakt halten und bei denen sie Halt finden können" [117], auch für den Religionsunterricht in der Schule. Ohne diesen anschaulichen und konkreten Lebensbezug, der die nötigen „Fundamentalerfahrungen" vermittelt, kann Religionsunterricht pädagogisch letztlich nicht verantwortet werden. Mit diesen Argumenten stoßen wir allerdings wieder — wie schon im vorigen Abschnitt — *an die Grenze der schulischen Begründung* des Religionsunterrichts. Denn nur im Dialog mit der kirchlichen Wirklichkeit heute kann die Schule diesen Lebensbezug herstellen [118].

2.322 Mit dem kognitiven Element untrennbar verbunden ist allerdings zugleich die Fähigkeit zur *kritischen Auseinandersetzung mit der kirchlichen Wirklichkeit.* Der Religionsunterricht der Zukunft hat nicht mehr in erster Linie die Aufgabe der repressiven Anpassung an bestehende kirchliche Ordnung, im Mittelpunkt steht vielmehr die Erziehung zur Kritik- und Urteilsfähigkeit im Sinne des mündigen, emanzipierten Christen. Es geht im Religionsunterricht um Sozialisation und um Einübung der Rollendistanz, um „einen spannungsreichen Prozeß von Integration und

[117] Vgl. G. Krüger, Thesen zur evangelischen Erziehung, S. 5.

[118] Vgl. dazu die den Kern der Sache treffende Bemerkung des Pädagogen E. Weniger: „Nur wo es lebendige Gemeinde und soweit es lebendige Gemeinden und Kirchen gibt, kann christliche Unterweisung gefordert werden. Wo dieses Leben in den Gemeinden nicht gefunden wird, nutzen rechtliche Ansprüche an den Religionsunterricht gar nichts" (E. Weniger, Glaube, Unglaube und Erziehung, in: Die Eigenständigkeit der Erziehung in Theorie und Praxis, Weinheim o. J., S. 101). Im übrigen siehe die ausführliche Erörterung in Teil II dieses Kapitels.

Emanzipation"[119]. Der Unterricht der Zukunft, gerade in der Grundschule, „hat sowohl eine sozialintegrative als auch eine sozialemanzipatorische Aufgabe"[120]. Das gilt besonders für die Beziehung zur Kirche. Von daher wird das von Vierzig für die Grundschule geforderte Lernziel verständlich: „Fähigkeit, der Möglichkeit eines fraglosen Lebens der unreflektierten Anpassung zu widerstehen"[121].
Dabei ist allerdings wichtig, daß die Dialektik von Anpassung und Widerstand nicht aufgelöst wird. In manchen Zielvorstellungen der Gegenwart besteht eine Tendenz zur Überspitzung des emanizpatorischen Aspekts. Das ist eine verständliche Gegenbewegung gegen die naiven Formen „christlicher Sozialisation", wie sie jahrzehntelang geübt wurden. Andererseits wäre es genau so falsch, jetzt kurzschlüssig in das andere Extrem zu verfallen und der Grundschule unvermittelt ein Modell überzustülpen, das den altersspezifischen Erfordernissen der Schüler nicht gerecht wird. In dieser Frage befinden wir uns im Stadium des Experimentierens, wie die erwägenswerten Mainzer Thesen zum Religionsunterricht in der Grundschule zeigen[122]. Hier ist vorrangige Weiterarbeit erforderlich, wenn der Religionsunterricht des künftigen Primarbereichs aus seinen allzu eingefahrenen Gleisen herauskommen soll.

2.323 Die beiden bisher entwickelten Ziele sind aber nur zu verwirklichen, wenn neben der kognitiven auch die *emotionale und pragmatische Lerndimension* beachtet wird[123]. Denn das „Verstehen von Lebensformen" läßt sich nicht trennen vom „Sich-Verständigen mit"[124] diesen Formen, d. h. vom Erlernen eines echten *Rollenverhaltens.* Einführen und Einüben gehören zusammen. Hier liegt das relative Recht der alten kirchlichen Konzeption einer „Hinführung zur Gemeinde". Es ist inzwischen klar, daß dieses Modell in der bisherigen Form nicht mehr aufrechterhalten werden kann. Trotzdem sollte die Forderung „nach pädagogischer Einübung", wie sie von Frör immer wieder erhoben wird[125], nicht leichthin aufgegeben werden. Auch wenn „christliche Sozialisation" in

[119] G. Otto/H. Rauschenberger, Mainzer Thesen zum Religionsunterricht in der Grundschule, a. a. O., S. 325.
[120] Religionsunterricht von morgen, in: Evangelische Kommentare, 3. Jg., S. 198 (Redaktionsartikel).
[121] S. Vierzig, Lernziele des Religionsunterrichts in der Grundschule, S. 20.
[122] Evang. Kommentare, 3. Jg., 1970, vor allem S. 326. Siehe auch Ziffer I 2.126 in diesem Kapitel.
[123] Siehe Anmerkung 18 in diesem Kapitel.
[124] K. E. Nipkow, Christliche Bildungstheorie und Schulpolitik, S. 188.
[125] K. Frör, Religionsunterricht in der säkularisierten Gesellschaft, S. 70 f.

Zukunft primär Aufgabe der kircheneigenen Erziehungs- und Unterrichtsformen sein wird, kann die pragmatische Dimension aus dem Religionsunterricht aus pädagogischen Gründen nicht ausgeklammert werden. Hier muß Th. Wilhelm vom schulischen Gesamtauftrag her widersprochen werden. Es würde sonst ein wesentliches curriculares Element preisgegeben [126].
Welche Möglichkeiten bleiben dann? Inwieweit können Schulklassen selber zu „Aktionsgemeinschaften" werden oder „kleine Aktionsgruppen mit spezifischen Aufträgen" aus sich heraussetzen, wie Frör es fordert? [127] Auch in diesem Punkt kommt die Schule an die *Grenzen ihrer Möglichkeiten*. Eine Lösung ist nur in Kooperation mit der Kirche als der betroffenen gesellschaftlichen Gruppe möglich. Eine ausführliche Behandlung dieser Frage erfolgt im Teil II.

2.324 Die gesellschaftsbezogene Seite des Religionsunterrichts muß nun aber noch weiter gefaßt werden, sie hat eine über den Raum der Kirche hinausführende *politische Zielsetzung*. Dazu gehört vor allem die *Erziehung zur Toleranz*. Gemeint ist damit ein deutliches Vertreten der eigenen Position und gleichzeitiges Offensein für die Überzeugung des anderen. „Gerade in einer demokratisch-pluralistischen Gesellschaft ist es unbedingt notwendig, daß Menschen einen bestimmten Standort einnehmen, allerdings in der Offenheit den anderen gegenüber und in der Bereitschaft, ihre Auffassung zu verändern" [128]. Es ist also von grundlegender Bedeutung, daß diese Toleranz nicht mit einem konturenlosen Relativismus verwechselt wird. Es müssen vielmehr Positionen und Überzeugungen einander gegenübergestellt werden. Das bezieht sich zunächst auf verschiedene religiöse Überzeugungen und Glaubenshaltungen, also auf das Gespräch zwischen Christen und Nichtchristen, zwischen Glauben und Unglauben. Dazu

[126] Im übrigen wird die pragmatische Dimension von Th. Wilhelm in seinem Konzept einer *politischen Erziehung* für unabdingbar gehalten: „Der Wille zu demokratischer Mitverantwortung kann im jugendlichen Menschen nur Wurzel schlagen, wenn er unter Verhältnissen heranwächst, die für genossenschaftliche Lebensformen und kooperative Arbeitsweisen, für Mitspracherecht und eigene Initiative Raum lassen" (Th. Wilhelm, Pädagogik der Gegenwart, Stuttgart 1960², S. 243). Von daher leuchtet es nicht ein, wieso dieser Aspekt bei einer sinnvollen „religiösen Erziehung" zurücktreten kann. Hier ist er genau so entscheidend. Vgl. auch W. Dignath, Die mehrdimensionale Aufgabe des Religionsunterrichts, a. a. O., S. 166 ff (Affektbildung — Sozialbildung).

[127] a. a. O., S. 71.

[128] H. B. Kaufmann, Religionsunterricht in der Hauptschule, Loccumer Religionspädagogische Studien und Entwürfe V, S. 136.

gehört aber auch die gesellschaftliche und politische Auseinandersetzung [129]. Der Religionsunterricht kann einen entscheidenden Beitrag zur Bewältigung weltanschaulicher und politischer Konflikte leisten. Es geht darum, daß die Schüler in gewissen Grenzen befähigt werden, diese Konflikte auch in der Klasse auszutragen. Der Religionsunterricht soll in der Schule die dauernde Notwendigkeit offenhalten, „zu einer eigenen Überzeugung zu kommen"; gleichzeitig muß er „anderen Positionen im Raum der Gesellschaft, im Raum der Schule, im Raum der Klasse zu ihrer eigenen Geltung verhelfen und so Toleranz einüben" [130]. Das setzt allerdings den oben genannten antiautoritären, partnerschaftlichen Unterrichtsstil voraus. Zugleich liegt hierin die einzige Chance, die in Kapitel 2 ausführlich diskutierte *gesellschaftskritische Funktion* legitim in den Religionsunterricht der Zukunft zu integrieren. Denn nur ein Unterricht, der selbst nicht repressiv, sondern offen den verschiedenen Positionen Raum gewährt, hat die Möglichkeit, aus dem Anpassungsdrill, der durch die Sachzwänge vieler Fächer gegeben ist, herauszuführen und die Schüler zu einer konstruktiven Strategie der „begrenzten Konflikte" bis hin zum „partiellen Ungehorsam" zu erziehen. Dadurch kann die „repressive Toleranz" und die „rasche Integration der Kritik ins System", die W. Steck — vielleicht etwas zu einseitig — dem traditionellen Religionsunterricht vorwirft, überwunden werden [131]. Dann wird — in einem allmählichen Erziehungsprozeß — eine gesellschaftskritische „Intensivierung" des künftigen Religionsunterrichts möglich [132].

[129] Vgl. Kaufmann, a. a. O., S. 137: Der Religionsunterricht „hat die Aufgabe und die Chance, den jungen Menschen zu zeigen, daß die religiöse und politische Entscheidung miteinander verknüpft sind, vor allem aber, daß eine Abstinenz diesen beiden Fragen gegenüber den Verzicht auf ein menschliches Grundrecht sowie die unverantwortliche Abkehr von der Mitbestimmung der gemeinsamen menschlichen Aufgaben bedeutet."

[130] a. a. O., S. 137 f. Wie das geschehen kann, entfaltet Dignath in dem genannten Aufsatz, S. 170 ff. „Die Schüler lernen verschiedene Werte und Wertungen und die entsprechenden Verhaltensweisen kennen und beachten, an denen andere sich orientieren, mit denen sie zusammenleben. Sie lernen dabei zugleich, daß sie vielleicht noch ganz anders zu ihrer Sache stehen müssen, um sich als deren Sachwalter verständlich und glaubhaft machen zu können. Sie lernen, daß es ohne entsprechendes Denken und Nachdenken kein vertretbares Verhalten gibt und ohne entschiedenes Verhalten kein ernstzunehmendes Denken und Nachdenken. So lernen sie Toleranz, und zwar in kritischer Bewußtseinsbildung" (a. a. O., S. 172).

[131] W. Steck, Die repressive Tendenz des Religionsunterrichts, in: Theologia Practica, 4. Jg., 1969, S. 127 und S. 133.

[132] Vgl. dazu auch die aufschlußreichen Vorschläge von W. Dignath, Kommentar zu „W. Steck, Die repressive Tendenz des Religionsunterrichts", in: Theologia Practica, 5. Jg., 1970, vor allem S. 132 ff.

II. Schulischer Religionsunterricht im Dialog mit Kirche und Theologie

1. Die Unmöglichkeit einer ausschließlichen Begründung des Religionsunterrichts von der Schultheorie her

Es hat sich gezeigt, daß künftig nur noch ein schulisch verantworteter Religionsunterricht möglich ist. Insofern konnten wir wesentliche Elemente der schulischen Begründungskonzeptionen aus der Diskussion der letzten Jahre aufnehmen. Dahinter gibt es kein Zurück mehr. Zugleich muß nun aber deutlich die Grenze der schulischen Begründung gesehen werden. Es ist nicht möglich, den Religionsunterricht *ausschließlich* aus den Schulzielen abzuleiten. Hier neigt man heute dazu, eine brauchbare Theorie in einer Gegenbewegung gegen die kirchliche Konzeption in falscher Weise zu verabsolutieren und so ad absurdum zu führen. Es gibt schwerwiegende theologische und pädagogische Argumente gegen den „Ausschließlichkeitsanspruch" der schulischen Konzeption.

1.1 Theologische Argumentation

1.11 Das erste und überzeugendste Argument lieferte bereits Chr. Hartlich in seiner Auseinandersetzung mit G. Otto[133]. Er geht aus von einer Untersuchung der Stellung der Theologischen Fakultäten an den Universitäten im Anschluß an Überlegungen von E. Troeltsch[134]. Entscheidend ist für ihn die Frage, wie sich eigentlich begründen läßt, „daß auch an der Universität dieselbe Überlieferung, dasselbe Buch, die gleiche Geschichte in zwei nach ihrer Konfessionalität unterschiedlichen Fakultäten behandelt wird"[135]. Das ist nicht aus dem Wissenschaftsbegriff der Universitäten abzuleiten, sondern nur aus der Tatsache, daß die Theologischen Fakultäten sich dialektisch verstehen: einerseits aus dem Gesamtzusammenhang der Wissenschaften, andererseits aber *zugleich* als eine Funktion der Kirche, als deren wissenschaftliche Selbstbesinnung und Selbstreflexion.

[133] Chr. Hartlich, Kritische Fragen zu Gert Ottos Konzeption des Religionsunterrichts, in: Der Evangelische Erzieher, 18. Jg., 1966, vor allem S. 182 ff.

[134] E. Troeltsch, Die Trennung von Staat und Kirche, der staatliche Religionsunterricht und die Theologischen Fakultäten, 1907.

[135] Chr. Hartlich, a. a. O., S. 183.

Daraus entwickelt Hartlich folgende Gedanken: „Wie im Reiche der Wissenschaft die Theologie eine Sonderstellung einnimmt, so auch im Reiche der Schule der evangelische Religionsunterricht“[136]. Wie ist diese Sonderstellung zu sehen? Sie bedeutet keineswegs ein „Nein zur Universität und Schule“, sondern ein „Verhältnis der Dialektik“. Die Theologie kann sich ihre Aufgabe und Methode nicht ausschließlich vom „Selbstverständnis der Wissenschaft aus ... vorschreiben lassen“. Genausowenig kann der Religionsunterricht sich ausschließlich aus dem „Selbstverständnis der Schule“ ableiten[137]. Die Theologie arbeitet im Rahmen und nach den Gesetzen des Wissenschaftsbetriebs der Universitäten und doch zugleich „im Gegenüber“. Das gleiche gilt für den schulischen Religionsunterricht. „Universität und Schule würden ein kritisches Element verlieren, wenn sie aus ihren Bereichen den konfessionell gebundenen Unterricht entfernen würden, wie umgekehrt auch die evangelische Kirche in eine falsche Selbstsicherheit geraten würde, wenn sie sich nicht dauernd der Kritik ihres Unterrichts im Zusammenhang mit Universität und Schule aussetzte“[138].

1.12 Nun muß allerdings der Sachverhalt theologisch noch grundsätzlicher gesehen werden. Die Tatsache, daß Theologie wie schulischer Religionsunterricht letztlich wissenschaftlich nicht ableitbar sind, liegt in der Sache, mit der wir es zu tun haben. Hier fällt eine dogmatische Vorentscheidung über das Verständnis von Religion. Wenn es gelingen würde, Religion ausschließlich als anthropologische oder gesellschaftliche Dimension zu beschreiben, wäre auch die schulische Deduktion des Religionsunterrichts ohne Rest möglich. Aber das Selbstverständnis der Theologie liegt gerade darin, daß ihr Gegenstand wohl im anthropologischen und gesellschaftlichen Raum zur Sprache kommt, aber nicht letztlich daraus abgeleitet werden kann. Selbst H. Braun und im Anschluß daran G. Otto wollen nicht so interpretiert werden, daß Gott als „Interpretament“ in die Mitmenschlichkeit hinein aufgelöst oder von daher abgeleitet werden kann. Gott bleibt das „Woher“ meines „Umgetriebenseins vom Mitmenschen“ her. Er wird in der Mitmenschlichkeit „geortet“, aber nicht durch sie begründet; d. h. es geht nicht um „Selbstauslegung“, sondern um „Begegnungsauslegung“ des Menschen[139], wenn von Gott die Rede

[136] a. a. O., S. 184.
[137] ebenda.
[138] ebenda (These 4).
[139] Vgl. H. Brauns Auseinandersetzung mit Gollwitzer in: Gottes Existenz und meine Geschichtlichkeit im Neuen Testament. Eine Antwort an Helmut Gollwitzer, in: Zeit und Geschichte, hrsg. von E. Dinkler, Tübingen 1964, S. 407 f.

ist. Das bedeutet, daß Gott letztlich nur in der Begegnung mit einer Botschaft, die uns gesagt wird, zur Sprache gebracht werden kann[140].
Auf den schulischen Religionsunterricht bezogen, heißt das, daß auch er es mit einer Sache zu tun hat, die „ihrem Wesen nach nicht ableitbar ist, sondern auch auf die Schule immer nur zukommt“[141]. Wie biblische Tradition, wie Humanorientierung, wie kirchliche Wirklichkeit letzten Endes *theologisch* zu verstehen sind, kann die Schule deshalb nicht in gesellschaftlicher Selbstauslegung, sondern nur im Dialog mit Theologie und Kirche erfahren und weitergeben. Sie würde ohne die Mitarbeit von Theologie und Kirche die von ihr selbst intendierte *Sachgemäßheit* ihres Unterrichts preisgeben.

1.2 Argumentation vom Selbstverständnis der Schule her

Wir haben oben als Voraussetzung unserer schultheoretischen Begründung des Religionsunterrichts festgestellt, daß die Schule der Zukunft sich als „Veranstaltung der Gesamtgesellschaft“ verstehen müsse, in der die „Pluralität aller tragenden und prägenden Gruppen der Gesellschaft ... in pädagogisch verantwortbarer Weise zur Geltung kommen“ soll[142]. Daraus folgt notwendig, daß die Schule *von sich aus* nur ein *Angebot der verschiedenen Glaubensüberzeugungen und Positionen,* wie sie in der pluralistischen Gesellschaft vertreten werden, anbieten kann, ohne eigentlich wertend, engagiert und verbindlich Antworten geben zu können. Sie ist deshalb zur Verwirklichung des immer wieder geforderten sach- und wirklichkeitsbezogenen Unterrichts, der Engagement und Stellungnahme verlangt und „keiner Neutralisierung von Positionen sowie einem allgemeinen Relativismus und Indifferentismus Vorschub leisten“ will[143], notwendig auf den von ihr *pädagogisch* verantworteten Dialog mit den gesellschaftlichen Kräften angewiesen, welche die verschiedenen Überzeugungen repräsentieren. Die Schule kann sich gerade in der pluralistischen Gesellschaft nur dialogisch verstehen[144]. Ihre Ziele können — wie die

[140] a. a. O., S. 407: „... Ich brauche die Botschaft immer neu: nicht als abstrakte Belehrung ..., aber wohl als ein mich bergendes und mich aufrufendes Geschehen. Dies Geschehen ist nicht Selbstauslegung ohne Wortbegegnung, es wird nicht durch Selbstbesinnung ohne anredendes Wort gefunden.“

[141] E. Hübner, Thesen zum Religionsunterricht heute, Jahrbuch des Evangelischen Bundes 1970, S. 87 (aus These 2).

[142] Vgl. die Comenius-Stellungnahme, S. 18.

[143] a. a. O., S. 20.

[144] Vgl. die obigen Ausführungen im Anschluß an Klafki und Kramp, Ziffer I 2.31 in diesem Kapitel.

moderne Curriculumforschung nachgewiesen hat[145] nur in Korrespondenz der Determinanten Schüler — Schule — Fachwissenschaft — Gesellschaft bestimmt werden. Für den Religionsunterricht bedeutet das, daß seine Zielbestimmung bei jeder Curricularentscheidung nur in Korrespondenz folgender vier Determinanten getroffen werden kann, wenn man auf eine sachgemäße „wissenschaftliche Objektivierung" Wert legt: „Allgemeine Ziele der Schule" — „Interessen und Erwartungen der Jugend" — „Selbstverständnis der Kirche" — „Aussagen der Theologie"[146]. Daraus ergibt sich, daß die schulische Begründung *allein* unmöglich ausreichen kann, daß vielmehr schulischer Religionsunterricht in Zukunft nur Bestand haben wird, wenn eine *Korrespondenz* der vier Determinanten oder — noch prägnanter formuliert — eine *Konvergenz* der schulischen Erwartungsschemata auf der einen Seite und der kirchlich-theologischen Erwartungsschemata auf der anderen Seite erzielt werden kann[147]. Deshalb fordert Nipkow gleichzeitig eine pädagogische *und* theologische Begründung des Religionsunterrichts. Hier reicht nach seiner Meinung Ottos Begründungsmodell nicht aus: „Die sachgemäße ... Theorie des Religionsunterrichts verlangt ... — nicht zuletzt gerade aus pädagogischen Gründen —, daß gleichzeitig deutlich wird, worauf sich die Schule einläßt, wenn sie dem Religionsunterricht Raum gibt: dies Fach kann nur pädagogisch *und* theologisch motiviert werden"[148]. Vergleiche auch das Comeniusgutachten: „Die dringend erforderliche Lehrplan-Revision (Curriculum-Reform) kann sich nur in einem offenen Dialog der an der

[145] Vgl. dazu vor allem: K. E. Nipkow, Curriculumforschung und Religionsunterricht, in: Die Deutsche Schule, 61. Jg., 1969, S. 767 ff und H. Rauschenberger, Das Problem des Lehrplans für den evangelischen Religionsunterricht, in: epd-Dokumentation 5/70, S. 6 ff.

[146] K. E. Nipkow, a. a. O., S. 767.

[147] Vgl. K. E. Nipkow, Gedanken zum Religionsunterricht, Dokument Nr. 7, in: Evang. Kirche und Religionsunterricht, S. 31: „Solange der Religionsunterricht als ordentliches Lehrfach zum objektiv verbindlichen Fächerkanon der Schule gehört, müssen die Aufgaben und Ziele dieses Faches in einem Konvergenzdenken, d. h. im Schnittpunkt *kirchlicher Erwartungen* und *theologischer Einsichten* einerseits und *gesellschaftlicher Erwartungen* und *pädagogischer Einsichten* andererseits gefunden werden."

[148] ders., Grundfragen des Religionsunterrichts in der Gegenwart, S. 27; vgl. auch S. 21; ferner: Christliche Bildungstheorie und Schulpolitik, S. 193: „Gerade die sachgerecht entworfene Schultheorie wird aber von sich her darauf drängen müssen ..., daß der Religionsunterricht das als seine spezifische Aufgabe wahrnimmt, wofür er wie sonst kein Fach zuständig ist. *Pädagogische* Überlegungen verweisen hiermit den Religionsunterricht zugleich auf seinen *theologischen* und das heißt auch *konfessionellen* Bezug."

Schule beteiligten und interessierten Partner vollziehen"[149]. Das bedeutet: Es wird in der Schule der Zukunft auf die Dauer nur einen *gemeinsam von Schule und Kirche verantworteten Religionsunterricht* geben können. Wird die gemeinsame Verantwortung und die Kooperation von Schule und Kirche, also die Konvergenz der beiderseitigen Erwartungen, eines Tages nicht mehr möglich sein, läßt sich eine zwingende Notwendigkeit für einen christlichen Religionsunterricht in der Schule aus den Schulzielen *allein* nicht mehr ableiten.

In diesem Punkte besteht zur Zeit eine deutliche Differenz innerhalb der deutschen Religionspädagogik. Auf der einen Seite die Gruppe Otto, Gloy, Stock (seit 1968) u. a., die die Ableitung aus der Schule mit „einer sachlichen Zwangsläufigkeit"[150] versuchen, auf der anderen Seite die Gruppe Nipkow, Wegenast, Hübner, Martin, neuerdings auch Kittel u. a., die, wenn auch mit unterschiedlichen Nuancen, die hier dargelegte dialektisch-zweiseitige Zielbegründung von Schule und Kirche her für unaufgebbar halten[151]. Eine gewisse Vermittlung versucht die Stellung-

[149] Comenius-Stellungnahme, S. 18.

[150] G. Otto, Religionsunterricht, S. 52; H. Gloy, Der umstrittene Religionsunterricht, in: Zeitschrift für Religionspädagogik, 1970, S. 16 ff. H. Stock, „Religionsunterricht in Übereinstimmung mit den Grundsätzen der Religionsgemeinschaften" als theologisches Problem (Thesen für die Loccumer Diskussion), abgedruckt in: Wozu Religion in der Schule (Redaktionsartikel), in: Evangelische Kommentare, 3. Jg., 1970, S. 320 f: „Die Schule, gerade wenn sie in Theorie und Praxis Reform betreibt, sollte endlich ihre Abstinenz aufgeben und den Religionsunterricht als ihr Eigenrecht reklamieren" (S. 321). Vgl. dazu auch im zweiten Kapitel Abschnitt B II 2.

[151] *K. Wegenast* schreibt dem Religionsunterricht *„eine doppelte Funktion* für die Schule und den Schüler, aber auch für die Kirche und ihre Verkündigung" zu (Hervorhebung von mir). „Der Schule und dem Schüler tut er den Dienst, sich und ihre Geschichte, die immer schon von geschichtlichen Wirkungen des christlichen Glaubens bedingt und in Sprache und Sitte umfangen sind, besser verstehen zu lernen. Der Kirche und ihrer Verkündigung leistet ein so verstandener Religionsunterricht Verstehenshilfe, indem er Fragen des Schülers an Glauben und Sprache der Kirche zu beantworten sucht ... und indem er immer wieder auf das gepredigte Wort der Kirche als Ort des unmittelbaren Zuspruchs der Liebe Gottes hinweist" (Religionsunterricht und Gesellschaft, in: Glaube — Schule — Wirklichkeit, Beiträge zur Theorie und Praxis des Religionsunterrichts, S. 33). Deshalb ist er zugleich ein „wichtiger Bestandteil" des Auftrages der Schule und der Kirche (Gehört der Religionsunterricht in die öffentliche Schule?, a. a. O., S. 87; hier eine ausführliche Begründung dieser Konzeption). Daraus folgt: „Eine Schule, die ihren Religionsunterricht selbst vertritt, aber auf die Botschaft der Kirchen bezogen bleibt, dient dem Schüler an einer wichtigen Stelle seiner Selbstwerdung und der Kirche als kritische Vermittlerin ihrer und anderer religiöser Tradition"

nahme der Fachkommission des Comeniusinstituts von 1969: „Die Frage des Religionsunterrichts muß so behandelt werden, daß sowohl den Belangen einer gewandelten Schule als auch den Belangen von Theologie und Kirche Rechnung getragen wird... Religionsunterricht hat als Repräsentanz des Christlichen in der Schule so lange seine Berechtigung, als christlicher Glaube in relevanter Weise von gesellschaftlichen Gruppen vertreten und in den Dialog über Aufgabe und Inhalt der Schulerziehung eingebracht wird. Aber auch der christlich-konfessionelle Religionsunterricht muß sich... unter die Bedingungen der Schule stellen und pädagogisch verantwortet werden; *sein Selbstverständnis läßt sich jedoch nicht ausschließlich aus den Möglichkeiten der Schule ableiten*"[152]. Der letzte Satz beweist, daß die einlinigen Deduktionsversuche von Otto bis Gloy auch in diesem Gremium nicht akzeptiert werden konnten. An diesem Punkt muß die Diskussion weitergeführt werden, damit eine Klarstellung mancher noch etwas verschwommener Aussagen erfolgt.

(Religionsunterricht — wohin?, Lutherische Monatshefte, 9. Jg., 1970, S. 184).
E. Hübner verlangt in seinem Aufsatz „Hat der Religionsunterricht in der Schule von morgen noch einen legitimen Ort?" (in: Evangelische Theologie, 30. Jg., 1970, S. 298 ff) eine dialektische Begründung des Religionsunterrichts: „Während die Konzeption einer ‚Evangelischen Unterweisung' diese einseitig von der Kirche her begründete, begründete die neuere Religionspädagogik den RU einseitig von der Schule her. Es fragt sich, ob diese sich gegenseitig alternierenden Positionen nicht notwendige Weiterentwicklungen blockieren und entschlossen zu überholen sind" (a. a. O., S. 310). Deshalb entwirft er die Konzeption eines Religionsunterrichts, der „die sterile Alternativfrage, ob der RU von der Schule oder von der Kirche her zu begründen sei, in Richtung einer sowohl der Schule als auch der ‚Sache' des Fachs gerecht werdenden Lösung" überwindet (a. a. O., S. 311). Trotzdem bleibt in seiner Begründung — von seinem theologischen Ansatz her — eine Überbetonung des kirchlichen Auftrags. Hier sollte noch mehr im Sinne der Konvergenz weitergedacht werden.
G. Martin hat zuletzt in Auseinandersetzung mit Positionen, die auf der Loccumer Tagung vom Januar 1970 vertreten wurden, die dialektische Begründung des Religionsunterrichts verteidigt („Vorwärts ins konstantinische Zeitalter", in: Evangelische Kommentare, 3. Jg., 1970, S. 322 f). Ein ausschließlich schulisch begründeter Religionsunterricht drohe zu einem Rückfall ins „konstantinische Zeitalter" zu führen. „Wer die institutionelle Bindung des Religionsunterrichts an die Kirche lösen will, fördert de facto die Restauration" (a. a. O., S. 322). Denn der Staat würde als „Veranstalter des erstrebten religionskundlichen Unterrichts ... auf dem Wege über Lehrplan-Entscheidungen seine religiös-weltanschauliche Neutralität preisgeben" (ebenda). Das könnte zu einer Majorisierung der nichtchristlichen Auffassungen durch einen „verkappt christlichen" allgemeinverbindlichen Religionsunterricht führen, was ja gerade vermieden werden soll. Genauso unmöglich ist aller-

2. Die kirchlich-theologische Mitverantwortung für den Religionsunterricht

Wie sieht nun dieser gemeinsam verantwortete Religionsunterricht aus? Wie realisiert sich die kirchlich-theologische Mitverantwortung in der Schule?

2.1 Die Mitarbeit der Kirche in der Schule

Es besteht heute Übereinstimmung unter allen Religionspädagogen, daß die Mitverantwortung der Kirche in Zukunft nicht mehr als institutionelle Absicherung des Religionsunterrichts im Sinne einer kirchlichen Enklave verstanden werden kann. Theologisch-kirchliche Verantwortung kann nicht bedeuten, daß die Kirche im Sinne der Verkündigungskonzeption Träger des Religionsunterrichts im Raum der Schule ist. Träger des Religionsunterrichts bleibt die Schule; aber sie ist aus theologischen und pädagogischen Gründen auf die „Mitarbeit der Kirche", auf den „Dienst der Kirche"[153] angewiesen. Umgekehrt ist die Kirche zu diesem Dienst von

dings nach Martin eine rein kirchliche Begründung. Dadurch würde künftig der Religionsunterricht „als ordentliches Lehrfach an öffentlichen Schulen liquidiert". Die Lösung liegt nach seiner Meinung in einer *„theologisch und pädagogisch* begründeten Didaktik, sowie in einer *pädagogisch und juristisch* angemessenen Regelung der äußeren Bedingungen des Religionsunterrichts, die der Verantwortung von Staat *und* Religionsgemeinschaften gleichermaßen Rechnung trägt" (S. 323). Zu Martins Position siehe im übrigen auch den nächsten Abschnitt 2.1 und die Anmerkungen 153 und 154.
Noch leidenschaftlicher als Martin wehrt sich *H. Kittel* in seiner Streitschrift zum Religionsunterricht „Freiheit zur Sache" gegen eine künftige „Gefährdung der Freiheit durch den pädagogischen Schulkonzeptionalismus" (H. Kittel, Freiheit zur Sache, Göttingen 1970, S. 38 ff). Er sieht in Nipkows Position, die „den Bann der monistisch-pädagogistisch-instrumentalen Schul-Konzeptionen durchbricht" einen „Schritt ins Freie"; denn hier wird „ernsthaft nach den Funktionen des Religionsunterrichts gefragt, ohne diese *nur* aus einer Sinnbestimmung der öffentlichen Schule herzuleiten, dieser also zu unterwerfen" (S. 59). Es darf nach Kittel keine „Herrschaft der jeweiligen Schulkonzeption über die Unterrichtsinhalte" geben, wenn die Schule einer „Verwandlung zum Gefängnis" entgehen will. Nur eine „Flucht zu den Sachen", d.h. im Religionsunterricht zur Sache des Evangeliums, könne die „drohende Freiheitsberaubung unserer Schulen und ihres Religionsunterrichts durch pädagogische Schulkonzeptionen" verhindern.

[152] Evang. Kirche und Religionsunterricht, S. 18 f (Hervorhebung von mir).

[153] G. Martin, Ort und Aufgabe evangelischen Religionsunterrichts, in: Der Evangelische Erzieher, 21. Jg., 1969, S. 2 (auch Anmerkung 4).

ihrem Erziehungsauftrag her verpflichtet. „Die Kirche ist aufgrund ihrer Verantwortung vor Gott für die Welt zum *Dienst an der Schule* gerufen. Von seiten des Staates ist ihre Mitarbeit *in der Weise des Religionsunterrichts* erwünscht. Dafür sprechen schwerwiegende *pädagogische Gründe.* Da die gegenwärtige rechtliche Regelung die Konzeption eines wahrhaft evangelischen Religionsunterrichts erlaubt, ist der Dienst der Kirche an der Schule in der Weise evangelischen Religionsunterrichts *theologisch legitimiert*"[154]. Deshalb müssen „Schule und Kirche eine neue Form partnerschaftlicher Kooperation entwickeln, analog der notwendigen Partnerschaft der Schule mit anderen gesellschaftlich relevanten Institutionen und Erziehungsträgern"[155]. Die Kirche darf sich diesem Dienst an der Schule nicht entziehen. Ein Rückzug würde in der heutigen Situation Flucht bedeuten. Die Kirche muß umgekehrt — nach dem Ende des rein kirchlich begründeten Religionsunterrichts — sich ihrer Aufgabe an der Schule viel mehr als früher bewußt werden: „Die Aufgabe der Kirchen nach dem Ende des kirchlichen Religionsunterrichts und ihre Mitverantwortung für die Schule und für das Bildungssystem wird größer und schwerer"[156]. Dabei treibt die Kirche kein fremdes, sondern ihr höchst eigenes Werk: Mitarbeit am Religionsunterricht gehört zu ihrer oben ausgeführten gesellschaftsdiakonischen Aufgabe. H. Angermeyer bezeichnet deshalb den Religionsunterricht als „Dienst an der Gesellschaft"[157]. Diese Mitarbeit kann nie im Sinne einer Monopolstellung, sondern grundsätzlich nur partnerschaftlich verstanden werden. Sie kann nur im freien, offenen

[154] a. a. O., S. 4. Im Anschluß an Martin spricht H.-M. Schreiber vom Religionsunterricht als *„einer Dienstleistung der Kirche an der Schule und für die Schule"* (Dienst der Kirche an der Schule, in: Wissenschaft und Praxis in Kirche und Gesellschaft, 59. Jg., 1970, S. 437 ff, Zitat S. 441). Er zeigt dabei auf, daß durch Art. 4 GG in Verbindung mit Art. 140 und Art. 7 „festgelegt ist, daß *der Staat* um der Mündigkeit seiner Bürger willen darauf *verzichtet,* selbst als Garant und Interpret der Werte und Normen der Gesellschaft zu fungieren, vielmehr deren Tradierung, Auslegung und Weiterentwicklung einem *freien Spiel der Kräfte überläßt* und diesen Vorgang *im Raum der Schule* ausdrücklich *sichert*". Deshalb ist die Schule auf den Dienst der Kirchen und Religionsgemeinschaften angewiesen; sie kann nicht „in eigener Verantwortung einen ‚pluralistischen' Religionsunterricht anbieten" (S. 444).

[155] K. Frör, Thesen von 1970, These 8.

[156] These 6 von H. B. Kaufmann in: Zeitschrift für Religionspädagogik, 25. Jg., 1970, S. 11 f; vollständig zitiert im 3. Kapitel, Abschnitt IV 1.3.

[157] H. Angermeyer, Aufgabe des Religionsunterrichts, S. 2. Daneben betont er den „Dienst am einzelnen Schüler" und den „Dienst an der Kirche" (ebenda). Zum gesellschaftsdiakonischen Auftrag der Kirche vgl. im 3. Kapitel den Abschnitt IV 1.1.

Dialog, ohne gegenseitige Bevormundung erfolgen. Leitlinie muß bleiben: „Freie Kirche" in Zusammenarbeit mit einer „freien Schule" [158].
Wie sieht dieser offene Dialog aus? Er hat zwei Schwerpunkte. Er geschieht *durch die Person des Lehrers* (personaler Bezug) und er ist bestimmt *von der Sache* (theologischer Bezug).

2.2 Der personale Bezug zwischen Schule und Kirche in der Person des Lehrers

Hier gibt es — wie wir oben sahen — in der Religionspädagogik eine weit zurückreichende einheitliche Linie, die die Person des Religionslehrers in den Mittelpunkt rückt [159]. Repräsentanz des Christlichen in der Schule kann künftig nur heißen *personale Repräsentanz durch den christlichen Lehrer.* Nur so kann der dialogische Charakter des Verhältnisses von Kirche und Schule gewahrt werden. Am klarsten formuliert das Nipkow: „Die pädagogisch-theologische Begründung des Religionsunterrichts vollzieht sich auf dem Weg über das Selbstverständnis des Religionslehrers, über seine persönliche Freiheit und Gebundenheit" [160]. Dabei ist bewußt der mündige Lehrer im Sinne O. Hammelsbecks gemeint, der „im Schnittpunkt der geistlichen und weltlichen Mündigkeit" steht [161]. In Zukunft wird sich die partnerschaftliche Zusammenarbeit von Kirche und Schule nicht mehr primär institutionell, sondern über die Person des Lehrers verwirklichen. „Da im Religionslehrer, der den Religionsunterricht erteilt, das Selbstverständnis der Schule und das der Kirche ‚personal repräsentiert' sein müssen, tragen *Schule und Kirche in der Person des Lehrers gemeinsam dieses Fach*" [162]. Es geht dabei für den Lehrer nicht nur um *„einen doppelten Anspruch,* er bedarf vor allem eines *doppelten Vertrauens:* des ‚Lehrvertrauens der Kirche' und des

[158] Vgl. das Wort der Generalsynode der Evangelischen Kirche in Deutschland zur Schulfrage von 1958: „Die Kirche ist zu einem freien Dienst an einer freien Schule bereit" (abgedruckt in: A. Flitner, Die Kirche vor den Aufgaben der Erziehung, Heidelberg 1958, S. 19 ff, Zitat S. 20). Siehe im übrigen zu dieser Frage Kapitel I, Abschnitt B 5.

[159] Von Kittel, Hammelsbeck über Otto bis Nipkow. Vgl. auch H.-B. Kaufmann, Möglichkeiten und Grenzen des Religionsunterrichts heute, in: Der Evangelische Erzieher, 20. Jg., 1968, S. 95—98 und S. 107—110.

[160] K. E. Nipkow, Grundfragen, S. 28 (Hervorhebung weggelassen).

[161] O. Hammelsbeck, Der Auftrag des evangelischen Lehrers, in: Der Evangelische Erzieher, 15. Jg., 1963, S. 226.

[162] K. E. Nipkow, a. a. O., S. 21 (Hervorhebung von mir).

‚Vertrauens der Schule'" [163]. In dieser Richtung sieht auch Frör in seinen neuesten Thesen die künftige Zusammenarbeit von Kirche und Schule [164].

2.3 Die Möglichkeit einer „institutionalisierten Kooperation" aufgrund objektivierbarer Curriculum-Entscheidungen

Durch die personale Repräsentation des Lehrers — letztlich durch sie allein — kann die *Botschaft der Kirche*, das „Evangelium von Jesus Christus", in den schulischen Religionsunterricht mit eingebracht werden. Das geschieht dadurch, daß der Lehrer in der „Schule für alle" die Freiheit hat, seine Glaubensüberzeugung zu äußern und ein persönliches Bekenntnis abzulegen. Das kann natürlich weder im Sinne einer Manipulation, einer einseitigen geistlichen Überforderung, noch in falscher Erbaulichkeit oder Verfrömmelung erfolgen. Vielmehr wird der Lehrer in der Pluralität der Meinungen und widerstreitenden Ansichten seine Überzeugung zwar zurückhaltend, aber doch klar zur Sprache bringen.

Reicht nun aber diese rein personale Verbindung zwischen Kirche und Schule aus, um die Sache von Theologie und Kirche im schulischen Religionsunterricht mit zum Tragen zu bringen? Oder sind irgendwelche „institutionelle" und „juristische" Absicherungen auch in Zukunft nötig? Wie kann die Freiheit des Lehrers, auch die des christlichen Lehrers, gegen ideologischen Zwang von *jeder* Seite geschützt werden? [165]

Dazu bieten die neuen Erkenntnisse der Curriculum-Forschung die entscheidende Hilfe. Die Schule der Zukunft wird vor Manipulation am besten geschützt durch *objektivierbare und kontrollierbare Curriculumentscheidungen* über die Zielvorstellungen und die Inhalte des Religionsunterrichts, an denen Theologie (als Fachwissenschaft) und Kirche (als gesellschaftliche Gruppe) als entscheidende *Determinanten* neben den Erwartungsschemata von Schule, Schülern und Gesamtgesellschaft beteiligt sind [166]. Auf diesem Gebiet muß der bisher geübte „Dezisionismus" überwunden werden. Vor allem muß die Vorbereitung der „metawissenschaft-

[163] ebenda.

[164] Nr. 9 der Thesen von 1970: „Von zentraler Bedeutung für die Repräsentanz der Kirche in der Schule ist die Begegnung der Schüler mit der Person des Religionslehrers. Er repräsentiert die Kirche nicht nur durch sein Sachwissen, sondern auch durch seine engagierte Stellungnahme und sein persönliches Bekenntnis."

[165] Eine Forderung, die H. Kittel in seiner Schrift „Freiheit zur Sache" leidenschaftlich erhebt (vor allem S. 51 ff).

[166] Vgl. zum folgenden K. E. Nipkow, Curriculumforschung und Religionsunterricht, S. 767 ff; ferner: Strukturplan, Ziffer II-3 Curriculum, S. 58 ff, daraus vor allem die Ziffern 3.2 (Der gesellschaftspolitische Bezug des Curriculum-Problems) und 3.5 (Probleme der Curriculum-Forschung). Wichtig ist auch der Abschnitt V-3.1 Bildungsplanung, S. 270 ff.

lichen, politischen Entscheidungen", die oft kaum zu durchschauen war, „wissenschaftlich objektiviert" werden. Das ist auf dem Sektor des Religionsunterrichts zwar schwieriger als bei anderen Fächern, da die Lehrplandeterminanten „keine einheitlichen und in sich eindeutigen Größen darstellen"[167]. Es ist aber ein hoher Grad von Objektivität und damit Absicherung gegen Manipulation dann möglich, „wenn alle Curriculum-Determinanten unbefangen und vollzählig beachtet werden, wenn über Prioritäten nicht vorweg entschieden wird und wenn zwischen den Determinanten eine möglichst hohe Übereinstimmung (Korrespondenz) ermittelt werden kann"[168]. Deshalb zielt die in diesem Kapitel entwickelte Konzeption des Religionsunterrichts im wesentlichen darauf ab, eine Korrespondenz zwischen schulischen und kirchlichen Zielen zu erweisen, durch die eine bessere Objektivierung als früher gewährleistet wird. Darüber hinaus ist es erforderlich, daß künftig in einem „rolling system", d. h. durch die permanente Arbeit von Kommissionen, Unter- und „Gegen"-Kommissionen eine *„institutionalisierte Kritik und Gegenkritik"*[169] sich entwickelt. Wenn der Lehrplan der willkürlichen Entscheidung einzelner Instanzen entzogen und statt dessen sich kontrollierenden Kommissionen anvertraut wird, die von den beteiligten gesellschaftlichen Gruppen, also von Vertretern der Schule, der Kirche, der Theologie und der Jugend, gebildet werden, ist ein größtmöglicher Schutz vor einseitiger Manipulation gewährleistet, und der Weg zu einer *„institutionalisierten Kooperation"* der Fächer frei[170]. Dann wird auch die Zielvorstellung erreicht, die der Strukturplan von der künftigen Curriculum-Arbeit hat: „Die Curriculum-Entscheidungen der Zukunft können weder in der Nachfolge landesherrlicher Erlasse fallen, noch dürfen sie Sache einiger Curriculum-„Technokraten" sein. Durch ein *nach institutionalisierten Regeln* verlaufendes Zusammenspiel von politischer, theoretischer und praktischer Kompetenz sollten sie aus einem beispielhaften Fall demokratischer Entscheidungsfindung hervorgehen"[171].

[167] K. E. Nipkow, a. a. O., S. 767.

[168] a. a. O., S. 767 f.

[169] a. a. O., S. 768 (Hervorhebung von mir).

[170] Vgl. K. E. Nipkows Ausführungen in „Streit um die Christlichkeit der Schule", Gütersloh 1970, S. 32 (Hervorhebung von mir).

[171] Strukturplan, Ziffer II-3.5.1, S. 67 (Hervorhebung von mir). Zur gegenwärtigen *kritischen* Diskussion um die Curriculumrevision vgl. die nach Abschluß dieser Arbeit erschienenen Aufsatzsammlungen: Thema: Curriculumforschung und Religionsunterricht — Das Problem der Effektivitätskontrolle, in: Der Evangelische Erzieher, 22. Jg., 1970, S. 429 ff; Hauptthema: Curriculumforschung und Curriculumentwicklung, in: Zeitschrift für Pädagogik, 17. Jg., 1971, S. 1 ff; F. Achtenhagen/H. L. Meyer, Curriculumrevision — Möglichkeiten und Grenzen, München 1971.

Wie sieht die kirchlich-theologische Mitverantwortung bei den Curricularentscheidungen praktisch aus? Sie hat folgende Voraussetzungen:

2.31 Die Kirche kann am schulischen Religionsunterricht der Zukunft nur beteiligt sein, wenn sie bereit ist, den Auftrag der Schule und die Schulziele *grundsätzlich zu bejahen.* „Nur wenn der Auftrag der Schule im ganzen bejaht und damit die generellen Lernziele und die allgemeinen Beurteilungskriterien für die Curricula mitverantwortet werden, können gesellschaftliche Gruppen überzeugend und erfolgreich für bestimmte Inhalte und Aufgaben im Lehrplan eintreten, die ggf. in der Form eines Faches, wie z. B. Religion . . . zu behandeln sind“ [172]. Das bedeutet konkret, daß die im Abschnitt I dieses Kapitels entwickelten Zielvorstellungen für den Religionsunterricht von Kirche und Theologie akzeptiert und mitverantwortet werden müssen.
Dazu kommt aber notwendig ein Zweites:

2.32 Die Schulziele müssen so formuliert sein, daß sie mit kirchlichen und theologischen Zielvorstellungen konvergieren, daß sie *transparent* werden können für die von Kirche und Theologie verantwortete Sache. Das heißt praktisch: Die Schulziele für den Religionsunterricht müssen Raum gewähren dafür, daß die Botschaft der Kirche von dem engagierten Lehrer mit eingebracht werden *kann.* Umgekehrt müssen sie aus pädagogischer Verantwortung so formuliert sein, daß sie nicht zur Manipulation und einseitiger Propaganda mißbraucht werden können. Deshalb müssen kirchliche *und* theologische Zielvorstellungen eng aufeinander bezogen bleiben, damit sie sich gegenseitig korrigieren und die Sache, um die es geht, in den Mittelpunkt treten lassen [173].

2.33 Von der Sache her muß allerdings noch ein dritter Gesichtspunkt bedacht werden. Der richtig verstandene Religionsunterricht muß dafür offen sein, daß vom Evangelium und seiner *sachkritischen* Funktion her die schulischen Ziele auch *in Frage gestellt* werden können. Hier liegt das unaufgebbare Recht des „Krisismotivs“ bei G. Bohne, das Nipkow — in der Auseinandersetzung mit Otto — wieder aufgenommen hat. Der Religionsunterricht muß vom Wesen des Wortes Gottes her „jenen *dialektisch gespannten* Charakter, von dem Helmuth Kittel und Oskar Hammelsbeck sprechen, seinen ‚Störungscharakter‘ im Sinne G. Bohnes“ behalten [174]. Denn er hat neben seiner „bildungs- und geistes-

[172] H. B. Kaufmann, Die Aufgabe der Kirche nach dem Ende des kirchlichen Religionsunterrichts, S. 11.
[173] Vgl. These 7 der Hamburger Leitsätze, S. 8. Hier wird ausdrücklich für den Religionsunterricht „die Basis *wissenschaftlicher Theologie*“ gefordert.
[174] K. E. Nipkow, Grundfragen, S. 17.

geschichtlichen Funktion", die ja die Subsumierung unter die Schulziele ermöglicht, auch eine eminent „kritische theologische Funktion"[175], die zur Infragestellung und Störung allen menschlichen Bildungsgeschehens führen kann. Nur wenn der Religionsunterricht dafür offen ist, daß auch einmal diese unverfügbare und unberechenbare Wirkung des Wortes Gottes geschieht, wird er letztlich seiner Sache gerecht[176].

3. Die Transparenz der Schulziele für die von Theologie und Kirche vertretene Sache
(Die Konvergenz von schulischen und kirchlichen Zielvorstellungen)

Es ist nun unsere Aufgabe zu zeigen, ob und inwieweit die im Abschnitt I entwickelten schulischen Zielvorstellungen transparent werden können für die von Theologie und Kirche vertretene Sache. Daran entscheidet es sich, ob ein Religionsunterricht möglich ist, der von der Schule verantwortet wird, der „aber auf die Botschaft der Kirchen bezogen bleibt"[177].

3.1 Der Aspekt der Traditionsorientierung: Interpretation oder Offenheit zur Verkündigung?

Bei diesem Funktionszielkomplex müssen wir auf den Streit zwischen „auslegendem" und „verkündigendem" Religionsunterricht zurückgreifen, der inzwischen allerdings abgeklungen ist. Trotzdem ist die darin verhandelte Sache für unseren Zusammenhang äußerst wichtig. Otto und Stallmann versuchten aufgrund ihrer schulischen Begründung den Religionsunterricht einseitig als Auslegungsgeschehen zu definieren[178]. Das ist im Blick auf die Schulziele auch völlig legitim. Als Lernziel für den

175 a. a. O., S. 16 (Hervorhebung weggelassen).

176 Die „kooperative Funktion" des Religionsunterrichts, die ihn in das Bildungsgeschehen der Schule integriert, muß deshalb untrennbar verbunden bleiben mit seiner „kritischen Funktion"; denn nur so kann er „zu einer sachgerechten, kritischen Instanz gegenüber den vielfältigen, oft nur einseitigen oder sogar bedenklichen Eingliederungsversuchen des Christlichen in die Unterrichtsarbeit der anderen Fächer" werden (K. E. Nipkow, Bildungstheorie, S. 195). Dabei muß allerdings selbstverständlich sein, daß er bereit ist, *„seine kritische Funktion auch gegen sich selbst zu wenden"*. Nur dadurch wird er glaubwürdig (ebenda). Vgl. dazu auch den Abschnitt II 3.22 in diesem Kapitel.

177 K. Wegenast, Religionsunterricht — wohin?, Lutherische Monatshefte, 9. Jg., 1970, S. 184.

178 Vgl. die ausführliche Darstellung in Kapitel 2, Abschnitt B I, 1 und 2.

schulischen Religionsunterricht kann nur das Verstehen, das allerdings bewußt als *engagiertes Verstehen* definiert wird, genannt werden. Daraus ergibt sich die Folgerung, wie sie die „Hamburger Leitsätze" zusammenfassen: „Das Engagement des Religionslehrers für das Christentum hat sich im Unterricht grundsätzlich nicht von dem eines Lehrers für Gemeinschaftskunde zu unterscheiden, von dem erwartet wird, daß er die demokratische Staatsform in engagierter Einsicht bejaht und dafür ausreichende Begründungen liefert. Das trifft mit der Forderung jugendlicher Menschen zusammen, die mit empfindlicher Abwehr auf jede Form von Indifferenz reagieren und durchaus nach der persönlichen Position des Lehrenden fragen"[179].

Wenn man aber das Engagement des Lehrers im Religionsunterricht ernst nimmt, dann zeigt sich, daß die von Stallmann ursprünglich intendierte Scheidung von „Auslegung" und „Verkündigung", von „Kunde" und „Anrede", von „existentialem" und „existentiellem" Hören, also von „Unterricht" und „Predigt" nicht durchzuhalten ist. Dafür sprechen wichtige *theologische und pädagogische Gründe,* die heute weithin anerkannt werden.

3.11 Theologische Gründe

3.111 Die Einheit des hermeneutischen Prozesses

Hier werden in der gegenwärtigen Diskussion vor allem Überlegungen von G. Ebeling und E. Fuchs herangezogen, z. B. durch Nipkow[180] und Frör[181] in ihrer Auseinandersetzung mit Otto und Stallmann. Nach Ebeling ist der hermeneutische Prozeß der Weg von „geschehener Verkündigung" zu „geschehender Verkündigung"[182], der nicht einfach abgebrochen oder verkürzt werden kann. „Das Problem theologischer Hermeneutik wäre nicht erfaßt ohne Einbeziehung der Verkündigungsaufgabe; es erhält dadurch überhaupt erst seine entscheidende Zuspitzung"[183]. Daraus folgert Frör mit Recht, daß die „Einheit des hermeneutischen Prozesses erst in der Wahrnehmung der Sache, um die es den Texten geht, das heißt aber im Vernehmen der eigentlichen Anrede des Textes zu ihrem Ziel kommt. Der hermeneutische Vorgang ist erst dann bis zu seinem Ende durchlaufen, wenn es ... zum aktuellen Hören auf das Zeugnis des Textes kommt"[184].

[179] Hamburger Leitsätze, Abschnitt 8, S. 8 f.
[180] Grundfragen, S. 68 ff.
[181] Religionsunterricht in der säkularisierten Gesellschaft, S. 65 ff.
[182] G. Ebeling, Wort und Glaube, Tübingen 1962², S. 345.
[183] a. a. O., S. 346.
[184] K. Frör, a. a. O., S. 65.

3.112 Die Struktur der biblischen Texte und der Charakter der neutestamentlichen Verkündigung

Wichtig für unsere Überlegungen ist ein Blick auf die Struktur der biblischen Texte, die ja als „gepredigte Geschichten“ verstanden werden, bei denen Faktum und Anrede untrennbar zusammengehören. Dazu kommt, daß zur Zeit des Neuen Testaments die Botschaft nicht in erster Linie durch die Vermittlung von Texten, sondern personal und mündlich weitergegeben wurde. Ebeling zeigt das an der untrennbaren Verbundenheit von Person und Wort bei Jesus. „Erst das Wort, sein *Gesprochensein* und sein *Sprecher, Jesus,* zusammengenommen, bilden das anstoßerregende *ganze* Wort ... Der Inhalt des Wortes, das Ereignis seines Gesprochenwerdens und der Bringer des Wortes gehören unlöslich zusammen“ [185].
Das gleiche gilt nach Ebeling auch für die Verkündigung der Kirche: „Nur das Wort eines Zeugen kann vollmächtiges, autoritatives, glaubenweckendes Wort sein ... Es liegt eine Struktureigentümlichkeit des Glaubens darin, daß die Entstehung des Glaubens angewiesen ist auf Begegnung mit Zeugen des Glaubens“ [186]. Ähnliche Argumente lassen sich bei E. Fuchs finden [187].
Daraus folgt, daß Auslegungs- und Verkündigungsgeschehen theologisch nicht puristisch geschieden werden können, wie es Stallmann zumindest in seiner frühen Phase versucht. Die Beziehung ist differenzierter. Es muß um der Unverfügbarkeit des Glaubens willen *unterschieden* werden; eine *begrifflich* saubere Trennung ist notwendig. Aber *sachlich* müssen vom Ansatz her Auslegung und Interpretation immer offen bleiben für Engagement und Glauben. *Lernziel* des Unterrichts bleibt zwar das Verstehen; nur dieses kann bewußt didaktisch intendiert sein. Aber der Vorgang des Verstehens umschließt letztlich auch das existentielle Betroffensein. Er muß offenbleiben für die Glaubensentscheidung.

3.12 Pädagogische Argumente

Die Offenheit der schulischen Funktionsziele zur Verkündigung hin, läßt sich auch mit pädagogischen Argumenten belegen, wie es Nipkow versucht hat. Er geht aus von H. O. Wölbers Frage nach dem Unterrichtsprinzip der Lebensnähe. „Lebensnah ist die Wahrheit, die im einzelnen Menschen, wenn auch oft konfliktreich und rätselvoll, auftritt ... Daß der einzelne Christ ehrlich und ohne Vorwand für das lauter eintritt und das bezeugt,

[185] K. E. Nipkow, a. a. O., S. 69.
[186] G. Ebeling, a. a. O., S. 251.
[187] Vgl. dazu K. E. Nipkow, a. a. O., S. 70 ff.

was ihn beunruhigt und wirklich getröstet hat, einschließlich der offenen Fragen, die dabei geblieben sind, das wird als lebensnah empfunden ... Erst das persönliche Engagement macht eine Sache lebensnah ... Die Wahrheit kommt über die Person"[188]. Der pädagogische Bezug im Religionsunterricht verlangt also zwingend die persönliche Stellungnahme des Lehrers, damit der Schüler die „Chance der Identifikation" hat[189]. Damit ist bei weitem nicht eine Indoktrination durch den Lehrer gemeint. Das persönliche Bekenntnis erfordert vielmehr sehr viel pädagogischen Takt. Der Lehrer darf nie als „der seiner Überzeugung sichere und überlegenere Partner sprechen"[190]. Auch für ihn gelten die „offenen Fragen", er steht „in der gleichen Not" wie die Schüler[191]. Und doch bleibt der Grundsatz pädagogisch unaufgebbar, daß die Wahrheit des Glaubens nur *„persönlich verantwortet"* werden kann[192]. Denn nur über die Person werden Texte für uns relevant. Das Evangelium pflanzt sich nicht *„vom Text zum Menschen* fort", sondern *„von Mensch zu Mensch mit Hilfe des Textes"*[193].

3.13 Aus der theologischen und pädagogischen Notwendigkeit einer persönlichen Stellungnahme des Lehrers ergibt sich notwendig, daß die Schulziele transparent bleiben müssen für Fragen des Glaubens und für letzte Entscheidungen, also durchaus für Geschehnisse, wie sie sich in der Predigt ereignen können. *Das Schulgeschehen wird dann freilich transzendiert, die Schulziele werden gesprengt.* Der Lehrer wird zum Zeugen, der als Glied der Kirche einen Verkündigungsauftrag wahrnimmt.
Ein solches Geschehen läßt sich selbstverständlich nicht planen. Wollte man die Verkündigung zum *Unterrichtsziel* machen, würde sie pervertiert. Deshalb ist es unmöglich, *bei den Schulzielen von Verkündigung zu sprechen.* Umgekehrt kann ein solches Geschehen auch nicht ausgeschlossen werden, wenn nicht die Sache selbst gefährdet werden soll. Religionsunterricht muß offenbleiben für letzte Entscheidungen vor Gott. Ob man das Offenheit zur Verkündigung nennt, wie Nipkow und Angermeyer[194], ist zweitrangig. Es gilt hier der Satz H. Stocks (aus seiner mittleren Phase), dem heute die Mehrzahl der einer vermittelnden Sicht zuneigenden Religionspädagogen zustimmt: „Der biblische Unterricht ... als

[188] H. O. Wölber, Religion ohne Entscheidung, Göttingen 1960², S. 71 f.
[189] a. a. O., S. 71.
[190] K. E. Nipkow, a. a. O., S. 67.
[191] ebenda.
[192] a. a. O., S. 63.
[193] a. a. O., S. 67.
[194] K. E. Nipkow, a. a. O., S. 73; H. Angermeyer, Aufgabe des Religionsunterrichts, S. 7.

Schriftauslegung verstanden, fügt sich mit seinem Ziel eines existentiellen Verstehens in die große schulische Aufgabe der Interpretation von Überlieferung ein. Der Schüler soll Bibel und Christentum vorbereitend kennen- und verstehenlernen; das ist schon eine große Hilfe. Wieweit es dabei zu einer 'Verkündigung' kommt, die Glauben stiftet, entzieht sich einer unterrichtlichen Planung und Feststellung" [195]. Stock spricht deshalb von „indirekter Verkündigung" [196].

Im gleichen Sinne argumentiert K. Wegenast: „Ich möchte stärker (als Otto) betont wissen, daß der biblische Unterricht insofern, als er durch Auslegung verkündigender Texte die Glaubensfrage lebendig macht, über den Sinn des Glaubens verständigt und in Fragen und Entscheidungen führt oder sie wenigstens vorbereitet, zur Verkündigung werden kann" [197]. Ähnlich verteidigt H. D. Bastian in seinem Sammelband von 1968 die pädagogisch und theologisch notwendige Zusammengehörigkeit von Interpretation, Lehre und Verkündigung. „In der Unterweisung lernen wir, im Verstehen zu begreifen, wer uns im Glauben ergriffen hat" [198]. Deshalb habe der Religionsunterricht immer auch den Charakter der Verkündigung. Er müsse in seiner Aufgabe und seiner Erwartung in

[195] H. Stock, Der kerygmatische Charakter der Evangelientexte als Unterrichtsproblem (1960), in: Beiträge zur Religionspädagogik, Gütersloh 1969, S. 118.

[196] ders., Jenseits von Konfessionalismus und Neutralismus (1965), a.a.O., S. 146. Wie weit der interpretierte Bibeltext „zum Wort Gottes für Schüler oder Lehrer wird, ist ein unlenkbares, freies Geschehen" (ebenda).

[197] K. Wegenast, Der biblische Unterricht zwischen Theologie und Didaktik, Gütersloh 1965, S. 14; vgl. auch S. 15 f: „Wir können zusammenfassend zum Wesen christlichen Religonsunterrichts folgendes sagen: Religionsunterricht ist Vermittlung von Wissen um die christliche Tradition, damit aber immer auch Erschließung eines Seins- und Lebensverständnisses. Weil die Tradition der Bibel aber wesentlich Predigtüberlieferung ist, besteht im Religionsunterricht die Möglichkeit, daß seine Bemühungen um das Verständnis von biblischen Texten zum Appell an Lehrer und Schüler werden, der den Menschen als Frage erweckt, ‚ihm eine Antwort anträgt und Glauben fordert, indem er Glauben anbietet'." Deshalb muß Religionsunterricht „sowohl Wissensvermittlung als auch indirekte Anrede sein" (S. 20).

[198] H. D. Bastian, Zwischen Kirche und Schule, Versuch über den evangelischen Religionsunterricht, in: Abseits der Kanzel, Olten 1968, S. 110. Vgl. auch S. 111 f: „Der Lehrer in der Unterweisung vermittelt die Botschaft in der Gestalt des Lehrgesprächs ... Die Lehre verrät darin ihren Charakter als Verkündigung, daß ihr die Verheißung gilt: Das Menschenwort darf zeigen, was keine Schule und keine Kirche besitzt. Es darf Zeugenwort werden. Kein Lehrer kann diese Verheißung als Stufe planend in seinen Unterricht einbauen. Kein Lehrer kann aber in der evangelischen Unterweisung unterrichten, ohne dieser Verheißung zu trauen." Zu seiner heutigen Konzeption in „Theologie der Frage" vgl. allerdings Abschnitt II 3.21 in diesem Kapitel.

kirchlicher Mitverantwortung bleiben. „Die biblische Botschaft präsentiert sich immer als kirchengründend, auch im Unterricht“ [199].

In der Sache kann auch Frör unter diese Mittelposition gerechnet werden, selbst wenn er in seiner Terminologie noch stärker von der älteren Konzeption her geprägt ist: „Wir sind gewiß mit Stallmann darin einig, daß das Ereignis des Glaubens ein Wunder des Heiligen Geistes ist und daß er durch keinerlei methodische Praktiken herbeigezwungen werden kann“ [200]. Allerdings warnt er ausdrücklich vor einer künstlichen Scheidung: „Man kann hier nicht ... trennen, wo die konkrete Wirklichkeit des Umgehens mit dem Wort eine unauflösbare Einheit bildet und wo in, mit und unter dem Verfügbaren das Unverfügbare sich ereignen will“ [201]. Es ist daher zu fragen, ob man nicht besser in Zukunft *auf den Begriff der Verkündigung überhaupt verzichten sollte,* da die Scheidung Verkündigung als „Tun des Lehrers“ — Verkündigung als „unverfügbares Ereignis“ letztlich doch nicht befriedigt. Diesen Vorschlag macht neuerdings auch H. Angermeyer: „Im Blick auf die Jugendlichen sollte vielleicht der Begriff ‘Verkündigung’, da eben doch immer mißverständlich, überhaupt nicht verwendet werden“ [202]. Weiterführend kann hier sein, was im nächsten Abschnitt im Anschluß an Tillichs Korrelationsbegriff entwickelt wird. Ziel des Religionsunterrichts ist die *Begegnung* zwischen moderner Lebenswirklichkeit und biblischer Botschaft. Diese Kategorie umschließt

[199] a. a.O., S. 112. Diese kirchliche Verantwortung „kann er weder unter der Maske eines überkonfessionellen Bibelunterrichts leugnen noch in der Gestalt einer bekenntnisfreien Christentumskunde ablehnen“ (abenda). Andererseits ist interessant, daß gerade von dieser Seite, also von der religionskundlichen Konzeption her, immerhin heute die Offenheit des Unterrichts zur Verkündigung hin gefordert werden kann: „Auch im Unterricht in Religionskunde und Philosophie (URP) kann eine biblische Aussage den Lehrer oder Schüler unmittelbar ansprechen. Verkündigung ist also keinesfalls das Ziel des URP, sie kann sich aber jederzeit ereignen“ (Plöner Resolution, Dokument II bei K. Ringshausen, Religionsunterricht zwischen Ghetto und Boulevard, Arbeitshilfe für den evangelischen Religionsunterricht, 1970, S. 6).

[200] K. Frör, Christentum und Schule (II), in: Schule und Leben, 10. Jg., 1958/59, S. 443.

[201] ebenda.

[202] Aufgabe des Religionsunterrichts, S. 7. Er schließt sich damit ausdrücklich H. Halbfas an, der betont, „daß die kerygmatische Intention der Texte, ihr innerster Verkündigungsanspruch um so eher in der Personentiefe erfahren werden kann, je seltener von Verkündigung geredet und je gründlicher in regelrechter Arbeitsatmosphäre hingebend und sachlich vermögend in unterrichtlicher Auslegung um das Verstehen eines Bibeltextes gerungen wird“ (H. Halbfas, Der Religionsunterricht, Didaktische und psychologische Konturen, Düsseldorf 1966², S. 224).

beides, das Verstehen und das Betroffensein in letzter Relevanz, ohne daß das eine gegen das andere ausgespielt werden könnte[203].

3.2 Der Aspekt der Humanorientierung: Selbstauslegung oder Begegnungsauslegung?

Beim Funktionszielkomplex der Humanorientierung zeigte sich schon im Abschnitt I dieses Kapitels[204] die Grenze einer rein schulischen Deduktion. Denn bei der Bestimmung des Humanum ist die Schule notwendig auf den Dialog mit den Deutungs- und Auslegungsweisen von Geschichte und Gegenwart angewiesen. Letztlich kann sie in dieser Frage „von sich aus ... keine verbindlichen Antworten geben, sondern lediglich Überzeugungen und Glaubenshaltungen vermitteln, die solche Antworten geben“[205]. Deshalb kommt bei der Frage nach dem Menschen im Religionsunterricht alles darauf an, daß *die biblisch-theologische Sicht in den Dialog der Daseinsdeutungen mit eingebracht werden kann.*

3.21 Humanorientierung im Religionsunterricht kann daher nur im Sinne der *Tillich'schen Korrelation* richtig verstanden werden. In diesem Punkte muß die Theologie P. Tillichs heute noch viel unmißverständlicher für die Religionspädagogik fruchtbar gemacht werden[206]. Es ist vor allem wichtig, den Begriff der Korrelation klar zu interpretieren[207]. Darunter

[203] Vgl. zum ganzen auch die Ausführungen über die „eigentümliche Korrelation von Wort und Existenz, die für das christliche Zeugnis und für den Zeugen charakteristisch sind“ bei H.-B. Kaufmann, Möglichkeiten und Grenzen des Religionsunterrichts, a. a. O., S. 107 ff (Zitat S. 109). Von daher gesehen kann die von U. Mann aufgestellte Alternative „Belehrung, nicht Bekehrung“ nicht weiterführen (U. Mann, Belehrung, nicht Bekehrung — Thesen für die Reform des Religionsunterrichts, in: Lutherische Monatshefte, 9. Jg., 1970, S. 310 ff).

[204] Siehe Ziffer I 2.222.

[205] E. Hübner, Oldenburger Thesen, aus These 2, a. a. O., S. 87.

[206] Vgl. dazu den instruktiven Aufsatz von W. Jentsch, Der Einfluß Tillichs auf die Religionspädagogik der Gegenwart, in: Der Evangelische Erzieher, 22. Jg., 1970, S. 345 ff. Siehe ferner: H. Gloy, Die religiöse Ansprechbarkeit Jugendlicher als didaktisches Problem, vor allem S. 155 ff (Das Problem der religiösen Ansprechbarkeit bei Paul Tillich); W. Steinle, Die Bibel im Religionsunterricht, in: Der Evangelische Erzieher, 22. Jg., 1970, S. 190 ff, vor allem S. 195 f; W. Hartmann, Erziehung — Religion — Politik. Paul Tillichs Ansätze zu einer Theologie der Erziehung, in: Wissenschaft und Praxis in Kirche und Gesellschaft, 59. Jg., 1970, S. 4 ff.

[207] Vgl. dazu P. Tillich, Systematische Theologie, Band I, Stuttgart 1956², S. 73 ff (Die Methode der Korrelation) und die sehr gute Zusammenfassung

versteht Tillich die „Einheit von *Abhängigkeit* und *Unabhängigkeit* zwischen existentiellen Fragen und theologischen Antworten“[208]. Dabei ist es entscheidend, daß beide Aspekte in gleicher Weise betont werden.

3.211 Die *Abhängigkeit* der Fragen und Antworten bedeutet, daß das menschliche Fragen Einfluß auf die Antworten des Glaubens hat und umgekehrt. Der Theologe kann deshalb eine Antwort nur geben, wenn er „an der menschlichen Situation teilhat, nicht nur aktuell, wie das immer der Fall ist, sondern auch in bewußter Identifikation“. Er benötigt das „Ganze der menschlichen Erfahrungen und ihre mannigfaltigen Ausdrucksformen“ als „Material für die existentielle Frage“[209].
Daraus ergibt sich die Konsequenz, daß der Religionslehrer die Fragen der Kinder und Jugendlichen heute radikal ernst nehmen muß, wenn er Antworten geben will. Hier wendet sich Tillich gegen jeden Versuch, Antworten aufzuoktroyieren, wo nicht gefragt wird, und auf Fragen zu antworten, die nicht gestellt werden[210]. Diese Gefahr bestand zweifellos bei der Verkündigungskonzeption. Mit Recht wird deshalb heute der Überhang der Antworten in der traditionellen Religionspädagogik kritisiert. Hier sind H. Gloys Anfragen berechtigt[211]. Auch H. D. Bastian versteht seine „Theologie der Frage“ als bewußte Gegenbewegung, wenn er christliche Existenz als Frageverhalten interpretiert[212]. Er wendet sich damit gegen „einen stark überzogenen Verkündigungsbegriff“[213] und gegen eine „Theologie des Imperativs, die den Glauben nicht als Fragen, sondern als ‘Gehorsam’ interpretiert und sozialdidaktisch den ‘Predigthörer’ protegiert“[214]. Aufgabe heutiger Theologie sei es deshalb,

in Band II, Stuttgart 1958, S. 19—22. Zur Methode der Korrelation vgl. auch H. Frik, Religionsunterricht im Dialog mit Theologie und Psychologie, Stuttgart 1968, S. 19 ff.

208 Systematische Theologie II, S. 19.

209 a. a. O., S. 21.

210 „Wir können keine Antwort verstehen, die nicht Antwort auf eine Frage ist, die wir gefragt haben. (Diese Erkenntnis hat wichtige Konsequenzen für die religiöse Erziehung.) Eine solche Antwort wird als töricht empfunden, als unverständliche Wortkombination, aber nicht als Offenbarungserfahrung“ (a. a. O., S. 20).

211 Vgl. im 2. Kapitel Abschnitt B II 3.1 und 3.2.

212 H. D. Bastian, Theologie der Frage, München 1969, in unserem Zusammenhang vor allem S. 292 ff (Zur Religionspädagogik der Frage).

213 H. D. Bastian, Information über den Unfug — Antwort an E. Gräßer, in: Evangelische Kommentare, 2. Jg., 1969, S. 79.

214 Theologie der Frage, S. 317.

„die vertikal-monologischen Informationssysteme der Kirche in einen horizontal-dialogischen Informationsaustausch zu verändern“ [215].

3.212 Bei diesem Bemühen gerät allerdings die gegenwärtige religionspädagogische Diskussion in das andere Extrem. Es wird der Aspekt der *Unabhängigkeit* von Frage und Antwort übersehen. Damit meint Tillich die Unmöglichkeit, aus der existentiellen Frage die theologische Antwort abzuleiten und umgekehrt. Der Mensch mit seiner Frage „ist nicht die Quelle der Offenbarungsantwort“ [216]. Hier macht Tillich ganz eindeutige Aussagen, durch die die Spannung zwischen Frage und Antwort durchgehalten wird. „Man kann die göttliche Selbstmanifestation nicht aus einer Analyse der menschlichen Situation ableiten. Gott spricht in die menschliche Situation hinein — ablehnend und bejahend ... *Der Mensch ist die Frage, aber er ist nicht die Antwort*“ [217]. Damit bleibt der unaufgebbare „theologische Zirkel“ erhalten, den Tillich als „Ellipse mit zwei Brennpunkten“ beschreibt, von denen der eine die existentielle Frage, der andere die theologische Antwort meint [218].
Das hat wichtige Konsequenzen für den Religionslehrer. Es muß von Tillich her jede Überbetonung und Verabsolutierung des Fragepols abgelehnt werden. Die Gefahr einer falsch verstandenen Humanorientierung liegt darin, daß der Religionsunterricht *ausschließlich* als „Fach der Frage“ deklariert wird [219]. Das ist eine Verkürzung seiner Aufgabe. *Didaktisch* ist der Primat der Frage zweifellos legitim, aber als *theologische* Zielbestimmung reicht diese einseitige Sicht nicht aus. „Gott antwortet auf die

[215] Information über den Unfug, a.a.O., S. 80 im Anschluß an H.-E. Bahr.
[216] P. Tillich, Systematische Theologie II, S. 19.
[217] a.a.O., S. 19 f (Hervorhebung von mir).
[218] a.a.O., S. 21.
[219] Vgl. dazu in der Dokumentation von K. Ringshausen „Religionsunterricht zwischen Ghetto und Boulevard“ das Dokument Nr. X (Tagung des jugendpolitischen Arbeitskreises in der evangelischen Kirche von Kurhessen-Waldeck — Arbeitsgruppe Religionsunterricht): Der Religionsunterricht soll „als Fach der Frage (Herrmann) helfen, geistige Zusammenhänge zu erkennen“ (a.a.O., S. 14). Noch deutlicher zeigen das die Thesen von K. Linke (Dokument Nr. XIII), a.a.O., S. 16: „4. Gegenstand des schulischen Religionsunterrichts sind die Fragen der Schüler, die ihre Welt und ihr Leben, ihre Mitmenschen und sich selbst verstehen lernen müssen ... 6. Diese Fragen sind aus dem Umgang mit den Schülern und durch empirische, wissenschaftlich gesicherte Erhebungen immer wieder neu zu ermitteln. 7. Der Lehrplan für den schulischen Religionsunterricht ist von diesen Fragen aus zu entwerfen und von Zeit zu Zeit zu korrigieren. 8. Was stofflich an Religiösem, Kirchlichem, Christlichem, Humanistischem und Marxistischem zum Religionsunterricht heranzuziehen ist, ergibt sich aus den Fragestellungen der Schüler.“

Fragen des Menschen, und unter dem Eindruck von Gottes Antworten stellt der Mensch seine Fragen"[220]. Es ist deshalb Gloys und Bastians Entwurf darauf hin zu prüfen, ob nicht das Frageverhalten ein zu großes Eigengewicht bekommt. Richtig ist diese Konzeption nur, wenn auch die Antwort ernst genommen wird. „Als Christus quaerens begegnet der biblische Gott dem animal quaerens cur. Dieser Satz bestimmt Aufgabe und Tragweite der Frage in der Religionspädagogik. Das besagt nicht, daß Antworten sinnlos, überflüssig, unmöglich wären. Kein *Mensch kann in der absoluten Frage existieren*"[221]. Diesen Sätzen Bastians kann man zustimmen.

3.213 Die richtig verstandene Korrelationsmethode hat Tillich bereits 1931 in seiner Stellungnahme „Zum Problem des evangelischen Religionsunterrichts" für die Arbeit des Religionsunterrichts fruchtbar gemacht. Darauf hat W. Jentsch neuerdings hingewiesen[222]. Tillich stellt darin bewußt die Humanorientierung in den Mittelpunkt. Ziel des Unterrichts muß es sein, „die menschliche Lage in ihren profanen und religiösen Äußerungen, soweit sie dem Schüler bekannt und verständlich sind, von der Grenze des Menschlichen her sichtbar zu machen"[223]. Dabei geht es ihm aber nicht *nur* um die Weckung eines Frageverhaltens, sondern um die Begegnung mit der christlichen Botschaft: „Die Lehrsätze der evangelischen Kirche sind zu beziehen auf die reale Lebensproblematik, und zwar gleichzeitig auf die persönlichen und gesellschaftlichen Spannungen, soweit sie von den Schülern miterlebt oder zumindest nacherlebbar sind"[224]. Daraus geht klar hervor, daß die richtig verstandene Korrelation die Begegnung und Auseinandersetzung mit der Botschaft und den Glaubensaussagen der Kirche verlangt. Ein Religionsunterricht, der Humanorientierung *allein* als „Öffnung der Wirklichkeit" im Sinne einer Vorhofstätigkeit verstehen will, wird seinem Auftrag nicht gerecht. Er hat im besten Fall propädeutische Bedeutung und ist — wie Th. Wilhelm deutlich sieht[225] — für die Schüler letztlich ohne Motivation. Nur dort, wo von einer Glaubensüberzeugung aus eine Antwort gegeben werden

[220] P. Tillich, Systematische Theologie I, S. 75.
[221] H. D. Bastian, Theologie der Frage, S. 317 (Hervorhebung von mir).
[222] P. Tillich, Zum Problem des evangelischen Religionsunterrichts, in: Zeitschrift für den evangelischen Religionsunterricht an höheren Lehranstalten, 42. Jg., 1931, S. 285—291; in: Gesammelte Werke, Band IX, S. 233—235. Vgl. dazu W. Jentsch, a. a. O., S. 351 f.
[223] P. Tillich, a. a. O., zit. nach W. Jentsch, S. 351.
[224] ebenda, zit. nach W. Jentsch, S. 352.
[225] Th. Wilhelm, Theorie der Schule, S. 328 f.

kann, wird der Unterricht relevant. Ein verabsolutiertes „Fach der Frage" führt zur Unverbindlichkeit und damit zur Immunisierung.

3.22 Von daher ergibt sich die sachgemäße Interpretation der Kategorie der *Lebensbewältigung,* wie sie heute bei den Zielformulierungen zum Religionsunterricht verwendet wird. Nach G. Otto hat der Religionsunterricht die Aufgabe, „den Menschen in seiner Welt lebensfähig zu machen"[226]. Diese Zielvorstellung ist richtig. Zugleich muß aber gesehen werden, daß sie für den Religionsunterricht nicht ausschließliche Geltung haben kann, wenn er nicht zur allgemeinen Lebens- und Sozialkunde werden und sein Proprium preisgeben will. Dieses Proprium besteht eben darin, daß nach biblischem Verständnis „dem Menschsein des Menschen das Gottsein Gottes voraus ist; es ist in ihm begründet und von ihm umschlossen"[227]. Das hat wichtige Konsequenzen: Das Gottsein Gottes wird nur ernst genommen, wenn Gott nicht *nur* als „Interpretament" für Lebensdeutung und Lebensbewältigung verstanden wird[228]. Das Gottsein Gottes bedeutet zugleich *Krise, Störung* unseres Lebens und *Neuschöpfung* in unserem Leben.
Hier zeigt sich wieder der Punkt, an dem die Schulziele von der Sache des Religionsunterrichts her gesprengt werden. Wo bei der Humanorientierung ausschließlich von Deutung unserer Wirklichkeit gesprochen wird und nicht zugleich von ihrer Infragestellung, wird das biblische Wort zur *Lebenshilfe* verkürzt und das Krisiselement des Religionsunterrichts[229] preisgegeben. Es besteht dann zumindest die Gefahr, „daß die Theologie (und Religionspädagogik) in den Schatten einer gerade vorherrschenden, von bestimmten Interessen geleiteten Anthropologie, *der Religionsunterricht in den Schatten einer allgemeinen Lebenskunde tritt*"[230]. Die anthropologische Dimension muß der entscheidende Fragehorizont des Religionsunterrichts bleiben, aber sie darf nicht zum Prokrustesbett werden, in das alle theologischen Aussagen gepreßt werden können[231]. Der Reli-

[226] G. Otto, Der Mensch in seiner Welt, in: Religionsunterricht, 1968³, S. 178.
[227] E. Hübner, Oldenburger Thesen, a. a. O., S. 87.
[228] G. Otto: „Die biblische Rede von Gott ist für uns ein unverzichtbares *Interpretament,* mit dessen Hilfe Aussagen über den Menschen in der Welt gemacht werden" (a. a. O., S. 174).
[229] K. E. Nipkow, Grundfragen des Religionsunterrichts, S. 16 f.
[230] E. Hübner, a. a. O., S. 87 (Hervorhebung von mir).
[231] Vgl. auch K. Frör, Überlegungen zur Rezeption der anthropologischen Theologie in der katholischen Katechetik der Gegenwart, in: Der Glaube der Gemeinde und die mündige Welt (Hammelsbeck-Festschrift), München 1969, S. 116: „Der anthropologische Aspekt ist in der biblischen Überlieferung nie das Ganze, und er kann auch in der Hermeneutik heute nie das Ganze sein."

gionsunterricht muß um seines Propriums willen seinen „Störungscharakter" behalten, der in der Konfrontation mit dem Evangelium, in der „notwendigen Rede über Erlösung und Gericht" liegt[232]. Otto selbst wußte ursprünglich von diesem Störungscharakter des Evangeliums: „Die Interpretation dieser Überlieferungskomponente (des Christentums) führt notwendig zur *kritischen* Konfrontation mit dem Evangelium als seinem Ursprung"[233]. In diesem Zusammenhang ist auch die Auseinandersetzung zwischen H. Gloy und I. Baldermann symptomatisch[234].

3.23 Religionsunterricht als Humanorientierung kann deshalb nur *dialektisch* gesehen werden als *„Unterricht über das Christsein und Menschsein in der Gegenwart"*[235]. Bei dieser Formel Nipkows muß allerdings klar über das Verhältnis von Christsein und Menschsein nachgedacht werden. Sie kann nicht so verstanden werden, daß Christsein eine Sonderform menschlicher Existenz im Ghetto darstellt; dagegen verwahrt sich Nipkow sehr deutlich. Andererseits kann Christsein auch nicht ausschließlich im Sinne einer allgemeinen Mitmenschlichkeit interpretiert werden. Es geht vielmehr um Menschsein unter dem Aspekt des Glaubens. Humanorientierung kann deshalb nicht einseitig *ethizistisch* verstanden werden im Sinne einer Orientierung in *Lebensfragen.* Das ist zweifellos ein Hauptaspekt, aber nicht der einzige. Voraussetzung für die ethische Orientierung ist die Auseinandersetzung mit *Glaubensfragen* heute. Hier fällt eine dogmatische Vorentscheidung. Vor den Imperativen müssen indikativische Aussagen über den Menschen stehen. Ohne diese Vorentscheidung, die nicht durch Indoktrination, sondern im offenen Ringen zwischen Glauben und Unglauben gefällt wird, ist christliche Existenz und damit auch Weisung in den ethischen Problemen unmöglich. Die Gefahr falsch verstandener Humanorientierung liegt in der Überbetonung des ethischen Aspekts. Demgegenüber muß an einer dogmatisch-theologischen Orientierung des Religionsunterrichts als eines Gesprächs über Glaubensfragen festgehalten werden.
Das ist auch das Anliegen der meisten gegenwärtigen Konzeptionen. Am klarsten wird dieser Zusammenhang zwischen Lebenswirklichkeit heute, biblischer Überlieferung und dogmatisch-theologischer Besinnung in den „didaktischen Ansätzen" der „Religionspädagogischen Projektforschung" herausgearbeitet: Ziel des Religionsunterrichts ist die theologische Ver-

[232] K. E. Nipkow, a. a. O., S. 17. In diesem Punkt kann und muß nach Nipkow der Religionsunterricht „den berechtigten und unverlierbaren Ansatz der ‚Evangelischen Unterweisung' wieder aufnehmen" (ebenda).
[233] G. Otto, Religionsunterricht, S. 52 (Hervorhebung von mir).
[234] Siehe in diesem Kapitel den Abschnitt I 2.222.
[235] K. E. Nipkow, Christlicher Glaubensunterricht in der Säkularität, S. 181.

mittlungsaufgabe, die darin besteht, „die überlieferte Botschaft im Licht unserer Wirklichkeit neu zu sagen"[236]. Dabei darf die spannungsvolle Einheit von gegenwärtiger Situation als Ort des Glaubens, christlicher Tradition als Grund des Glaubens und Theologie als dem Vermittlungsgespräch des Glaubens nicht preisgegeben werden. Das Verhältnis dieser drei konstitutiven Größen des Religionsunterrichts kann durch das Bild einer Ellipse veranschaulicht werden, das aus dem Tillich'schen Modell weiterentwickelt wurde[237].

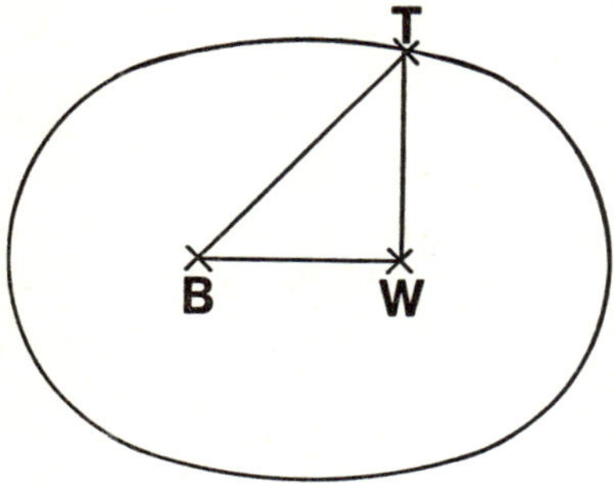

T = Theologie als spannungsvolles Vermittlungsgespräch des Glaubens

B = christliche Tradition als Grund des Glaubens

W = gegenwärtige Situation als Ort des Glaubens

„Wenn aus der spannungsvollen Ellipse mit zwei Brennpunkten ein spannungsloser Kreis wird, entstehen zwei *Fehlformen*":[238]

[236] K. Dessecker/G. Martin/K. Meyer zu Uptrup, Religionspädagogische Projektforschung, Arbeitsprogramm 1968—70, Tübingen 1968 (Fotodruck), S. 6. Vgl. dazu auch die ausführliche Darstellung in: K. Dessecker/G. Martin/K. Meyer zu Uptrup, Religionspädagogische Projektforschung, Stuttgart/München 1970, S. 39 ff; außerdem folgende Aufsätze: G. Martin, Zur Neuorientierung des evangelischen Religionsunterrichts, in: Evangelische Unterweisung, 24. Jg., 1969, S. 163 ff und S. 190 ff; K. Meyer zu Uptrup, Unterrichtsmodelle durch Kooperation, in: Theologia Practica, 5. Jg., 1970, S. 50 ff; G. Martin, Unterrichts-Modell-Entwurf: Die Christen und die Revolution in Lateinamerika, in: Theologia Practica, 5. Jg., 1970, S. 55 ff; K. Dessecker, Lehrplanentwicklung des Religionsunterrichts, in: Wissenschaft und Praxis in Kirche und Gesellschaft, 59. Jg., 1970, S. 24 ff; K. Meyer zu Uptrup, Religionspädagogische Projektforschung, in: Wissenschaft und Praxis in Kirche und Gesellschaft, 59. Jg., 1970, S. 47 ff.

[237] Nach K. Caspary im Anschluß an P. Tillich und G. Martin. Dabei entstehen durch Kombination dieser drei Elemente „neun didaktische Ansätze", die für die didaktische Strukturierung des künftigen Religionsunterrichts eine bisher kaum gekannte Varationsbreite bieten. Vgl. dazu das sehr instruktive Schema von G. Martin/K. Meyer zu Uptrup, abgedruckt in: Religionspädagogische Projektforschung, Stuttgart/München 1970, S. 45 f.

[238] Im Anschluß an K. Caspary.

Religionsunterricht,
dessen *Weltbezug* abgerissen ist

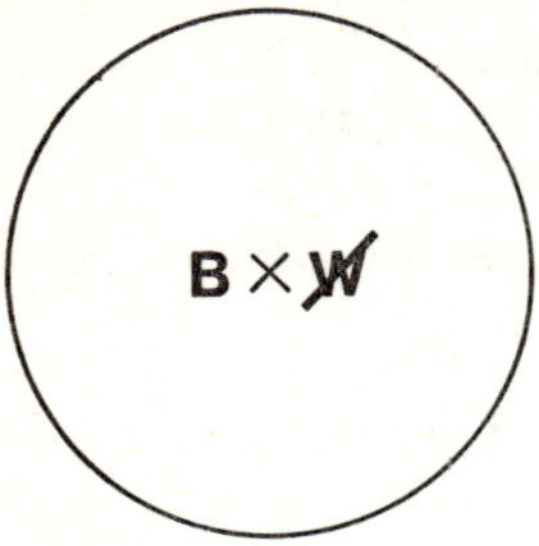

Religionsunterricht,
dessen *Bibelbezug* abgerissen ist

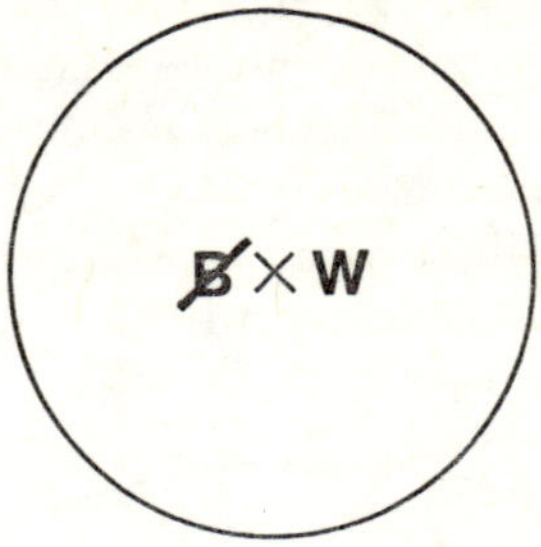

Hieraus folgt die innere Notwendigkeit einer bipolaren Begründung des Religionsunterrichts. Von einer *einlinigen* schulischen Begründung her droht die Auflösung der Spannung. Sie kann nur durchgehalten werden, wenn die *Schule durch ihren Dialog mit Theologie und Kirche sich selbst dieser Spannung stellt und sie aushält.*

3.3 Der Aspekt der Gesellschaftsorientierung: Begegnung mit der kirchlichen Wirklichkeit heute?

Wir haben oben festgestellt, daß der Religionsunterricht nicht auf das Bezugsfeld der kirchlichen Wirklichkeit heute verzichten kann, wenn er nicht in eine Historisierung und Philologisierung ohne hinreichenden Motivationswert für die Kinder und Jugendlichen verfallen will. Diese Konsequenz ergab sich bereits aus pädagogischen Erwägungen von den Schulzielen her [239]. Dabei zeigte es sich, daß gerade bei diesem Funktionszielkomplex das Ineinander der kognitiven, emotionalen und pragmatischen Lerndimensionen unabdingbar ist. Bei der Begegnung mit Lebens- und Aktionsformen der modernen Gesellschaft gehören *kritische Einführung* und *Einübung* in entsprechendes Rollenverhalten untrennbar zusammen [240]. An diesem Punkt liegt wieder die *Grenze einer ausschließlich schulischen Begründung* des Religionsunterrichts. Denn nur dadurch, daß die Schule selbst in dauerndem, freiem Dialog mit den gesellschaftlichen

[239] Vgl. die Begründung in diesem Kapitel, Abschnitt I 2.3, im Anschluß an Klafki und Nipkow.

[240] Vgl. die „Mainzer Thesen zum Religionsunterricht in der Grundschule", a. a. O., vor allem S. 326, Abschnitt 5. Hier werden u. a. „Rollenspiele gefordert, in denen Kinder durch Übernahme verschiedener Rollen eigenes und fremdes Verhalten *als* Rolle erfahren und so zugleich distanzieren lernen."

Gruppen steht, hat sie die Möglichkeit, den Unterricht zu einem Feld zu machen, auf dem Soziabilität eingeübt werden kann. Das gilt in besonderem Maße für die Begegnung mit der Wirklichkeit der Kirche heute. Denn sie ist eine Lebensform in der modernen Gesellschaft, die sich einer letzten Ableitung und Begründung aus eben dieser Gesellschaft um ihrer Sache und um ihres Auftrages willen entzieht[241].
Wie kann aber nun praktisch die Kirche als Lebensform heute in einen sachgemäßen Dialog mit dem schulischen Religionsunterricht treten? Hier liegt zweifellos ein äußerst schwieriges Problem vor, nachdem die alte Konzeption der „Kirche in der Schule" hinfällig geworden ist. Wie kann freie Repräsentanz der Kirche in der Schule aussehen? Die meisten Religionspädagogen sind sich darüber einig, daß sie notwendig ist. Der Streit beginnt bei der Frage nach der Verwirklichung.

3.31 Es ist unmöglich, die Repräsentanz nur *„hermeneutisch"* zu sehen, wie das bei Otto und Stallmann (1958) der Fall ist. Die Kirche kann nicht nur „historisch" in Texten in Erscheinung treten. In dieser Hinsicht hat Stallmann selbst in den letzten Jahren eine wichtige Wendung vollzogen. Für ihn spielt heute der Bezug zur lebendigen Gemeinde durchaus eine Rolle. „Die Aufgabe des Religionsunterrichts ergibt sich nicht schon aus der Begegnung mit den 'alten Texten', sondern aus dem eigentümlichen Gebrauch, den die Christenheit von der Bibel macht, daß sie nämlich aus ihr Auftrag und Vollmacht herleitet, Gott als den lebendigen Schöpfer und Retter der Welt zu verkündigen"[242]. Daraus folgt notwendig, daß die Gemeinde heute als Interpretationsraum dieser Texte für die Kinder in Erscheinung treten muß. Deshalb „verweist der Religionsunterricht, nach der Wahrheit und Wirklichkeit seiner Sache gefragt, auf die Gemeinde"[243]. Allerdings bezieht sich das nach Stallmann „nicht auf die organisierte Kirche, als ob sie Hüter, Repräsentant oder Garant dieser Wahrheit wäre, sondern er verweist auf die glaubende Gemeinde, die von der Wahrheit des Glaubens nur bezeugend, bekennend und anbetend sprechen kann"[244]. In seinen letzten Veröffentlichungen kann Stallmann sogar davon sprechen, daß die schulische Begründung des Religionsunterrichts auch von seinem Standpunkt aus ergänzt werden muß: „Für den Religionsunterricht bleibt die Stellung zwischen Kirche und

[241] Siehe Kapitel 3, Abschnitt I.
[242] M. Stallmann, Das Problem einer theologischen Bestimmung des evangelischen Religionsunterrichts, in: Pädagogische Rundschau, Beiheft 1 (1965), S. 43 ff, vor allem S. 52 ff (Zitat S. 52).
[243] a. a. O., S. 54.
[244] ebenda; vgl. auch: Evangelischer Religionsunterricht, Düsseldorf 1968, S. 58 ff.

Schule bestimmend, und sein Schicksal hängt daher vom *Selbstverständnis der Schule und dem der Kirche* ab.
Nach beiden Seiten, *sowohl schulpädagogisch wie ekklesiologisch, diesen Unterricht zu begründen und zu vertreten,* darin wird also die Religionspädagogik ihre Aufgabe erblicken müssen ..."[245].

3.32 Kirchliche Repräsentanz kann — und darin sind sich die meisten Religionspädagogen einig — heute primär nur verstanden werden als *„personale Repräsentanz"* durch den christlichen Lehrer. Wir haben diesen Gedanken im Anschluß an Kittel und Nipkow schon ausführlich entwickelt[246]. Der Lehrer zeigt durch seine Existenz als Christ unmittelbar und häufig unbewußt Verwirklichungsformen des Christseins auf. Dadurch, daß der Lehrer „durch Wort, Zeichen oder Verhalten als Person 'spricht'"[247], repräsentiert er Kirche. Das geschieht nicht nur durch Belehrung und Information, sondern ganzheitlich durch den pädagogischen Bezug überhaupt. Dabei kann sich „die persönliche Meinung im wortlosen Verhalten (oft) überzeugender ausdrücken als durch das tatsächlich ausgesprochene Wort"[248]. Auf diese Weise bekommt der Schüler die Chance der Identifikation und zugleich Rollenmodelle für Möglichkeiten und Grenzen christlichen Verhaltens. Der Lehrer steht dabei nicht als perfektes Vorbild, sondern als Fragender und um die Sache Ringender, aber auch immer wieder als Scheiternder vor den Schülern. Nur so wird deutlich, daß es ein risikoreiches Wagnis ist, als Christ leben zu wollen.

3.33 Die individualistisch verstandene personale Repräsentanz reicht aber gerade heute nicht mehr aus. Das wurde oben mit den Argumenten G. Krügers *pädagogisch* begründet. Religiöse Erziehung ist nur möglich, wenn sie nicht im luftleeren Raum, sondern im Blick auf eine „Bezugsgruppe" geschieht[249]. Auch aus *theologischen* Gründen gehören Christsein und Bruderschaft untrennbar zusammen. Wir haben das im Anschluß an W. Lohff klargelegt[250]. Christliche Existenz verwirklicht sich in brü-

245 Der Religionsunterricht immer noch zwischen Kirche und Schule?, in: Theologie und Unterricht, hrsg. von K. Wegenast, S. 122 (Hervorhebung von mir).
246 Vgl. in diesem Kapitel den Abschnitt II 2.2.
247 K. E. Nipkow, Grundfragen, S. 66.
248 ebenda.
249 Vgl. G. Krüger, Thesen zur evangelischen Erziehung (hektographiert), S. 5. Siehe in diesem Kapitel Abschnitt I, 2.321.
250 Siehe oben im 3. Kapitel Abschnitt I (Begründung des Erziehungsauftrages der Kirche).

derlicher Kooperation, oder sie ist nicht[251]. Das ist für *Lehrer und Schüler* in gleicher Weise bedeutsam.

3.331 Die christliche Bezugsgruppe ist für den *Religionslehrer* lebensnotwendig. Er kann nicht isoliert im schulischen Raum stehen, sondern muß sich getragen wissen von einer Gemeinschaft, die das zu verwirklichen sucht, was er in der Schule zu repräsentieren hat. Nur so kann er auf die Dauer der Frustration entgehen. Es geht also nicht um einen kirchlichen Herrschafts- oder Bevormundungsanspruch, wenn von der kirchlichen Bindung des Religionslehrers die Rede ist. Eine Kirche, die solche Tendenzen zeigte, hätte nicht mehr die geringste Chance, die Lehrerschaft zur Mitarbeit zu gewinnen oder zu behalten. Insofern sind die Bedenken, die M. Stallmann und G. Otto, aber auch H. Kittel immer wieder geäußert haben[252], heute weithin gegenstandslos geworden. Kirchliche Bindung kann nur noch als *seelsorgerliche Hilfe* für den Religionslehrer gesehen werden. Das hat schon O. Hammelsbeck so verstanden: „Der Lehrer, da er an der Front seines Dienstes — in der Schule oder wo auch immer — entscheidungsfrei sein muß, ist daher nicht weisungsgebunden, kein kirchlicher Untertan, und ebensowenig, was den Schriftgehorsam angeht, weisungsgebundener Untertan des Staates. Er wird in seinem Gehorsamsbewußtsein wünschen und bitten, daß die Gemeinde ihn trägt, mahnt, tröstet, besucht. Aber dies eben in der seine Mündigkeit provozierenden Gemeinschaft ‚per mutuum colloquium et per consolationem fratrum' (Schmalk. Art. V), durch das Wechselgespräch und die Tröstung der Brüder"[253].

Auf eben diese Bedeutung der Gemeinde für den Lehrer weist auch H. B. Kaufmann hin. „Die christliche Gemeinde ist es den Jungen und Mädchen schuldig, vor allem in den Jahren der geistigen Auseinandersetzung mit den Ansprüchen, Aufgaben und Konflikten unserer Welt durch Lehrer, die Christen sind, Beistand zu leisten und anschaulich zu machen, wie dieser Welt im christlichen Glauben begegnet und entsprochen werden kann. Für diese Aufgabe brauchen die Lehrer und viele

[251] Auch K. E. Nipkow betont diesen Zusammenhang im Anschluß an E. Fuchs und seine Überlegungen zur *„gemeinschaftsstiftenden* Funktion" des biblischen Sprachereignisses (a. a. O., S. 71 f).

[252] Siehe oben im 2. Kapitel, Abschnitt B I und II; ferner H. Kittel, Freiheit zur Sache, S. 9 ff. Hier spricht Kittel von der „Gefährdung der Freiheit durch Kirchenämter" (S. 9) und von der „Entmündigung, die von der kirchlichen Steuerung dieses Unterrichts in vielen Schulen der Bundesrepublik heraufbeschworen wurde" (S. 23).

[253] O. Hammelsbeck, Der Auftrag des evangelischen Lehrers, in: Der Evangelische Erzieher, 15. Jg., 1963, S. 226.

andere Gruppen, die als Laien in der Gesellschaft ihrem Beruf nachgehen, die *Ermutigung der Gemeinde* ...“ [254].
Es ist deshalb eine der wichtigsten Aufgaben für die Kirche, gerade den Lehrern in ihrer schwierigen Situation jede erdenkliche Hilfe anzubieten. Dazu gehören eine qualifizierte *Aus- und Weiterbildung*, zeitgemäße Lehrpläne, ein ausgebauter „Didaktischer Service“ [255], aber auch Hilfestellung in persönlichen und seelsorgerlichen Fragen. In diesem Bereich muß personell und organisatorisch viel mehr investiert werden als bisher. Hier liegen primär die Chancen, aber auch die Grenzen für den Religionsunterricht der Zukunft. Die Kooperation mit der Schule wird sich daran entscheiden, ob die Kirche diesem Auftrag an der Lehrerschaft gerecht werden kann.

3.332 Genauso wichtig wie für die Lehrer ist die Bezugsgruppe für die *Schüler*. Hier liegt heute das Hauptproblem für die Repräsentanz der Kirche in der Schule. Es müssen erst die Lebensformen christlicher Gemeinde wieder neu entdeckt werden, auf die der Religionsunterricht Bezug nehmen kann. Die volkskirchliche Situation läßt — wie G. Otto immer wieder mit Recht betont hat — eine Begegnung mit der Gemeinde im Religionsunterricht weithin faktisch nicht zu. Unsere Gemeinden müssen erst im Sinne der Kirchenreform umstrukturiert werden, damit Felder christlicher Sozialisation für den Religionsunterricht überhaupt sichtbar werden. Es müssen *bruderschaftliche und kooperative Strukturen* in der für die Jugendlichen heute ungreifbaren volkskirchlichen Situation deutlich werden, ehe Forderungen nach Soziabilität an den Religionsunterricht gestellt werden können. Sein kirchlicher Bezug scheitert viel eher an der Realität unserer kirchlichen Situation als an der der Schule. Das wird von G. Krüger deutlich gesehen. Zuerst müssen die Erwachsenengemeinden beginnen, ihre Strukturen so zu ändern, daß sie für Jugendliche wieder attraktiver werden. Dann können der Religionsunterricht wie auch der innerkirchliche Unterricht darauf Bezug nehmen. Beide leiden unter dem gleichen Dilemma [256]. „Religiöse Erziehung steht

[254] H.-B. Kaufmann, Möglichkeiten und Grenzen des Religionsunterrichts heute, a. a. O., S. 98.

[255] Vgl. dazu K. E. Nipkow, Curriculumforschung und Religionsunterricht (hektographierter Vortrag), S. 18. Zur Frage der Fort- und Weiterbildung vgl. die nach Abschluß dieser Arbeit erschienene Schrift: H. B. Kaufmann/H. Schultze, Fortbildung — Fernstudium — Medienverbund, Neue Aufgaben für die Kirche, Gütersloh 1971.

[256] Beachte im 3. Kapitel die Probleme der Jugendarbeit und des Konfirmandenunterrichts. Dort wirkt sich der fehlende Bezugsraum noch verheerender aus.

und fällt mit der Voraussetzung, daß die Kirche sich als Leib Christi zellenmäßig durchgliedert und daß evangelisches Leben in solchen Zellen anschaulich erlebbar und erfahrbar wird. Auf die Bildung solcher Zellen gelebten Evangeliums wird in unserer gegenwärtigen gesellschaftlichen Situation das stärkste Gewicht religionspädagogischer Bemühungen zu legen sein"[257]. Mit diesen Sätzen ist die conditio sine qua non genannt, unter der schulischer Religionsunterricht in Zukunft eine Beziehung zur Kirche behalten kann. „Zuerst müssen die Erzieher, Eltern, Lehrer, Pfarrer, Diakone, Jugendleiter selbst derartige Gruppen und Zellen evangelischen Lebens bilden, bevor sie zu Initiatoren seelsorgerlicher und erzieherischer Gruppenprozesse unter Kindern und Jugendlichen werden können"[258]. Hier können wir im allgemeinen nicht bei den Kindern beginnen. „Die Regel ist, daß solche Gruppen- und Zellenbildungen auf der Altersstufe der Erwachsenen und der reiferen Jugend einsetzen"[259].

Wenn die Kirchenreform in diesem Sinne Gestalt gewinnt, lassen sich auch die Forderungen Frörs nach „Aktionsgemeinschaften" in den Klassen oder nach „kleineren Aktionsgruppen mit spezifischen Aufträgen", die die Klassen aus sich heraussetzen, sinnvoller verwirklichen[260]. Frör nennt hier vor allem „liturgische Aktionsformen", die mit der Gestaltung moderner Gottesdienste, Jugendgottesdienste usw. befaßt sein können. Noch wichtiger sind die „diakonischen Aktionsformen", durch die praktische Arbeits- und Übungsfelder in den Gemeinden erkundet, Verbesserungsvorschläge gemacht und Aktionen an „überblickbaren und befristeten Projekten" in die Wege geleitet werden können. Hier gibt der neue Lehrplan für die 9. Klasse der Hauptschule in Bayern wichtige Hinweise, die sich — einer Umfrage entsprechend — in der Praxis bewährt haben. Es werden dort u. a. unter dem Oberbegriff „Betriebserkundungen mit Vor- und Nacharbeit in der Schule" vorgeschlagen: „Besuch sozialer und pädagogischer Einrichtungen der Kirche und Diakonie (Krankenhäuser, Heime, Kindergärten, Gastarbeiterlager usw.); Auswertung von Interviews und Reportagen". Die pragmatische Dimension kommt in einem eigenen Abschnitt „Unsere Aufgabe in der Kirche" zum Tragen, in dem eine Vielzahl erprobter und neuer Aktionsmöglichkeiten angeboten wird[261]. Daß von der Schule hier manche Schwierigkeiten zu

257 G. Krüger, a. a. O., S. 5.

258 ebenda.

259 ebenda.

260 K. Frör, Religionsunterricht in der säkularisierten Gesellschaft, S. 71.

261 Vgl. das Amtsblatt für die Evangelisch-Lutherische Kirche in Bayern Nr. 16, vom 20. August 1969, S. 144 f. Ähnliche Vorschläge enthalten inzwischen auch die Lehrpläne anderer Landeskirchen.

überwinden sind, ist klar. Trotzdem kann sie aus pädagogischen Gründen nicht darauf verzichten, mit der Kirche zusammenzuarbeiten. So wird es auch im Württembergischen RPF-Programm gesehen. Hier wird bewußt ein diesbezügliches Funktionsziel formuliert, das „von der *theologischen* und von der *pädagogischen* Intention her" interpretierbar sein soll. „Der Religionsunterricht soll die Schüler zu einer Zusammenarbeit befähigen, in der sich ein Stück Gemeinde in unserer heutigen Welt verwirklicht (Hilfsaktionen, Jugendgottesdienste u. a.)" (theologische Intention) — „Der Religionsunterricht soll den Schülern Gelegenheit bieten, Formen der Zusammenarbeit einzuüben, wie sie für das Leben unserer Gesellschaft unabdingbar sind" (pädagogische Intention)[262].
An diesem Punkt fällt in Zukunft die Entscheidung, ob die Zusammenarbeit zwischen Schule und Kirche fruchtbar bleiben kann oder nicht.

4. Das Problem der Konfessionalität des Religionsunterrichts

In der Diskussion der letzten Zeit ist die Frage nach dem konfessionellen Religionsunterricht immer mehr in den Mittelpunkt getreten. Es ist deshalb notwendig, vom Konzept eines von Schule und Kirche gemeinsam verantworteten Religionsunterrichts her dieses Problem noch einmal ausdrücklich zu bedenken. Es wurden bisher in zahlreichen Veröffentlichungen zu diesem Thema vor allem vier Lösungsversuche entwickelt, deren Möglichkeiten und Grenzen im folgenden erörtert werden sollen.

4.1 Die überkonfessionelle Lösung — „Religionsunterricht für alle"

Sie wurde im zweiten Kapitel im Abschnitt „Religionskunde" ausführlich dargestellt. Hier wird ein für alle Religionen und Weltanschauungen offener Unterricht verlangt, der *ausschließlich* von den Schulzielen her begründet wird und als *Pflichtfach* rein didaktisch orientiert sein soll[263]. In ihn soll die Botschaft der christlichen Kirchen neben den anderen religiösen Daseinsauslegungen mit eingebracht werden.
Neuerdings wurde sogar in dem Arbeitspapier einer „Arbeitsgruppe der Ökumenischen Kommission der katholischen Bistümer in Bayern" für die weiterführenden Schulen ein in diese Richtung tendierender *„Religionsunterricht für alle"* vorgeschlagen. Er wurde folgendermaßen charakterisiert:
„Der Religionsunterricht für alle ist ... ein für alle Schüler verbindliches

[262] K. Dessecker, u. a., Ziele für den Religionsunterricht, S. 325, Nr. 5.1 und 5.2.
[263] Siehe im 2. Kapitel Abschnitt B III.

Pflicht- und Leistungsfach, das in seinem übermittelten Informationsgehalt geprüft werden kann.
Er ist nicht Funktion der Kirchen und nicht als 'interkonfessioneller Religionsunterricht' zu verstehen.
Er nimmt in übergreifender Weise die im Erfahrungsbereich des Schülers auftretende Wirklichkeit auf und deutet sie aufgrund der christlichen Offenbarung und anderer weltanschaulicher Überlieferung. Aus dieser Sicht bestimmt sich die Thematik des Religionsunterrichts einerseits durch die Schulfächer, andererseits durch die Situation des Schülers.
Der Lehrer als Träger eines solchen Religionsunterrichts ist von seiner Aufgabe her zunächst dem pädagogischen Auftrag der Schule verpflichtet"[264].

Beurteilung

Es herrscht heute ein allgemeiner „consensus" unter den Religionspädagogen, daß Religionskunde im Sinne einer „neutralen Information" der Sache, um die es im Religionsunterricht geht, nicht gerecht wird. Es darf unter keinen Umständen „einer Neutralisierung von Positionen sowie einem allgemeinen Relativismus und Indifferentismus Vorschub geleistet werden"[265]. Schule und Religionsunterricht dürfen nicht zum „religiösen Warenhaus" werden[266]. In ähnlicher Weise betont H.-B. Kaufmann: „Ein 'objektiver' Religionsunterricht, der meint, Aufklärung und Information könnten diesen Gegenstand hinreichend vermitteln, ohne daß wertende Stellungnahmen und persönliche Überzeugungen ins Spiel gebracht werden, ist wissenschaftstheoretisch und didaktisch nicht zu begründen"[267]. Deshalb verlangt das oben zitierte Arbeitspapier der Ökumenischen Kommission vom Religionslehrer, „daß er den existentiellen Ernst religiösen Fragens und Glaubens anerkennt; daß er unbeschadet seiner persönlichen Überzeugung alle wesentlichen weltanschaulichen Standpunkte sachgerecht zur Sprache bringt; daß er fähig ist, seinen Schülern die Möglichkeit zur freien persönlichen Stellungnahme auch dort offenzuhalten, wo er selbst weltanschaulich Stellung bezogen hat"[268].

264 Thesen zur Zukunft des Religionsunterrichts, verfaßt von einer Arbeitsgruppe der Ökumenischen Kommission der katholischen Bistümer in Bayern (im Anschluß an P. Willibrord Godel, Niederaltaich), hektographiertes Manuskript, S. 3 f.
265 Stellungnahme der Fachkommission des Comeniusinstituts, S. 20.
266 K. Linke, Thesen zur Neugestaltung des Religionsunterrichts, S. 16, These 13.
267 Die Aufgabe der Kirche nach dem Ende des kirchlichen Religionsunterrichts, S. 10.
268 Thesen der Arbeitsgruppe der Ökumenischen Kommission, S. 4.

Die Kernfrage ist, wieweit ein überkonfessioneller Religionsunterricht diese Forderungen wirklich erfüllen kann. Können die Konturen der einzelnen Glaubensüberzeugungen klar herausgearbeitet und die „verschiedenen Positionen miteinander redefähig gemacht werden"?[269] Kann der christliche Lehrer seine Botschaft in diesem Unterricht sachgemäß mit einbringen? Ist nicht zu befürchten, daß „ein einheitlicher Religions- und Weltanschauungsunterricht, der alle Schüler zur Teilnahme verpflichtet, die Gefahr einer ideologischen Bevormundung von Schüler und Schule in sich birgt, wenn er seine eigenen Vorentscheidungen nicht zu erkennen gibt"?[270] In diesem Punkt bestehen — trotz der im zweiten Kapitel zitierten Ausführungen O. Thimmes[271] — erhebliche Bedenken. Nicht zuletzt lehnt gerade G. Otto eine *über*konfessionelle Konzeption ab[272]. Auch andere maßgebende Religionspädagogen stimmen darin überein, daß Religionskunde als *alleiniges* Angebot nicht ausreicht, wenn das *geschichtlich gewachsene konfessionelle Erbe* des abendländischen Christentums in den schulischen Religionsunterricht der Zukunft bewußt mit eingebracht werden soll. Die Frage, an der sich die Geister scheiden, ist, *wie* die konfessionellen Gesichtspunkte in der Schule sachgemäß zur Geltung kommen können. Hierzu werden vor allem folgende drei Modelle diskutiert:

4.2 Das bikonfessionelle Konzept — „ökumenischer Religionsunterricht"

Ziel dieser zunächst von G. Otto entwickelten Konzeption ist es[273], die Tendenz zur Neutralisierung und zum „religionskundlichen Supermarkt" zu vermeiden. Otto möchte den *ökumenischen Dialog und den Pluralismus der Meinungen in den Religionsunterricht* selbst verlagern. „In bikonfessionellem Religionsunterricht wäre allererst erreicht, daß der Unterricht beginnt, der auch in religiös-kirchlicher Hinsicht pluriformen Realität gerecht zu werden"[274]. Folgende Voraussetzungen sind für diesen Unterricht unabdingbar: Bikonfessioneller Unterricht kann keinesfalls von der Konfession absehen. Das wäre ungeschichtlich gedacht. Er will

[269] G. Otto, Oldenburger Thesen, aus These 2, a. a. O., S. 89.

[270] Entwurf einer kirchlichen Stellungnahme zur Diskussion über den Religionsunterricht an öffentlichen Schulen, vorgelegt von der Gemeinschaft Evangelischer Erzieher im Rheinland, in: Evang. Kirche und Religionsunterricht, S. 23.

[271] Siehe Kapitel 2, Abschnitt B III 2.4.

[272] Siehe im 2. Kapitel unter Abschnitt B II 1.33; dort die Belege.

[273] G. Otto, Das Ende des konfessionellen Religionsunterrichts?, in: Theologie und Unterricht, S. 123 ff; vgl. auch den Artikel „Religionsunterricht", in: Praktisch Theologisches Handbuch, hrsg. von G. Otto, Hamburg 1970, S. 419 f (Ziffer 2.3).

[274] Artikel „Religionsunterricht", a. a. O., S. 420.

sie allerdings nicht als *„unbefragbare* Voraussetzung" nehmen, sondern als *„historische* und also relative Bedingtheit erkennen und verstehen lehren" [275]. Vor allem geht es ihm um den Dialog und die Partnerschaft „protestantischer und katholischer Konfessionalität in *einem* Unterrichtsfach, wobei der Blick auf andere ökumenische Verflechtungen und auf das Gegenüber zu den Weltregionen eingeschlossen ist" [276]. Otto macht sich dabei Gedanken zur juristischen Problematik. Er hält den bikonfessionellen Religionsunterricht mit den gegenwärtigen Bestimmungen des Grundgesetzes für vereinbar; „denn das Grundgesetz sagt nicht, daß die 'Übereinstimmung mit den Grundsätzen der Religionsgemeinschaften' nur für je eine Religionsgemeinschaft in je *einem* Fach hergestellt werden könnte ..." [277]. So einfach lassen sich allerdings die juristischen Probleme nicht lösen. Der Artikel 7, 3 des Grundgesetzes kann kaum in diesem Sinne interpretiert werden. Wenn Ottos Konzeption grundsätzlich verwirklicht werden sollte, wäre eine wesentliche Modifizierung oder eine Änderung dieses Artikels unerläßlich [278].

Die Hauptschwierigkeit liegt nun aber bei der Frage: Welche *Lehrer* sind zu einem solchen Unterricht in der Lage? Hier müßte die religionspädagogische Ausbildung in Zukunft viel stärker die andere Konfession berücksichtigen. Als „Zwischenlösung" schlägt Otto einen Lehrertausch vor mit dem Ziel, „für bestimmte Themenstellungen (und entsprechende Zeiträume) katholische Lehrer in überwiegend evangelischen Klassen und evangelische Lehrer in überwiegend katholischen Klassen den Religionsunterricht erteilen zu lassen" [279]. Auf die Dauer sollte aber kein „Wechsel von Fall zu Fall" stattfinden, sondern *ein* Lehrer, der zwar bewußt einer Konfession angehört, auch die andere Seite mitrepräsentieren.

Inzwischen ist die Forderung nach dem ökumenischen Religionsunter-

[275] Das Ende des konfessionellen Religionsunterrichts?, S. 126.

[276] ebenda.

[277] Artikel „Religionsunterricht", a. a. O., S. 419.

[278] So H. Stock in: Wozu Religionsunterricht in der Schule?, in: Evangelische Kommentare, 3. Jg., 1970, S. 321: „Ich meine in allem Ernst: die Kirchen müßten darangehen, das Grundgesetz *gegen* die bisher gängige Praxis auszulegen und umzufunktionieren. Sollte dies nicht möglich sein, sollten die Kirchen selbst auf Abänderung des Artikels 7,3 dringen." Auch H.-B. Kaufmann spricht von der „längst fälligen Neuinterpretation oder Neuformulierung von Artikel 7,3 GG" (Die Aufgabe der Kirche nach dem Ende des kirchlichen Religionsunterrichts, in: Zeitschrift für Religionspädagogik, 25. Jg., 1970, S. 4). G. Otto selbst stellt die Frage, ob nicht „eine Verfassungsänderung erstrebt werden muß", wenn sich gegen den bikonfessionellen Religionsunterricht „juristische Gegengründe erheben, die im Rahmen der jetzigen Fassung von GG Art. 7 unüberwindbar sind" (Das Ende des konfessionellen Religionsunterrichts?, S. 131).

[279] a. a. O., S. 133.

richt immer lauter geworden. Neuerdings hat vor allem H. Werner sehr stark in dieser Richtung votiert[280]. Er schlägt die Bildung von „konfessionell gemischten Kommissionen“ zur gründlichen Vorbereitung und Planung dieser Unterrichtsaufgabe vor[281].

Beurteilung

Die *Vorteile* dieser Konzeption liegen zweifellos darin, daß *ein* Unterrichtsfach in der Schule bleibt, an dem alle teilhaben, in dem in echt dialogischer Weise der Pluralismus der Meinungen ausgetragen werden kann und falsche oder auch unechte Konkurrenz vermieden wird. Die Einübung von Gesprächsbereitschaft und Toleranz im Blick auf das ökumenische Selbstverständnis der Kirchen könnte auf diese Weise bedeutend gefördert werden.
Es wird deshalb heute allgemein begrüßt, daß *bikonfessionelle Unterrichtsversuche* zunächst in Arbeitsgemeinschaften und in Kursen *zeitweilig* unternommen werden. Hier sollten noch Erfahrungen gesammelt und nichts in falscher Eile erzwungen werden. „Man darf und muß hier wohl mit längeren Entwicklungen rechnen, ohne etwas künstlich zu forcieren“[282]. Trotzdem sollte aber das Angebot „gemeinsamer Lehrveranstaltungen“ in Zukunft wesentlich erhöht werden[283]. Dabei bietet die Kollegstufe der Gymnasien (Sekundarstufe II) die besten Experimentiermöglichkeiten, wie sie auch in dem „Votum über Versuche mit dem sogenannten ‘ökumenischen Religionsunterricht’“[284] vorgeschlagen werden. Ökumenischer Religionsunterricht sollte „im semester-(trimester-)weisen Wechsel mit ‘herkömmlichem’ Religionsunterricht stattfinden“. Ein ganzjähriger ökumenischer Unterricht ist weniger empfehlenswert. Besonders fruchtbar sind — gerade im Zusammenhang mit der Reform der Kollegstufe — „Kursangebote“. Sie sollten entweder von evangelischen und katholischen Religionslehrern gemeinsam oder von jedem Religionslehrer einzeln veranstaltet werden. Die Wahl bleibt den Schülern überlassen. Einige Kurse sollten „fächerübergreifend“ unter Mitwirkung von anderen Fachlehrern durchgeführt werden[285]. In dieser Richtung muß entschlossen

[280] H. Werner, Religionsunterricht heute — ökumenischer Religionsunterricht, in: Der Evangelische Erzieher, 22. Jg., 1970, S. 177 ff, vor allem S. 185.

[281] ebenda.

[282] U. Mann, Belehrung, nicht Bekehrung, in: Lutherische Monatshefte, 9. Jg., 1970, S. 312.

[283] ebenda. Vgl. auch die „Hamburger Leitsätze“, These 15, S. 11 und K. Frör, Thesen von 1970, These 10: „Es sind neue Formen intensiver interkonfessioneller Zusammenarbeit zu entwickeln.“

[284] Abgedruckt in der epd-Dokumentation 5/70 vom 26. Januar 1970, S. 27—32.

[285] a. a. O., S. 30 ff.

weitergearbeitet werden. Wichtig ist eine gezielte Kooperation, damit die im Gymnasium gemachten Erfahrungen auch für die anderen Schularten fruchtbar gemacht werden können.
Das *Hauptproblem* ist, ob die bikonfessionelle Konzeption zu einer *institutionalisierten Dauerlösung* werden kann. Hiergegen bestehen heute noch theologische, pädagogische und organisatorische Bedenken. Es müssen vor allem folgende Gesichtspunkte bedacht werden: Kann der bikonfessionelle Religionsunterricht, wenn er institutionalisiert ist und nicht immer wieder durch „konfessionelle Epochen" unterbrochen wird, auf die Dauer seine innere Spannung behalten, die zu einer echten Konfrontation der Standpunkte und zu einem Ringen um die Wahrheitsfrage führt? Droht er nicht ohne ein bewußt konfessionelles Korrektiv in eine „verschwommene" religionskundliche Praxis überzugehen? Wie soll der Lehrer sich im bikonfessionellen Unterricht verstehen? Es wird fast zu viel von ihm verlangt, wenn er *ständig* der Forderung konfrontiert ist, sich im Gespräch mit seinen Schülern nicht nur um „größtmögliche Unvoreingenommenheit" zu mühen, sondern zugleich die Gegenseite immer völlig sachgemäß und ohne Verzerrungen mit darzustellen. Hier muß er sich auf die Dauer doch wohl zu sehr gegenüber seiner eigenen „Herkunftsgeschichte" distanzieren [286].

4.3 Das plurale Angebot: Religionskunde — konfessioneller Religionsunterricht

Man geht davon aus, daß Religionskunde als *alleiniges* Angebot in der Schule nicht angemessen ist. Darauf hat vor allem K. E. Nipkow hingewiesen: „Abzulehnen ist ein überkonfessioneller Religionsunterricht als einziges Unterrichtsfach dieser Art, da auf diese Weise die verschiedenen Auffassungen, Bekenntnisse usw. wahrscheinlich nicht klar genug ins Spiel gebracht werden können" [287]. Es ist deshalb „in allen Schularten ein plurales Angebot von *christlich-konfessionellem* (evangelischem und katholischem) und *religionskundlich-religionsphilosophischem Unterricht* erforderlich" [288]. Es handelt sich um *„Wahlpflichtfächer"* [289], die von den Schülern „alternativ oder epochal nacheinander besucht" werden sollen [290].

[286] Vgl. K. Wegenast, Gehört der Religionsunterricht in die öffentliche Schule?, in: W. G. Esser, Zum Religionsunterricht morgen I, München 1970, S. 191.
[287] K. E. Nipkow, Gedanken zum Religionsunterricht, S. 33.
[288] Comenius-Stellungsnahme, S. 20; ebenso K. E. Nipkow, a. a. O., S. 33.
[289] K. E. Nipkow, a. a. O., S. 33.
[290] Comenius-Stellungnahme, S. 20.

Ein ähnliches Modell entwickelte die Gemeinschaft Evangelischer Erzieher im Rheinland in ihrem Entwurf: „Es ist wünschenswert, daß Schüler bestimmter Altersstufen unter konfessionell und weltanschaulich differenzierten Lehrgängen wählen können. So bleibt die Verbindlichkeit eines ordentlichen Lehrfaches gewahrt, ohne daß eine ‚Schule für alle' eine ‚Weltanschauung für alle' vermittelt"[291]. Diese Vorschläge haben heute einen großen Kreis von Befürwortern. Außer den oben Genannten u. a. E. Hübner[292], H.-M. Schreiber[293], O. Basse[294] und neuerdings auch E. Witzsche[294a] und H. Kittel[295]. H. Kittel ist der Meinung, die Forderung einer nichtkonfessionellen Religionskunde könne heute nicht mehr abgewiesen werden. „Die Situation, in der wir sind, stempelt die Verweigerung einer solchen Religionskunde zu einem Akt der Verweigerung von Freiheit ... Um beider Seiten willen, der nichtchristlichen wie der christlichen, ist auch der leiseste Verdacht zu vermeiden, daß die Freigabe der nichtkonfessionellen Religionskunde auch nur gehemmt, geschweige denn hintertrieben werden solle"[296]. Daneben fordert er aber unabdingbar „einen sachverbundenen christlichen Unterricht", der in der heutigen Situation noch „getrennt nach Konfessionen" erteilt, aber doch bereits auf „den interkonfessionellen Dialog angelegt werden muß"[297].

291 Entwurf einer kirchlichen Stellungnahme zur Diskussion über den Religionsunterricht an öffentlichen Schulen, S. 24.

292 E. Hübner, Hat der Religionsunterricht in der Schule von morgen noch einen legitimen Ort?, in: Evang. Theologie, 30. Jg., 1970, S. 312: „Ein pluraler Religionsunterricht wird der gegenwärtigen Krise gerechter als ein interkonfessioneller Religionsunterricht." Vgl. auch seine Thesen zum Religionsunterricht, Jahrbuch des Evangelischen Bundes 1970, S. 88.

293 H.-M. Schreiber, Der Dienst der Kirche an der Schule, S. 444 f: „Für jede (der Religionsgemeinschaften und ernstzunehmenden weltanschaulichen Gruppen) sollte bei Bedarf ein Religionsunterricht in der öffentlichen Schule eingerichtet werden, nicht nur für die hierzulande traditionsgemäß etablierten großen christlichen Konfessionen." Vgl. auch: Kirche und Schule. Aufgaben, Grenzen, Möglichkeiten aus evangelischer Sicht, in: Der Evangelische Erzieher, 22. Jg., 1970, vor allem S. 373.

294 O. Basse, Religionsunterricht noch sinnvoll?, in: Evangelische Kommentare, 2. Jg., 1969, S. 21: „Vielleicht bringt die künftige Entwicklung des Schulwesens hier neue Möglichkeiten paralleler Veranstaltungen ähnlicher Zielsetzungen, unter denen dann wenigstens die älteren Schüler wählen können."

294a E. Witzsche, Kritischer Religionsunterricht in der dialogischen Schule, Frankfurt 1971, vor allem S. 140 ff. Das Heft gibt eine ausgezeichnete Zusammenfassung der bisherigen Diskussion.

295 H. Kittel, Freiheit zur Sache, S. 76 ff.

296 a. a. O., S. 76.

297 a. a. O., S. 79.

Die *Vorzüge* dieser Konzeption liegen darin, daß sie der pluralistischen Struktur der modernen Schule entspricht. „Es kann sich ... nicht mehr um eine Monopolstellung des evangelischen und katholischen Religionsunterrichts handeln“. Andererseits ist aber auch keine „Umkehrung des Monopolanspruchs“ möglich[298]. Zugleich kommen die Konturen eines konfessionellen Religionsunterrichts deutlich heraus, ohne daß damit die „Offenheit des Gesprächs mit Andersdenkenden“[299] und die Einübung von Dialogfähigkeit und Toleranz ausgeschlossen würden.

Die *Problematik* dieses „zweigleisigen Angebots“ liegt vor allem darin, daß die beiden Fächer „Religion“ allzu oft unverbunden nebeneinander herlaufen werden. Außerdem ist das plurale Angebot zum Teil schwierig zu verwirklichen, vor allem für die „Anhänger anderer weltanschaulicher Gemeinschaften“, die „ja nicht in der Lage sind, *einen* gemeinsamen Unterricht anzubieten“[300]. Schließlich werden häufig sekundäre Auswahlkriterien (Beliebtheit der Lehrer u. a.) für die Schüler eine Rolle spielen. Bedenken werden auch — gerade von Verfassungsjuristen — der Konzeption des Wahl*pflicht*faches entgegengebracht.

Trotzdem ist das plurale Angebot einer Verwischung der Fronten vorzuziehen. Es bietet sich zunächst als Modell für die Kollegstufe des Gymnasiums (Sekundarstufe II) an. Hier fügt es sich organisch in das Kurssystem ein, ja es wird von daher geradezu gefordert[301]. Wieweit es in der Grund- und Hauptschule praktikabel ist, ist heute noch nicht zu übersehen. Hier sind der Verwirklichung Grenzen gesetzt. Die Kirchen sollten sich allerdings nicht scheuen, in diesem Punkt Experimenten zuzustimmen. Denn der Trend wird künftig in Richtung auf das plurale Angebot gehen. Es entspricht der tatsächlichen Lage der Kirchen in der säkularisierten Gesellschaft.

4.4 Konfessioneller Religionsunterricht mit der vollen Offenheit für die Sichtweisen der anderen Konfession und der übrigen Religionen

Es gibt in unserer Schulwirklichkeit zahlreiche Situationen, in denen es nicht oder *noch* nicht möglich ist, das plurale Angebot zu verwirklichen.

[298] E. Hübner, Hat der Religionsunterricht in der Schule von morgen noch einen legitimen Ort?, S. 311.

[299] K. E. Nipkow, a. a. O., S. 33.

[300] H. Angermeyer, Das Selbstverständnis des schulischen Religionsunterrichts, S. 246. Im übrigen bejaht Angermeyer hier das plurale Angebot.

[301] „Im Wahlbereich müßte wie im Pflichtbereich die Möglichkeit bestehen, zwischen Kursen in evangelischer und katholischer Religion, in Religionswissen-

Was ist in diesen Fällen zu tun? Die sinnvollste Lösung scheint mir darin zu bestehen, *die Anliegen der Religionskunde und des ökumenischen Modells bewußt in den konfessionellen Unterricht zu integrieren.* In dieser Richtung hat E. Witzsche 1967[302] weiterführende Vorschläge gemacht, die in der Diskussion noch kaum aufgenommen wurden.
Er geht von der Frage aus, ob sich der „unkonfessionelle Religionsunterricht — als Bedürfnis unserer vom Christentum mitgeprägten Gesellschaft — und der konfessionell-evangelische Religionsunterricht — als Bedürfnis der geschichtlich lebendigen Kirche" — in *einem* Fach „zur Deckung bringen lassen", oder ob sie „in die Hände verschiedener Personen gelegt werden" müssen[303]. Dabei kommt er zu der Überzeugung, daß der unkonfessionelle Religionsunterricht weder einer „soziologischen", d. h. von Gesellschaft und Schule herkommenden, noch einer kirchlich-theologischen Orts- und Zielbestimmung letztlich gerecht werden kann. Denn unsere „Wirklichkeit kennt nur ein konfessionell geprägtes Christentum, dessen Konfessionen sich in ihrem Daseinsverständnis und auch in den Prinzipien ihres theologischen Denkens erheblich unterscheiden"[304]. Ähnlich argumentiert K. Wegenast: „450 Jahre konfessionelles Christentum hat die Menschen in beiden Konfessionen trotz aller gegenwärtigen Nivellierung und Säkularisierung sehr verschieden geprägt"[305]. Vor allem weichen die „Gefühlsmuster" der beiden Konfessionen, wie sie hinter den verschiedenen theologischen Sichtweisen, z. B. von Kirche, Gottesdienst, Ehe, Erziehung und vielem anderen, stehen, sehr voneinander ab[306]. Ein unkonfessioneller Religionsunterricht, der allgemein in die Probleme des Christentums einführen will, wird deshalb weder zum Verstehen unserer geistesgeschichtlichen Tradition der letzten 450 Jahre sachgemäß anleiten können, noch zur echten Begegnung mit den konkreten Ausprägungen des „Christseins heute" führen, d. h. er wird letztlich weder der „Traditionsorientierung" noch der „Gesellschaftsorientierung" gerecht werden. Er kann also — abgesehen von allen kirchlich-konfessionellen Zielvorstellungen — „nicht einmal die Funktion vollständig ausfüllen, die er in unserer pluralistischen Gesellschaft hat"[307].

schaft und in Philosophie zu wählen" (Entwurf zu einer Stellungnahme des Arbeitskreises der Evangelischen Theologen an Pädagogischen Hochschulen, hektographiertes Manuskript, S. 3).

[302] E. Witzsche, Konfessioneller Religionsunterricht an öffentlichen Schulen?, in: Pädagogische Rundschau, 21. Jg., 1967, S. 554—569.

[303] a. a. O., S. 564.

[304] a. a. O., S. 565.

[305] K. Wegenast, a. a. O., S. 191.

[306] ebenda.

[307] E. Witzsche, a. a. O., S. 566.

Witzsche kommt deshalb zu dem Ergebnis, daß zwar der unkonfessionelle Religionsunterricht nicht die Aufgaben des konfessionellen, wohl aber der konfessionelle die Funktionen des unkonfessionellen mitübernehmen könne. Dem ist zuzustimmen, allerdings nur unter der Voraussetzung, daß der konfessionelle Religionsunterricht in seinem Selbstverständnis *alle Forderungen nach Weite und Offenheit* erfüllt, die in diesem Kapitel von den Schulzielen her ausführlich entwickelt wurden.
Er muß in echter Weise offen sein für die andere Konfession, die übrigen Religionen sowie für nichtchristliche und gegenchristliche Daseinsauslegungen. Sie dürfen nicht nur „Folie“ und Hintergrund für die eigene Position sein. Er muß — wenn auch von einem klaren Standpunkt aus — „dem jungen Menschen ein kritisches Verständnis der Pluralität der Glaubensüberzeugungen und Religionsgemeinschaften (Kirchen) in Geschichte und Gegenwart vermitteln“ [308].
Das kann er nur, wenn er „auf die Vorgabe des Glaubens ... verzichtet“ [309], wenn er also keine „kirchlichen Vorleistungen“ verlangt [310]. Er muß jede falsche „Gewissensbindung vermeiden; er muß der Einübung in Toleranz dienen“ [311]. An die Stelle von Polemik und Apologetik treten der Dialog und die Diskussion. Dazu ist es notwendig, daß die „Stellung andersdenkender Schüler gestärkt“ wird [312]. Die Gegenpositionen, auch die des Unglaubens, müssen einen legitimen Raum bekommen, damit echte Auseinandersetzung geübt und eingeübt werden kann. Voraussetzung dafür ist, daß Konfessionalität nicht mehr binnen-, sondern weltorientiert interpretiert wird.
Ein so verstandener evangelischer Religionsunterricht braucht seinen Auftrag in keiner Weise zu verleugnen, da ja gerade die Offenheit des Gesprächs eine klare Stellungnahme von einer bestimmten Position aus verlangt. Die Botschaft der Kirche kann in diesem Unterricht weit besser ausgerichtet werden als in einem illusionären „Schonraum“, der in unserer heutigen säkularisierten Wirklichkeit nirgends mehr zu finden ist. Das bedeutet aber: *Nur ein konfessioneller Religionsunterricht, der die überkonfessionellen und religionskundlichen Elemente in überzeugender Weise integriert, wird den Aufgaben der Schule und dem Auftrag der Kirche in gleicher Weise gerecht.*

[308] H. B. Kaufmann, Die Aufgabe der Kirche nach dem Ende des kirchlichen Religionsunterrichts, S. 9.
[309] E. Witzsche, a. a. O., S. 567.
[310] K. Frör, Thesen von 1970, These 11 b.
[311] H. Angermeyer, a. a. O., S. 246.
[312] E. Witzsche, a. a. O., S. 567.

Literaturverzeichnis

ACHTENHAGEN, Frank/Meyer, Hilbert L., Curriculumrevision — Möglichkeiten und Grenzen, München 1971.

ANGERMEYER, Helmut, Die evangelische Unterweisung an höheren Schulen, Grundlegung und Methode, München 1957.
—, Exegese und Katechese, in: Der Evangelische Erzieher, 12. Jg., 1960, S. 77 ff.
—, Didaktik und Methodik der Evangelischen Unterweisung, besonders an Volks- und Realschulen, München 1965.
—, Überlegungen zur Lektüre des Markusevangeliums, in: Der Evangelische Erzieher, 19. Jg., 1967, S. 151 ff.
—, Mit Kindern sachgemäß von Gott reden, in: Der Evangelische Erzieher, 21. Jg., 1969, S. 389 ff.
—, Schüler vor der Gottesfrage, in: Das Mandat der Theologie und die Zukunft des Glaubens, Festschrift für W. Andersen, hg. von G. F. Vicedom, München 1971, S. 13 ff.
—, Zu Aufgabe und Ermöglichung des Religionsunterrichts in der Schule, in: Korrespondenzblatt, herausgegeben vom Pfarrerverein der Evang.-Luth. Kirche in Bayern, 85. Jg., 1970, S. 1 ff.
—, Das Selbstverständnis des schulischen Religionsunterrichts, in: Nachrichten der Evangelisch-Lutherischen Kirche in Bayern, 25. Jg., 1970, S. 241 ff.

ARBEITSHILFEN FÜR DEN KONFIRMANDENUNTERRICHT, hg. vom Religionspädagogischen Institut Loccum (bisher 3 Hefte).

ASHEIM, Ivar, Glaube und Erziehung bei Luther. Ein Beitrag zur Geschichte des Verhältnisses von Theologie und Pädagogik, Heidelberg 1961 (Pädagogische Forschungen 17).

BÄUMLER, Christof (Hg.), Treffpunkt Gemeinde. Jugend im Gemeindeaufbau, München 1965.
—, Jugendarbeit als Experimentierfeld der Gemeinde, in: Theologia Practica, 2. Jg., 1967, S. 208 ff.
—, Zwischen Gemeinde und Gesellschaft. Erwägungen zu einer Voruntersuchung über die evangelische Jugendarbeit in der Bundesrepublik, in: Praxis Ecclesiae (Frörfestschrift), hg. von D. Stollberg, München 1970, S. 204 ff.

BALCA, Nicolae, Die Bedeutung Gogartens und seines Kreises für die Pädagogik der Gegenwart, Pädagogische Studien und Kritiken, Band 9, Weimar 1934.

BALDERMANN, Ingo, Zwischen Religionsunterricht und Evangelischer Unterweisung, in: Lutherische Monatshefte, 1. Jg., 1962, S. 480 ff.
—, Der biblische Unterricht. Ein Handbuch für den evangelischen Religionsunterricht, Braunschweig 1969.
—, Thesen zur gegenwärtigen Diskussion über den Religionsunterricht, in: Zeitschrift für Religionspädagogik, 25. Jg., 1970, S. 19 ff.

BARTH, Karl, Die kirchliche Dogmatik, Band I 1, Zollikon 1964[8].

BASSE, Ottokar, Religionsunterricht — noch sinnvoll?, in: Evangelische Kommentare, 2. Jg., 1969, S. 18 ff.
—, Wollen die Kirchen eine „christliche Schule"?, in: Streit um die Christlichkeit der Schule, Gütersloh 1970, S. 106 ff.

BASTIAN, Hans-Dieter, Abseits der Kanzel, Anfänge in Glauben und Verstehen, theologica publica Band 9, Olten 1968.
—, Zwischen Kirche und Schule, Versuch über den evangelischen Religionsunterricht, in: Abseits der Kanzel, S. 106 ff.
—, Theologie der Frage, Ideen zur Grundlegung einer theologischen Didaktik und zur Kommunikation der Kirche in der Gegenwart, München 1969.
—, Information über den Unfug, Antwort an E. Gräßer, in: Evangelische Kommentare, 2. Jg., 1969, S. 78 ff.

BEITRÄGE FÜR DEN KONFIRMANDENUNTERRICHT, hg. vom Kat. Amt der Evang.-Luth. Landeskirche Schleswig-Holsteins, Kiel 1967 ff.

BERG, Horst-Klaus / Kaufmann, Hans Bernhard (Hg.), Schule ohne Religionsunterricht, „zum Beispiel", 4. Jg., 1969, Sonderheft.

BEST, Dieter, Versuch eines Konfirmandenunterrichts in Reinach/Basel, in: Wissenschaft und Praxis in Kirche und Gesellschaft, 59. Jg., 1970, S. 480 ff.

„BETREFF: KONFIRMATION", hg. vom Evang.-Luth. Landeskirchenrat in München 1969.

BLOOM, B. S., Taxonomy of educational objectives. The classification of educational goals. Handbook I: Cognitive domain, New York 1956.

BOHNE, Gerhard, Das Wort Gottes und der Unterricht, Berlin 1929 (1932[2], 1964[3]).
—, Religionsunterricht und religiöse Entscheidung, in: Zeitschrift für den Evangelischen Religionsunterricht, 41. Jg., 1930, S. 1 ff. und 49 ff.
—, Noch einmal: Wort Gottes und Unterricht, in: Geisteskampf der Gegenwart, 66. Jg., 1930, S. 293 ff.
—, Evangelische Grundhaltung und erzieherische Maßnahmen, in: Schule und Evangelium, 5. Jg., 1930/31, S. 187 ff.
—, Erziehung unter dem Evangelium, in: Die evangelische Pädagogik, 1932, S. 169 ff.
—, Evangelische Religion — Gegenstand und Gestaltung, Leipzig (1934) 1936[2].
—, Religion und Erziehung, in: Die Deutsche Schule, 40. Jg., 1936, S. 145 ff.
—, Grundlagen der Erziehung,
Band I: Die Wahrheit über den Menschen und die Erziehung, Hamburg (1951) 1958[2].
Band II: Aufgabe und Weg der Erziehung in der Verantwortung vor Gott, Hamburg (1953) 1960[2].
—, Grundlagen der Erziehung, in: Der Evangelische Erzieher, 5. Jg., 1953, S. 13 ff.
—, Kritik und Antwort, in: Der Evangelische Erzieher, 5. Jg., 1953, S. 205 ff.
—, Vom weltlichen Geschäft der Erziehung, in: Evangelische Unterweisung, 9. Jg., 1954, S. 1 ff.
—, Vom Gespräch zwischen Pädagogik und Theologie, in: Zeitschrift für Pädagogik, 1. Jg., 1955, S. 229 ff.

—, Auftrag und Aufgabe des Erziehers, in: Der Evangelische Erzieher, 10. Jg., 1958, S. 118 ff.
—, Gegenwartsfragen des evangelischen Religionsunterrichts, in: Lebendiges Wort in der Evangelischen Unterweisung, Itzehoe 1962, S. 13 ff.
—, Grundlagen der Erziehung, in: Die Spur, 6. Jg., 1966, S. 209 ff.
—, Artikel „Erziehungslehre (evangelisch)", in: Handbuch pädagogischer Grundbegriffe, hg. von J. Speck und G. Wehle, Band I, München 1970, S. 437—455.

BRATTGARD, Karl-Eric, Die Taufunterweisung der Kirche, Stockholm 1969, zusammengefaßt von Horst Reller (Maschinenmanuskript).

BRAUN, Herbert, Gottes Existenz und meine Geschichtlichkeit im Neuen Testament. Eine Antwort an Helmut Gollwitzer, in: Zeit und Geschichte (Bultmannfestschrift), hg. von E. Dinkler, Tübingen 1964, S. 399 ff.

BURKERT, Adolf, Methodik des kirchlichen Unterrichts, München 1952.

CALLIESS, Rolf-Peter, Kirche, Schule und Demokratie, in: Zeitschrift für evangelisches Kirchenrecht, 1968, S. 58 ff.
—, Schule als Veranstaltung der Gesellschaft, Plädoyer für die rechtliche Selbständigkeit der Schule, in: Evangelische Kommentare, 2. Jg., 1969, S. 378 ff.

CAMPENHAUSEN, Axel v., Erziehungsauftrag und staatliche Schulträgerschaft, Göttingen 1967.
—, Die Schule im Spannungsfeld von Staat und Kirche, in: G. Lanzenstiel (Hg.), Erziehung im Spannungsfeld von Staat und Kirche, München 1969, S. 7 ff.

CELLER PROTOKOLL (1. Celler Konferenz, Kritischer Theologentag, 29. 9. bis 3. 10. 1968 in Celle), 1968 (hektographiert).

CILLIEN, Ursula, Das Erziehungsverständnis in Pädagogik und evangelischer Theologie, Düsseldorf 1961.

COMENIUS-INSTITUT, Stellungnahme zu Problemen des Religionsunterrichts — zur Sitzung der Kirchenkonferenz am 18. Dezember 1969 in Hannover vorgelegt von einer Fachkommission; abgedruckt in: Ev. Kirche und Religionsunterricht — eine Dokumentation, S. 16 ff.

CONRAD, W., Der Öffentlichkeitsauftrag der Kirche, Göttingen 1964.

CREMER, Will, Schule und Religion, Überlegungen eines Religionswissenschaftlers, in: Der Evangelische Erzieher, 22. Jg., 1970, S. 375 ff.

CURRICULUMFORSCHUNG und Curriculumentwicklung, Themenheft der Zeitschrift für Pädagogik, 17. Jg., 1971, Heft 1, S. 1 ff.

CURRICULUMFORSCHUNG und Religionsunterricht — Das Problem der Effektivitätskontrolle, Der Evangelische Erzieher, 22. Jg., 1970, Heft 11 (Themenheft), S. 429 ff.

DAECKE, Sigurd, Religionsunterricht von morgen — Stimmen aus der neuesten religionspädagogischen Diskussion (Redaktionsartikel), in: Evangelische Kommentare, 3. Jg., 1970, S. 192 ff.; wiederabgedruckt in: W. G. Esser, Zum Religionsunterricht morgen II, München 1971, S. 19 ff.
—, Wozu Religionsunterricht in der Schule? Verschiedene Antworten auf eine aktuelle Frage (Redaktionsartikel), in: Evangelische Kommentare, 3. Jg., 1970, S. 320 ff.

DESSECKER, Klaus, in Verbindung mit Gerhard Martin und Klaus Meyer zu Uptrup, Ziele für den Religionsunterricht, in: Evangelische Kommentare, 3. Jg., 1970, S. 323 ff.
—, Lehrplanentwicklung des Religionsunterrichts, in: Wissenschaft und Praxis in Kirche und Gesellschaft, 59. Jg., 1970, S. 24 ff.
—/Martin, Gerhard/Meyer zu Uptrup, Klaus, Religionspädagogische Projektforschung, Stuttgart/München 1970.

DEUTSCHER AUSSCHUSS FÜR DAS ERZIEHUNGS- UND BILDUNGSWESEN, Empfehlungen und Gutachten 1953—65, Gesamtausgabe, Stuttgart 1966.

DEUTSCHER BILDUNGSRAT, Empfehlungen der Bildungskommission, Strukturplan für das Bildungswesen, Stuttgart 1970.
—, Gutachten und Studien der Bildungskommission, Band 12, Lernziele der Gesamtschule, Stuttgart 1971².

DIGNATH, Walter, Die mehrdimensionale Aufgabe des Religionsunterrichts, in: Zeitschrift für Religionspädagogik, 25. Jg., 1970, S. 163 ff.
—, Kommentar zu Wolfgang Steck, Die repressive Tendenz des Religionsunterrichts, in: Theologia Practica, 5. Jg., 1970, S. 128 ff.

DIRKS, Walter, Der Glaube und die „Schule für alle", in: W. Dirks und Th. Filthaut, Glaube und Schule 1947.
—, Eine Schule für alle. Die Politik der falschen Alternativen, in: Frankfurter Hefte 1967, Heft 10, S. 705 ff.
—, Konkurrenz der Bildungsangebote, Mainz 1968.

DREHER, Bruno (mit Klaus Lang), Theologische Erwachsenenbildung, Didaktisch-methodische Einführung, Graz 1969.

DROSS, Reinhard, Religionsunterricht und Verkündigung, Systematische Begründung der katechetischen Praxis seit der Dialektischen Theologie, Hamburg 1964.
—, Zur Neukonzeption des Religionsunterrichts (Gesammelte Aufsätze), Gütersloh 1970.
—, Entdogmatisierung des Religionsunterrichts in der Grundschule, in: Zur Neukonzeption des Religionsunterrichts, S. 132 ff.

EBELING, Gerhard, Wort und Glaube, Tübingen 1962².

EISENSTADT, S. N., Von Generation zu Generation, Altersgruppen und Sozialstruktur, 1966. Titel der Originalausgabe: From Generation to Generation — Age Groups and Social Structure, Glencoe 1956.

EMPFEHLUNG des Beratungsausschusses für Erziehungsfragen des Deutschen Nationalkomitees des Lutherischen Weltbundes zu dem „Schlußbericht der gemeinsamen Studienkommission für Erziehungsfragen 1964/68", abgedruckt in: Ev. Kirche und Religionsunterricht — eine Dokumentation, S. 25 ff.

„EPD"-DOKUMENTATION, hg. vom Evangelischen Pressedienst, Zentralredaktion Frankfurt/Main, Nr. 5/70 vom 26. 1. 1970: „Religionsunterricht in der Diskussion".

—, Nr. 9/70, vom 23. 2. 1970: „Fragen zum Religionsunterricht".
—, Nr. 30/70 vom 10. 8. 1970: „Zur Lage evangelischer Kindergärten" (Studie des Diakonischen Werkes der EKiD).

ESSER, Wolfgang, G., Zum Religionsunterricht morgen I, Perspektiven künftiger Religionspädagogik, München/Wuppertal 1970.
—, Zum Religionsunterricht morgen II, München/Wuppertal 1971.

EV. KIRCHE UND RELIGIONSUNTERRICHT — eine Dokumentation, hg. von der Kirchenkanzlei der Evangelischen Kirche in Deutschland, Hannover 1970.

FANKHAUSER, Alfred, Das Wort Gottes als Kriterium der Pädagogik, Theologische Studien, Heft 52, Zollikon 1957.

FISCHER, K. G., Über die Wissenschaften in der Erwachsenenbildung, in: Horizonte österreichischer Erwachsenenbildung, Wien 1968.

FLEMMIG, Weert, „Strategie" und „Integration" pädagogischer Aufgaben im Bereich der Kirche (Thesen), Abzug des Religionspädagogischen Instituts Loccum.

FLITNER, Andreas, Die Kirche vor den Aufgaben der Erziehung, Heidelberg 1958.

FLITNER, Wilhelm, Das Selbstverständnis der Erziehungswissenschaft, Heidelberg 1957.
—, Die Sozialwissenschaften als pragmatisch-hermeneutische Disziplinen und ihr Verhältnis zur Theologie. Bemerkungen zu Eduard Heimanns „Theologie der Gesellschaft", in: Hamburger Jahrbuch für Wirtschafts- und Gesellschaftspolitik, hg. v. H.-D. Ortlieb, 2. Jahr (1957), Tübingen, S. 128 ff.

FRIK, Helmut, Religionsunterricht im Dialog mit Theologie und Psychologie, Stuttgart 1968.

FRÖR, Kurt, Was heißt evangelische Erziehung? München 1933.
—, Recht und Auftrag christlicher Erziehung, München 1936.
—, Erziehung, Kirche und Staat in ökumenischer Sicht, in: Haus und Schule, 32. Jg., 1936, S. 34 ff.
—, Erziehung und Kerygma, München 1952.
—, Der Religionsunterricht als Lebensfunktion der Gemeinde, in: Schule und Leben, 4. Jg., 1952/53, S. 6—12.
—, Der Religionsunterricht als Erziehung zur Gemeinde, in: Schule und Leben, 4. Jg., 1952/53, S. 76—82 und S. 97—102.
—, Zur theologischen Grundlegung des katechetischen Dienstes I und II, in: Schule und Leben, 7. Jg., 1955/56, S. 41—48 und 82—87.
—, Methoden der christlichen Unterweisung in der Schule, in: Die Bibel im Rundfunk, Schriftenreihe der Evang. Akademie für Rundfunk und Fernsehen, 1956, S. 21—42.
—, Was ist wissenschaftlicher Religionsunterricht?, in: Schule und Leben, 9. Jg., 1957/58, S. 361 ff.
—, Artikel „Erziehung II: Probleme der christlichen Erziehung", in: Die Religion in Geschichte und Gegenwart (RGG), 3. Auflage, Tübingen 1957 ff., Band II, Sp. 638—641.
—, Artikel „Pädagogik III Theologisch" in: RGG, 3. Auflage, Band V, Sp. 14—18.
—, Christentum und Schule I—III, in: Schule und Leben, 10. Jg., 1958/59,

S. 407 ff. und 441 ff. und 11. Jg., 1959/60, S. 2 ff.
—, Erziehung in der veränderten Welt, in: Schule und Leben, 11. Jg., 1959/60, S. 41 ff. und 82 ff.
—, Die theologische Lehre von Gesetz und Evangelium und ihre Bedeutung für die Pädagogik, in: Glauben und Erziehen (Bohnefestschrift), Neumünster 1960, S. 97—106.
—, Die Kirchen, ihr Miterziehungsauftrag und Miterziehungswille, in: Die Pädagogische Provinz, 15. Jg., 1961, S. 588—605.
—, Die Bedeutung des trinitarischen Glaubens für unseren Erziehungs- und Bildungsauftrag, Vorträge der Erziehungs- und Schulkonferenz Bielefeld 1962, S. 5—21.
—, Der Religionsunterricht an öffentlichen Schulen als unbewältigtes theologisches Problem, in: Schule und Leben, 14. Jg., 1962/63, S. 291 ff.
—, Weltlicher oder kirchlicher Religionsunterricht?, in: Norika. Vorträge der Tagung der Evang. Schulbünde 1963 in Nürnberg (1963).
—, Das Gespräch zwischen Erziehungswissenschaft und evangelischer Theologie, in: Westermanns Pädagogische Beiträge, 16. Jg., 1963, S. 97—109.
—, Die Integration von Unterweisung und Erziehung im kirchlichen Katechumenat, in: Kirche und Jugend (Missionierende Gemeinde, Heft 6), Berlin 1963, S. 45 ff.
—, Thesen zum Religionsunterricht. Zur Problematik heute (1964), abgedruckt in: H. Gloy, Evangelischer Religionsunterricht in einer säkularisierten Gesellschaft, Göttingen 1969, S. 122 f.
—, Religionsunterricht in der säkularisierten Gesellschaft, in: G. Lanzenstiel (Hg.), Erziehung im Spannungsfeld von Staat und Kirche, München 1969, S. 51—73.
—, Überlegungen zur Rezeption der anthropologischen Theologie in der katholischen Katechetik der Gegenwart, in: Der Glaube der Gemeinde und die mündige Welt (Hammelsbeckfestschrift), München 1969, S. 105—118.
—, Die Krise des Religionsunterrichts im Spiegel neuer Reformvorschläge, in: Im Dienst für Schule, Kirche und Staat (Bachgedenkschrift), Heidelberg 1970, S. 51—65.
—, Thesen zum Religionsunterricht (1970), hektographiert.

FUCHS, Ernst, Zum hermeneutischen Problem in der Theologie. Gesammelte Aufsätze I, Tübingen 1959.
—, Zur Frage nach dem historischen Jesus. Gesammelte Aufsätze II, Tübingen 1960.

GEMEINSAME STUDIENKOMMISSION FÜR ERZIEHUNGSFRAGEN, berufen vom Ökumenischen Rat der Kirchen und dem Weltrat für christliche Erziehung, „Schlußbericht 1964—68", in: Arbeitsbuch für die Ausschüsse der Vollversammlung in Uppsala, Genf 1968, S. 295 ff. (Anhang VIII).

GEMEINSCHAFT EVANGELISCHER ERZIEHER IM RHEINLAND, Entwurf einer kirchlichen Stellungnahme zur Diskussion über den Religionsunterricht an öffentlichen Schulen, in: Ev. Kirche und Religionsunterricht — eine Dokumentation, S. 22 ff.

GILBERT, W. Kent (Hg.), The Age Group Objectives of Christian Education, prepared in connection with the Lutheran Long-Range Program of Parish Education, hg. durch „The Board of Parish Education" of the Lutheran Church in America 1958.

GLOEGE, Gerhard, Offenbarung und Überlieferung, Hamburg 1954.

GLOY, Horst, Die religiöse Ansprechbarkeit Jugendlicher als didaktisches Problem, dargestellt am Beispiel des Religionsunterrichts an der Berufsschule, Hamburg 1969.
—, Evangelischer Religionsunterricht in einer säkularisierten Gesellschaft, Paedagogica Band 4, Göttingen 1969.
—, Der umstrittene Religionsunterricht, Thesen zur Loccumer Tagung vom 3. bis 6. 1. 1970, in: Zeitschrift für Religionspädagogik, 25. Jg., 1970, S. 13 ff.; auch abgedruckt in: Loccumer Protokolle 1/1970, Der Religionsunterricht in der gegenwärtigen schulpädagogischen und gesellschaftspolitischen Auseinandersetzung, S. 10 ff.

GOGARTEN, Friedrich, Die Verkündigung Jesu Christi. Grundlagen und Aufgabe, Tübingen 1965[2].
—, Der Mensch zwischen Gott und Welt, Stuttgart 1967[4].

GOSSMANN, Klaus, Religionsunterricht als ordentliches Lehrfach am Gymnasium, in: Evangelische Unterweisung, 24. Jg., 1969, S. 254 ff.

GRÄSSMANN, Frithjof, Religionsunterricht zwischen Kirche und Schule, Kritik seiner Praxis, München 1961.
—, Vortrag vor der Steinacher Konferenz, abgedruckt in: Korrespondenzblatt, hg. vom Pfarrerverein in der Evang.-Luth. Kirche in Bayern, 84. Jg., 1969, S. 94 f. (Nachschrift).

GROOTHOFF, Hans-Hermann / Stallmannn, Martin, Pädagogisches Lexikon, Stuttgart 1961.

GROSCH, Heinz, in Verbindung mit E. Linnemann, Chr. Reents, K. Wegenast, Richtlinien für den Religionsunterricht in der Grundschule, 1. Fassung vom April 1970, 2. Fassung vom September 1970 (hektographiert), jetzt abgedruckt in: Zeitschrift für Religionspädagogik, 26. Jg., 1971, S. 20 ff.
—, Heutiges Verständnis von Religionsunterricht in der Schule, in: Religionsunterricht unterwegs, hg. v. K. Wegenast und H. Grosch, Hamburg 1970, S. 17 ff.

GUTACHTEN zur christlich geprägten Gemeinschaftsschule, hg. vom Deutschen Institut für Bildung und Wissen, in: Empfehlungen und Vorschläge zur Reform des Bildungswesens, Heft 6, Frankfurt 1966.

HALBFAS, Hubertus, Der Religionsunterricht, Didaktische und psychologische Konturen, Düsseldorf 1966[2].
—, Fundamentalkatechetik, Sprache und Erfahrung im Religionsunterricht, Stuttgart 1968.
—, Die Christen und die „Schule für alle“, in: Streit um die Christlichkeit der Schule, Gütersloh 1970, S. 69 ff.

HAMBURGER LEITSÄTZE ZUM RELIGIONSUNTERRICHT, hg. von der Evangelisch-Theologischen Fakultät der Universität Hamburg, Hamburg 1969.

HAMMELSBECK, Oskar, Der kirchliche Unterricht, München (1939) 1947[2].
—, Kirche, Schule, Lehrerschaft, Gütersloh 1946.
—, Die evangelische Verantwortung im Für und Wider der Bekenntnisschule, in: Die Sammlung, 2. Jg., 1947, S. 392 ff.

—, Evangelische Lehre von der Erziehung, München (1950) 1958[2].
—, Erziehung im evangelischen und im humanistischen Verständnis, in: Evangelische Theologie, 11. Jg., 1951/52, S. 460 ff.
—, Das Menschenbild und die Aufgabe der Erziehung, in: Hammelsbeck / Minear / Niftrik, Erziehung und Menschenbild, München 1953, S. 5—33.
—, Glaube, Welt, Erziehung, Mühlheim 1954.
—, Die Verantwortung des evangelischen Lehrers an kirchlichen Schulen, in: Der Evangelische Erzieher, 8. Jg., 1956, S. 116.
—, Warum evangelische Unterweisung?, in: Der Evangelische Erzieher, 10. Jg., 1958, S. 79 ff.
—, Der Auftrag des evangelischen Lehrers, in: Der Evangelische Erzieher, 15. Jg., 1963, S. 221 ff.
—, Volksschule in evangelischer Verantwortung, Bochum o. J.
—, Evangelische Verantwortung für Schule und Welt, in: Der Evangelische Erzieher, 16. Jg., 1964, S. 137 ff.
—, Theologie und Pädagogik, in: Innerlichkeit und Erziehung. In memoriam Gustav Siewerth. Freiburg 1964, S. 219—235.
—, Konfessionalität und Erziehungswissenschaft in evangelischer Sicht, in: Konfessionalität und Erziehungswissenschaft, hg. vom Willmann-Institut, Freiburg 1965, S. 48 ff. und 101 ff.

HANDBUCH zur Unterweisung und Konfirmation in der Lippischen Landeskirche, hrsg. vom Lippischen Landeskirchenamt Detmold 1963.

HARTLICH, Christian, Kritische Fragen zu Gert Ottos Konzeption des Religionsunterrichts, in: Der Evangelische Erzieher, 18. Jg., 1966, S. 175 ff.

HARTMANN, Walter: Erziehung — Religion — Politik. Paul Tillichs Ansätze zu einer Theologie der Erziehung, in: Wissenschaft und Praxis in Kirche und Gesellschaft, 59. Jg., 1970, S. 4 ff.

HAUSCHILDT, Karl, Der Anspruch der Kirche an die evangelische Unterweisung, in: Die Spur, 5. Jg., 1965, S. 32 ff.

HECKEL, Theodor, Zur Methodik des evangelischen Religionsunterrichts, München 1930[2].

HEINEMANN, Horst / Stachel, Günter / Vierzig, Siegfried, Lernziele und Religionsunterricht, Unterweisen und Verkünden 11, Zürich/Einsiedeln 1970.

HENTIG, Hartmut v., Systemzwang und Selbstbestimmung, Über die Bedingungen der Gesamtschule in der Industriegesellschaft, Stuttgart 1970[3].

HESSLER, Eva, Geschichte und Aufgabe des Erwachsenenkatechumenats, in: Die Christenlehre, 22. Jg., 1969, S. 287 ff.
—, Die Erwachsenenbildung, in: Die Christenlehre, 23. Jg., 1970, S. 78 ff.

HOERES, Walter, Religionsunterricht oder Religions- und Lebenskunde?, in: Welt der Schule, Zeitschrift für Lehrer, Ausgabe Hauptschule, 23. Jg., 1970, S. 161 ff.

HÜBNER, Eberhard, Von der evangelischen Unterweisung zum Religionsunterricht?, in: Wort und Gemeinde (Thurneysenfestschrift), Zürich 1968, S. 262 ff.
—, Thesen zum Streitgespräch zwischen E. Hübner und G. Otto, in: Im Lichte der Reformation, Jahrbuch des Evangelischen Bundes, Göttingen 1970, S. 85 ff.
—, Hat der Religionsunterricht in der Schule von morgen noch einen legitimen Ort?, in: Evangelische Theologie, 30. Jg., 1970, S. 298 ff.

HUHSE, Klaus, Theorie und Praxis der Curriculum-Entwicklung. Institut für Bildungsforschung in der Max-Planck-Gesellschaft, Studien und Berichte Nr. 13, Berlin 1968.

ITTEL, Gerhard Wolfgang, Religionsunterricht heute — Thesen und Zusammenfassung des Streitgesprächs zwischen Eberhard Hübner und Gert Otto, in: Im Lichte der Reformation, Jahrbuch des Evangelischen Bundes, Göttingen 1970, S. 85 ff.

JACHMANN, R. B., Über das Verhältnis der Schule zur Welt, in: Dokumente des Neuhumanismus I, hrsg. von R. Joerden. Kleine pädagogische Texte, H. 17, Langensalza o. J.; auch abgedruckt in: Schule und Leben, hg. v. Klaus Schaller, S. 63 f.

JENTSCH, Werner, Urchristliches Erziehungsdenken, Die Paideia Kyriu im Rahmen der hellenistisch-jüdischen Umwelt, Gütersloh 1951.
—, Handbuch der Jugendseelsorge, Geschichte — Theologie — Praxis, Teil II Theologie der Jugendseelsorge, Gütersloh 1963.
—, Arbeitspapier „Katechismuslernziele“, hektographierter Abzug des Katechetischen Amtes der Evang.-Luth. Kirche in Bayern.
—, Der Einfluß Tillichs auf die Religionspädagogik der Gegenwart, in: Der Evangelische Erzieher, 22. Jg., 1970, S. 345 ff.

KABISCH, Richard / Tögel, Hermann, Wie lehren wir Religion?, Göttingen 1931[7].

KAHL, Joachim, Das Elend des Christentums, Plädoyer für eine Humanität ohne Gott, Hamburg 1968.
—, Acht Thesen zur Ersetzung des Religionsunterrichts durch Philosophieunterricht, abgedruckt in: Materialdienst, hg. v. K. Hutten, Nr. 11, Stuttgart 1970, S. 127.

KAUFMANN, Hans Bernhard, Die politische Dimension der Evangelischen Unterweisung, in: Evangelische Unterweisung, 19. Jg., 1964, S. 33 ff.
—, Die Ursprungssituation des Glaubens — theologisch und didaktisch interpretiert, in: Die Herausforderung der Schule durch die Wissenschaften, hrsg. von Th. Wilhelm, Weinheim 1966, S. 117 ff.
—, Auslegung der Selbsterfahrung des jungen Menschen im Horizont des Glaubens als Aufgabe des Religionsunterrichts an den Berufsschulen — eine Fallstudie, in: Der evangelische Religionslehrer an der Berufsschule, 16. Jg., 1968, S. 81 ff.
—, Möglichkeiten und Grenzen des Religionsunterrichts heute, in: Der Evangelische Erzieher, 20. Jg., 1968, S. 89 ff.
—, Muß die Bibel im Mittelpunkt des Religionsunterrichts stehen?, in: Schule und Kirche vor den Aufgaben der Erziehung, hg. von Otto/Stock, Hamburg 1968, S. 79 ff.
—, Religionsunterricht in der Hauptschule, in: Loccumer Religionspädagogische Studien und Entwürfe, Heft V, Loccum 1969, S. 129 ff.
—, Aufgaben und Ziele des Religionsunterrichts im Zusammenhang der Schulziele, in: „zum Beispiel“, Sonderheft 1969, S. 23 f.

—, Einführende Bemerkungen zur Frage der Lernziele, in: Loccumer Religionspädagogische Studien und Entwürfe, Heft VI, Loccum 1970, S. 18 f.
— (Hg.), Streit um die Christlichkeit der Schule. Das Normproblem in der Schule für alle, Gütersloh 1970.
—, Die Aufgabe der Kirche nach dem Ende des kirchlichen Religionsunterrichts, in: Zeitschrift für Religionspädagogik, 25. Jg., 1970, S. 4 ff.; auch abgedruckt in: Loccumer Protokolle 1/1970, Der Religionsunterricht in der gegenwärtigen schulpädagogischen und gesellschaftspolitischen Auseinandersetzung, Loccum 1970, S. 68 ff.
—, Zum Thematischen Religionsunterricht, in: Religionsunterricht unterwegs, hg. v. K. Wegenast und H. Grosch, Hamburg 1970, S. 39 ff.
—/Schultze, Herbert, Fortbildung — Fernstudium — Medienverbund, Gütersloh 1971.

KIRCHE UND ERZIEHUNG (Einheit 1970), Lutherische Rundschau, 20. Jg., 1970, Heft 2.

KITTEL, Helmut, Das Problem der Konfessionalität — Theologische Grundlegung (1930), abgedruckt in Studien zu Religionspädagogik und Lehrerbildung, Dortmund 1968, S. 9 ff.
— Vom Religionsunterricht zur Evangelischen Unterweisung, Hannover (1947) 1957[3].
—, Evangelische Unterweisung und Reformpädagogik, Lüneburg 1947, wieder abgedruckt in: Studien zu Religionspädagogik und Lehrerbildung I, S. 41 ff.
—, Schule unter dem Evangelium, Pädagogische Studien 2, Braunschweig 1949.
—, Der Erzieher als Christ, Göttingen (1951, 1953) 1961[3].
—, Lehrersein unter dem Evangelium, in: Der Evangelische Erzieher, 3. Jg., 1951, S. 21 ff.
—, Adolf Schlatter über das Amt des Lehrers, in: Der Evangelische Erzieher, 4. Jg., 1952, S. 266 ff.
—, Evangelische Schulpolitik, in: Die Sammlung, 9. Jg., 1954, S. 428 ff.
—, Religion und Evangelium in der Schule, in: Glauben und Erziehen (Bohnefestschrift), hg. v. H. Heeger, Neumünster 1960, S. 161 ff.
—, „Schule unter dem Evangelium — 1968", Thesen zur Loccumer Tagung „Streit um die Christlichkeit der Schule" 1968 (hekt. Abzug des Religionspädagogischen Instituts Loccum).
—, Studien zu Religionspädagogik und Lehrerbildung I, Dortmund 1968.
—, Evangelische Religionspädagogik, Berlin 1970.
—, Freiheit zur Sache. Eine Streitschrift zum Religionsunterricht, Göttingen 1970.

KLAFKI, Wolfgang, Studien zur Bildungstheorie und Didaktik, Weinheim 1964[2].

KLAUS, Bernhard, Massenmedien im Dienst der Kirche, Theologie und Praxis, Berlin 1969.

KOCH, Gerhard, Die didaktischen und methodischen Konsequenzen für die Evangelische Unterweisung aus der gegenwärtigen theologischen Situation, in: Der Evang. Erzieher, 13. Jg., 1961, S. 330 ff.

KONFIRMANDENUNTERRICHT, Arbeitshilfen für Pfarrer, hg. von der Evangelischen Landeskirche in Baden, Karlsruhe 1970.

KORTZFLEISCH, Siegfried von, Verkündigung und „öffentliche Meinungsbildung", Stuttgart 1960.

—, Religiöse Erwachsenenbildung — Wider den Bildungsnotstand in der Kirche, Impulse Nr. 3, hg. von der Evangelischen Zentralstelle für Weltanschauungsfragen, Stuttgart 1969.

KRAMP, Wolfgang, Das Prinzip der Lebensnähe als pädagogisches Problem, in: Die Deutsche Schule, 53. Jg., 1961, S. 487 ff.

KRATHWOHL, D. R. (Hrsg.), Taxonomy of educational objectives. Handbook II: Affective domain, New York 1964.

KRÜGER, Günter, Thesen zur evangelischen Erziehung, Bayreuth 1970 (hektographiert).

KRUSCHE, Peter, Der Ort der Jugend in der Gemeinde, in: Kirche und Jugend, missionierende Gemeinde, Heft 6, Berlin 1963, S. 25 ff.

LANGE, Erich, Die Erziehungslehre der evangelischen Theologie, Berlin 1936.

LEHRPLAN für die evangelische Unterweisung im 9. Schülerjahrgang der Hauptschule (Bayern), in: Amstblatt für die Evang.-Luth. Kirche in Bayern, Nr. 16 vom 20. August 1969, S. 140 ff.

LEHRPLAN für den Konfirmandenunterricht, bearbeitet vom Konfirmanden-Lehrplan-Ausschuß der Evang. Landeskirche von Kurhessen-Waldeck, Didaskalia Heft 2, Kassel 1963.

LINKE, Karl, 20 Thesen zur Neugestaltung des Religionsunterrichts in Schulen der Bundesrepublik, in: Arbeitshilfe für den evangelischen Religionsunterricht, 21. Jg., 1970, S. 16 f.

LOCCUMER PROTOKOLLE, hg. vom Religionspädagogischen Institut Loccum, 1/1970: Der Religionsunterricht in der gegenwärtigen schulpädagogischen und gesellschaftspolitischen Auseinandersetzung.

LOCCUMER RELIGIONSPÄDAGOGISCHE STUDIEN UND ENTWÜRFE, hg. vom Religionspädagogischen Institut Loccum:
Heft II, Zur Neugestaltung des Konfirmandenunterrichts in der Volkskirche, Loccum 1968.
Heft III, Erwägungen und Modelle zur Umgestaltung der Konfirmandenzeit, Loccum 1968.
Heft V, Religionsunterricht in der Hauptschule, Loccum 1969.
Heft VI, Religionsunterricht in der Grundschule, Loccum 1970.

LOCH, Werner, Die Verleugnung des Kindes in der evangelischen Pädagogik, Neue pädagogische Bemühungen, Band 11, Essen 1964.
—, Die Verkündigung in der Erziehung, in: H. Diem / W. Loch, Erziehung durch Verkündigung, Heidelberg 1959.

LOHFF, Wenzel, Der Erziehungsauftrag der Kirche, abgedruckt in: I. Röbbelen, Zum Problem des Elternrechts, Heidelberg 1966, S. 258 ff.

MAGER, Robert, Lernziele und programmierter Unterricht, Weinheim 1969[3].

MANN, Ulrich, Belehrung, nicht Bekehrung — Thesen für die Reform des Religionsunterrichts, in: Lutherische Monatshefte, 9. Jg., 1970, S. 310 ff.

MARTIN, Gerhard, in Verbindung mit K. Dessecker und K. Meyer zu Uptrup, Arbeitsprogramm 1968—70 für den evangelischen Religionsunterricht an den Gymnasien in Württemberg (Religionspädagogische Projektforschung), Tübingen 1968 (Fotodruck).
—, Ort und Aufgabe evangelischen Religionsunterrichts, in: Der Evangelische Erzieher, 21. Jg., 1969, S. 1 ff.
—, Zur Neuorientierung des evangelischen Religionsunterrichts, in: Evangelische Unterweisung, 24. Jg., 1969, S. 163 ff. und S. 190 ff.
—, Wie ist der Ort evangelischen Religionsunterrichts an öffentlichen Schulen „theologisch legitim" zu bestimmen? Antwort an G. Bohne, in: Der Evangelische Erzieher, 21. Jg., 1969, S. 454 ff.
—, Unterrichts-Modell-Entwurf: Die Christen und die Revolution in Lateinamerika, in: Theologia Practica, 5. Jg., 1970, S. 55 ff.
—, Vorwärts ins konstantinische Zeitalter, in: Evangelische Kommentare, 3. Jg., 1970, S. 322 ff.

MAURER, Bernhard, Kirche, Jugend und Erziehung, in: Der Evangelische Erzieher, 22. Jg., 1970, S. 85 ff.

MEYER ZU UPTRUP, Klaus, Religionspädagogische Projektforschung, in: Wissenschaft und Praxis in Kirche und Gesellschaft, 59. Jg., 1970, S. 47 ff.
—, Unterrichtsmodelle durch Kooperation — Eine Hilfe für den Religionslehrer, in: Theologia Practica, 5. Jg., 1970, S. 50 ff.

METZ, Johann Baptist, Zur Theologie der Welt, Mainz/München 1968.

MÖLLER, Christine, Technik der Lernplanung, Methoden und Probleme der Lernzielerstellung, Weinheim 1969.

MOLLENHAUER, Klaus, Die Ursprünge der Sozialpädagogik in der industriellen Gesellschaft, Weinheim 1959.
—/ Müller / Kentler / Giesecke, Was ist Jugendarbeit?, München 1964.
—/ Kasakos / Ortmann / Bathke, Evangelische Jugendarbeit in Deutschland, Materialien und Analysen, München 1969.

MOLTMANN, Jürgen, Theologie der Hoffnung, München 1968[7].

MÜLLER, Ernst, Methodik der Evangelischen Unterweisung in der Berufsschule, München 1955.

MÜLLER-BARDORFF, Johannes, Verstehen und Unterweisen, Einführung in die Evangelien und ihre Weitergabe im Unterricht, München 1967.
—, Paulus, Wege zu didaktischer Erschließung der paulinischen Briefe, Gütersloh 1970.

NIPKOW, Karl Ernst, Evangelische Unterweisung oder evangelischer Religionsunterricht, Essen (1964[2]) 1967[3].
—, Allgemeine Didaktik und evangelischer Religionsunterricht, in: Pädagogische Rundschau, 19. Jg., 1965, S. 30 ff.
—, Evangelischer Glaube zwischen Reformation und Bildungsreform, Veröffentlichung des Arbeitskreises evangelischer Erziehergemeinschaften in Bayern, 1967, S. 16—36.
—, Anmerkungen zu Stand und Aufgabe religionspädagogischer Forschung heute, in: Theologia Practica, 2. Jg., 1967, S. 31 ff.

—, Christlicher Glaubensunterricht in der Säkularität, in: Der Evangelische Erzieher, 20. Jg., 1968, S. 169 ff.
—, Umriß und Problematik einer modernen Schultheorie, in: Zeitschrift für Pädagogik, 14. Jg., 1968, S. 189 ff.
—, Grundfragen des Religionsunterrichts in der Gegenwart, Heidelberg 1969[2] (Pädagogische Forschungen Nr. 35).
—, Religionspädagogik und Religionsunterricht in der Gegenwart, in: Theologia Practica, 4. Jg., 1969, S. 215 ff. und Katechetische Blätter, 94. Jg., 1969, S. 23 ff.
—, Curriculumforschung und Religionsunterricht, in: Die Deutsche Schule, 61. Jg., 1969, S. 756 ff.
—, Christliche Bildungstheorie und Schulpolitik, Deutsches Institut für Bildung und Wissen 1958—1968, Gütersloh 1969.
—, Gedanken zum Religionsunterricht, vorgelegt für die Sitzung der Kammer für Kulturpolitik und Bildungsfragen der EKD am 5./6. November 1969, in: Ev. Kirche und Religionsunterricht — eine Dokumentation, S. 31 ff.
—, Curriculumforschung und Religionsunterricht, Vortrag vor bayerischen Lehrplankommissionen am 13. und 14. 2. 1970, hektographiert.
—, Welche „Themen" und „Stoffe" sollen außer der Hl. Schrift in der Katechese verwendet werden?, in: Concilium, 6. Jg., 1970, S. 166 ff.; in überarbeiteter Fassung wieder abgedruckt in: Wolfgang G. Esser, Zum Religionsunterricht morgen II, S. 38 ff.
—, Die „christliche" Schule, in: H.-B. Kaufmann (Hg.), Streit um die Christlichkeit der Schule, S. 13 ff.
—, Religionsunterricht an der Gesamtschule, in: Lutherische Rundschau 1970, S. 209 ff. und: Im Dienst für Schule, Kirche und Staat (Bachgedenkschrift), Heidelberg 1970, S. 195 ff.
—, Vom Sinn des Religionsunterrichts in der Schule von morgen, in: Radius 1970, Heft 3, S. 36 ff.
—, Gesamtschule — Kirche — Religionsunterricht (Thesen), in: Zeitschrift für Religionspädagogik, 25. Jg., 1970, S. 259 ff.
—, Schule und Religionsunterricht im Wandel, Ausgewählte Studien zur Pädagogik und Religionspädagogik, Heidelberg/Düsseldorf 1971.

ÖKUMENISCHE KOMMISSION DER KATHOLISCHEN BISTÜMER IN BAYERN, Thesen zur Zukunft des Religionsunterrichts (hektographiertes Manuskript).

ONNASCH, Klaus, Opium der Schüler oder Wahlfach der Avantgarde? Religionsunterricht und Schulreform, Wuppertal-Barmen 1970.

OTTO, Gert, Gemeinde im Neuen Testament und ihre Bedeutung für religionspädagogische Fragen, in: Monatsschrift für Pastoraltheologie, 44. Jg., 1955, S. 342 ff.
—, Verkündigung und Erziehung. Über das Verhältnis von Theologie und Pädagogik, Göttingen 1957.
—, Auslegung der Bibel gestern und heute, in: Evangelische Unterweisung, 12. Jg., 1957, S. 177 ff.
—, Zum Problemfeld zwischen Verkündigung und Erziehung, in: Der Evangelische Erzieher, 11. Jg., 1959, S. 124 ff.
—, Erziehung und Verkündigung in theologischer Sicht, in: Otto / Scheuerl / Röbbelen, Neue Beiträge zum Thema Erziehung und Verkündigung, Heidelberg 1960 (Pädagogische Forschungen Nr. 13), S. 5 ff.

—, Schule, Religionsunterricht, Kirche, Göttingen 1961, 1968 [3].
—, Der problematische Religionsunterricht, in: Radius 1964, Heft 4, S. 21 ff.
—, Thesen zum Religionsunterricht. Zur Problematik heute (1964), abgedruckt in: H. Gloy, Evangelischer Religionsunterricht in einer säkularisierten Gesellschaft, S. 123.
—, Handbuch des Religionsunterrichts, Hamburg (1964) 1967 [3].
—, Evangelischer Religionsunterricht als hermeneutische Aufgabe, in: Zeitschrift für Theologie und Kirche, 61. Jg., 1964, S. 326 ff.; abgedruckt in: Schule, Religionsunterricht, Kirche (SRK) 1968 [3], S. 153 ff.
—, Religionsunterricht und politische Situation, in: Denken — Glauben — Handeln, Hamburg 1966, S. 132 ff.; abgedruckt in SRK 1968 [3], S. 204 ff.
—, Der Mensch in seiner Welt, in: Theologia Practica, 2. Jg., 1967, S. 289 ff.; abgedruckt in SRK 1968 [3], S. 168 ff.
—, Zum Selbstverständnis einer christlichen Gemeinschaftsschule oder: Die Frage nach der Repräsentanz des Christlichen in der Schule der Gegenwart, in: Kirche in der Zeit, 22. Jg., 1967, S. 517 ff.; abgedruckt in SRK 1968 [3], S. 192 ff.
—, Konfirmation und Konfirmandenunterricht, in: Theologia Practica, 2. Jg., 1967, S. 133 ff.; abgedruckt in SRK 1968 [3], S. 214 ff.
—/H. Stock (Hg.), Schule und Kirche vor den Aufgaben der Erziehung (Stallmannfestschrift), Theologia Practica, Sonderheft, Hamburg 1968.
—, Thesen zur Erziehertagung des Evangelischen Bundes 1969 in Oldenburg, abgedruckt in: Im Lichte der Reformation, Jahrbuch des Evangelischen Bundes XIII, Göttingen 1970, S. 89 f.
—, Die Bedeutung des Christlichen für unsere Gesellschaft, in: Heft 29 der Schriftenreihe der CSU in Bayern, München 1969, S. 13 ff.
—, Das Ende des konfessionellen Religionsunterrichts?, in: Theologie und Unterricht (Stockfestschrift), hg. von K. Wegenast, Gütersloh 1969, S. 123 ff.
—/H. Rauschenberger, Mainzer Thesen zum Religionsunterricht in der Grundschule, in: Evangelische Kommentare, 3. Jg., 1970, S. 325 ff.
—, Artikel „Religionsunterricht“, in: Praktisch-Theologisches Handbuch, hg. von G. Otto, Hamburg 1970, S. 404 ff.

PADBERG, Rudolf, Glaube und Erziehung, Paderborn 1959.

PADEL, Hartmut, Konfirmandenunterricht als Einführung ins Leben der Kirche, in: Pastoraltheologie — Wissenschaft und Praxis, 55. Jg., 1966, S. 40 ff.

PFENNIGSDORF, Emil, Wie lehren wir Evangelium? Ein Methodenbuch auf psychologischer Grundlage für die Praxis des Religionsunterrichts in Schule und Kirche, Leipzig 1930 [3].

PIEPER, Gerhard, Was hat eigentlich die Kirche mit der Schule zu tun?, in: Arbeitshilfe für den evangelischen Religionsunterricht, 21. Jg., 1970, S. 17 ff.

PÖGGELER, Franz, Methoden der Erwachsenenbildung, Freiburg 1964.
—, Inhalte der Erwachsenenbildung, Freiburg 1965.

RANG, Martin, Biblischer Unterricht. Theoretische Grundlegung und praktische Handreichung für den Religionsunterricht in Schule, Kirche und Familie, Berlin 1936.
—, Handbuch für den biblischen Unterricht. Theoretische Grundlegung und praktische Handreichung für die christliche Unterweisung der evangelischen Jugend, 2 Bände, Berlin (1939) 1947 [2].

—, Religionsunterricht und Verkündigung — Religionsunterricht und Leben, in: Haus und Schule, 33. Jg., 1937, S. 330 ff.

RAUSCHENBERGER, Hans, Schule als Institution, in: Der Evangelische Erzieher, 18. Jg., 1966, S. 438 ff.
—, Das Problem des Lehrplans für den evangelischen Religionsunterricht, in: „epd"-Dokumentation Nr. 5/70, S. 6—11.
—/ Otto, Gert, Mainzer Thesen zum Religionsunterricht, in: Evangelische Kommentare, 3. Jg., 1970, S. 325 ff.

REENTS, Christine, Zwischen Bibelunterricht und thematischem Religionsunterricht, in: Religionsunterricht unterwegs, hg. von K. Wegenast und H. Grosch, Hamburg 1970, S. 77 ff.

REIMERS, Edgar, Recht und Grenzen einer Berufung auf Luther in den Bemühungen um die evangelische Erziehung, Weinheim, o. J.

RENDTORFF, Trutz, Artikel „Kirche" im Pädagogischen Lexikon, hg. von H.-R. Groothoff und M. Stallmann, Stuttgart 1961, Sp. 488 ff.

RINGSHAUSEN, Karl, Documenta: Flugblattaktion gegen den Religionsunterricht, in: Arbeitshilfe für den evangelischen Religionsunterricht, 19. Jg., 1968, S. 188 ff.
—, Documenta: „Beseitigt die Gesellschaftsordnung . . .", in: Arbeitshilfe für den evangelischen Religionsunterricht, 20. Jg., 1969, S. 191 ff.
—, Religionsunterricht zwischen Ghetto und Boulevard, in: Arbeitshilfe für den evangelischen Religionsunterricht, 21. Jg., 1970, S. 1 ff.

ROBINSOHN, Saul B., Bildungsreform als Revision des Curriculum, Neuwied 1967.

RÖBBELEN, Ingeborg, Zum Problem des Elternrechts. Ein Beitrag aus evangelischer Sicht, Heidelberg 1966 (Pädagogische Forschungen 30).
—, Kirchliche Bildungs- und Ausbildungsaktivitäten, in: Wissenschaft und Praxis in Kirche und Gesellschaft, 59. Jg., 1970, S. 15 ff.

ROTH, Heinrich, Pädagogische Anthropologie, Band 1, Hannover 1966.

SCARBATH, Horst, Warum keine „christliche Schule"?, in: Streit um die Christlichkeit der Schule, Gütersloh 1970, S. 119 f.

SCHALLER, Klaus (Hg.), Schule und Leben, Ein Repertorium zur Bildungsorganisation und Bildungsökonomie, Hamburg 1967.

SCHARFENBERG, Joachim, Religionspädagogik und Gruppendynamik, in: Wissenschaft und Praxis in Kirche und Gesellschaft, 59. Jg., 1970, S. 453 ff.

SCHILLING, Hans, Grundlagen der Religionspädagogik, Zum Verhältnis von Theologie und Erziehungswissenschaft, Düsseldorf 1970.

SCHMIDT, Günter R., Die Inhalte des Religionsunterrichts aus der Sicht der allgemeinen Curriculum-Theorie, in: Der Evangelische Erzieher, 22. Jg., 1970, S. 16 ff.

SCHMIDT, Ludwig, Erwachsenenbildung in der Gemeinde, Stuttgart 1969.

SCHREIBER, Hans-Martin, Kirche und Schule. Aufgaben, Grenzen, Möglichkeiten aus evangelischer Sicht, in: Der Evangelische Erzieher, 22. Jg., 1970, S. 369 ff.

—, Dienst der Kirche an der Schule, Evangelische Kirche und Religionsunterricht an öffentlichen Schulen, in: Wissenschaft und Praxis in Kirche und Gesellschaft, 59. Jg., 1970, S. 437 ff.
—, Der Religionsunterricht in der Krise der Schule, in: Der Evangelische Erzieher, 21. Jg., 1969, S. 85 ff.

SCHULTZE, Herbert, Religionsunterricht in der Berufsschule als Weg der Existenzklärung, in: Der evangelische Religionslehrer an der Berufsschule, 12. Jg., 1964, S. 73 ff.
— (Hg.), Gespräch — Begegnung. Aufgabe und Weg des Religionsunterrichts an berufsbildenden Schulen, Hamburg 1964.
—, Ethische Fragen im Unterricht. Religionspädagogische Erwägungen und Beispiele, Hamburg 1966.
—, Konfirmation heute und morgen, Alte Wege — Neue Ziele, Stuttgart 1969.
—, Warum wir den Religionsunterricht wollen, in: Der Evangelische Erzieher, 22. Jg., 1970, S. 186 ff.
—, Christliche Erziehung in einer säkularen Welt, Schlußbericht der Erziehungskommission des Lutherischen Weltbundes 1965/69, Berlin/Hamburg 1970.

STACHEL, Günter, Existentiale Hermeneutik, Einsiedeln 1969.
—, Lernziele und Religionsunterricht, in: Katechetische Blätter, 95. Jg., 1970, S. 343 ff.

STALLMANN, Martin, Christentum und Schule, Stuttgart 1958.
—, Was ist Säkularisierung?, Tübingen 1960 (= Sammlung gemeinverständlicher Vorträge 227/228).
—, Der Religionsunterricht als Frage an das Selbstverständnis der Schule, in: Die Deutsche Schule, 52. Jg., 1960, S. 571 ff.
—, Artikel „Bibel“ im Pädagogischen Lexikon, hg. von H.-H. Groothoff u. M. Stallmann, Stuttgart 1961, Sp. 120.
—, Artikel „Schule“ im Pädagogischen Lexikon, Sp. 825.
—, Artikel „Erziehung und Religion“ im Pädagogischen Lexikon, Sp. 254.
—, Die biblische Geschichte im Unterricht — Katechetische Beiträge, Göttingen 1963.
—, Zur hermeneutischen und didaktischen Problematik des biblischen Unterrichts, in: Die biblische Geschichte im Unterricht, S. 203 ff.
—, Der Religionslehrer und der Anspruch der Theologie, in: Die Spur, 5. Jg., 1965, S. 83 ff.
—, Das Problem einer theologischen Bestimmung des evangelischen Religionsunterrichts, in: Pädagogische Rundschau, 1. Beiheft (1965), S. 43 ff.
—, Evangelischer Religionsunterricht, Düsseldorf 1968.
—, Die Christlichkeit der „christlichen Schule“ (Bensheimer Heft Nr. 36), Göttingen 1968.
—, Der Religionsunterricht immer noch zwischen Kirche und Schule?, in Theologie und Unterricht (Stockfestschrift), Gütersloh 1969, S. 111 ff.
—, Die fragwürdige Christlichkeit der „christlichen Schule“, in: Streit um die Christlichkeit der Schule, hg. v. H. B. Kaufmann, Gütersloh 1970, S. 117 f.

STECK, Karl-Gerhard, Kirche und Öffentlichkeit, Theologische Existenz heute, NF Nr. 76, München 1960.

STECK, Wolfgang, Der Religionsunterricht — Sachfach oder Verkündigung?, in: Evangelische Unterweisung, 24. Jg., 1969, S. 145 ff.

—, Die repressive Tendenz des Religionsunterrichts, in: Theologia Practica, 4. Jg., 1969, S. 111 ff.

STEINLE, Walter, Die Bibel im Religionsunterricht, in: Der Evangelische Erzieher, 22. Jg., 1970, S. 190 ff.

STEINWEDE, Dietrich (Redaktion), Religionsunterricht in der Grundschule, Loccumer Religionspädagogische Studien und Entwürfe Heft VI, Loccum 1970.
—, Lehrplanentwurf Religionsunterricht in der Grundschule, in: Loccumer Religionspädagogische Studien und Entwürfe, Heft VI, S. 25 ff.
—, Lehrziele und Lehrplanentwurf für den Religionsunterricht der Primarstufe (Grundschule), in: Religionsunterricht und Gesellschaft, Plädoyer für die Freiheit, hg. v. D. Zilleßen, Düsseldorf/Göttingen 1970, S. 127 ff.

STOCK, Hans, Beiträge zur Religionspädagogik, Gütersloh 1969 (Gesammelte Aufsätze); daraus folgende Aufsätze:
—/R. Lennert, Verkündigung durch Auslegung! (1952), in: Beiträge zur Religionspädagogik, S. 75 ff.
—, Die Aktualisierung der Verkündigung in der Evangelischen Unterweisung (1953), in: Beiträge zur Religionspädagogik, S. 83 ff.
—, Der kerygmatische Charakter der Evangelientexte als Unterrichtsproblem (1960), in: Beiträge zur Religionspädagogik, S. 108 ff.
—, Das Verhältnis der Christusbotschaft der synoptischen Evangelien zum historischen Jesus als Problem des Biblischen Unterrichts in der Schule (1964), in: Beiträge zur Religionspädagogik, S. 121 ff.
—, Jenseits von Konfessionalismus und Neutralismus — Bemerkungen zum Streit um den Religionsunterricht in Bremen (1965), in: Beiträge zur Religionspädagogik, S. 135 ff.
—, Schule und Christentum — Fragen zum Niedersächsischen Schulgesetz (1966), in: Beiträge zur Religionspädagogik, S. 148 ff.
—, Die Stimme der Vernunft im Streit um die „Christliche Schule" (1968), in: Beiträge zur Religionspädagogik, S. 171 ff.
—, Religionsunterricht in der „Kritischen Schule", Gütersloh 1968; wieder abgedruckt in: Beiträge zur Religionspädagogik, S. 178 ff.
—, „Religionsunterricht in Übereinstimmung mit den Grundsätzen der Religionsgemeinschaften" als theologisches Problem, abgedruckt in: Wozu Religion in der Schule?, Evangelische Kommentare, 3. Jg., 1970, S. 320 f.

STÖFFLER, Eugen, Konfirmationspraxis in Stuttgart-Rot, in: Wissenschaft und Praxis in Kirche und Gesellschaft, 59. Jg., 1970, S. 468 ff.

STOODT, Dieter, Die gesellschaftliche Funktion des Religionsunterrichts, in: Arbeitshilfe für den evangelischen Religionsunterricht, 20. Jg., 1969, S. 1 ff.

STURM, Wilhelm, Gesprächsberichte zum Thema Konfirmation, in: Confirmatio, Forschungen zur Geschichte und Praxis der Konfirmation, hg. von K. Frör, München 1959, S. 39 ff. und 182 ff.
—, Gesprächsbericht zum Thema Konfirmation, in: Zur Geschichte und Ordnung der Konfirmation in den Lutherischen Kirchen, München 1962, S. 143 ff.
—, Die Osterperikopen im Unterricht, in: Praxis Ecclesiae (Frörfestschrift), hg. von D. Stollberg, München 1970, S. 268 ff.
—, Die biblischen Urgeschichten im Unterricht; Die Gleichnisse Jesu im Unterricht; Die Wunder Jesu im Unterricht; Richtlinien zur Vorbereitung des biblischen Unterrichts (Vervielfältigungen des Kat. Amtes der Evang.-Luth. Kirche in Bayern 1967—1969).

THIMME, Otto, Vom Religionsunterricht zur Religionskunde, in: Vorgänge, 8. Jg., 7/8 1969, S. 266 ff.

TILING, Magdalene v., Reformatorischer Glaube und die Gemeinschaftsordnungen der Menschen, in: Schule und Evangelium, 3. Jg., 1928, S. 7 ff.
—, Über die Grundlagen pädagogischen Denkens, in: Schule und Evangelium, 4. Jg., 1929, S. 1 ff.
—, Um die Grundlagen pädagogischen Denkens, in: Schule und Evangelium, 5. Jg., 1930, S. 3 ff.
—, Wesen und Ziel der Erziehung, in: Schule und Evangelium, 6. Jg., 1931, S. 232 ff.
—, Grundlagen pädagogischen Denkens, Stuttgart (1932) 1934 ².
—, Grundlagen pädagogischen Handelns, hg. mit K. Jarausch, Stuttgart 1934.
—, Der Mensch vor Gott, Berlin 1950.
—, Wir und unsere Kinder, Stuttgart 1955.

TILLICH, Paul, Zum Problem des evangelischen Religionsunterrichts, in: Zeitschrift für den evangelischen Religionsunterricht an höheren Lehranstalten, 42. Jg., 1931, S. 285—291; in: Gesammelte Werke, Band IX, S. 233—235.
—, Systematische Theologie, Band I, Stuttgart 1956²; Band II, Stuttgart 1958.

UHSADEL, Walter, Die Kirche im Erziehungswerk. Die reformpädagogischen Schulversuche in ihrem Verhältnis zur Kirche, Kassel 1939.
—, Die Voraussetzungen des Gesprächs zwischen Theologie und Pädagogik, in: G. Niemeier und W. Uhsadel, Kirche und Schule, Heidelberg 1956.
—, Evangelische Erziehungs- und Unterrichtslehre, Heidelberg 1961 ².
—, Religiöse Erziehung — evangelisch, in: Handbuch für Lehrer, Band 3, Gütersloh 1963 ², S. 319 ff.
—, Evangelische Unterweisung, in: Handbuch für Lehrer, Band 2, Gütersloh 1965 ², S. 255 ff.

ULRICH, Heinrich-Hermann, Erwachsenenkatechumenat, Missionierende Gemeinde Heft 11, Berlin 1964.

VIERZIG, Siegfried, Lernziele des Religionsunterrichts in der Grundschule, in: Religionsunterricht in der Grundschule, Loccumer Religionspädagogische Studien und Entwürfe VI, S. 20 ff.
—, Lernziele des Religionsunterrichts, in: Informationen des Pädagogisch-Theologischen Instituts Kassel, 1 + 2 1970, S. 5 ff.
—, Religion und Emanzipation, in: Informationen zum Religionsunterricht, 3 + 4 1970, S. 4 ff.

VORLAGE einer Kommission der Pädagogischen Hochschule Hannover zum Lehrauftrag „Didaktik des religionskundlichen Unterrichts“ vom Mai 1967 (hektographiert).

WEGENAST, Klaus, Der biblische Unterricht zwischen Theologie und Didaktik, Gütersloh 1965.
—, Glaube — Schule — Wirklichkeit, Beiträge zur Theorie und Praxis des Religionsunterrichts, Gütersloh 1970. Darin vor allem folgende Aufsätze:

—, Religionsunterricht und Gesellschaft. Erwägungen zum Verhältnis von Kirche und Gesellschaft im Bereich des Religionsunterrichts (1965), in: Glaube — Schule — Wirklichkeit, S. 27 ff.
—, Gehört der Religionsunterricht in die öffentliche Schule? Theologische und pädagogische Stimmen zu einem aktuellen Problem (1969), in: Glaube — Schule — Wirklichkeit, S. 59 ff.
— (Hg.), Theologie und Unterricht, Über die Repräsentanz des Christlichen in der Schule (Stockfestschrift), Gütersloh 1969.
—, Religionsunterricht — wohin? Aspekte und Thesen zu einem sehr umstrittenen Thema, in: Lutherische Monatshefte, 9. Jg., 1970, S. 180 ff.
— (Hg.) unter Mitarbeit von Heinz Grosch, Religionsunterricht unterwegs, Zu Theorie und Praxis eines umstrittenen Faches, Hamburg 1970.
— (Hg.), Religionsunterricht — wohin? Neue Stimmen zum Religionsunterricht an öffentlichen Schulen, Gütersloh 1971.

WEITZ, Jürgen, Problemorientierter Religionsunterricht — wozu?, in: Religionsunterricht unterwegs, hg. von K. Wegenast und H. Grosch, Hamburg 1970, S. 55 ff.

WENDLAND, Heinz-Dietrich, Autorität und Partnerschaft, in: I. Röbbelen, Zum Problem des Elternrechts, S. 223 ff.

WENIGER, Erich, Zum Gespräch zwischen evangelischer Theologie und Pädagogik, in: Die Sammlung, 9. Jg., 1954, S. 126 ff.
—, Die Eigenständigkeit der Erziehung in Theorie und Praxis, Probleme der akademischen Lehrerbildung, Weinheim o. J.
—, Glaube, Unglaube und Erziehung, in: Die Eigenständigkeit der Erziehung in Theorie und Praxis, S. 99 ff.

WERNER, Herbert, Religionsunterricht heute — ökumenischer Unterricht, in: Der Evangelische Erzieher, 22. Jg., 1970, S. 177 ff.

WILHELM, Theodor, Theorie der Schule, Hauptschule und Gymnasium im Zeitalter der Wissenschaften, Stuttgart 1969².
—, Pädagogik der Gegenwart, Stuttgart 1960².

WITZSCHE, Erich, Konfessioneller Religionsunterricht an öffentlichen Schulen?, in: Pädagogische Rundschau, 21. Jg., 1967, S. 554 ff.
—, Kritischer Religionsunterricht in der dialogischen Schule, Zur Neuregelung des Religionsunterrichts in der öffentlichen Schule, Frankfurt 1971.

WÖLBER, Hans-Otto, Religion ohne Entscheidung, Göttingen 1960².
—, Kirche und Gesellschaft, in: Lutherische Monatshefte, 9. Jg., 1970, S. 136 ff.

WOLF, Siegfried, Evangelische Unterweisung und Innere Schulreform, München 1959.

WORT der Generalsynode der Evangelischen Kirche in Deutschland zur Schulfrage (1958), abgedruckt in: A. Flitner, Die Kirche vor den Aufgaben der Erziehung, S. 19 ff.

ZILLESSEN, Dietrich (Hg.), Religionsunterricht und Gesellschaft, Plädoyer für die Freiheit, Düsseldorf/Göttingen 1970.

Neuerscheinungen in „Arbeiten zur Pädagogik“:

Hubertus Halbfas

Aufklärung und Widerstand

Beiträge zur Reform des Religionsunterrichts und der Kirche

332 Seiten, DM 24,— (= Band 13)

Der Autor wendet sich in den Themen dieses Buches den positiven Entwürfen zu, die neues Handeln inspirieren und der Zukunft dienen. Der erste Teil, Religionsunterricht und Schule, wird mit einem grundlegenden Beitrag eröffnet und findet seinen Höhepunkt in den Ausführungen zum Religionsunterricht der Grundschule. „Kirche und Gesellschaft“ sind die Angelpunkte der Beiträge des zweiten Teils. Sie münden ein in ein neues Konzept kirchlicher Katechese, das für die beiden großen Konfessionen von aktueller Bedeutung ist.

Ingeborg Hiller-Ketterer

Kind — Gesellschaft — Evangelium

Theologisch-didaktische und soziopolitische Überlegungen zu Unterrichtsversuchen in der Grundschule

152 Seiten, DM 13,50 (= Band 14)

Hier wird nicht die Forderung nach einem gesellschaftsbezogenen Religionsunterricht wiederholt, sondern solcher Unterricht am konkreten Fall demonstriert. Zwei bekannte und bis zum Überdruß „ausgequetschte“ Perikopen wie „Der verlorene Sohn“ und „Die Stillung des Sturms“ gewinnen plötzlich neue Bedeutsamkeit, wenn sie in das Spannungsfeld dieser Betrachtungsweise geraten. Die Unterrichtsprotokolle dieser Versuche sind eine spannende Lektüre.

Otto Dürr

Frieden — Herausforderung an die Erziehung

Probleme — Orientierungshilfen — Unterrichtsmaterialien

240 Seiten, DM 10,— (= Band 16)

Erhaltung des Friedens, Erziehung zum Frieden sind für uns zur Existenzfrage geworden! Das „Daß“ der Friedenserziehung ist allgemein einsichtig — das „Wie“ ist höchst unklar. Nach einem kurzen Überblick über die vorhandenen Konzepte werden in neun Themenkreisen die Zielbegriffe, die zum Frieden gehören, entfaltet und dargestellt. Durch Texte, Dokumente, Statistiken usw. wird informiert, zugleich wird eine Fülle von Material angeboten, das sich zur unmittelbaren Verwendung in Schule, Jugendarbeit und Erwachsenenbildung eignet.

Neuerscheinungen in „Religionspädagogische Praxis“ (RPP):

Lüpke/Pfäfflin

Herausforderung durch die Dritte Welt

Dargestellt am Beispiel Brasiliens

148 Seiten, kartoniert DM 12,— (Band 1)

Diese problemorientierte Unterrichtseinheit versucht die „Herausforderung durch die Dritte Welt“ am Beispiel Brasiliens darzustellen. Ausgangspunkt ist die Behandlung des Themas im Religionsunterricht. Die Materialien und ihre inhaltliche und methodische Darstellung sind jedoch auch für die außerschulische Bildungsarbeit konzipiert: Das Buch kann ebenso in der Erwachsenenbildung verwendet werden. Ein ergänzendes Arbeitsheft bietet Texte und Aufgaben für Schüler und Kursteilnehmer.

Franz Kaspar

Gruppenpädagogische Unterrichtsverfahren

Eine schulpraktische Arbeitshilfe für Information, Kommunikation, Kooperation

120 Seiten, kartoniert DM 14,80 (Band 2)

Der schulische Religionsunterricht hat im Augenblick viele Probleme. Eines davon ist das der Methode. Die Gruppenpädagogik verfügt über Erkenntnisse und Erfahrungen, die für den Religionsunterricht bisher kaum genutzt sind. Franz Kaspar wendet sie erstmals auf seine besonderen Gegebenheiten an. Ausführlich werden auch die Möglichkeiten der Kontrolle aller gruppendynamischen Prozesse dargestellt. Dieses Buch gehört in die Hand jedes Religionslehrers, der einen dynamischen Unterricht erteilen will.

Sigrid Berg

Kurze literarische Texte für den Religionsunterricht

Inhalt in Stichworten — Thematik — Altersstufe

104 Seiten, DM 12,80 (Band 3)

In diesem Buch werden 150 literarische Prosatexte katalogartig vorgestellt. Der Inhalt wird in Stichworten kurz zusammengefaßt; die Story und ihre Tendenz wird auch dem deutlich, der sie noch nie gelesen hat. Jeweils ist angegeben, in welchen gängigen Taschen- oder Lesebüchern der Text zu finden ist, für welche Altersstufe er sich eignet, wieviel Lesezeit er in Anspruch nimmt und unter welcher Thematik er sich verwenden läßt. Ein Stichwortregister gibt eine zusammenfassende Übersicht. Jeder Schulpraktiker wird für diese Hilfe dankbar sein, die ihm viel Zeit des Suchens und Prüfens erspart.